장애학생을 위한
전환교육의 이해와 적용

박희찬 · 김라경 · 송승민 · 이정은 · 이현주 · 박영근 · 배세진 공저

Understanding and Applying Transition Education for Students with Disabilities

학지사

머리말

"특수교육을 왜 하는 것일까?"라는 질문은 누구든, 언제든, 어디서든 제기될 수 있다. 이에 대하여「장애인 등에 대한 특수교육법」제1조에서는 "장애인 및 특별한 교육적 요구가 있는 사람에게 통합된 교육환경을 제공하고 생애주기에 따라 장애유형·장애정도의 특성을 고려한 교육을 실시하여 이들이 자아실현과 사회통합을 하는데 기여"할 수 있도록 하는 데 목적이 있다고 제시하고 있다. 이는 개인의 특별한 교육적 요구를 고려하면서 생애주기 속에서 궁극적으로 자아실현과 사회통합에 기여해야 함을 강조한 것이다.

학령기에 이루어지는 특수교육은 학령기 이후의 생애주기를 준비해야 하는 역할과 과제가 부여되어 있으며, 그 구체적인 모습은 지역사회에서 가능한 한 자립생활을 영위하면서 자신에게 적합한 직업생활을 하는 모습으로 설정될 수 있다. 그리하여 이 책에서는 특수교육이 초등학교, 중학교, 고등학교 등의 종적 연계성을 가지면서 궁극적으로 지역사회에서의 자립과 직업이라는 목표를 달성할 수 있도록 전환교육의 이론과 실제를 탐구하고자 하였다.

미국에서는 1975년「장애아동교육법(Education for All Handicapped Children Act)」이 제정되면서 이전에 공교육으로부터 배제되었던 수많은 장애학생이 공교육을 받을 수 있게 되었다. 그로부터 약 10년이 지난 1980년대 중반에 공교육으로서의 특수교육 책무성과 성과를 제고하기 위한 방안의 하나로 전환교육이 등장하였다. 즉, 학교에서 장애학생들을 교육하는 내용과 방법은 그들이 장차 살아가게 될 지역사회에서의 적응, 직업, 자립에 기여할 수 있도록 해야 한다는 것이었다.

우리나라에서도 1990년대 중반부터 전환교육이 소개되어 특수학교 졸업생들의 진로 실태에 대한 조사와 전환교육 모형 연구 등이 수행되면서 특수교육의 새로운 방향이 제시되었다. 그동안 전환교육에 대한 논문, 보고서, 번역서, 저서가 집필되어 특수교육 연구와 실제의 한 분야로 자리 잡으면서 특수교육의 내용과 방법이 장애학생들의 삶의 질 향상으로 이어질 수 있는 방안들이 모색되었다.

이 책은 이제까지 국내외에서 연구되었던 논문이나 저서 등에 기반을 두고 있으나 몇 가지 특징이 있다. 첫째, 이 책에서는 7명의 학생 사례가 제시되면서 대부분의 장에서 학생의 사례와 연관된 내용을 구체적으로 포함하고 있다. 이러한 사례는 독자들이 전환교육을 이해하고 교육현장에 적용 및 실천할 수 있는 가능성을 높여 줄 것이다. 둘째, 최근 우리나라에서 수행된 '장애학생 교과연계 전환역량 향상 프로그램 개발' 등 국내의 연구 개발 결과를 반영하여 학령기 수업을 통한 적용 가능성을 제고하였다. 셋째, 저자들은 전환교육을 전공하였거나 강의하고 있는 전문가로 구성되었으며, 공동으로 이 책을 저술하기는 하였으나 가능하면 통일된 방식으로 독자들에게 다가갈 수 있도록 노력하였다.

이 책이 장애학생들의 교육과 재활에 관심이 있는 대학생, 대학원생, 교육자, 연구자, 학부모, 실천가에게 이론과 실제의 측면에서 도움이 될 수 있었으면 한다. 이 책이 출판되기까지 아낌없이 지원해 주신 학지사 김진환 사장님과 편집을 담당해 주신 조은별 선생님 및 직원 여러분께 감사드린다. 이 책을 통하여 특수교육을 받은 학생들이 지역사회에서 생활하고, 일하고, 학습하는 삶으로 나아갈 수 있기를 희망한다.

2023년 8월
저자 대표 박희찬

차례

◆ 머리말 _ 3

제3장 우리나라 전환교육 경과 _ 55

제2부 ··· **지역사회 전환**

제4장 자립으로의 전환 _ 83

제3부 · · · **전환평가**

제4부 ··· 전환교육의 실제

제1부

전환교육의
기초

제**1**장
전환교육의 개요

박희찬

1. 전환

1) 일반교육에서의 전환

　'전환'의 개념은 국립국어원 『표준국어대사전』에서 "다른 방향이나 상태로 바뀌거나 바꿈"으로 제시되어 있다. 한 개인이 살아가는 과정에서 현재의 방향이 다른 방향으로 바뀔 수도 있고 현재의 상태에서 다른 상태로 바뀔 수 있는데, 이는 사전적 의미의 전환이다. 학령기 학생의 경우 새로운 학년으로 바뀌거나 중학교에서 고등학교로 진학하는 것처럼 학교급이 바뀌는 경우도 전환의 사례이다.

　우리나라 학생들은 초등학교에서 중학교, 중학교에서 고등학교라는 학교급 전환을 거치면서 물리적 환경의 변화, 교사와 또래 등 인적 환경의 변화, 학업에 대한 양이나 질의 변화 등 많은 과제와 도전에 직면하게 된다. 초등학교를 졸업하는 학생들이 중학교에 입학하면 학업의 양과 질, 선배와의 관계, 새로운 친구 사귀기, 학교 규칙 준수, 이성 교제, 진로 등을 걱정하는 것으로 나타났다(강갑준, 임수진, 2018; 유순화, 2007). 이은상과 이은주(2021)는 중학교로 진학하는 신입생이 원활하게 전환할 수 있는 역량으로 학습, 학생으로의 생활, 공간 및 테크놀로지 등의 3개 역량군에 대한 오리엔테이션이 필요하며, 이러한 사전 교육을 통하여 학생들은 중학교 생활에 대한 불안감이나 긴장감을 해소할 수 있는 것으로 보고하였다.

교육과정의 측면에서 볼 때 중학교에서 고등학교로 전환하는 시기는 공통 교육과정을 마치고 선택 중심 교육과정으로 옮겨 가며, 대학 입시 준비에 따른 학업 부담이 정점에 도달하게 된다. 중학교를 졸업하면서 각자 선택하게 되는 고등학교는 자신의 미래에 대한 준비를 시작하는 계기가 되며, 학생들은 학교 환경, 친구, 늘어난 교과목 수와 학습해야 할 내용의 증가 및 심화 등과 마주치게 된다(한국교육과정평가원, 2019).

전환에 따른 어려움은 고등학교를 졸업한 후 대학을 진학하는 경우에도 마찬가지로 부과된다. 대학 신입생들은 주거의 독립, 전공 분야 탐색, 새로운 친구나 선배 및 교수 등과의 관계 형성, 동아리 활동, 진로 상담이나 멘토링, 진로 설계나 활동 등을 겪으며 다양한 방식으로 대학에 적응하는 전환을 거친다(홍성연, 2019).

이와 같이 한 개인은 생애주기에 따라 전환의 시기를 겪을 수밖에 없으며, 특히 부모나 사회의 보호를 받는 학령기 학생을 위해 학교급 전환을 위한 프로그램이나 서비스를 적절하게 제공해 줌으로써, 이 시기에 겪을 수 있는 불안감이나 긴장을 완화하고 새롭게 마주하게 되는 학업 과제, 대인관계, 학교 환경에 적절하게 적응할 수 있도록 해야 할 것이다.

2) 특수교육에서의 전환

특수교육을 받고 있는 학생들도 일반교육에서의 전환에서 제기되는 다양한 쟁점에서 벗어날 수 없다. 비장애학생과 마찬가지로 특수교육대상자도 학년과 학교급을 이동하면서 새로운 상황에 놓이게 된다. 특수교육대상자는 비장애학생이 전환의 시기에 겪게 되는 긴장감, 불안감, 무력감 등의 어려움과 함께 자신의 신체적·정신적·감각적 손상으로 인한 장애 때문에 추가로 부과되는 어려움도 있어 비장애학생과 비교할 수 없는 양적·질적 전환의 어려움을 겪을 수 있다. 신체의 기능과 구조에서의 손상은 개인이 과제나 행위를 실행하는 활동을 제한하며, 다양한 학교 및 지역사회 생활에 관여하는 참여도 제한하게 된다(사회보장정보원, 2019). 또한 신체의 손상으로 인하여 학습과 지식 제공, 일반적 과제와 요구, 의사소통, 이동, 자기관리, 가정생활, 대인상호작용과 대인관계, 지역사회생활, 사회생활, 시민으로서의 생활 등 전반적인 영역에서 활동이나 참여가 충분히 이루어지지 못하는 결과를 가져올 수 있다.

특수교육대상자의 경우 유치원이나 어린이집에서 초등학교로 전환하는 시점부터 심각한 도전을 겪게 된다. 부모나 보호자 및 학생 자신의 입장에서 볼 때 초등학교 진학은 새롭게 경험해야 할 다양한 과제를 부여한다. 예를 들면, 특수학교를 선택할 것인지, 일반학교를 선택할 것인지, 혹은 학교의 입학을 유예할 것인지를 결정해야 한다. 이러한 결정이 이루어진다 하더라도 학생이 새로운 학교에서 적응해야 할 생활과 학습, 관계가 있다.

초등학교에서 중학교로의 전환에는 학업, 학교생활, 사회적 관계, 심리, 환경 적응, 가족 등 여섯 가지 측면에서 지원이 필요한 것으로 알려졌다(나수현, 2014). 이를 위하여 효율적인 전환 시스템을 구축하는 것이 필요할 것이며, 전환을 위한 부모상담, 학생·부모·교사를 위한 전환교육 안내, NEIS 시스템의 연계, 체계적인 진단 및 배치 시스템, 초등과정에서의 개별화전환계획(ITP) 작성 등이 필요한 것으로 인식된다(이원희, 곽승철, 2014).

중학교에서 고등학교로의 전환 역시 새로운 학교급으로 진학하여 적응하고 생활해야 하는 과제들에 직면하게 된다. 고등학교 입학을 위한 행정 절차 확인, 고등학교 선택 및 입학을 위한 지원, 고등학교 적응을 위한 기술 및 능력 함양, 고등학교 생활 및 적응을 위한 지원, 고등학교 이후 진로에 대한 구체적인 정보 제공 등이 필요하다(이숙향, 김수현, 임지현, 2015). 이를 위해 실질적이고 구체적인 진학 정보를 제공하고, 장기적인 진로 및 미래 계획을 바탕으로 하는 교육과 진로 정보 및 지원 제공과 역량 강화, 고등학교에 적응하기 위한 적응기술의 증진 등이 확대되어야 할 것이다.

고등학교를 졸업하는 특수교육 대상자들의 진로는 취업으로 나아가는 경우, 전공과나 대학 등 진학하는 경우, 그리고 지역사회 내 장애 관련 기관에서 서비스나 프로그램을 이수하는 경우 등으로 구분할 수 있다. 예를 들면, 특수학교 고등학교 2022년 2월 졸업생은 2,167명이며, 그중 전공과 진학이 1,234명, 전문대학 진학이 12명, 대학교 진학이 61명 등 총 1,307명이 진학하여 그 비율이 59.1%이며, 취업자는 일반고용 6명, 지원고용 31명, 보호고용 22명 등 총 59명으로 6.9%였다(교육부, 2022e). 장애학생의 경우에 의무교육 기간인 유치원에서부터 고등학교까지의 재학 기간을 벗어남은 더 이상 국가 책무로서의 의무교육 혜택이 없어짐을 의미하며, 이는 학생과 학부모 등에게 학령기에 경험하는 전환에 비교가 되지 않을 만큼 커다란 과제와 충격을 부여할 수 있다.

특수교육에서의 전환은 미국에서 고등학교를 졸업하는 학생들이 취업으로 나아갈 수 있도록 하는 방안을 마련하는 데에서 시작되었다(Will, 1983). 미국에서는 1975년 「모든 장애학생을 위한 교육법(EAHCA, P.L. 94-142)」을 통하여 모든 장애학생에게 무상으로 공교육을 제공하는 정책을 실시하였음에도 불구하고, 이들이 학교를 졸업할 때 취업을 하지 못하고 지역사회 내 장애 관련 기관에서 다시 서비스를 받아야 하거나 계속적으로 불확실한 미래에 직면하게 되는 상황을 개선하기 위한 방안이 필요하였다. 그리하여 전환을 장애학생이 학교를 졸업하면서 지역사회에서 취업과 참여 및 생활 등으로 이어질 수 있도록 매개하는 교육과 서비스를 제공하는 것으로 보았다. 다시 말해, 학생을 학교에서 지역사회로 순조롭게 연결하는 교량(bridges)의 역할을 하는 교육과 서비스로 전환을 생각하였다.

우리나라 특수교육 분야에서도 1990년대 초반부터 전환교육에 대한 내용이 소개되기 시작하였다. 곽준기, 박희찬, 정창곤, 정덕채 및 김숙경(1995)은 지체장애인의 전환 결과에 대한 종단적 분석을 통하여 지체장애인이 특수교육을 받고 지역사회로 나아갈 때 취업이나 주거가 어떤 상황인지에 대한 실태조사를 실시하고 그 결과를 보고하였다. 그 이후 2000년대에 접어들어 전환교육에 대한 개념과 모형 소개를 비롯하여 전환교육의 실제와 방안들이 탐색됨으로써 특수교육을 받은 이후 성과에 대한 관심을 제고하게 되었고, 효과적인 특수교육이 되기 위한 방안들을 모색하기 시작하였다(김진호, 2007; 박희찬, 2002; 전보성, 조인수, 2005). 아울러 2003~2007년에 해당하는 특수교육발전종합계획에서도 특수교육 대상자의 직업교육 강화 및 전환 서비스 제공을 확대하는 방안으로 '직업교육-직업훈련-취업알선'의 연계체계를 구축함으로써 전환을 위한 방안을 마련하였다(박희찬, 2016).

2. 전환교육의 이해

이 책에서는 전환교육을 이해하고 적용하기 위하여 전환교육의 배경, 전환교육과 서비스, 전환교육의 성과와 종적 연계 등을 구성요소로 하는 전환교육의 체계를 제시한다([그림 1-1] 참조).

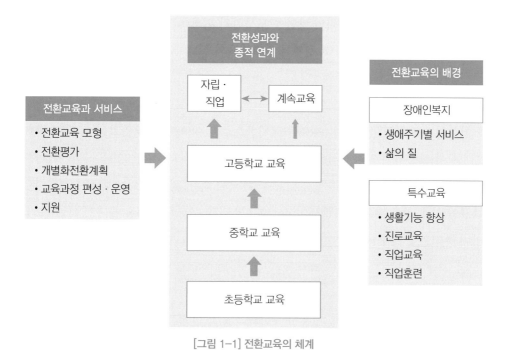

[그림 1-1] 전환교육의 체계

1) 전환교육과 서비스

(1) 전환교육 모형

전환교육의 배경이나 개념을 설명하고 효과적으로 전환교육을 실시하기 위한 방안들을 마련하기 위하여 국내외에서 다양한 전환교육 모형이 개발되었다. 전환교육 모형들은 각 모형에서 중점을 두는 내용과 특성을 포함하고 있으므로 이러한 특성이나 중점 내용을 고려하여 학교 현장에서 전환교육을 이해하고 적용하는 데 활용할 수 있을 것이나. 예를 들면, 전환교육 모형에 따라 다른 교육 방법이나 성과 등의 측면을 제시하고 있다.

(2) 전환평가

전환교육의 과정에서 학생의 현재 수준을 파악하여 교육계획을 작성하며, 교육을 실시한 후 그 성과를 측정하기 위하여 전환평가를 실시한다. 전환평가에는 특수교육에서 전반적으로 활용되고 있는 형식적 · 비형식적 검사나 방법들, 또는 전환교육에 중점을 두고 있는 검사나 방법이 모두 활용될 수 있다. 전환교육을 실시하기 위해 필요한 정보를 수집하고 효과적인 방안을 모색하기 위하여 적절한 검사나 방법을 선정하여 전환평가를 실시한 후, 그 결과를 전환교육의 실제에 활용하게 된다.

(3) 개별화전환계획

전환평가를 통하여 수집한 자료들을 기반으로 하여 학생의 전환교육에 대한 개별화계획에 해당하는 전환계획을 작성하게 된다. 개별화전환계획(ITP)은 구성요소 측면에서 개별화 교육계획과 유사하게 교육의 목표, 내용, 방법 등이 포함될 수 있으나, 학생의 미래 삶의 계획을 포함하여 작성함으로써 특수교육의 최종 성과인 자립과 직업에 종적으로 연계될 수 있어야 한다.

(4) 교육과정 편성 · 운영

전환교육과 서비스는 학령기 동안 체계적 · 종적 연계를 가지고 제공되어야 한다. 이를 위한 방안의 하나는 학교 교육과정을 기반으로 가르칠 내용을 선정하고 적합한 교수 · 학습의 방법을 통하여 지도하는 것이다. 특히 특수교육을 통하여 달성하고자 하는 전환성과와 초 · 중 · 고등학교의 교육 목표가 서로 종적 연계성을 갖는 장기적인 계획 속에서 편성 · 운영되는 교육과정은 특수교육의 효과성과 효율성을 제고하는 데 크게 기여할 것이다.

특수교육대상자의 장애 정도가 심할수록 가르쳐야 할 교육과정의 편성 · 운영에서 우선순위를 중요하게 고려해야 할 것이며, 교과목 간의 연계를 통하여 지도하는 것이 효과적일 수 있다. 따라서 특수교육 교육과정인 기본 교육과정, 공통 교육과정, 선택 중심 교육과정의 성취기준을 고찰하면서 특수교육대상자의 개별화 전환계획에 기반을 두어 학생에게 적합한 교육과정을 편성 · 운영함으로써 전환교육의 성과를 달성할 수 있게 될 것이다.

(5) 지원

학령기 동안 전환평가, 개별화 전환계획, 교육과정 편성 · 운영을 통하여 전환교육과 서비스를 제공하는 데 최선을 다함에도 불구하고 특수교육대상자의 삶은 전환성과인 자립과 직업에 도달하는 데 어려움을 겪는 경우가 많을 수 있다. 따라서 전환교육의 과정에서 항상 학생들에게 적합한 지원을 제공하기 위한 체계를 고려해야 한다. 지원은 특수교육대상자에게만 필요한 것은 아니다. 인간은 누구나 다른 사람들의 크고 작은 지원 속에서 살아가고 있다. 예를 들면, 특수교사는 학교의 행정가, 직원, 관련 전문가, 학부모, 학생들과의 간협력적 관계(interdependent relationship) 속에서 상호 지원을 통해 자신의 업무를 수행하게 된다.

특수교육대상자는 학령기 혹은 학교를 졸업한 이후의 삶에서 다양한 지원이 필요하다. 이 지원은 학령기 학습의 과정에서도 필요하고, 학교를 졸업한 이후 삶의 과정에서도 필요하다. 그리하여 특수교육대상자가 필요로 하는 지원의 정도와 효과적인 지원 방법에 대한 계획과 실행도 함께 이루어져야 한다. 전환능력검사에서는 지원의 정도를 전반적 지원, 확장적 지원, 제한적 지원, 간헐적 지원, 독립 수행으로 구분하고 있다. 이 검사 결과를 바탕으로 특수교육대상자의 전환능력에 대한 현재 수준을 측정하면서 동시에 지원의 정도를 파악할 수 있다(국립특수교육원, 2022a; Schalock, Thompson, & Tasse, 2020). 전환교육에서는 특수교육대상자의 전환역량 향상을 우선시하면서 동시에 적절한 지원을 제공하여 전환역량 향상에 시너지 효과를 줄 수 있도록 해야 한다.

2) 전환성과와 종적 연계

(1) 전환성과

이 책에서는 학령기 특수교육을 통하여 달성해야 할 전환성과를 자립과 직업으로 설정하고 있다. 자립과 직업은 특수교육을 통하여 궁극적으로 도달해야 할 목적이면서 동시에 전환교육을 통하여 달성해야 할 성과이다.

자립은 가정, 학교, 직장 등 지역사회 구성원으로서 독립적이고 주도적으로 살아가는 데 필요한 역량으로서, 실제로 가정, 학교, 지역사회 등에서 자립생활을 할 수 있도록 하는 것이다. 이 역량은 자기관리, 가정생활, 건강, 돈 관리, 지역사회생활, 여가생활의 6개 하위 영역으로 구성되며, 각 하위 영역에 대한 개념은 다음과 같다(국립특수교육원, 2021).

- 자기관리: 자립생활을 영위하기 위해 일상생활에 필요한 기본적인 능력으로 개인 위생 관리, 외모 관리, 외출 준비 등을 들 수 있다.

- 가정생활: 가정에서 일어나는 여러 가지 집안일을 처리하는 데 필요한 기본적인 능력으로 식사, 청소, 빨래, 기기 사용 등을 들 수 있다.
- 건강: 건강하고 안전한 삶을 유지할 수 있는 능력으로 운동, 체중 관리, 병원 진료, 약 복용, 신체 변화 대응, 응급상황 대처, 보조공학기기 사용 등을 들 수 있다.
- 돈 관리: 개인이 안정적인 자립생활을 영위하기 위해 필수적으로 요구되는 능력으로 현금과 카드의 사용, 용돈의 관리, 은행 거래 등을 들 수 있다.
- 지역사회생활: 지역사회 구성원으로 살아가기 위해 습득해야 할 기술과 능력으로 이동, 교통수단, 교통 안전규칙, 공공기관 및 편의시설 이용 등을 들 수 있다.
- 여가생활: 자신이 자유롭게 사용할 수 있는 시간에 삶의 활력을 가질 수 있도록 수행하는 자발적인 활동으로 여가활동 계획, 여가 프로그램 정보 활용, 여가시설 이용, 혼자 혹은 함께하는 여가활동 등을 들 수 있다.

직업은 자신에 대한 이해와 직업세계에 대한 탐색을 바탕으로 자신에게 적합한 직업을 선택하고 직업인으로서의 생활을 유지하는 데 필요한 역량으로서 실제로 직업생활을 할 수 있게 하는 것이다. 직업생활 영역은 직업탐색, 직업기능, 직업생활의 3개 하위 영역으로 구성되며, 중학교에서의 각 하위 영역에 대한 개념은 다음과 같다(국립특수교육원, 2021a).

- 직업탐색: 자신의 특성에 대한 이해를 기반으로 하여 직업의 역할과 다양한 직업의 유형을 탐색하는 활동으로 자기 이해, 직종의 탐색, 직업훈련 및 취업기관의 탐색, 직업 정보 수집 등을 들 수 있다.
- 직업기능: 직무에서 요구되는 작업 활동에 필요한 기본적인 능력과 태도로 기초학습 능력, 신체 능력, 도구 사용 능력, 컴퓨터 활용 능력, 과제의 신속성 및 정확성 등을 들 수 있다.
- 직업생활: 직업을 갖고 난 이후 직업인으로 생활하는 데 필요한 능력을 기르기 위하여 학교생활에서 기를 수 있는 태도로 시간 및 규칙, 맡은 일, 동료와 협력 등을 들 수 있다.

자립과 직업의 전환성과는 고등학교 졸업 후 곧바로 도달할 수도 있고, 계속교육을 받은 후에 이루어질 수도 있다. 계속교육은 고등학교 졸업 이후 생애 전반에 걸쳐 원하는 교육을 받아 개인이 자신의 삶의 질을 향상할 수 있는 역량으로 평생교육이나 대학교육을 통하여 자립과 직업의 성과를 높일 수 있게 하는 것이다.

(2) 종적 연계

전환교육의 과정과 성과는 초 · 중 · 고등학교 등 각 학교급의 연계 속에서 이루어질 때 가장 효과적이다. 그러나 고등학교 특수교사를 대상으로 하는 연구에서 89.6%의 교사는 학교급 간 진로 · 직업교육의 일관성이 떨어지며, 이는 교사 간 공통된 인식을 공유하지 못하기 때문으로 조사되었다(홍정숙, 2015). 학교급 간 종적 연계를 효과적으로 실시하기 위해서는 지역사회에서의 자립과 직업을 전환성과로 명확하게 제시하고, 이 성과에 도달할 수 있도록 고등학교, 중학교, 초등학교로 이어지게 교육목표를 하향식으로 설정할 수 있어야 한다. 이 책에서 설정하고 있는 자립과 직업이라는 전환성과에 도달할 수 있도록 초등학교에서 중학교를 거쳐 고등학교까지 학생의 현재의 수준을 고려하고 적합한 목표를 설정하는 학교 교육과정이 편성 · 운영될 수 있어야 할 것이다.

종적 연계는 전환능력검사를 활용하여 그 검사의 영역과 하위 영역을 중심으로 특수교육 교육과정의 교과를 통한 프로그램 운영으로도 가능할 수 있다. 예를 들면, 자립을 위한 자기관리 능력을 향상하기 위한 교육과정 성취기준이나 교과용 도서의 내용을 초등학교, 중학교, 고등학교의 교육과정에서 추출하여 편성한 후 지도할 수 있을 것이다. 즉, 초등학교 기본 교육과정에서 선택하여 자기 관리 능력을 가르치고, 이어서 중학교 및 고등학교 기본 교육과정에서 선택하여 지도할 수 있을 것이다.

학령기 동안 전환역량을 중심으로 하는 교육과정 편성 · 운영 시 전환능력검사의 결과를 활용할 수 있을 것이다. 초등학교를 마치고 중학교에 입학하는 경우 초등학교에서의 전환능력검사 결과를 참고하여 중학교에서 종적 연계성을 가지고 학생에게 요구되는 교육과정을 편성 · 운영할 수 있다. 마찬가지로 중학교를 졸업하고 고등학교에 입학하는 경우에도 중학교에서의 전환능력검사 결과를 참고하여 고등학교에서의 종적 연계성을 가지고 교육과정을 편성 · 운영할 수 있다.

3) 전환교육의 배경

(1) 특수교육

우리나라에서는 1977년 「특수교육진흥법」이 제정된 이래 특수교육에 대한 국가의 공적 책무성이 강화되고 특수교육대상자의 교육 기회가 확대되어 왔다. 2000년을 지나면서 특수교육의 기회 확대에 대한 그동안의 관심에서 특수교육의 질적 수준 향상을 위한 방안들이 논의되었다. 단순히 특수교육에 대한 기회를 제공하는 것이 아니라 특수교육을 통하여 장애학생이 지역사회에서 가능하면 자립생활을 하면서 직업을 가지고 살아갈 수 있는 역량을 기르고 궁극적으로 성인으로서의 삶의 질을 향상할 수 있는 방향으로 나아가야 한다는 점을 보다 분명하게 제시하기 시작하였다.

장애에 대한 개념이나 특수교육에 대한 패러다임 역시 시대에 따라 변천되어 왔다. 예를 들면, 지적장애에 대한 개념이 2021년에 개정되면서 지적장애의 개념적 구성요소의 하나인 적응행동이 지적 기능성과 대등하게 중요히 다루어질 뿐만 아니라 개별화된 적절한 지원이 장기간 제공된다면 생활기능이 향상된다고 보고 있다(Schalock, Luckason, & Tasse, 2022). 또한 1992년 지적장애 개념 정의 이후에 개인의 활동 및 참여를 확대하기 위한 다차원적 노력과 지원이 강조되고 있다.

특수교육대상자의 생활기능 향상을 통하여 이들이 지역사회 내에서 통합된 삶을 살아갈 수 있도록 하며, 환경의 개선과 지원을 통하여 사회통합으로 나아가게 할 수 있어야 한다. 특수교육은 그 대상자들이 학령기를 마치고 성인으로서의 삶의 질을 향상할 수 있도록 체계적으로 계획하고 준비하여야 하며, 이러한 노력의 일환으로 전환교육이 1980년대 중반부터 미국의 특수교육에 도입되었다. 우리나라의 경우, 전환교육은 1990년대 중반부터 소개되었고, 교육의 실제에서 새로운 방안들이 강구되었다(곽준기 외, 1995).

일반교육과 특수교육 분야에서 학령기에 실시되어 왔던 진로교육, 직업교육, 직업훈련 등은 전환교육과 밀접한 관련성이 있다. 진로교육은 미국에서 1970년대에 강조되었고, 우리나라에서도 1980년대부터 계속 강화되고 있다. 모든 학생은 자신의 진로를 인식하고 탐색하며 준비하는 과정을 거쳐서 성인으로의 삶을 준비하게 된다. 진로교육은 특수교육대상자에게도 비장애학생과 똑같이 중요하므로 특수교육 관련 법에서 진로교육에 대한 조항이 포함되어 왔다. 진로교육은 장애학생의 미래를 계획하고 준비한다는 측면에서 전환교육과 관련성이 있다.

직업교육은 학령기 학생들이 직업을 탐색하고 준비할 수 있도록 실시되며, 특히 고등학교 단계에서는 직업을 중점적으로 가르치는 특성화 고등학교가 운영되기도 한다. 또한 기본 교육과정에서는 '진로와 직업' 교과가 중학교와 고등학교에서 편성·운영되고 있으며, 전체 교과 중에서 시수가 가장 많다. 특히 고등학교 선택중심 교육과정에서는 특수교육 전문교과로 '직업·생활'과 '이료'가 편제되어 있어, 직업교육은 장애학생의 직업으로의 전환과 관련성이 높다.

일반 고등학교에 재학 중인 학생들을 대상으로 고등학교 졸업 후 대학으로 진학하지 않고 취업을 희망하는 경우 이수하게 지원해 주는 직업훈련으로 고교위탁 교육과정이 있다. 일반 고등학교 고교위탁 교육과정으로서의 직업훈련은 학교와 직업훈련기관이 서로 위탁 계약을 체결하여 진행되며, 직업훈련기관에서 직업훈련을 하고 고등학교에서 졸업장을 취득하게 된다. 특수교육대상자를 위한 직업훈련 역시 고등학교나 전공과 재학 중에 실시될 수 있다. 이러한 직업훈련은 직업으로의 전환을 위한 구체적인 사례로 볼 수 있다.

(2) 장애인복지

장애인복지 분야에서 생애주기별 재활서비스를 통하여 학령기에 그 이후의 생애주기를 위한 준비를 해야 된다는 점이 강조되고 있다(변용찬 외, 2006). 장애인이 비장애인과 더불어 살아갈 수 있도록 하는 서비스 이념인 사회통합에 따라 장애학생이 통합교육을 통하여 비장애학생과 상호작용하면서 생애주기별 발달과업을 준비하게 된다. 학령기에 있는 특수교육대상자의 경우 학습 과업을 수행할 수 있어야 하고, 동료관계의 형성, 이성 관계의 탐색, 미래에 대한 준비 등이 중요한 과업으로 설정되어 준비할 수 있어야 한다.

삶의 질에 대한 관심은 사회과학 전반에서 연구되어 왔으나 장애인, 노인, 여성 등 주로 소수인에 대한 관점에서 더욱 그러하였다. 학령기의 특수교육은 궁극적으로 장애인의 삶의 질 향상에 기여할 수 있어야 하며(박희찬, 2002), 실제로 장애인 삶의 질을 측정하는 도구가 개발되기도 하였다(박승희, 2002). 삶의 질에 대한 강조는 특수교육대상자의 미래계획을 통하여 삶의 질을 향상할 수 있도록 설계하고 준비할 수 있도록 한다는 측면에서 전환교육과 맥락을 같이한다.

3. 전환교육의 사례

이 책에서는 전환교육의 개념이나 실제에 대한 이해를 돕기 위해 7개의 사례를 제시한다. 이 사례들은 모두 가상으로 작성된 것이며, 전환성과, 전환평가, 교육과정 운영 등 전환교육의 실제에서 활용된다. 사례의 개요는 〈표 1-1〉과 같다.

〈표 1-1〉 전환교육의 사례 개요

사례	학교 수준	성별	장애 유형	장애 정도	직업	계속교육	예시 장
1. 지민	초등학교	여	뇌성마비	경도	-	-	8, 10
2. 민준	중학교(학교)	남	지적장애	중도	흥미 확인	-	8, 9, 11
3. 예슬	중학교(학급)	여	자폐성장애	경도	흥미 확인	-	11
4. 영훈	고등학교(학교)	남	시각중복	최중도	어려움	전공과	4, 9
5. 민수	고등학교 (일반고)	남	지적장애	중도	지원고용	평생교육	5, 6, 8, 9, 12
6. 소영	고등학교 (특성화고)	여	청각장애	경도	일반고용	전문대학	5, 6, 8, 12
7. 재윤	전공과	남	지적장애	중도	보호고용	-	4, 5

1) 사례 1

사례 1(지민)은 일반 초등학교 5학년에 재학 중인 뇌성마비가 있는 여학생의 사례이다. 지민의 부모는 지민이 또래들과는 다르게 1.5세가 지나도 걷지 않아 인근 병원에 문의하였으나 병원으로부터 보행이 느린 것에 대하여 명확한 답을 들을 수가 없었다. 지민은 영유아기 동안 언어 발달이나 사회적 상호작용 등에서는 별다른 어려움이 없었으나 보행이 부자연스럽고 균형감이 떨어져 자주 넘어졌다.

지민의 부모는 지민의 초등학교 입학을 앞두고 병원에서 전반적인 신체기능에 대한 검사를 받은 후 지민이 뇌성마비임을 알게 되었다. 병원에서는 지민이 조금 더 성장하는 과정을 보면서 정형외과적 수술을 권장하였고, 부모는 병원의 권고에 따라 다리 수술을 하였다. 수술 후 지민의 보행이 일부 개선되었으나 여전히 균형감은 떨어졌다.

지민은 일반 초등학교의 일반학급에서 전체 교과 시간에 참여할 수 있었으나 체육 시간이나 현장학습 등 활동이 많은 경우에는 어려움이 많아 체육 시간에는 특수학급으로 가서 특수교사의 지도를 받았다. 지민은 근육에 경직이 있고 균형감이 떨어져 달리기, 오래 걷기, 운동하기 등에 어려움이 있어 체육 시간에 다른 비장애학생들과 함께 활동하거나 참여하는 데 제한이 많았다. 지민의 교과 성적은 중간 정도를 유지하고 있으나 학년이 높아질수록 점차 성격이 소심해지고 친구들과의 상호작용도 약해지는 등 심리적 어려움을 느꼈다.

지민과 부모는 초등학교를 다니면서 많은 어려움을 겪었다. 특히 학년이 바뀔 때마다 새로운 담임교사나 또래들과 적응하는 것이 어려웠다. 보행 자세나 균형 등에 대하여 매년 설명하기는 하지만 주변인들이 전혀 이해를 하지 못하거나 오해를 하는 경우도 있었다. 지민은 집에서 가장 가까운 중학교로 입학하기를 희망한다. 그렇지만 중학교는 각 교과별로 교사들이 가르치므로 적응해야 할 교사들의 수가 많아진다. 또한 초등학교 때의 친구 중에서 같은 중학교로 가게 될 친구도 많지 않을 것 같아 불안하다. 아울러 중학교에서는 자유학기제 등으로 초등학교 때보다 활동이나 참여의 기회가 훨씬 많아질 것으로 보여 학교생활을 어떻게 해야 할지 막막하다.

2) 사례 2

사례 2(민준)는 특수학교 중학교 2학년에 재학 중이며, 지적장애를 가진 남학생의 사례이다. 민준은 태어나는 순간 얼굴의 모습이 부모와 달랐으며 염색체 이상의 하나인 다운증후군으로 판정되어 부모는 큰 충격에 빠졌었다. 민준은 언어 발달이나 지적 기능성 및 적응행동에서 지체되어 생활에 어려움이 컸고, 또래와 어울리지 못하였으며, 가족의 도움을 많이 받으면서 생활하였다. 부모는 민준이 어릴 때부터 장애인복지관에서 조기교육과 치료 등을 받도록 하였고, 장애 자녀를 둔 다른 부모들을 만나서 대화할 기회를 가졌다.

민준의 장애 정도는 심한 편이어서 인근의 일반 초등학교 대신에 통학버스가 운영되는 특수학교 초등학교를 다녔다. 이 학교의 학생들은 대부분 지적장애를 가졌고, 간혹 정서행동장애나 지체장애를 가진 학생들도 있었다. 민준에 대한 교육은 자기 관리, 건강, 지역사회생활, 여가생활 등 자립에 대한 내용과 직업에 대한 기능을 향상하는 데 중점을 두어 이루어졌으며, 초등학교를 졸업하면서 같은 장소에 위치한 특수학교 중학교에 진학하였다.

민준은 초등학교 6년을 다닌 특수학교에서 중학교를 다니므로 학교 환경은 익숙하였다. 그리고 학교 안에서 초등학교 때 담임교사도 만날 수 있고 친구들도 많다. 민준의 부모는 '선생님들께서 알아서 민준의 교육을 하시겠지.' 하고 생각하며 민준의 교육적 요구에 대하여 학교에서 교사와 심도 있게 협의한 적은 거의 없다. 민준의 흥미가 어디에 있는지, 실제로 어떤 생활기능을 수행할 수 있는지, 가장 중요하게 배워야 할 생활기능이 무엇인지 등에 대하여 민준과 부모는 잘 모른다.

민준의 부모는 앞으로 같은 장소에 위치한 특수학교 고등학교에 진학하는 것 외에는 대안이 없다고 생각한다. 그렇지만 주변의 또래 학생들이 일반 고등학교와 특성화 고등학교 등에 지원한다는 이야기를 들을 때마다 민준도 그러한 학교에 다닐 수는 없는지 궁금하기는 하다. 아울러 민준이 고등학교에 진학하게 되면 중학교와 무엇이 달라지는지, 장차 민준이 고등학교를 졸업한 후 어떤 종류의 일을 할 수가 있을지, 민준은 평생 부모와 같이 살아야 할지 등이 막연하게 걱정될 따름이다.

3) 사례 3

사례 3(예슬)은 일반 중학교 2학년에 재학 중이며 자폐성장애를 가진 여학생의 사례이다. 예슬의 부모는 예슬이 영아기 때에는 별다른 행동의 특이점을 발견할 수 없었으나 유아기로 접어들면서 의사소통의 빈도가 낮고 부모나 또래들과의 상호작용을 피하고 혼자 있는 행동이 잦아짐을 알게 되었다. 이러한 예슬의 행동에 대하여 부모는 염려가 없지 않았으나 시간이 지나면서 나아지기를 기대하였다.

예슬은 일반 초등학교에 입학하여 생활하는 과정에서 친구들과 의사소통을 하는 데 어려움이 있었고, 교실이나 학교에서 혼자서 생활하는 날들이 많았다. 예슬은 수업 중 일부를 특수학급에 가서 참여하였는데, 그 시간에 특수교사를 만나는 것은 기쁜 일이었다. 특수교사는 예슬이 특수학급 내 다른 특수교육대상자에 비하여 생활기능이 뛰어나 특수학급에서 다른 친구들을 도와주는 역할을 예슬에게 부여하였다.

예슬의 부모는 예슬의 흥미가 어디에 있는지, 그리고 예슬이 친구들에게 어떻게 받아들여지고 있는지 정확하게 파악하지는 못하고 있다. 또한 부모는 예슬이 스스로 할 수 있는 생활기능들이 무엇이며, 주요 생활기능 중에서 부모의 도움을 받아야 하거나 집중적으로 지도되어야 할 것이 무엇인지 잘 모른다. 이러한 상황 속에서 예슬의 중학교 성적은 갈수록 떨어졌고, 친구들과의 의사소통이나 관계성도 나빠지고 있어 예슬이 중학교 과정을 무사히 마치기를 바라고 있다. 한편으로는 중학교에서 실시하는 자유학기제 동안에 예슬이 하고 싶은 것을 하면서 자신의 진로 방향을 탐색할 수 있었으면 한다.

예슬은 자신이 일반 고등학교와 특성화 고등학교 중에서 어느 고등학교에 진학해야 하는지 알지 못하며, 고등학교 진학과 관련하여 아직까지 예슬의 부모가 담임교사와 상담을 한 적이 없다. 일반 고등학교와 특성화 고등학교는 교육과정에서 어떤 차이가 있는지, 고등학교에서 공부를 하고 난 뒤에는 진로의 방향을 어떻게 선택할 것인지 등은 계속 정보를 수집하고 파악해야 할 과제로 남아 있다.

4) 사례 4

사례 4(영훈)는 시각장애 특수학교 고등학교에 재학 중이며, 시각장애와 지적장애가 중복으로 있는 남학생의 사례이다. 영훈은 미숙아 망막병증으로 인하여 시각장애가 발생하였으며, 유치원, 초등학교, 중학교, 고등학교 과정을 모두 같은 곳에 위치한 시각장애 특수학교에서 다니고 있다. 영훈은 돌 이전에 시각장애가 발생하여 주변 사물이나 대상에 대한 시각적 상을 형성하지 못하였고, 시각을 통한 정보의 수용이나 모방학습을 할 수 없었으며, 신체기능을 향상하기 위한 운동이나 보행에서 비정상적인 패턴을 보이기도 하고, 심리적으로도 위축되었다.

영훈은 초등학교에서 점자를 배우고 보행훈련을 하였으나 지적 기능성에도 제한이 있어 학습의 효과는 매우 낮았다. 영훈이 중학교까지 받은 특수교육은 학교 교육과정이 주로 교과중심이어서 일상생활기술을 습득할 기회가 거의 없었고, 그 결과 가정이나 학교생활에서 주변인들의 도움에 전적으로 의존하였다. 이에 영훈의 부모는 영훈을 보살피는 데 많은 시간을 보내야 한다.

시각장애 특수학교 고등학교를 다니고 있는 또래들은 일반 고등학교 교육과정을 배우면서 대학 진학을 꿈꾸기도 하고, 안마나 침술 등 이료 과목들을 이수하면서 앞으로의 직업을 준비하기도 한다. 영훈은 일반 고등학교 교육과정이나 이료 과목들을 학습하기에는 장애가 너무 심하여 이 학교에서는 중도중복장애 교육과정을 편성하였다. 그러나 이 학교는 중도중복장애 교육과정을 운영한 적이 거의 없어 최근 새롭게 운영하는 중도중복장애 교육과정의 내용과 방법이 얼마나 적합한지, 얼마나 효과적인지 등에 대한 근거 자료와 증거들을 축적할 필요가 있다.

영훈의 부모는 이 학교에 전공과가 있으므로 전공과를 다니면서 가능한 한 학교에 오래 머물 수 있기를 원하는데, 이는 영훈이 학교를 졸업하게 되면 그날부터 부모가 영훈의 일상생활을 돌보아야 하기 때문이다. 부모는 영훈이 장차 전공과를 다니면서 가정이나 지역사회에서 생활하는 데 필요한 생활기술들을 조금이라도 익힐 수 있기를 기대한다. 그리고 영훈이 전공과를 졸업한 후에는 지역사회 내에서 영훈을 계속 돌봐 줄 장애인재활기관이 있었으면 한다.

5) 사례 5

사례 5(민수)는 일반학교 고등학교 재학 중이며, 지적장애가 있음에도 불구하고 부모가 통합교육에 대한 확신을 가지고 있어 초등학교 때부터 통합교육을 받아 온 남학생의 사례이다. 민수는 지적 기능성과 적응행동에서 심각한 제한이 있어 유아기 때 지적장애 2급으로 장애 판정을 받았다. 민수의 부모는 민수가 지적장애로 인하여 일상생활에서 어려움이 있음에도 불구하고 민수가 장애유아 통합어린이집을 다니도록 하였으며, 이후 집에서 가장 가까운 일반 초등학교에 입학하도록 하였다.

민수가 다닌 초등학교는 특수학급이 있어 민수는 일반학급과 특수학급을 오가면서 수업을 들었다. 민수의 부모는 초등학교 입학 전에 그 학교의 특수교사를 만났으며, 민수가 초등학교를 입학한 후에는 담임교사를 자주 만나는 등 민수의 교육을 위해 적극적으로 활동하였다. 민수는 일반 초등학교를 졸업하고 인근의 일반 중학교에 진학하였다. 초등학교와 중학교에서 통합교육을 받는 과정에서 많은 어려움이 있었으나 일반 고등학교로 진학하기 위해 도교육청에 학교 배정을 신청하였다.

민수가 지적장애가 있음에도 불구하고 통합교육을 받는 과정에서 사회적인 기능성이 향상되기도 하였다. 주변에 친구도 있고, 가정과 초·중·고등학교 주변 환경도 익혀 나갔다. 그리하여 지역사회 내에서 생활할 수 있는 능력을 축적해 나갔다. 그

럼에도 불구하고 민수의 일반 고등학교 생활은 여러 어려움이 있다. 특히 학교에서의 수업 내용은 이해하기 어려운 수준이다.

민수의 부모는 지역사회의 마트, 극장, 운동경기장 등을 갈 때 민수와 함께 가는 편이고, 민수는 지역사회에 있는 체육시설에서 정기적으로 운동을 하고 있다. 민수의 부모는 민수가 지역사회 내 평생교육기관을 이용할 수 있을지 고민하고 있다. 그리고 민수의 장애가 심하지만 가능하다면 지역사회 내 사업체에서 지원고용을 통하여 어떤 종류의 일이라도 할 수 있기를, 그리고 민수가 지역사회 내 공동생활가정에서 친구들과 함께 생활할 수 있기를 바라고 있다.

6) 사례 6

사례 6(소영)은 특성화 고등학교에 재학 중이며, 청각장애가 있는 여학생의 사례이다. 소영의 부모는 소영이 신생아일 때는 청각에 이상이 있는 것을 알지 못하였으나 소영이 차츰 성장하면서 주변 소리나 구어에 대한 반응이 떨어지는 것을 알게 되었다. 그리하여 청각검사를 받은 결과 청각에 손상이 있다는 진단을 받고 소영은 보청기를 사용하였다. 소영이 보청기를 사용하였음에도 불구하고 소리 자극의 전달에 어려움이 있었고 언어 습득이 지체되어 구어 사용에서 단어 수가 빈약하고 조음에서 명료도가 떨어지는 등 구어를 통한 의사소통이 원활하지 못하였다.

소영은 초등학교 입학 전에 인공와우수술을 받았다. 인공와우수술을 받은 후 재활치료를 실시하여 구어를 통한 의사소통 능력이 상당히 향상되었다. 일반 초등학교를 졸업한 후 일반 중학교에서의 의사소통 수준이 점차 향상되었으나 여전히 어휘 사용의 풍부성이나 언어 이해, 문장 이해 및 조음에서 어려움을 겪었으며, 학업 성적도 학급의 평균 점수보다 상당히 떨어지는 경향을 보였다.

소영은 현재 특성화 고등학교 조리과 2학년에 재학 중이다. 소영은 최근 요리 프로그램이나 셰프에 대한 내용이 방송에서 자주 나와 장차 호텔조리사가 되기를 희망한다. 학교에서는 현장중심의 실무교육을 제공하고 있어 실습 시간이 많고, 소영은 실습 시간에 조리를 하는 것을 즐기는 편이다. 그러나 소영이 진정으로 조리에 흥미나 적성이 있는지를 알아보기 위해 검사를 받아보거나 상담을 한 적은 없다. 간혹 소영은 이 특성화 고등학교에 있는 금융회계학과와 정보통신과에서 공부하는 학생들이 부럽기도 하였다.

소영은 특성화 고등학교를 졸업한 후 바로 취업을 할지 혹은 전문대학에 진학할지를 아직 결정하지 못하였다. 또한 자신이 취업을 하는 경우 어떤 절차를 거쳐야 하는지, 호텔조리사는 무슨 일을 하는지, 급여는 어느 정도 되는지, 근무 여건은 어떠한지, 대학 진학을 위해 고등학교에서 어떻게 준비해야 하는지, 고등학교를 다니면서 조리 관련 자격증을 어떻게 따야 하는지 등에 대해서도 궁금해한다.

7) 사례 7

사례 7(재윤)은 특수학교 전공과에 재학 중이며, 중도의 지적장애가 있는 남학생의 사례이다. 재윤은 초등학교부터 고등학교까지 같은 장소에 위치한 사립특수학교를 12년 동안 다닌 후에 현재는 전공과에 재학 중이다. 그동안 같은 장소에 위치한 특수학교를 12년 동안 다녔으므로 학교 내 행정가, 교사, 직원 등은 모두 재윤을 알고 있다. 재윤의 부모도 이제는 이 특수학교가 무척 익숙한 장소가 되었다.

재윤은 현재 특수학교 전공과 반 중에서 자립생활반 학생이다. 이 학교의 전공과는 2개의 반이 있는 데, 하나는 직업재활반이고 다른 하나는 자립생활반이다. 자립생활반의 학생들은 대부분 장애가 심해서 전공과 교육 내용으로 생활기능을 익히거나 생활 관련 활동을 하고 있다. 그러나 전공과 수업이 교실이나 학교 안에서 이루어지기 때문에 자립생활반에서 가르치는 생활기능교육이 실제로 재윤이 학교를 졸업한 이후에 얼마나 적용되고 활용될 수 있을지는 알 수가 수 없다.

재윤의 부모는 재윤이 전공과를 다니고 있어 2년이라도 더 학교에 머물 수 있는 것을 다행이라고 여긴다. 재윤의 또래는 대부분 대학을 다니고 있어 재윤이 고등학교를 졸업한 이후 대학은 아니지만 전공과에서 공부를 하고 있어 부모가 직접적으로 재윤을 돌보아야 하는 부담이 줄어든다. 재윤이 지역사회 내 장애인복지관이나 주간보호센터 등에서 주간에 프로그램이나 활동을 할 수도 있겠지만, 그 기관들은 부모가 비용을 지불해야 하고, 학교만큼 안전하게 느껴지지 않으며, 대기도 해야 한다.

재윤의 부모는 재윤이 전공과를 마치게 되면 그동안 받아 왔던 특수교육이 종료된다는 점에 심한 불안감을 느끼고 있다. 재윤이 전공과를 졸업한 이후에 계속 부모와 함께 살아야 할지, 아니면 장애인이 거주하는 시설에 머물러야 할지도 궁금해한다.

무엇보다도 재윤이 14년 동안 다닌 특수학교를 졸업한 이후에는 종일 자신들이 책임져야 한다는 사실이 너무나 무겁게 다가오고 있다. 그래서 장애인복지관이나 주간보호센터 같은 곳을 알아보아야 하는데, 그 기관들에 대하여 여러 이야기를 듣기는 했으나 아직 방문하거나 관계자를 직접 만나 본 적이 없다.

4. 이 책의 구성

이 책은 총 4부와 12개 장으로 구성되어 있다.

제1부 '전환교육의 기초'는 전환교육에 대한 이론에 중점을 두며, 3개의 장으로 구성되어 있다.

제1장 '전환교육의 개요'에서는 이 책의 이론적·논리적 체계와 전반적인 구성을 소개하는 데 중점을 둔다. 먼저 '전환'에서는 일반교육과 특수교육에서 사용하는 전환의 의미를 소개하고, 그다음 '전환교육의 이해'에서는 이 책의 전환교육 모형을 중심으로 전환교육에 대한 전반적인 이해를 돕는 데 초점을 둔다. 마지막으로, '사례'에서는 이 책의 후속 장에서 예시하게 될 7개 사례를 소개하며, '이 책의 구성'에서는 책의 전반적인 내용을 소개하고 있다.

제2장 '전환교육의 정의와 모형'에서는 전환교육에 대한 개념 정의와 관련 모형 소개에 중점을 둔다. '전환교육의 개요'에서는 전환교육의 거시적·미시적 정의를 소개하며 진로교육 및 직업교육과의 연관성을 다룬다. '전환교육의 모형 및 교육적 시사점'에서는 국외 선환교육 모형을 중심으로 각 모형마다 개념, 교육 방법, 성과, 교육적 시사점 등을 제시한다.

제3장 '우리나라 전환교육 경과'에서는 국내 장애학생 전환교육의 정책과 연구의 경과를 제시하며, 시대별 흐름과 변화를 살펴보는 데 중점을 둔다. 먼저, 국내의 장애학생 전환교육 정책의 흐름과 주요 특징을 제시하며, 그다음 장애학생 전환교육과 관련된 연구의 흐름을 1990~2000년, 2000~2010년, 2010~2022년으로 구분하여 주요 특징을 살펴본다.

제2부 '지역사회 전환'은 전환의 유형으로 자립, 직업, 계속교육에 대한 내용을 제시하며, 3개의 장으로 구성되어 있다.

제4장 '자립으로의 전환'에서는 지역사회에서의 살아가기 위한 핵심 쟁점들을 중점적으로 다룬다. 먼저, 자립생활에 대한 전반적인 내용을 설명하고 자립으로의 전환 모델을 소개한다. 그다음 자립으로의 전환을 위한 교육 방안을 모색한다.

제5장 '직업으로의 전환'에서는 질 높은 진로 및 직업 교육과정, 적절한 교육환경, 다양한 프로그램 제공, 국가차원의 정책을 통하여 장애인들이 직업으로의 전환이 가능하도록 지원할 내용들을 제시하고, 직업으로의 전환 유형을 보호고용, 지원고용, 경쟁고용으로 나누어 사례와 함께 살펴본다. 또한 성공적인 직업 전환을 위해 교육해야 할 내용을 제시한다.

제6장 '계속교육으로의 전환'에서는 계속교육의 개념, 실태 및 중요성에 대해 논의하고, 전공과, 평생교육, 고등교육의 개요, 법적 근거, 현황 및 교육과정 등을 제시한다. 또한 계속교육으로의 전환을 위한 교육에서는 계속교육으로 전환하는 데 있어 필요한 선수기술과 함께 사례 적용의 예시를 제시한다.

제3부 '전환평가'는 전환교육의 계획과 실시 과정에서 필요로 하는 평가의 방법을 탐색하며, 2개의 장으로 구성되어 있다.

제7장 '전환평가의 개념과 방법'에서는 전환평가의 개념, 종류 및 특징과 단계 등을 이해하고, 전환평가에서 사용하는 검사들을 소개한다. 또한 형식적 비형식적 도구들의 특성과 사용 방법을 살펴본다.

제8장 '전환능력검사의 실시'에서는 전환능력검사를 소개하고 실시 방법을 안내하는 데 중점을 둔다. '전환능력검사의 소개'에서는 전환능력검사의 개요를 제시하고 개발과정을 살펴보는 데 초점을 둔다. '전환능력검사의 구성'에서는 초등학교, 중학교, 고등학교로 구성된 검사 도구를 소개한다. 또한 전환능력검사의 실시 방법을 안내한다.

제9장 '전환능력검사의 활용'에서는 전환능력검사 결과보고서를 해석하고 검사 결과를 활용하여 개별화 전환계획을 작성하는 데 중점을 둔다. 전환능력검사의 결과보고서에 대한 해석 방법을 제시하고, 그다음 검사 결과의 활용하여 개별화전환계획을 작성해 본다. 마지막으로, 제1장에 소개된 다양한 사례를 활용하여 검사 결과를 활용할 수 있는 방법을 모색해 본다.

제4부 '전환교육의 실제'에서는 초 · 중 · 고등학교에서의 전환교육 실제에 대하여 사례와 함께 프로그램 실시 방안을 제시하며, 3개의 장으로 구성되어 있다.

제10장 '초등학교 전환교육 실제'에서는 제8장의 전환능력검사 실시와 연계하여 초등학교에서 실시하는 내용을 기술한다. '초등학교 전환교육 목표'에서는 초등학교 시기의 특성, 초등학교에서의 자립, 중학교 준비교육의 목표를 제시한다. '초등학교 교육과정 운영'에서는 사례와 함께 공통 교육과정 및 기본 교육과정의 초등학교 시간 배당 기준을 소개한다. '학교 전환교육 수업의 실제'에서는 교과연계 전환역량 향상 프로그램의 교사용 지도서를 중심으로 수업의 실제에 대한 예시를 제시한다.

제11장 '중학교 전환교육 실제'에서는 제8장과 제9장의 전환능력검사 실시 및 활용과 연계하여 중학교에서 실시하는 내용을 기술한다. '중학교 전환교육 목표'에서는 중학교 시기의 특성, 중학교에서의 자립, 직업의 목표에 대하여 제시한다. '중학교 교육과정 운영'에서는 사례와 함께 공통 교육과정과 기본 교육과정의 단위 배당 기준과 중학교 과정에서 실시하고 있는 자유학기(년)제에 대하여 소개한다. '중학교 전환교육 수업의 실제'에서는 교과연계 전환역량 프로그램의 교사용 지도서를 중심으로 수업의 실제에 대한 예시를 제시한다.

제12장 '고등학교 전환교육 실제'에서는 제8장과 제9장의 전환능력검사 실시 및 활용과 연계하여 고등학교에서 실시하는 내용을 기술한다. '고등학교 전환교육 목표'에서는 고등학교 시기의 특성, 고등학교에서의 자립, 직업, 계속교육의 목표를 제시한다. '고등학교 교육과정 운영'에서는 사례와 함께 선택중심 교육과정의 단위 배당 기준과 기본 교육과정의 단위 배당을 소개한다. '고등학교 전환교육 수업의 실제'에서는 교과연계 전환역량 프로그램의 교사용 지도서를 중심으로 수업의 실제에 대한 예시를 제시한다.

요 약

제1장에서는 전환교육에 대한 전반적인 소개에 중점을 두었다.

1. '전환'에서는 일반교육과 특수교육에서 사용하는 전환의 의미를 소개하였다.

2. '전환교육의 이해'에서는 이 책에서 제시하는 전환교육 모형을 중심으로 전환성과와 종적 연계, 전환교육과 서비스, 전환교육의 배경 등을 제시하였다.

3. '사례'에서는 이 책의 다른 장에서 예시하게 될 7개 사례를 소개하였다.

4. '이 책의 구성'에서는 제1~4부 및 각 장별의 내용을 요약하여 제시하였다.

활 동

1. 중학교에서 고등학교로 진학하는 전환기에 느낄 수 있는 불안감이나 스트레스 등 심리적 상황을 조사해 봅시다.

2. [그림 1-1]에서 제시된 '전환교육의 체계'를 살펴보면서 특수교육대상자에게 중학교 졸업할 때와 고등학교 입학할 때에 제공할 수 있는 전환교육 · 서비스에는 무엇이 있는지 토론해 봅시다.

3. 이 책의 참고문헌에 제시된 김진호(2007), 박희찬(2016)을 읽고, 이 논문들이 특수교육을 운영할 때 주는 시사점을 토론해 봅시다.

제2장
전환교육의 정의와 모형

이정은

1. 전환교육의 정의 개요

1) 전환교육의 정의

전환교육에 대한 정의를 살펴보기 이전에 전환에 대한 뜻을 이해할 필요가 있다. 앞서 제1장에서 언급하였듯, 전환(transition)이란 어떠한 상태 혹은 조건에서 다른 상태나 조건으로 이동 또는 변화되는 과정을 뜻한다. 구체적으로 장애학생과 관련된 전환을 논한다면, 주로 학교 또는 교육과 관련해서 새로운 변화가 일어나거나 변화가 요구될 때 발생하는 시기를 뜻한다. 이러한 정의에 근거한다면 전환은 다시 수직적 전환과 수평적 선환으로 구분할 수 있다. 수직적 전환(vertical transition)이란 연령에 따라 영유아기에서 초등학교로의 전환, 중학교에서 고등학교로의 전환, 고등학교에서 성인기로의 전환 등을 포함한다. 반면에 수평적 전환(horizontal transition)의 경우, 같은 시간대에 있어 일반학교/특수학급에서 특수학교로의 전환, 순회교육으로의 전환, 전학 및 이사로 인한 배치전환 등을 포함한다. 이처럼 한 개인은 전 생애에 걸쳐 여러 번의 전환을 맞이하며 새로운 환경 내 역할로서의 변화를 요구받는다(Hunt & Marshall, 2005).

그렇다면 전환교육이란 새로운 변화가 일어나는 전환 시기를 유연하게 대처하기 위해 제공되는 모든 형태의 교육 및 활동으로 정의될 수 있다. 기존의 수직적 전환/수평적 전환을 모두 어우르는 거시적 정의에 기반한다면 전환교육은 환경의 변화로 일어나는 모든 변화에 있어서 제공되는 교육으로 다루어지나, 미시적 정의에 기반한다면 미국 「장애인교육법(IDEA)」하에 16세부터는 반드시 개별화전환계획 (Individualized Transition Plan: ITP)을 포함시킨다는 조항을 통해 전환교육은 중·고등학교에서부터 성인기로의 전환 시기에 제공되는 교육 및 활동으로 정의할 수 있다.

전환교육 모형을 제시한 학자들의 다양한 전환교육 정의를 살펴보면, 1984년 특수교육 및 재활서비스국(The Office of Special Education and Rehabilitative Services: OSERS)에서는 "학교에서 직업생활로의 전환이란 고용으로 연결되는 다양한 서비스와 경험을 포함한 결과중심의 과정"이라 정의하였다(Will, 1984, p. 2). 비슷하게, Wehman, Kregel 및 Barcus(1985)는 전환교육을 "특수교육관계자나 성인직업재활 제공자에 의하여 시작될 수 있는데, 3년 또는 5년 이내에 학교를 졸업하거나 떠나게 될 장애학생에게 취업이나 직업훈련을 계획하고 시행하기 위하여 세밀히 계획된 과정이다. 이 과정은 특수교사, 직업교사, 장애학생과 그 부모, 성인 장애인 서비스 제공자, 그리고 가능하면 지역사회 내 고용주 등과 함께 협력하여 계획되어야 할 것이다."라고 정의하였다.

이후 1994년 진로개발 및 전환 분과(DCDT-CEC)에서 Halpern(1994)이 전환이란 "학생의 역할을 떠나 지역사회에서 성인의 역할을 감당하게 되는 지위 및 상태의 변화"와 관련이 있음을 제시하였다. 여기에서 제시하는 성인의 역할이란 고용 및 중등이후 교육에 참여하기, 가정생활 영위하기, 지역사회의 적절한 구성원 되기, 성공적인 개인적 및 사회적 관계 맺기를 포함하며, 이 과정에는 학교, 성인기관, 지역사회 내 자연적 지원이 협력적으로 연계되어야 한다. 이 정의에서는 전환을 서비스 전달 개념으로만 국한시키지 않고 학교에서 성인생활로의 전환을 하나의 과정으로만 강조한다는 데 의의가 있다. 또한 이 정의는 전환계획이 늦어도 14세에 시작하도록 초등학교 및 중학교 과정 중에 시작해야 한다는 것을 강조한다(Sitlington, Clark, & Kolstoe, 2000).

2) 전환교육의 법적 정의

전환교육의 학문적 정의 이외에도 전환교육의 국내외 법적 정의를 살펴보면 다음
과 같다. 1990년부터 전환교육의 의무적으로 제공해야 함을 명시한 미국「장애인교
육법」(IDEA, P.L. 101-476)에 따르면 전환교육은 다음과 같이 정의된다.

  (a) 전환서비스란 장애학생을 위한 일련의 통합된 활동의 수단으로
    (1) 전환은 성과지향 과정 내에서 설계된다. 이는 장애 학생들이 학교에서 학교 이
      후의 활동으로의 이동을 촉진할 수 있도록 학업적 및 기능적인 성취의 개선에
      초점을 두는데, 중등이후 교육, 직업교육, 고용 중재, 계속적인 성인교육, 성인
      서비스, 자립생활이나 지역사회 참여를 포함한다.
    (2) 이는 학생의 강점, 기호나 흥미를 고려한 학생 개인의 요구를 기초로 하며, 다
      음 사항을 포함한다.
      ① 교수, ② 관련 서비스, ③ 지역사회 경험, ④ 고용 및 이 외 학교 이후의 성인
      생활 목표 개발, 그리고 ⑤ 만약 적절하다면 일상생활기술 습득과 기능적 직업
      평가를 포함한다.
  (b) 만약 특별하게 설계된 교수 혹은 관련 서비스로서 제공되거나, 장애학생이 특수
    교육으로부터 혜택을 얻게 보조하도록 요구된다면 장애학생을 위한 전환서비스
    는 특수교육이 될 것이다(section 300.43).

P.L. 101-476에서 제시하는 학교 이후로의 전환이란 중등이후 교육, 직업훈련, 통
합훈련, 평생교육, 성인서비스, 자립생활, 지역사회 등을 포함하는 것으로, 단지 고용
뿐만 아니라 지역사회 내 확장된 삶의 영역의 요구를 다루는 것을 의미한다. 또한 일
련의 통합된 활동은 기관 간의 연계를 강조하는 것이며, 전환 과정에서는 교수 · 학습
에서부터 일상생활기능 습득 및 기능적 직업평가까지 모두 아우르는 개인에 맞는 서
비스를 강조하였다.

반면에 우리나라 특수교육 관련법에는 전환교육이라는 용어 대신 '진로 · 직업교
육'이라는 용어로 그에 대한 정의가 제시되어 있다. 1977년「특수교육진흥법」에는
진로 · 직업교육 시설과 설비 구비에 대한 하나의 조항만으로 시작되었으나, 1994년
「특수교육진흥법」의 전면 개정으로 진로 및 직업 교육, 전공과 설치 등 세부 사항을

정하여 법적 토대를 마련하였다. 이후 2008년 시행된「장애인 등에 대한 특수교육법」에서 진로 및 직업 교육에 대한 정의, 내용, 범위 및 관련 기관과의 협력에 대한 내용을 보다 구체적으로 뒷받침하고 있다(박희찬, 2016).「장애인 등에 대한 특수교육법」제2조에서는 진로 및 직업 교육을 "특수교육대상자의 학교에서 사회 등으로의 원활한 이동을 위하여 관련 기관의 협력을 통하여 직업재활훈련·자립생활훈련 등을 실시하는 것"으로 정의하였다. 이를 살펴보았을 때 국내 법적 정의에서 전환교육이란 '사회로의 원활한 이동' '관련 기관 협력' '직업재활 및 자립생활훈련' 등의 키워드로 그에 대한 의미를 유추해 볼 수 있다(박희찬 외, 2022 재인용).

3) 진로교육, 직업교육, 전환교육 간의 관계

전환교육은 시대에 따라 정의의 범주가 발전해 왔으며, 이로 인해 국내에서는 '전환교육' '직업교육' '진로교육'이라는 용어가 혼재되어 사용된 것으로 나타났다. 이는 각각의 개념, 내용 및 방법이 독립적이지 않고 상호 연계되어 있기 때문이다. 1960년대에는 장애학생들의 제한된 직업 성과로 인해 직업훈련의 성격이 강한 직업교육이라는 용어를 주로 사용하였다. 일반적으로 '직업교육(vocational education)'이란 직업생활에 필요한 지식이나 기능, 기술을 가르치는 것을 뜻하며, 가장 협의의 정의에 해당한다. 그러나 1970년대에 직업교육보다 광의의 영역인 진로교육이 등장하였으며, 1980년대 중반에 '전환교육'이라는 용어를 사용하였다(Sitlington et al., 2000).

'진로교육(career education)'이 자신의 독립적인 삶과 관련된 진로 탐색, 인식 및 선택 그리고 수행이 원활하도록 지원하는 개념으로서 직업교육보다 종합적이고 넓은 관점을 차용하는 반면, '전환교육(transition education)'은 이러한 진로 및 직업 교육을 모두 포괄하는 종합적인 광의의 개념으로서 학교 내 교육과정 뿐 아니라 학교 이후 활동을 지원하는 결과중심의 활동을 의미한다(김동일 외, 2010; 정희섭 외, 2005). 우리나라에서는 전환교육이라는 용어가 '전환과정, 직업 전환, 전이, 전환서비스' 등의 용어와 함께 1990년대 중반 이후부터 특수교육 분야에서 주로 사용되고 있으며(김동일 외, 2010; 조인수, 전보성, 2007), 전환교육이라는 개념 안에 진로교육과 직업교육이 상호 보완 및 연계 속에서 이루어지도록 하였다(박희찬, 2016).

2. 전환교육의 모형

장애학생의 전환교육 성과 또는 효과를 높이기 위해서는 학교현장에서 실시될 수 있는 전환교육 모형을 살펴보고, 이에 기반하여 구체적인 교육 프로그램 및 교육방법이 제공되어야 할 것이다. 이와 관련하여 1980년부터 2000년대의 대표적인 전환교육 관련 모형들은 다음과 같다. 구체적으로, Will(1984)의 교량 모형, Halpern(1985)의 지역사회 적응 모형, Wehman 등(1985)의 장애학생을 위한 3단계 직업 전환 모형, Brolin(1992)의 생활중심 진로교육 모형, Kohler(1996)의 전환 프로그램 분류 모형, Severson 등(1994)의 전환교육 통합 모형, Sitlington 등(2000)의 포괄적 전환교육 서비스 모형 등이 있다.

1) Will의 교량 모형

1975년 제정된 「전장애아교육법(IDEA, P.L. 94-142)」을 근거로 3~21세의 모든 장애아동에게 필요한 무상교육을 규정한 이후 장애아동의 공교육 접근성은 크게 확대되었다. 그러나 10여년이 지난 1980년대에 들어서 특수교육의 결과 및 효과에 대한 논의가 이루어지며 여러 조사연구가 실시되었는데, 이들의 성과는 회의적으로 나타났다(Blackorby & Wagner, 1996). 이에 장애학생이 실생활에서 필요한 실제적인 교육과정과 관련 서비스를 제공해야 한다는 필요성이 대두되었고, 이에 근거하여 전환교육이 처음으로 언급되기 시작하였다.

이와 관련하여 가장 먼저 등장하였고 광범위하게 알려져 있는 전환교육 모형으로 전 미국 특수교육 및 재활국(OSERS) 소속 교육부 차관이었던 Will(1984)과 관계자들이 제시한 교량 모형(the OSERS transition model; Will, 1984)이 있다. Will은 고등학교와 졸업 후의 직업생활 간의 '다리/교량(bridges)' 또는 '연결(linkages)'을 강조하며 학교에서 고용으로 이끄는 폭 넓은 서비스와 지원을 제공하는 성과중심의 과정을 반영한 모형을 제시하였다(Will, 1984). 지역사회 기회와 서비스 협력이 장애학생의 환경과 요구에 부합해야 한다는 가정 아래 Will의 모형의 특성은 고용/직업 적응을 궁극적인 목표로 두었으며, 학교 활동과 경험은 고용에 도움이 되어야 한다고 여겼다(Morgan & Riesen, 2016). 이에 고용으로의 전환에 필요한 세 가지 전환서비스를 교량/다리로 개념화하였다([그림 2-1] 참조). 구체적으로, 세 가지 전환서비스는 일반적 서비스, 시간제한적 서비스, 지속적 서비스이다. 일반적 서비스(no special service)는 장애학생만을 위한 특별한 외부의 전환서비스를 지원 받지 않고서도 직업 적응을 이루게 하는 것으로, 기존 특수교육 현장에서 일반적으로 이루어지고 있는 것을 의미한다. 학생들이 고등교육에 진학하거나 관련 네트워크를 통해 스스로 고용에 참여하는 것을 예로 들 수 있다. 시간제한적 서비스(time-limited service)는 일정기간 직업재활(vocational rehabilitation)이나 전문직업훈련과 같이 단기간 동안 제공되는 특별히 고안된 전환서비스를 의미한다. 지속적 서비스(ongoing service)는 중도장애인을 대상으로 필요한 기간만큼 전환서비스를 지속적으로 제공하는 것을 의미하며, 단적인 예로 지원고용 또는 보호고용과 같은 형태의 고용이 포함된다. 특히 이 모형에서는 장애 정도가 아니라 지원의 정도에 따라 전환서비스가 제공되어야 함이 강조되었다.

교량 모형에 대한 연방 지원으로 인해 장애학생을 위한 중등 또는 성인 프로그램에 재정 지원금이 투입되어 새롭고 혁신적인 전환계획 및 서비스 모형들이 개발되었으며, 처음으로 국가적인 관심을 불러일으켰다는 데 의의가 있다. 그러나 학생의 특성, 흥미, 선호를 고려하지 않고 전환계획의 결과가 고용 및 취업이라는 단 하나의 영역으로 국한되었다는 제한점이 있다(Baer, Flexer, & McMahan, 2005). 뿐만 아니라 전환교육과정을 고등학교 졸업 후 성인기로 나아가는 몇 년간의 기간에만 국한하였다는 제한점도 있다.

[그림 2-1] Will의 교량 모형

출처: Will (1984), p. 7.

2) Halpern의 지역사회 적응 모형

1985년 Halpern은 오직 학교에서 고용으로의 전환에만 초점을 둔 Will의 교량 모형의 제한점을 보완하고자 기존의 교량 모형에서 주거, 고용, 사회·대인관계 기술을 아울러 지역사회 적응 측면까지 확장한 적응 모형(Halpern's transition model; Halpern, 1985, 1992)을 만들었다. 그는 Will과 마찬가지로 전환에 있어 다리/연결을 강조하였으나 고용이 '질적인 삶'에 있어서 유일무이한 요인이 아니며, 지역사회에서 성공적으로 통합되어 생활하는 것, 즉 지역사회 적응이 전환서비스가 추구해야 할 더 넓은 목표여야 한다고 제안하였다. 지역사회 적응에 대한 강조는 고용(employment) 또는 직업적응뿐만 아니라 적절한 주거환경(residential environment)과 사회·대인관계(social and interpersonal networks)의 중요성을 추가하도록 하였는데, 이는 다음 [그림 2-2]에 3개의 '기둥(pillar)'과도 같다.

구체적으로, 고용 및 직업적응 영역에서는 직업훈련뿐만 아니라 직업조사기술, 직무분석, 최저임금 수준, 고용주에 대한 지원책 등 다양한 요소를 포함한다. 다음으로, 주거환경 영역에서는 장애인들이 최대한 자립하여 생활할 수 있도록 여러 주거 유형 중 적합한 환경을 제공하는 것으로 여가활동, 이웃과의 관계 및 안전 등을 포함한다. 마지막으로, 사회 및 대인관계 영역에서는 지역사회 내 의미 있는 구성원으로 다른 이들과 상호작용하며 살아가는 데 필요한 사회행동훈련 프로그램, 의사소통기술, 자

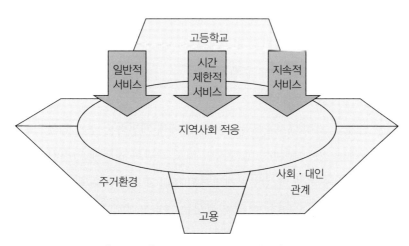

[그림 2-2] Halpern의 지역사회 적응 모형

출처: Halpern (1985).

아존중, 가족지원, 인간관계기술 등과 같은 관련 서비스를 제공하는 것을 포함한다.

이 모형은 고용뿐만 아니라 주거 또는 사회·대인관계 등이 함께 적절하게 형성되어야만 지역사회에 적응할 수 있다고 보는 관점으로, 전환교육의 세 영역의 균형적인 교육 및 지원 체계를 강조하였다는 데 의의가 있다. 이는 추후 IDEA의 전환서비스에 대한 정의를 만드는 근간이 되었으며(Johnson & Rusch, 1993), 특수교육의 궁극적인 성과에 있어 전환교육을 확대시켰다는 데 의의가 있다.

3) Wehman 등의 장애학생을 위한 3단계 직업 전환 모형

Wehman 등은 Will의 교량 모형을 기반으로 학교중심의 3단계 직업 전환 모형(the tree-stage transition model; Wehman et al., 1985)을 제시하였다. 이 모형은 기존 Will의 교량 모형과는 달리 전환교육과정을 고등학교와 고용을 연결하는 하나의 지원 과정으로 보지 않고 이를 세 단계에 걸쳐 이루어지는 복합적 과정으로 제시하였다. Will의 교량 모형과 비슷하게 반면에 고용중심의 결과에 초점을 맞추었다.

앞서 언급하였듯이, 이 모형은 전환교육을 투입과 기초, 과정 그리고 취업 결과 측면의 세 단계로 나누어 제시하였으며([그림 2-3] 참조), 학교에서 중심적으로 이루어져야 할 내용들을 강조하였다. 즉, 학교에는 어떠한 것들이 투입되어야 하는지 결정하고, 과정적으로 적용해야 할 것을 고려하며, 마지막으로 취업 결과로서 기대되는 내용을 고려해야 한다는 것이다.

첫 번째 단계인 '투입과 기초'에서는 학교에서 장애학생의 성공적인 고용을 준비시키기 위한 전제 조건으로 통합된 학교 환경을 제시하였다. 이 단계에 중등특수교육 프로그램 내 기능적 교육과정과 통합된 학교 환경에서의 교육, 지역사회에 기반한 서비스를 제공하는 것이 포함된다.

두 번째 단계인 '과정'에서는 모든 장애학생에게 개별화된 전환교육 프로그램을 계획하여 실시하는 것을 다룬다. 이 당시만 해도 개별화 전환계획이라는 용어는 아직 없었으나, 이와 비슷하게 학생마다 개별화된 전환 프로그램 계획을 세우고 이에 대한 서비스를 제공하도록 하였다. 이를 위해서는 프로그램 계획 과정 속에서 학생과 부모와의 협력뿐 아니라 기타 관련 기관과의 협력 역시 강조되었다.

세 번째 단계인 '취업 결과'에서는 학교에서 중등특수교육 프로그램을 제공받고 개

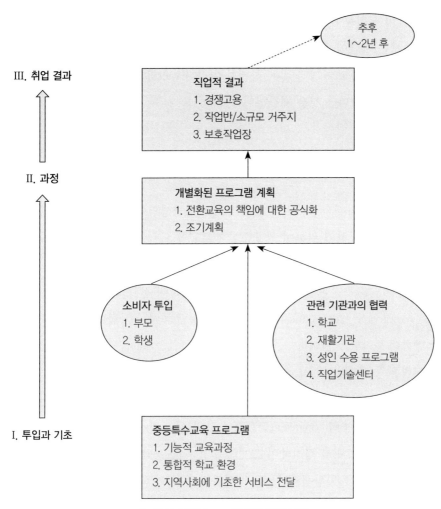

III. 취업 결과

추후
1~2년 후

직업적 결과
1. 경쟁고용
2. 작업반/소규모 거주지
3. 보호작업장

II. 과정

개별화된 프로그램 계획
1. 전환교육의 책임에 대한 공식화
2. 조기계획

소비자 투입
1. 부모
2. 학생

관련 기관과의 협력
1. 학교
2. 재활기관
3. 성인 수용 프로그램
4. 직업기술센터

I. 투입과 기초

중등특수교육 프로그램
1. 기능적 교육과정
2. 통합적 학교 환경
3. 지역사회에 기초한 서비스 전달

[그림 2-3] Wehman의 직업 전환 모형

출처: Wehman, Kregel, & Barcus (1985), p. 28.

별화된 프로그램 계획이 세워진 장애학생들이 실제로 직업현장에 배치되어 적응하는 단계이다. 장애학생의 고용의 결과로 경쟁고용, 작업반/소규모 거주지, 보호작업장 등의 결과가 있으나 그중에서도 경쟁고용 또는 지원고용(이동작업반, 개별배치 모형)을 목표로 하며, 1~2년 후의 추수지도 및 지원도 포함하여 고용 성과를 도모하고자 하였다.

　이 모형은 최초로 학령기 시기 전환교육, 즉 중등특수교육 프로그램의 구성요소와 체계를 제시하였다는 데 의의가 있다. 특히 이러한 프로그램이 실제 사회와 같은 통합된 학교 환경이어야 하며 현장중심의 직업훈련 기회 역시 제공해야 한다는 것이 강조되었다. 이에 더불어 전환교육의 실시를 위해서는 교사, 학생, 부모에서부터 관련 기관까지 모든 사람이 참여해야 하며, 고등학교 졸업 이전에 전환교육 프로그램계획이 수립되어야 한다고 주장하였다. 하지만 여전히 Will의 교량 모형과 마찬가지로 고용에만 초점을 두었다는 것은 제한점이다.

4) Brolin의 생활중심 진로교육 모형

Brolin(1993)은 장애학생이 보다 성공적으로 성인생활에 적응하는 데 필요한 기능적 교육과정을 제공하기 위하여 생활중심 진로교육 모형 및 이와 관련한 교육과정을 개발하였다. 생활중심 진로교육 모형(the life centered career education model; Brolin, 1993)은 1980~1990년대 들어서 직업교육과 관련하여 전환교육, 기능적 기술, 성과기반교육(outcome-based education) 및 자기결정 운동이 등장함에 따라 이러한 원리에 기반하여 등장한 모형이다.

이 모형은 능력 기반 접근(competency based approach)을 통해 고안되었는데, 크게 세 가지 능력, 즉 ① 일상생활기능, ② 개인-사회적 기능, ③ 직업 안내 및 준비로 분류된다. 각 능력마다 능력(competency)요소와 하위능력(subcompetency)요소, 간단한 훈련과제가 포함되며, 이를 정리하여 22개의 주요 기능을 담은 기능적 교육과정으로 제안하였다. 예를 들어, 일상생활기능은 가정경제 관리, 가정의 선택·관리·유지, 자기필요의 충족 관리, 지역에서의 이동 등을, 개인-사회적 기능은 자기인식, 자신감, 사회적 책임 수행기능을, 직업 안내 및 준비는 직업 가능성의 인식과 탐색, 직업 선택과 계획 등을 포함한다.

이 모형은 학교, 가정 및 지역사회 간 또는 특수교육, 직업교육, 직업재활기관 및 관련 기관 등 상호 협력하에 모든 요소를 조정하여 개인적 직업능력을 최대한 발전할 수 있도록 준비시킨다. 이러한 일차원적 능력/기능은 다른 두 개의 차원과 연결되는데, 학교 및 가정, 지역사회의 경험으로의 연결 및 직업교육의 4단계와 연결되어 3차원적인 직업교육 모형으로 구성된다([그림 2-4] 참조).

특히 생활중심 진로교육 모형은 장애아동의 성장에 따라 진로발달의 4단계, 즉 진로인식, 진로탐색, 진로준비, 진로적응의 단계를 체계적으로 적용시키는 것을 강조하였다. 구체적으로, 진로인식(career awareness) 단계에서는 진로교육의 첫 과정으로 초등학교 시기에 이루어지는데, 이 시기에는 학생 자신의 관심과 적성을 발견하고 다양한 직업에 대한 개인적 및 사회적 역할을 학습하는 시기이다. 이 외에도 직업에 필요한 시간 엄수하기, 지시 따르기, 단체활동 참여하기 등에 대하여 지도가 가능하다. 진로탐색(career exploration) 단계는 초등학교 고학년부터 중학교까지의 시기로 직업 역할과 관련하여 자신의 흥미, 적성, 능력을 평가하고 직접 경험을 통해 탐색하는 기회가 제공되는 시기이다. 고등학교 이전의 충분한 진로인식 및 탐색의 경험은 추후 직업교육과정을 성공적으로 이끄는 데 중요하다. 진로적응(career assimilation) 단계는 주로 고등학교 시기에서부터 시작하여 진로결정에 따른 능력과 기술 향상에 집중하고 계획하며, 사후지도 및 계속교육도 이에 포함된다.

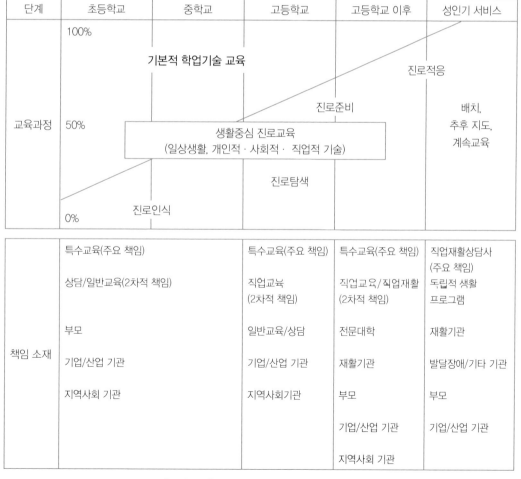

[그림 2-4] Brolin의 생활중심 진로교육 모형

출처: Brolin (1997).

이 모형이 다른 전환교육 모형과 차별화되는 점은 진로교육에서 학교, 가정, 지역
사회에서의 경험 및 진로발달 4단계의 두 가지 주요 차원으로 22개 기능들을 연결시
켰다는 점이다. 또한 각각의 진로발달 단계에서 어떤 능력을 가르쳐야 할지 제시하
고 있기에 기존 학교 프로그램을 전면적으로 폐지하거나 바꾼다기보다, 학생 능력의
향상을 촉진하기 위해 학생 진로발달단계에 맞는 기능적 교육 내용을 선정해야함을
강조한다. 특히 [그림 2-4]와 같이 성공적인 진로개발과 전환교육은 단순히 교사 혼
자의 책임이 아닌 학교, 학부모, 기업 및 산업, 지역사회 기관 간의 능동적인 유대관
계를 통해 연계해야 하며, 고등학교 이후에도 지속되어야 하는 것이 특징이다. 예를
들어, 21세 전까지는 특수교육에서 주요 책임을 담당한다면 이후에는 직업재활상담
사(vocational rehabilitation counselors)가 주요 책임을 담당한다고 제시하였다.

5) Kohler의 전환 프로그램 분류 모형

기존 모형들은 진로교육과 관련한 이론을 바탕으로 개발되었으나, Kohler와 그의
동료들은 미국 특수교육 및 재활서비스국(OSERS)에서 지원받은 전환 프로그램들을
분석하여 전환의 증거 기반 실제를 담은 모형을 제시하였다. 가장 대표적인 것이 전
환 프로그램 분류(taxonomy for transition programming; Kohler, 1996; 2016)로, Kohler
의 전환교육 모형이라고도 불리는 이 모형은 효과적인 전환교육 프로그램이 다음과
같은 다섯 가지 요소, 즉 학생중심 계획, 학생 개발, 가족참여, 각 기관 간의 협력 그리
고 프로그램 구조이다([그림 2-5] 참조; Kohler, 1996; Kohler et al., 1994).

다섯 가지 범주마다 하위 영역들이 존재하는데, 이를 요약하면 다음과 같다. 첫
째, 학생 중심 계획은 기본적으로 전환교육을 위해서는 개별화교육계획을 통해 장단
기 목표를 개발하고 이에 있어 학생의 참여를 이끌어 내는 것이 기본이 된다는 것이
다. 둘째, 학생 개발은 학교중심의 직업교육 경험(school-based learning experience)
과 현장중심의 직업교육 경험(work-based learning experience) 모두를 통한 생활 및
직업 관련 기술 향상을 도모해야 한다고 강조하였다. 이 과정에서는 여러 영역에 있
어서의 학생평가 및 지원서비스 역시 포함된다. 셋째, 가족참여는 개별화교육계획
에 가족을 참여시키고 옹호 역할을 수행할 수 있도록 하는 것뿐만 아니라 그들의 역
량 강화를 위한 훈련에의 참여도 강조하였다. 넷째, 각 기관 간의 협력으로 이 모형

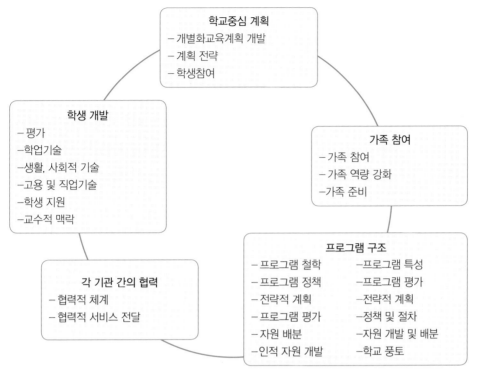

[그림 2-5] Kohler의 전환 프로그램 분류 모형

출처: Kohler, Gothberg, & Coyle (2016).

에서는 학생, 부모, 고용인 및 기관 관계자 등이 포함된 기관 간의 전환교육 협의체
(interagency transition team)를 만들어서 운영하도록 제안하였으며, 서비스 전달에 있
어 협력에 중점을 두었다. 다섯째, 프로그램 구조는 학교에서 다양한 프로그램 및 교
육과정을 마련할 필요가 있다고 지적하였다. 이를 위해서는 지역사회 참여를 유도하
여 학습 기회를 제공하고, 체계적이며 사회석인 통합 그리고 모든 학생의 기술, 가치,
결과를 기대해야 한다고 하였다.

6) Severson 등의 전환교육 통합모형

　Severson, Hoover 및 Wheeler(1994)는 앞에서 제시된 교량 모형(Will, 1984), 지역
사회 적응 모형(Halpern, 1985), 장애학생을 위한 3단계 직업 전환 모형(Wehman et
al., 1985)을 포함하여 전환교육 통합모형(integrated transition model)을 제시하였다.
이 모형에서는 학교의 전환계획 및 선결조건, 전환단계, 전환성과의 세 단계로 구분

하여 각 단계마다 필요한 요소를 제시하였다.

[그림 2-6]에서와 같이 학교의 전환계획에 있어서는 학교 내에서 이루어지는 견고한 전환교육의 토대 마련과 관련하여, ① 하향식/생태학적 지역사회 중심 교육과정, ② 기능적/연령에 적합한 교육과정, ③ 개별화전환계획, ④ 조기계획, ⑤ 통합환경이 제시되었다. 두 번째 단계인 전환 단계에서는 기존 교량 모형과 같이 일반적 서비스, 시간제한적 서비스, 지속적 서비스로 구성되었으며, 세 번째 단계인 전환성과에는 직업뿐만 아니라 주거환경, 지역사회 참여, 여가생활, 중등이후 교육으로 다섯 가지 성과를 제시하였다.

다른 모형과 달리 이 모형에서는 전 과정에서 학생, 부모 및 관련 기관의 협력이 이루어져야 한다고 제안되었으며, 특히 졸업 후 성과에 있어 추후평가의 필요도 언급되었다. 이 모형은 이전과 달리 전환성과를 직업 외에 여가활동과 계속교육과 같은 더욱 다양한 성인기 삶의 성과를 포함하였다는 데 의의가 있다.

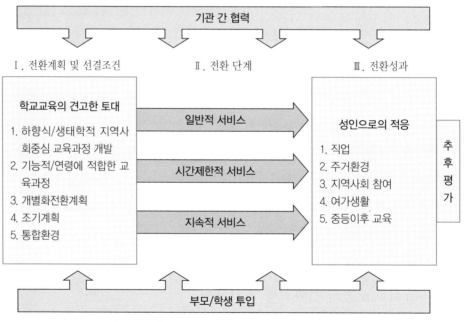

[그림 2-6] Severson 등(1994)의 전환교육 통합 모형
출처: Severson (1994).

7) Sitlington 등의 포괄적 전환교육 서비스 모형

포괄적 전환교육 서비스 모형(comprehensive transition education model)은 Sitlington, Clark 및 Kolstoe(2000)가 제시한 모형으로, 고등학교에서의 전환을 강조했던 관점에서 벗어나 전 생애 동안 여러 번의 전환이 있으며 나이 발달 수준에 따른 학생의 성과와 전환 출발점에 대한 모형이다. 즉, 장애학생의 전환교육은 전 생애 관점에서 종합적 · 체계적으로 계획되고 실행되어야 한다는 것이다. 여기서 전환은 수직적 전환과 수평적 전환을 모두 포함한다. 수직적 전환은 유아에서 고등학교 이후로 옮겨 가는 전환을 의미하며, 수평적 전환은 가정에서 학교로, 학교에서 지역사회로의 진출을 의미한다.

포괄적 전환교육 모형에서는 삶의 요구에 성공적으로 대처하기 위해 [그림 2-7]과 같이 열두 가지의 지식과 기술 영역이 필요하다고 보았다. 열두 가지의 지식과 기술 영역으로는 의사소통, 학업 수행, 자기결정, 대인관계, 통합된 지역사회 참여, 건강과 체력, 공학과 보조공학, 여가와 레크리에이션, 이동성, 독립적/상호의존적 생활, 직업 준비, 대학 준비가 있다. 또한 단계별 기준에 되는 진출 시기와 성과(exit point and outcomes)가 있다고 보았으며, 단계별 전환을 위한 교육과 서비스는 학교와 여러 지역사회 서비스기관들이 함께 제공해야 한다고 보았다. 더불어 학생들이 한 교육단계에서 다음 단계로 이동할 때, 즉 영 · 유아기, 영 · 유아기에서 초등학교, 중학교, 고등학교 그리고 고등교육 등 한 생애발달 단계에서 다음 단계로 진출하는 시점에 성공적인 전환을 한다면 이후 단계에서 보다 나은 성과를 보일 것으로 예측되었다. 이에 가능한 한 전환에 필요한 교육과 지원은 일찍 시작해야 한다고 보았다.

이 모형은 Wehman 등(1985)의 모형과 비슷하게 세 단계의 전환교육 단계를 담았으나, 진로발달과 전환교육 모형이 인생에 있어서 한 번의 전환만 있는 것이 아니라 전 생애에 걸쳐 이루어지는 전환을 강조하며 수직적 및 수평적 전환과정을 포함하여 개념을 확장하였다는 데 의의가 있다. 또한 각 시기에 포함되어야 할 일련의 공식적 또는 비공식적 지식 및 기술 영역을 다뤘다는 데 의의가 있다. 그리고 구체적으로 열두 가지 지식과 기술 영역, 교육 및 서비스 전달체계를 제시하였다는 데 의의가 있는 반면, 전환교육이 너무 포괄적이다 보니 그 체계와 형태를 구체화하는 데 어려울 수 있다는 비판이 존재한다.

전환 진출 시점과 결과

지식과 기술 영역		

	영 · 유아	학령 전 프로그램, 통합된 지역사회 참여
의사소통 학업 수행 자기결정 대인관계 통합된 지역사회 참여 건강과 체력 공학과 보조공학 여가와 레크리에이션 이동성(교통) 독립적/상호의존적 생활 직업 준비 대학 준비	학령 전 교육기관	초등학교 프로그램, 지역사회 참여
	초등학교	중학교 프로그램, 지역사회 참여
	중학교	고등학교 프로그램, 지역사회 참여, 초기 단계 고용, 청소년서비스
	고등학교	중등이후 교육이나 초기 단계 고용, 성인 · 평생교육, 전업주부, 군대, 지역사회 참여, 성인서비스 제공자, 교정시설
	성인 초기 및 성인기	특수 분야, 기술직, 전문직 혹은 관리직 고용, 대학원이나 전문학교 프로그램, 고급 진로기술교육(CTE) 프로그램, 성인교육, 평생교육, 전업주부, 지역사회 참여, 군대, 독립적 삶, 성인서비스 제공자, 교정 시설

[그림 2-7] 포괄적 전환교육 서비스 모형

출처: Sitlington & Clark (2010), p. 18.

3. 전환교육 모형의 교육적 시사점

장애학생의 전환성과 및 전환교육의 효과에 있어서 회의적인 결과는 전환교육 모형에 대한 활발한 논의가 이루어지는 계기가 되었다. 특수교사로서 성인기에 보다 성공적으로 지역사회에 통합되어 직업을 가지거나 자립생활을 영위하는 학생들을 지원하는 것은 궁극적인 목표 중 하나일 것이다. 이를 위해 전환교육에 있어서의 '최상의 실제(best practice)'에 대한 탐구는 필수적인 과정이다.

특수교육 전문가들이 꾸준히 제시한 여러 전환교육 모형을 통해 우리는 앞서 언급한 전환교육의 협의적 또는 광의적 정의를 다시금 살펴볼 필요가 있다. 전환교육의 궁극적인 목표가 고용인지, 또는 그 이외 지역사회 적응과도 같은 전반적인 성인기 접근인지에서부터 단순히 고등학교에서 성인기로 넘어가는 전환을 의미하는 것인지,

전생애 단계마다의 전환을 의미하는 것인지, 학교에서 강조해야 할 지식 및 기술 영역은 무엇인지, 이러한 모든 고민은 다양한 전환교육 모형을 기반으로 비교 및 탐구해 볼 수 있을 것이다. 구체적으로 각 모형의 특징과 교육적 시사점을 정리하여 〈표 2-1〉로 나타내었다. 이 장에서는 이처럼 다양한 전환교육 모형을 기반으로 저자들이 공동으로 제시하는 전환교육의 모형을 제1장에서 제시하였다([그림 1-1] 참조).

〈표 2-1〉 전환교육 모형의 특징 및 교육적 시사점

전환교육 모형	특징	교육적 시사점
교량 모형 (Will, 1984)	• 전환성과를 '고용'으로 봄 • 전환의 초점은 과정이 아닌 결과 • 고용으로의 전환을 지원하는 서비스 세 가지를 연결 다리로 표현함(일반적 서비스, 시간제한적 서비스, 지속적 서비스)	• 성인기 전환성과로 고용의 중요성을 강조함
지역사회 적응 모형 (Harpen, 1985; 1992)	• 전환의 성과를 '지역사회 적응'으로 봄 • 고용뿐만 아니라, 주거환경, 사회·대인관계 기술에 의해 성과가 결정됨	• 성인기 전환성과로 고용보다는 지역사회 적응을 위한 전반적인 접근을 강조하며 전환교육의 범위를 확장함
장애학생을 위한 3단계 직업 전환 모형 (Wehman et al., 1985)	• 학교중심의 전환교육 모형으로 전환교육 개념에 중등특수교육 프로그램을 최초로 포함함 • ① 투입과 기초, ② 과정, ③ 취업 결과의 3단계로 구분하여 중등학교 직업교육 프로그램을 강조함	• 학교중심의 전환교육 모형 • 개별화전환교육 계획(전환교육의 책임에 대한 공식화, 조기계획) • 학생 및 부모의 참여, 관련 기관과의 협력을 강조함(예: 학교, 재활, 성인 수용 프로그램, 직업기술센터)
생활중심 진로교육 모형 (Brolin, 1993)	• 세 가지 목표 영역(일상생활 기능, 개인-사회적 기능, 직업 안내 및 준비) 내 22개의 주요한 기술, 1,128개 훈련과제를 제시함	• 직업 안내 및 준비 이전에 일상생활 및 개인적 사회적 기능을 강조함 • 진로발달 단계를 강조함
전환 프로그램 분류 모형 (Kohler, 1996; 2016)	• 효과적인 전환교육의 실제를 학생중심 계획, 학생 개발, 기관 간 협력, 가족참여, 프로그램 구조의 다섯 가지 범주로 분류함	• 학령기 이전, 학령기, 학령기 이후 연결의 중요성을 강조함 • 포괄적인 전환교육 계획 및 평가의 틀 제시

전환교육 통합
모형
(Severson et al.,
1994)
	• 교량 모형, 지역사회 적응 모형,
	  장애학생 위한 3단계 직업 전환
	  모형을 통합한 전환교육 통합 모
	  형 제시
	• 전환교육의 과정을 전환계획 및
	  선결조건, 전환단계, 전환성과라
	  는 3단계로 구분함
		• 전환교육의 전 과정에서 학생,
		  부모 및 관련 기관의 협력을 강
		  조함
		• 직업 이외 중등이후 교육, 독립
		  생활, 여가생활 등 다양한 전환
		  성과를 포함함

포괄적 전환교육
서비스 모형
(Sitlington & Clark,
2010)
	• 전환 계획은 전생애에 걸쳐 영·
	  유아 교육 시기로부터 성인기까
	  지 종합적이고 체계적으로 계획
	  되고 실행되어야 함
	• 삶의 요구에 성공적으로 대처하
	  기 위해 열두 가지 지식과 기술
	  영역을 다뤄야 함
		• 생애주기에 따른 단기 목표를
		  제시함(모든 발달단계에서 전환
		  계획이 이루어짐)
		• 전환은 조기에 시작할 필요가
		  있음
		• 의사 결정 시 상호 보완의 협력
		  적 체계가 필수적임

요 약

제2장에서는 전환교육의 정의와 관련 국외 모형 소개에 중점을 두었다.

1. '전환교육의 개요'에서는 국내외 전환교육의 거시적 · 미시적 정의를 소개하며 전환교육, 진로교육 및 직업교육과의 연관성을 제시하였다.

2. '전환교육의 모형 및 교육적 시사점'에서는 국외 전환교육 모형을 중심으로 각 모형마다 개념, 교육 중점, 교육적 시사점 등을 제시 및 비교하였다.

활 동

1. 다양한 전환교육 모형을 비교하고 공통점/차이점에 대해 논의해 봅시다.

2. 제1장에 제시된 사례에 근거하여 다양한 전환교육 모형 중 본인이 학급 또는 수업에 사용하고 싶은 모형을 고르고, 그 이유에 대해 토론해 봅시다.

3. 국내 기반의 전환교육 모형을 개발한다면, 국외와 달리 어떠한 부분들이 강조되어야 하는지 토론해 봅시다.

제**3**장

우리나라 전환교육 경과

이현주

1. 전환교육 정책의 변천

1) 전환교육 관련 법

(1) 장애인 등에 대한 특수교육법

장애학생을 위한 전환교육은 특수교육의 초창기부터 현재까지 지속적으로 언급되며 강조되고 있다. 특수교육 관련 법령 내 전환교육 정책은 구체적으로 변화해 나가고 있고, 이는 특수교육법의 변천사를 통해서도 살펴볼 수 있다. 전환교육 정책이 특수교육법에 명시된 것은 1977년 「특수교육진흥법」을 시작으로, 17년 후인 1994년 「특수교육진흥법」이 전면 개정되면서 전환교육 관련 정책의 변화가 생겼다. 그로부터 14년 후인 2008년에 「특수교육진흥법」이 폐지되면서 「장애인 등에 대한 특수교육법」이 제정되었다. 이 시점에 전환교육 관련 정책의 큰 변화가 생겼고, 이는 현재까지 지속되고 있다.

현행 「장애인 등에 대한 특수교육법」은 '진로 및 직업 교육'의 정의, 내용 및 범위를 제시하였으며, 담당 전문인력 배치, 필요한 시설 및 설비 마련, 관련 기관과의 협의체 구성, 전공과의 설치 및 운영에 관하여 명시하였다. 이 법 시행령에서는 진로 및 직업 교육 담당 전문인력의 자격 기준, 시설과 전공과 설치 운영의 세부 사항을 정하였다.

이 장에서는 특수교육 관련 법에 담긴 장애학생 전환교육 정책 내용의 변화를 요약하여 제시하며, 구체적인 전환교육 정책 관련 조항은 〈표 3-1〉에 제시하였다. 학교 현장에서의 전환교육 정책의 실행은 법과 밀접하게 연결되어 있으므로, 법령 내 변화 과정을 짚어 가며 전환교육 정책의 흐름을 살펴보는 것은 의미가 있다.

첫째, 전환교육 용어는 변화해 왔고, 현재 '진로 및 직업 교육'이라고 일컫는다. 전환교육을 1977년 「특수교육진흥법」에서는 '직업보도'라고 명시하였다. 이후 1994년 전면 개정된 「특수교육진흥법」에서는 '직업교육'과 '진로교육'으로 용어를 구분하였다. 2008년 5월 26일 시행된 「장애인 등에 대한 특수교육법」에서는 직업교육과 진로교육으로 구분되었던 용어를 합쳤고, 이를 '진로 및 직업 교육'이라고 명명하였다. 이 시점에서 중요한 점은 용어의 변화와 함께 정의가 새롭게 제시되었다는 것이다. 이 법의 제2조에서 "진로 및 직업 교육은 특수교육대상자의 학교에서 사회 등으로의 원활한 이동을 위하여 관련 기관의 협력을 통하여 직업재활훈련 · 자립생활훈련 등을 실시하는 것"이라고 정의하였다. 이러한 변화는 이론적으로 진로교육과 직업교육은 연관성이 높고, 실제 교육현장에서도 상호 유기적으로 이루어진다는 현실을 반영한 것이다(박희찬, 2016). 이 책에서는 '전환교육'이라는 용어를 사용하고 있으나, 이는 아직 법적 용어로 정착되지는 않았고 학문적으로 통용되는 용어이다(구체적인 설명은 제1장 참조).

〈표 3-1〉 특수교육 관련 법에서의 전환교육 정책의 주요 변천 내용

법령	전환교육 정책 관련 조항	주요 내용
「특수교육진흥법」 [법률 제3053호, 1977. 12. 31., 제정]	제12조 (직업보도) 특수교육기관의 설치, 경영자는 특수교육대상자가 그 능력에 따라 직업에 종사할 수 있도록 대통령령이 정하는 바에 의하여 당해 학교에 직업훈련 및 직업보도에 필요한 시설과 설비를 갖추어야 한다.	• 시설 및 설비
「특수교육진흥법」 [법률 제4716호, 1994. 1. 7., 전부개정]	제20조 (직업교육) ① 특수교육기관의 장은 특수교육대상자의 직업교육에 필요한 시설 및 설비를 갖추고 직업교육을 실시하여야 한다. ② 중학교 이상의 과정을 설치한 특수교육기관에는 직업교육에 관한 상담 및 지도를 위하여 대통령령이 정하는 자격이 있는 직업담당교사를 두어야 한다. 제21조 (전공과의 설치) ① 고등학교 과정을 설치한 특수교육기관에는 전문기술교육을 실시하기 위하여 수업년한 1년 이상의 전공과를 둘 수 있다.	• 시설 및 설비 • 직업담당교사 • 전공과 • 진로교육

	② 교육부장관 및 교육감은 지역별 또는 장애의 종별로 전공과를 둘 특수교육기관을 지정할 수 있다. **제22조 (진로교육)** 특수교육기관의 장은 특수교육대상자가 진로에 대한 방향을 세우고 직업을 선택할 수 있도록 하는 진로교육을 실시하여야 한다.	
「장애인 등에 대한 특수교육법」 [법률 제18298호, 2021. 7. 20., 타법개정]	**제2조 (정의)** "진로 및 직업 교육"이란 특수교육대상자의 학교에서 사회 등으로의 원활한 이동을 위하여 관련 기관의 협력을 통하여 직업재활훈련·자립생활훈련 등을 실시하는 것을 말한다. **제23조 (진로 및 직업 교육의 지원)** ① 중학교 과정 이상의 각급학교의 장은 특수교육대상자의 특성 및 요구에 따른 진로 및 직업 교육을 지원하기 위하여 직업평가·직업교육·고용지원·사후관리 등의 직업재활훈련 및 일상생활적응훈련·사회적응훈련 등의 자립생활훈련을 실시하고, 대통령령으로 정하는 자격이 있는 진로 및 직업 교육을 담당하는 전문인력을 두어야 한다. ② 중학교 과정 이상의 각급학교의 장은 대통령령으로 정하는 기준에 따라 진로 및 직업 교육의 실시에 필요한 시설·설비를 마련하여야 한다. ③ 특수교육지원센터는 특수교육대상자에게 효과적인 진로 및 직업 교육을 지원하기 위하여 대통령령으로 정하는 바에 따라 관련 기관과의 협의체를 구성하여야 한다. **제24조 (전공과의 설치·운영)** ① 특수교육기관에는 고등학교 과정을 졸업한 특수교육대상자에게 진로 및 직업 교육을 제공하기 위하여 수업연한 1년 이상의 전공과를 설치·운영할 수 있다. ② 교육부장관 및 교육감은 지역별 또는 장애유형별로 전공과를 설치할 교육기관을 지정할 수 있다. ③ 전공과를 설치한 각급학교는 「학점인정 등에 관한 법률」 제7조에 따라 학점인정을 받을 수 있다. ④ 제1항 및 제2항에 따른 전공과의 설치·설비 기준, 전공과의 운영 및 담당 인력의 배치 기준 등에 관하여 필요한 사항은 대통령령으로 정한다.	• 정의 • 내용과 범위 • 담당 전문인력 • 시설 및 설비 • 기관 협의체 • 전공과

　둘째, 전환교육의 내용과 범위가 확대 및 구체화되었다(박희찬, 2016). 1977년 「특수교육진흥법」에서는 시설 및 설비에 관한 하나의 조항을 명시하는 것을 시작으로, 특수교육법에 전환교육 정책이 최초로 등장하였다. 이 법은 1994년 전부개정되면서 전환교육 관련 정책 내용이 직업교육, 전공과 설치, 진로교육의 실시라는 3개의 조항

으로 확대되었다. 이러한 전환교육의 내용과 범위는 현행 「장애인 등에 대한 특수교육법」에서 더 구체화되었다. 전환교육의 내용은 직업재활훈련과 자립생활훈련으로 구분되었으며, 세부 범위까지 명시되었다. 이러한 정책의 변화는 전환교육이 장애학생의 학교 졸업 이후 고용 이외에 다양한 삶의 영역에도 초점을 두어야 한다는 점을 강조하고 있다. 그리고 직업교육이 비단 학교에서만의 실행에 그치는 것이 아니라, 사전에 실시되는 직업평가 및 사후에 이루어지는 고용지원과 사후관리로 유기적으로 연계되어야 한다는 필요성과 중대함이 담겨 있다.

셋째, 전공과 운영 정책에 대한 관점의 변화이다. 1988년 '장애자복지종합대책'에 직업교육 강화를 위해 전문기술교육을 목적으로 하는 수업년한 1년 이상의 전공과 설치가 언급되었고, 이는 1994년 「특수교육진흥법」에 최초로 반영되었다. 전공과 설치의 초기 목적이 전문기술교육에 있었다면, 현행 「장애인 등에 대한 특수교육법」에 따르면 전공과는 직업재활훈련과 자립생활훈련을 모두 포함하는 진로와 직업에 관한 교육 제공에 목적을 두고 있다. 이에 따라 전공과 입학 선발 기준, 교육과정이 동시에 변화하게 되었고, 법령 내 정책의 변화를 통해 전공과 운영에 대한 관점의 확대가 이루어졌음을 알 수 있다.

넷째, 전환교육에서의 기관 간 협력(interagency collaboration)의 중요성이 언급되었다. 이는 현행 「장애인 등에 대한 특수교육법」 제23조 제3항에서 새롭게 추가된 내용으로, 학교 내에서의 전환교육 운영에서 나아가 지역사회 내 다양한 기관과의 유기적인 연계와 협력을 통한 전환교육의 필요성과 중요성이 강조된 것이다. 이는 현행법에 '관련 기관과의 협의체 구성'으로 명시하였고, 특수교육지원센터가 역할을 담당하는 것으로 제시하였다. 하지만 기관 간 협력은 협의체 구성으로만 달성되는 것이 아니므로, 전환교육 내에서 다양한 협력적 노력이 향후 필요할 것이고 법과 제도적 측면에서의 정책으로 제안될 필요가 있다(이현주, 박광옥, 2020; 최동선 외, 2011).

(2) 기타 법에 나타난 전환교육 정책

특수교육 관련 법이 아닌 다른 법령에서도 장애학생을 위한 전환교육 정책 내용이 일부 담겨 있다. 전환교육은 장애학생의 생애주기를 고려하여 다양한 성인기 삶의 영역을 준비해 나가도록 돕는 것이므로, 특수교육 분야뿐 아니라 일반교육, 장애인복지, 장애인고용 등 분야의 법에 명시되어 있는 정책들도 영향을 미친다. 여기에서는 기타 주요 법령에 담긴 전환교육 정책들을 간략히 살펴보고자 한다.

첫째, 2015년에 시행된 「진로교육법」[법률 제13336호, 2015. 6. 22., 제정]은 "학생에게 다양한 진로교육 기회를 제공함으로써 변화하는 직업세계에 능동적으로 대처하고 학생의 소질과 적성을 최대한 실현하여 국민의 행복한 삶과 경제 사회 발전에 기여함을 목적"으로 한다. 이 법에서 제시하는 진로교육 지원 정책인 국가진로교육센터(제15조), 지역진로교육센터(제16조), 진로체험 지원(제18조)은 장애학생을 위한 진로탐색의 기회와 장소에 관한 것이다. 또한 2018년 「진로교육법 시행령」이 개정되면서, 특수학교에 전문자격을 갖춘 '특수학교 진로전담교사'를 배치하도록 하였고 현재 확대되고 있다.

둘째, 「초·중등교육법」[법률 제18298호, 2021.7.20., 타법개정]은 「교육기본법」 제9조에 따라 초·중등교육에 관한 사항을 정하고 있다. 2015년 「초·중등교육법 시행령」이 일부개정되면서 중학교 자유학기제의 도입과 자유학기의 교육과정 운영에 관한 기본 사항이 신설되었다. 이 법 제44조에서는 중학교 및 특수학교의 장은 제1항에 따른 학기 중 한 학기 또는 두 학기를 자유학기로 지정해야 한다고 명시하였다. 이에 근거하여 '특수학교 자유학기제'는 '중학교 자유학기제 시행 계획'(교육부, 2015), '2017 특수학교 자유학기제 확대 운영 계획'(교육부, 2017)을 기본으로 운영하되, 교육과정(공통 교육과정, 기본 교육과정)과 장애학생의 장애 정도 등 특수학교의 여건과 특수성을 고려하여 추진하고 있다.

셋째, 「장애인고용촉진 및 직업재활법」[법률 제18754호, 2022. 1. 11., 일부개정]은 장애인이 능력에 맞는 직업생활을 통해 인간다운 생활을 할 수 있도록 장애인의 고용촉진 및 직업재활에 중점을 둔다. 학령기 동안의 진환교육에 지접적이지는 않지만 성인기 이후의 삶을 고려하는 전환교육의 맥락을 살펴보는 조항은 제10조 "장애인이 그 능력에 맞는 직업에 취업할 수 있도록 하기 위하여 장애인에 대한 직업상담, 직업적성 검사 및 직업능력 평가 등을 실시하고, 고용정보를 제공하는 등 직업지도를 하여야 한다.", 제11조 "장애인이 그 희망·적성·능력 등에 맞는 직업생활을 할 수 있도록 하기 위하여 필요하다고 인정하면 직업 환경에 적응시키기 위한 직업적응훈련을 실시할 수 있다."이다. 제9조는 장애인 직업재활실시기관의 범위, 제12조는 직업능력개발훈련, 제13조는 지원고용, 제14조는 보호고용, 제15조는 취업알선, 제19조는 취업 후 적응지도에 관한 조항이 명시되어 있다. 그 외 장애인 근로자 지원(제18

조), 자영업 장애인 지원(제17조), 근로지원인 서비스 제공(제19조의2), 장애인 고용 사업주에 대한 지원(제21조), 장애인 표준사업장에 대한 지원(제22조) 등 장애학생의 성인기 고용에 관련된 다양한 정책 세부 사항이 정해져 있고, 이들은 장애학생의 고용 이슈에 관해 고민할 때 참고할 수 있는 내용이다.

넷째, 「장애인복지법」[법률 제18625호, 2021.12.21., 일부개정]은 장애인의 복지와 사회활동 참여 증진을 통하여 사회통합에 이바지함을 목적으로 한다. 마찬가지로 장애학생의 성인기 삶을 포함하는 전환교육의 관점에서 살펴본다면, 관련된 조항으로 제21조에서는 "국가와 지방자치단체는 장애인이 적성과 능력에 맞는 직업에 종사할 수 있도록 직업지도, 직업능력 평가, 직업적응훈련, 직업훈련, 취업 알선, 고용 및 취업 후 지도 등 필요한 정책을 강구하여야 하고, 장애인 직업재활훈련이 원활히 이루어질 수 있도록 장애인에게 적합한 직종과 재활사업에 관한 조사·연구를 촉진하여야 한다."라고 명시하였다. 이 법에는 장애학생이 성인이 되었을 때 필요한 의료, 교육, 직업재활, 자립생활, 보호, 수당 지급 등 정책에 관련된 세부 사항이 정해져 있고, 관련 내용을 참고할 수 있다.

2) 교육부 정책

(1) 특수교육발전 5개년 계획

특수교육 분야 교육부의 주요 정책 중 하나는 '특수교육발전 5개년 계획'이다. 이는 국가 차원의 중·장기적 특수교육 종합 정책 계획을 수립하여 5개년 간 추진 및 시행하는 것으로, 「장애인 등에 대한 특수교육법」 제5조에 법적 근거를 둔다. 특수교육발전 5개년 계획은 1998년 장애인발전 5개년 계획을 시작으로 하여, 2023년 제6차 특수교육발전 5개년 계획이 공표되었다. 장애학생의 전환교육 관련 내용은 초기 특수교육발전 5개년 계획에서부터 현재까지 지속적으로 포함되어 강조해 오고 있다.

특수교육발전 5개년 계획에 나타난 전환교육 정책 변천사의 특징은 시간이 지날수록 전환교육 정책이 구체화되어 간다는 것이다. 또한 직업교육 중심에서 장애학생의 진학과 지역사회 참여 영역까지 고려하는 전환교육 중심으로 정책의 관점이 변화해 가고 있다. 그리고 유관기관, 부처 간 협력 지원 시스템을 구축해 나가고 있다는 특징이 있다. 이와 같은 정책들은 학교현장에서의 전환교육 실행과 밀접한 관련성을 지

〈표 3-2〉 제1~6차 특수교육발전 5개년 계획 비전 및 전환교육 관련 정책 내용

구분	제1차 (1998~2002)	제2차 (2003~2007)	제3차 (2008~2012)	제4차 (2013~2017)	제5차 (2018~2022)	제6차 (2023~2027)
비전	우리나라 실정에 맞는 21세기 복지사회형 장애아교육 모형을 정립	일반교육과 특수교육의 책무성 공유에 의한 모든 학생의 교육성과 최대화	장애 유형·정도를 고려한 교육지원으로 모든 장애인의 자아실현과 사회통합 기여	꿈과 끼를 키우는 맞춤형 특수교육으로 장애학생의 능동적 사회 참여 실현	생애 단계별 맞춤형 교육으로 특수교육대상자의 성공적 사회통합 실현	모두가 존중받는 국가책임 맞춤형 특수교육 실현
세부 과제	-	-	3대 분야 15개 세부과제	4대 분야 11개 세부과제	4대 분야 13개 세부과제	4대 분야 11개 세부과제
전환교육 관련 정책	• 장애 정도 및 유형에 적합한 교육과정 개발 • 현장중심 직업교육과정 운영 • 현장 교실 운영 • 첨단 직업훈련실 설치	• 특수교육대상학생 전환과정 지원 강화 • 특수교육대상학생 진로교육 및 전환지원 활성화 • 부처 간의 협력 모색 • 직업교육 담당교원 전문성 강화	• 장애인 고등교육 지원 강화 • 장애성인교육 지원 확대 • 특수교육대상학생의 진로·직업교육 체계 확립	• 진로·직업교육 강화를 통한 진로의 다양화 및 취업률 향상 • 장애학생 고등교육 접근성 및 교육인프라 강화 • 장애성인 평생교육 기회 확대 및 여건 개선	• 특수학교 자유학기제 확대·발전 • 진로·직업교육 전문화 • 장애 대학생 교육복지 지원 강화 • 장애인 평생교육 지원기반 구축	• 지역사회 연계 진로·직업교육 다양화 • 장애인 고등교육 지원체계 강화 • 장애인 평생교육 활성화 기반 조성
전환교육 관련 주요 성과	• 특수학교 전공과 설치·운영 • 장애 대학생 대학입학 특별전형 확대 • 한국재활복지대학 설립	• 특수교육지원센터 설치	• '장애학생 진로직업교육 내실화 방안(2009)' 수립·추진	• 통합형 직업교육 거점학교 확대 • 특수학교 학교기업 내실화 • 장애 대학생 학습도우미 지원	• 범부처 장애학생 진로취업지원시스템 구축 • 국가장애인평생교육진흥센터 설립, 장애인 평생학습도시 운영 • '장애학생 진로직업교육 활성화 방안(2020~2022)' 수립·추진	-

니므로, 5년마다 새롭게 발표되는 특수교육발전 5개년 계획 내 전환교육 관련 정책을 꼼꼼하게 살펴보는 것은 매우 중요한 일이다. 제1차에서 제6차까지 특수교육발전 5개년 계획에 나타난 전환교육 정책 내용의 변천사를 간략하게 살펴보면 다음과 같다(구체적인 내용은 〈표 3-2〉 참조).

제1차는 장애인발전 5개년 계획(1998~2002)으로, 정식으로 특수교육발전 5개년 계획이 마련되지 않았으므로 장애인발전 5개년 계획에서 장애인 교육 분야로 포함되었다(박희찬, 2016). 장애학생의 직업교육 강화를 위해 장애 정도 및 유형에 적합한 교육과정 개발, 현장중심의 직업교육과정 개발, 직업훈련실 설치에 관한 정책이 포함되었다. 제2차는 특수교육발전종합계획(2003~2007년)으로, 장애학생의 직업·전환교육 강화에 초점을 둔 정책이 제시되었다. 제3차 특수교육발전 5개년 계획(2008~2012년)에서는 진로·직업교육 체계 확립, 장애유형 및 장애정도에 맞는 현장 중심 직업교육 운영, 관련 기관 간 협력 지원 체제 구축에 중점을 둔 정책이 제안되었다. 제4차 특수교육발전 5개년 계획(2013~2017년)은 장애학생의 능동적 사회 참여 역량 강화를 강조하였다. 이에 따라 진로·직업교육 강화를 통한 진로의 다양화 및 취업률 향상, 졸업 후 취업 및 자립생활능력 향상에 초점을 둔 정책이 제시되었다.

제5차 특수교육발전 5개년 계획(2018~2022년)에서는 진로 및 고등·평생교육 지원 강화에 중점을 두었다. 구체적으로, 특수학교 자유학기제의 확대 및 발전, 진로·직업교육의 전문화[예: 진로교육 집중학기(년), 특수학교 자유학기(년)제−진로교육 집중학기(년) 연계 교육과정, 직업교육 중점 교육과정, 특수학교 학교기업, 통합형 직업교육 거점학교, 전공과 교육과정], 교육·복지·고용 협업시스템 구축, 장애학생의 일자리 확충과 취업지원 강화, 특수학교 진로전담교사 배치에 관한 정책이 제시되었다.

최근 2023년에 발표된 제6차 특수교육발전 5개년 계획(2023~2027)을 구체적으로 살펴보겠다. 비전은 모두가 존중받는 국가책임 맞춤형 특수교육 실현이다. 세부 목표는 장애영유아의 평등한 출발선 보장, 특수교육 수요자가 선택할 수 있는 다양한 교육환경 조성, 장애인과 비장애인의 고등평생교육 격차 완화이다. 추진 전략은 ① 학생중심 특수교육 전달체계 내실화, ② 모두를 위한 통합교육 지원 강화, ③ 개별 맞춤형 특수교육 확대, ④ 장애인 고등·평생교육 기회 확대이다. 현재 전환교육의 문제점으로 장애학생이 학교 졸업 이후 취업·진로 경로가 제한적이고, 비장애인에 비해 낮은 장애인 고등·평생교육 참여 기회에 놓이게 된다는 점이 언급되었다. 이에 따라 제6차 특수교육발전 5개년 계획에서 제시하는 전환교육 관련 정책은 구체적으로 다음과 같다.

- 지역 기반 진로·직업교육 연계 강화: 학생 맞춤형 성장 경로를 다양화하고 학교급별 교육과정과 연계한 체험형 진로·직업 교육과정의 운영을 지원하고, 특수학교 전공과 중심에서 대학 연계 전공과, 평생교육 프로그램 참여 등 학교 졸업 이후 교육 기회를 다양하게 하며, 장애학생 미래생활 역량 강화 및 학교급별 진로·직업 교육과정과 연계한 진로교육 프로그램을 개발하고 운영하여 교원의 전문성 강화
- 관계부처(기관) 협력 취업지원 확대: 관계부처와 협력하여 취업지원서비스 확대를 통한 장애인 일자리 확보 및 취업 유지를 도모하고, 고교학점제와 연계한 진로설계 지원
- 장애인 고등교육 지원 체계 강화: 장애대학생에 대한 통합적 지원을 위해 중앙 단위 '장애인고등교육지원센터' 운영을 추진하고, 장애학생 지원 거점대학 확대 추진, 모든 대학에 장애학생지원센터 또는 지원부서를 설치하고 장애학생지원센터장의 전문성 강화
- 장애학생 고등교육 기회 확대 및 학습권 보장: 발달장애인 대상 교육과정 모델 개발, 문화예술 특성화 대학 발굴 등 수요자 중심의 교육 기회를 확대하고, 장애학생 대한 대학생활 체험 기회를 제공하며, 대학생활 적응을 위한 프로그램을 개발하고, 대학의 장애학생지원센터 사업을 통해 인력·기기 지원 추진
- 장애인 평생교육 활성화 기반 조성: 장애인 평생학습도시 확대를 통한 지역 단위 활성과 기반을 조성하고, 장애인 평생학습도시의 단계적 확대 및 지역별 우수사례 발굴 등을 통해 지역 단위 활성화를 지원하며, 평생교육이용권을 통한 장애인의 학습 자율성과 선택권을 강화하고, 다양한 평생교육 프로그램 모델을 개발 및 확산하며, 장애인 평생교육 통계 기반 강화

(2) 장애학생 진로·직업교육 활성화 방안

장애학생 전환교육 지원의 중요성과 방안 마련의 필요성이 강력해지면서, 교육부에서는 장애학생 전환교육 정책에만 초점을 둔 정책안을 현재까지 총 세 차례 제시

하였다. 이는 2009년 '장애학생 진로·직업교육 내실화 방안'(2010~2012년), 2015년 '장애학생 취업·창업교육 강화 방안'(2015~2017년), 2019년 '장애학생 진로·직업교육 활성화 방안'(2020~2022년)이다. 장애학생 전환교육 정책안들의 추진 배경 법령은 「장애인 등에 대한 특수교육법」 제5조 특수교육대상자에 대한 진로 및 직업 교육 방안의 강구, 제23조 진로 및 직업 교육의 지원, 제24조 전공과의 설치·운영 조항과 「진로교육법」에 따라 장애학생의 발달단계 및 소질과 적성에 맞는 진로교육 활성화 정책 마련이 필요하다는 데 있다.

2009년 발표된 '장애학생 진로·직업교육 내실화 방안'은 2008년 시행된 「장애인 등에 대한 특수교육법」(이하 「특수교육법」)과 '제3차 특수교육발전 5개년 계획'의 후속 조치를 이행하는 성격을 가진다. 전부개정된 「특수교육법」에서 재정립된 전환교육의 개념(직업재활훈련, 자립생활훈련)과 특수교육발전계획에서 제시한 진로·직업교육 체계 확립이라는 주요 과제를 반영하였다. 이 방안의 추진 목표는 장애학생의 진로·직업교육 내실화를 통한 자립 및 사회통합이다. 추진 방향은 장애학생 맞춤형 진로·직업교육 실시, 기존 시설 및 인력의 최대한 활용, 현장실습중심의 진로·직업교육 내실화, 취업률 확대를 통한 장애학생의 복지 증진, 유관기관 협력을 통한 진로·직업교육 시너지 효과 제고이다. 이에 따라 5개 정책 과제, 즉 ① 통합형 직업교육 거점학교 지정·운영, ② 전공과 확충 및 운영 내실화, ③ 특수학교 학교기업 설치 확대, ④ 유연한 교육과정 운영을 통해 진로·직업교육 활성화, ⑤ 유관기관 협력 및 지원체제 구축이 제시되었다.

이로부터 10년 후에 발표된 '장애학생 진로·직업교육 활성화 방안'(2020~2022년)은 그간의 성과에 근거하여 '제5차 특수교육발전 5개년 계획'에서 제시하는 전환교육의 전문화 과제를 추진하기 위한 성격을 가진다. 이 방안의 비전은 '포용적 교육을 통한 장애학생의 꿈 실현'이다. 목표는 장애학생의 미래생활 역량 강화, 개인의 진로희망에 따른 사회 참여 기회의 확대이다. 추진 전략은 초·중·고·전공과 간 진로·직업교육 연계 강화, 진로·직업교육 특성화 및 전문화 촉진, 맞춤 진로·직업교육을 위한 직업평가체계 확립이다. 이를 수행하기 위한 추진 과제는 총 네 가지로 제시되었고, 세부 내용은 다음과 같다.

• 장애학생 진로 역량 개발 지원 강화: 맞춤형 진로체험 기회를 확대하고, 맞춤형 진

로 역량 개발 지원을 강화하며, 학생 진로 역량의 체계적 관리를 위한 기반 구축

- 현장실습 활성화 및 일자리 참여 기회 확대: 현장실습 활성화를 지원하고, 맞춤형 일자리 참여 기회를 확대하여 전공과 및 고등·평생교육 참여 여건 조성
- 생애주기별 통합 지원체계 구축: 생애주기별 통합 지원체계 구축을 위해서는 교육·복지·고용 통합 연계 시스템을 구축하고, 진로·직업교육 전문인력을 배치하며, 장애 친화적 지역사회 통합 환경 조성
- 장애학생 진로·직업교육 지원 역량 강화: 담당 교직원의 전문성 및 관계기관 협력을 강화하고, 학부모에게 정보 제공 확대 및 지원 역량을 강화하며, 진로·직업교육의 질 관리 체계 확립

장애학생 전환교육에 관한 교육부의 주요 정책의 흐름은 '장애학생 진로·직업교육 활성화 방안'과 최근에 발표된 제5차, 제6차 특수교육발전 5개년 계획을 통해 가장 잘 살펴볼 수 있다. 이들은 서로 연관성을 가지고 있으므로, 정책의 세부 내용이 심화, 보완 및 연계된다는 특성이 있다. 이러한 최근의 주요 정책들을 제도, 교육과정, 기관 간 협력, 인프라, 담당인력, 중등이후 교육(고등교육, 평생학습) 영역으로 유목화하여 비교 분석한 결과는 〈표 3-3〉에 제시하였다.

〈표 3-3〉 교육부 주요 정책에 나타난 전환교육 관련 정책 내용 비교

	제5차 특수교육발전 5개년 계획 (2018~2022)	장애학생 진로·직업교육 활성화 방안(2020~2022)	제6차 특수교육발전 5개년 계획 (2023~2027)
제도	• 특수학교 자유학기제 전면 시행 및 자유학년제로 확대 • 특수학교 자유학기제 체험활동 지원 강화 • 특수학교 학교기업, 통합형 직업교육 거점학교 운영 전문화 • 특수학교(급) 전공과 교육과정 편성·운영 특성화	• 진로체험 기반 구축을 위한 특수학교 자유학년제 확대 • 전공과 확대를 위한 지원 강화 • 장애학생 진로·직업교육 특성화 특수교육지원센터 지정·확대 • 장애학생 체험활동 지원을 위한 제도적 기반 마련	• 특수학교 전공과중심에서 대학 연계 전공과, 평생교육 프로그램 참여 능으로 교육 기회 다양화 • 특수학교 고교학점제 안착 지원 • 중학교 자유학기제와 고교학점제를 기반으로 장애학생의 요구와 진로 적성에 따른 맞춤형 진로교육 연계

교육 과정	• 현장중심 유연한 교육과정 운영 확대 • 학교 내 진로탐색기능 강화 및 교육과정 운영 환경 조성 • 교실 수업 개선을 위한 지원 강화	• 장애 유형 및 특성을 고려한 맞춤형 진로체험 지원 강화 • 유연한 교육과정 운영 지원 확대 • 현장실습 운영 지원 강화 • 현장실습 여건 및 법적 기반 마련	• 학생 맞춤형 성장 경로 다양화 및 학교급별 교육과정과 연계한 체험형 진로·직업 교육과정 운영 지원 • 초·중·고 진로교육 연계 강화 • 개인별 진로 성장 경로 체계화 • 지역사회와 연계한 현장 체험 중심 진로·직업교육 기회 확대 • 장애학생 대항 대학생활 체험 기회 제공
기관 간 협력	• 교육·복지·고용 협업 시스템 구축으로 진로·직업교육 효율화·안정화 • 관계부처(기관) 연계 일자리 확충 및 취업지원 강화	• 관계부처(교육부·복지부·고용부) 중앙상설협의체 활성화 • 범부처 장애학생 원스톱 취업지원 연계 시스템 구축 • 발달장애학생을 위한 현장 중심 맞춤형 일자리사업 확대 • 공공 영역(학교 및 대학 내) 일자리 발굴·참여 확대 • 관계부처(기관) 연계를 통해 인턴십 일자리 참여 확대	• 지역 기반 진로·직업교육 연계 강화 • 관계부처(기관)와 협력하여 취업지원서비스 확대를 통한 장애인 일자리 확보 및 취업 유지 도모 • 학습중심 현장실습 운영을 위한 사전교육 콘텐츠 개발
인프라	• 장애특성에 적합한 진단 및 직업평가 체계 구축 • 특수교육대상자 전환 경로 설정 및 지원체계 강화	• 진로·직업교육 이력관리 체계 확립 • 전문적 직업평가 체계 구축 • 초·중·고 학교(급) 간 진로교육 연계 활성화 지원 • 진로·직업교육 현황조사 개편·적용	• 범부처 협업을 통한 교육 시스템 연계 운영 • 장애학생 취업지원서비스 적시 제공 및 이력 관리를 위해 범부처(교육부, 고용노동부, 보건복지부) 장애학생 진로취업지원 시스템 고도화
담당 인력	• 진로상담 및 취업지원 강화를 위한 진로전담교사 배치 확대 • 실무체험중심의 담당교원 역량 강화 • 학부모 대상 진로·직업교육 정보 제공	• 특수학교 진로전담교사의 안정적 배치 지원 • 장애학생 현장실습 및 취업지원 전문 인력 배치 추진 • 담당교직원 전문성 강화 • 컨설팅 및 우수사례 확산 • 관계기관 담당자 역량 강화 • 찾아가는 학부모 정책 설명회 추진 • 온·오프라인 플랫폼을 활용한 정보 제공	• 진로·직업교육 담당자 전문성 강화를 위한 자료 개발 보급 • 장애학생 미래생활 역량 강화 및 학교급별 진로·직업교육과정과 연계한 진로교육 프로그램 개발 운영 • 맞춤형 진로학업 설계 지원을 위한 교원 역량 강화

고등교육	• 장애대학생 교육격차 해소를 위한 교수·학습 지원 강화 • 장애학생 교육권 강화를 위한 대학 환경 조성 • 장애대학생 교육복지 지원 실태평가 실효성 확보	• 고등교육 관련 정보 제공 강화	• 장애인고등교육지원센터 운영 추진 • 장애학생 지원 거점대학 확대 추진 • 모든 대학에 장애학생지원센터 또는 지원부서 설치 • 발달장애인 대상 교육과정(학위, 비학위) 모델 개발 • 문화예술 특성화 대학 발굴 • 대학생활 적응 프로그램 개발 확대
평생학습	• 장애인 평생교육 진흥을 위한 추진체계 구축 • 국가장애인평생교육진흥센터의 역할 정립 및 기능 강화 • 학령기 교육기회를 놓친 장애인 교육지원 강화 • 장애인 평생교육 프로그램 운영 확대	• 평생교육 관련 정보 제공 강화	• 장애인 평생학습도시 확대를 통한 지역단위 활성화 기반 조성 • 평생교육이용권을 통한 장애인의 학습 자율성, 선택권 강화 • 다양한 평생교육 프로그램 모델 개발 및 확산 • 장애인 평생교육 통계 기반 강화

2. 전환교육 연구의 변천

장애학생 전환교육 정책의 변화에 따라 관련 연구의 방향도 변화하였다. 이 절에서는 전환교육에 관한 연구의 변천사를 국내 학술논문과 국립특수교육원 정책연구 보고서를 중심으로 살펴보고자 한다.

첫째, 장애학생 전환교육에 관한 국내 학술논문의 흐름을 문헌분석을 통해 살펴보면 다음과 같다. 분석의 대상은 국내 학술논문으로 동료심사를 거친 국내 학술지에 게재된 논문을 선정하였고(학위논문, 해외 학술논문, 단행본, 연구보고서, 학회발표 등은 제외), 논문 발행 시기는 1990년~2022년으로 설정하였다. 연구의 변천사를 살펴보는 데 목적이 있으므로 세 가지 시대(1990~1999년, 2000~2009년, 2010~2022년)로 구분하여 시대별로 연구주제, 연구대상, 연구 방법 동향을 분석하였다. 그 결과, 총 282개의 국내 학술논문을 분석하였다. 시대별로 구분하면 1990~1999년 20개, 2000~2009년 93개, 2010~2022년 171개였다.

둘째, 장애학생 전환교육에 관련된 정책연구의 동향을 살펴보면 다음과 같다. 이를 위해 국립특수교육원 연구보고서 자료를 분석의 대상으로 삼았고, 발행 시기는 국립특수교육원 홈페이지에서 정책연구 보고서 검색이 가능한 시점인 2000년에서 2022년까지로 설정하였다. 정책연구의 변천사를 살펴보는 데 목적이 있으므로, 두 가지 시대(2000~2009년, 2010~2022년)로 구분하여 시대별로 연구주제 동향을 분석하였다. 그 결과, 총 37개의 정책연구 보고서를 분석하였다. 시대별로 구분하면 2000~2009년 5개, 2010~2022년 32개였다.

1) 국내 학술논문의 연구 동향(1990~2022년)

(1) 국내 학술논문의 연구주제 동향

장애학생 전환교육에 관한 국내 학술논문의 연구주제 동향을 시대별로 구분하여 살펴본 결과를 요약하면 다음과 같다(〈표 3-4〉 참조).

첫째, 전환교육 개념, 모형, 정책 등 전환교육의 개념적 요소에 관한 연구는 1990년 이후 시간이 흐를수록 감소하는 경향을 보였다. 구체적으로, 1990~1999년에는 전환교육 개념 및 모형에 관한 연구(예: 김승국, 1994; 김희철, 1993; 박석돈, 이상욱, 1996), 정책과 제도 및 개선 방안에 관한 연구(예: 김장현, 1988; 김정대, 1996; 박석돈, 1998)가 다수를 차지하였다. 동일 경향성은 2000~2009년에도 지속되고 있었고(예: 조인수, 박정식, 2001; 한경근, 2007), 2010년 이후에도 지속되고 있으나 상대적인 빈도는 감소하는 추세였다. 이러한 연구의 흐름은 전환교육 정책의 변천사와 같은 맥락으로 해석할 수 있다. 이는 1977년에 전환교육 정책이 법과 제도에 반영되기 시작하면서 관련 연구가 활성화되기 시작한 것으로 해석할 수 있다. 전환교육 발판이 안정화되면서 2009년부터는 전환교육 정책 내실화 및 활성화를 논하게 되었는데, 이에 따라 전환교육의 개념적 요소를 탐구하는 연구는 상대적으로 줄어들면서 교육과정 운영 등 실천적 개념을 확장하는 연구가 증가하게 된 것이라고 해석할 수 있다.

둘째, 전환평가, 개별화전환계획 등 전환계획에 관한 연구는 1990~2022년에 걸쳐 공통되게 낮은 빈도로 나타났다. 비록 소수이더라도 개별화전환계획은 지속적으로 연구되고 있었다. 전환평가는 2000년대 이후부터 연구가 시작되었고(예: 배성직, Clark, 2004; 조인수, 이윤미, 2008), 개인중심계획에 관한 연구는 2010년대 이후부터 연구가 시작되었으며(예: 김은하, 박승희, 2012; 김은하, 박승희, 2013; 이현주, 이영선, 주란, 민기연, 2019), 최근 개별화전환계획에 관한 연구가 이루어지고 있다(예: 강민채, 박현주, 2017; 이현주, 2022). 이러한 연구의 흐름은 아직 전환교육 분야는 모형, 정책 등 개념적인 요소와 교육과정, 운영 등 실천적인 요소에 초점을 두고 있는 상황이라는 점을 나타내는 것이다. 하지만 전환교육의 첫 단계이자 기틀을 마련하는 역할을 가진 전환평가 및 개별화전환계획에 대해서는 상대적으로 덜 강조하고 있음을 알 수 있고, 이에 관한 구체화 및 체계화가 필요할 것이다(이현주, 2023).

셋째, 전환교육의 운영과 실행에 관한 연구는 1990년 이후 시간이 흐를수록 증가하는 경향을 보였다. 특히 2000년대 이후 활발하게 등장하고 있었으며(예: 조인수, 송정선, 2009; 황보순, 강민채, 곽승철, 2008), 2010년대 이후부터는 전환교육에 관한 요구를 파악하는 연구가 주로 진행되고 있었다(예: 박영근, 2014; 이현주, 김경화, 정지희, 2021). 이는 1998년 「제1차 특수교육발전 5개년 계획」을 통해 전환교육 관련 정책이 마련되고, 이후 관련 현황 및 실태조사, 정책 점검 등을 목적으로 연구가 병행되어 진행되어 온 으로 해석할 수 있다. 또한, 전환교육 제도가 어느 정도 정착되면서 전환교육을 제공받는 주체자인 장애학생과 가족으로부터 이에 대한 인식이나 요구를 파악하는 당사자 중심의 연구가 증가하는 추세임을 알 수 있다(예: 이미선, 신현기, 2004; 정지희, 박지연, 2010). 이와 함께 전환교육의 성과 및 효과를 파악하는 연구도 증가하고 있음을 알 수 있다. 특히 진로성과 가운데 중등이후 교육, 평생교육에 관하여 탐색하는 연구는 2010년 이후부터 증가하는 추세이고(예: 김원호, 2020; 박정식, 2009; 박정식, 2013), 이는 장애학생의 진로를 폭넓게 바라보는 전환교육의 관점이 반영되기 시작한 것으로 볼 수 있다.

넷째, 전환교육 교육과정 및 프로그램 개발에 관한 연구는 1990~2022년에 걸쳐서 꾸준하게 지속되고 있었다. 하지만 2000년대 이후부터 구체적인 전환교육 교육과정에 관한 연구가 활발하게 나타나는 경향성이 나타났다. 구체적으로, 직업재활훈련(예: 김영준, 강경숙, 2012; 김영준, 김화수, 2022; 송승민, 한경근, 2014), 자립생활훈련(예: 김영준, 도명애, 2014; 조인수, 유정희, 2007), 지역사회중심 전환교육 프로그램(예: 김진호, 김영준, 차재경, 2009; 정보연, 박승희, 2008), 기능적 생활중심 전환교육 프로그램(예: 박상희, 2004; 이상훈, 주명환, 2001), 현장실습(예: 박희찬, 2010; 이상훈, 허석, 2004), 지원고용(예: 조인수, 박정식, 전보성, 2003) 등에 관한 연구였다. 2010년대 이후에는 진로교육 활동, 전환교육 관련 교수 · 학습전략을 주제로 하는 연구가 증가하였다. 특히 이 시점 이후부터는 디지털 기기 적용(예: 이익동, 이영선, 2011; 이태수, 2019), 중등이후 교육 및 평생교육(예: 박영근, 김정현, 2013; 박정식, 2013), 전환교육 관련 교사교육 및 진로전담교사(예: 윤태성, 홍재영, 2021; 이현주, 2018), 전환교육지원센터(예: 강경숙, 정광조, 육주혜, 2010; 복헌수, 강성구, 임경원, 2019)에 관한 새로운 연구주제가 등장하기 시작하였다. 이는 디지털시대로 접어든 시대적 배경의 영향, 장애인 평생교육의 법적 근거 마련(2007년 「장애인 등에 대한 특수교육법」, 2014년 「발달장애인 권리보장 및 지원에 관한 법률」), 인적 자원 확보 및 교원 역량 강화에 관한 정책 근거 마련의 영향을 받은 것으로 볼 수 있다.

다섯째, 직업흥미, 진로성숙도 등 장애학생의 진로준비 역량에 관한 연구는 1990~2022년에 걸쳐 공통되게 다소 낮은 빈도로 나타났다. 주된 특징으로는 1990~1999년까지 직업흥미, 적성에 관한 연구가 주로 이루어졌으나(예: 오세철, 1997; 이소영, 1993), 이후에는 낮은 빈도로 나타났다는 점이다. 반면, 2000년대 이후부터는 직무기술, 전환능력기술, 자기결정 등 장애학생의 전환 역량에 관한 연구는 조금 더 높은 빈도로 진행되었다(예: 김진호, 김영준, 차재경, 2009; 김하경, 최득남, 2003; 박상희, 2004; 이숙향, 2009). 이러한 추세는 2000년대 이후 전환교육 교육과정 및 프로그램 주제의 연구가 증가하기 시작하였다는 부분과 맥락을 함께 하는 것으로 해석할 수 있다.

여섯째, 전환교육에 관한 교원의 역량, 가족참여, 기관 간 협력을 주제로 하는 연구는 소수이지만, 2000년대 이후부터 증가하고 있음을 알 수 있었다(예: 박미화, 2007; 조인수, 배윤정, 2007). 특히 교사교육 등에 관한 교원 역량 프로그램, 가족의 역량 증진에 관한 연구주제는 2010년대 이후부터 나타나기 시작하였다(예: 송소현, 2016; 이현주, 2018). 또한 중도중복장애학생을 위한 전환교육에 관한 연구주제(예: 박은해, 김유리, 2021; 이미숙, 2020)도 이 시점 이후부터 증가하기 시작하였다.

일곱째, 상급학교로의 전환에 관한 연구는 2000년대 이후부터 진행되기 시작하였다. 이는 전환교육을 반드시 청소년기에서 성인기로의 생애 전환에 관한 이슈만을 다루는 게 아닌 학교급 간의 전환 이슈도 함께 다루는 것으로 보았고, 주로 유치원에서 초등학교, 초등학교에서 중학교로의 순조로운 전환에 초점을 둔 연구가 진행되었다(예: 나수현, 박승희, 2009; 배연경, 박재국, 김영미, 2010; 서혜연, 이숙향, 2019).

〈표 3-4〉 국내 학술논문의 연구주제 동향 분석 결과

연구주제		시대 구분					
		1990~1999년		2000~2009년		2010~2022년	
		N	%	N	%	N	%
개념	전환교육 개념	11	55.0	34	36.6	4	2.3
	전환교육 모형	5	25.0	23	24.7	9	5.3
	전환교육 정책/제도	8	40.0	11	11.8	8	4.7
	개선방안	7	35.0	12	12.9	14	8.2
전환계획	전환평가	0	0.0	8	8.6	3	1.8
	개별화 전환계획/전환계획	2	10.0	9	9.7	9	5.3
	개인중심계획	0	0.0	0	0.0	3	1.8
운영 및 실행	전환교육에 대한 요구	0	0.0	7	7.5	22	12.9
	전환교육 운영 및 실태	0	0.0	22	23.7	59	34.5
	전환교육의 성과 및 효과	1	5.0	8	8.6	10	5.8
	중등이후 교육/평생교육	0	0.0	1	1.1	7	4.1
전환교육 교육과정 및 프로그램	전환교육 프로그램 개발	4	20.0	11	11.8	25	14.6
	교수·학습전략/증거기반실제	0	0.0	1	1.1	10	5.8
	진로교육 활동	0	0.0	2	2.2	19	11.1
	진로상담/멘토링	0	0.0	1	1.1	1	0.6
	직업훈련/직업재활훈련	1	5.0	4	4.3	15	8.8
	자립생활훈련	0	0.0	2	2.2	3	1.8
	지역사회중심 전환교육 프로그램	0	0.0	9	9.7	3	1.8
	기능적 생활중심 전환교육 프로그램	0	0.0	2	2.2	2	1.2
	현장실습	0	0.0	1	1.1	4	2.3
	지원고용	0	0.0	2	2.2	1	0.6
	창업	0	0.0	0	0.0	1	0.6
	디지털 기기 적용	0	0.0	0	0.0	7	4.1
장애학생의 진로 준비 역량	직업 흥미/적성	4	20.0	2	2.2	3	1.8
	진로 성숙/인식/태도	3	15.0	4	4.3	7	4.1
	진로발달	1	5.0	0	0.0	0	0.0
	진로 결정	1	5.0	4	4.3	5	2.9

장애학생의 전환 역량	장애학생의 전환능력/기술	0	0.0	8	8.6	5	2.9
	자기결정	0	0.0	8	8.6	7	4.1
	직업준비기술/직무기술	0	0.0	5	5.4	11	6.4
교원 역량	교사의 전환교육 역량	0	0.0	5	5.4	9	5.3
	전환교육 주제의 교사교육	0	0.0	0	0.0	3	1.8
	진로전담교사	0	0.0	0	0.0	2	1.2
가족참여	가족참여	1	5.0	2	2.2	9	5.3
	가족 역량	0	0.0	0	0.0	3	1.8
기관 간 협력	유관기관 연계/협력	3	15.0	11	11.8	13	7.6
	전환교육지원센터	0	0.0	0	0.0	2	1.2
	전환교육 관련 서비스	0	0.0	1	1.1	0	0.0
중도중복장애학생 지원		0	0.0	3	3.2	11	6.4
상급학교로의 전환		0	0.0	8	8.6	6	3.5
총합		20	100	93	100	171	100

(2) 국내 학술논문의 연구대상 동향

장애학생 전환교육에 관한 국내 학술논문의 연구대상 동향을 시대별로 구분하여 살펴본 결과를 요약하면 다음과 같다(〈표 3-5〉 참고).

첫째, 장애학생 전환교육에 관한 연구의 연구참여자는 1990~2022년까지 시대 구분에 상관없이 대부분 장애학생이었고, 다음으로 특수교사로 나타났다. 특징으로는 장애학생, 특수교사를 대상으로 하는 연구가 2000년대 이후부터 급격히 증가하기 시작하였다는 것이다(예: 김진호, 김영준, 차재경, 2009; 박상희, 2004; 이정은, 김정효, 2007). 이는 연구주제의 추이와 맥락을 함께하는 것으로, 이 시점부터 증가하기 시작하였던 전환교육 교육과정 및 프로그램에 관한 연구의 대상은 주로 장애학생이었다는 점과 전환교육의 운영 및 실행 연구는 주로 특수교사를 대상으로 진행되었다는 점을 반영한다. 또한 이 시점부터 연구참여자의 폭이 넓어지기 시작하여, 가족, 학교관리자, 유관기관 관계자, 지역 사업체, 일반교사, 교수 등이 연구참여자로 포함되었다(예: 김경화, 이현주, 2021; 김진호, 2006; 박상희, 2006; 박희찬, 2006). 이는 전환교육에의 가족 참여, 기관 간 협력을 중요시하는 관점이 반영되면서 이에 관한 주제를 탐색하면서 연구참여자의 범위가 넓어진 것으로 해석할 수 있다.

둘째, 전환교육 연구에서 중점을 두는 학교급은 1990~2022년까지 시대 구분에 상관없이 고등학교, 중학교, 전공과, 초등학교, 유치원 순이었다. 국내 전환교육 관련 연구에서는 주로 중등학교 수준에 초점을 두고 전환교육을 연구하고 있다는 점을 알 수 있고, 이는 성인기로의 생애 전환을 준비하는 차원에서의 전환교육이라는 성격을 나타내는 것이다. 반면, 초등학교와 유치원 학교급을 대상으로 연구(예: 나수현, 박승희, 2009; 배연경, 박재국, 김영미, 2010; 서혜연, 이숙향, 2019)가 진행된 것은 2000년대 이후 상급학교로의 진학 관련 연구주제가 나타나기 시작한 것과 맥락을 같이한다.

셋째, 전환교육 연구에서의 학교유형을 살펴보면, 특수학급보다 특수학교에서 연구가 더 많이 진행되었다. 시대별로 구분해보면, 특수학교를 대상으로 하는 연구는 1990년대부터 시작되어 2000~2009년에는 주를 이뤘고(예: 김진호, 김영준, 2009; 정동영, 2001), 2010~2022년에는 근소한 차이지만 특수학급을 대상으로 하는 연구가 더 많이 진행되었다(예: 김경화, 2013; 김혜리, 김영미, 정성민, 2015). 이러한 결과는 2010년대 이후 특수학급의 수 및 특수학급 장애학생의 수가 증가하였다는 통계(교육부, 2022e) 흐름과 맥락을 같이 하는 것으로 해석할 수 있다. 구체적인 통계를 살펴보면, 특수학급 수는 1990년 3,181개, 2001년 3,846개, 2010년 7,792개, 2022년 12,712개로 증가하였고, 특수학급 학생 수는 1990년 29,989명, 2000년 26,627명, 2010년 42,021명, 2022년 57,948명으로 증가하였다.

넷째, 장애 유형에 따라 살펴보면, 지적장애, 자폐성장애, 발달장애 유형에 주로 중점을 두고 전환교육 연구가 진행되었고, 그 다음 지체장애, 청각장애, 시각장애, 정서·행동장애, 학습장애, 중도중복장애, 발달지체 순으로 중점을 둔 연구가 진행되었다. 시대별로 구분해 보면, 1990~1999년에는 지체장애, 청각장애, 시각장애를 포함하는 감각장애 유형을 대상으로 하는 연구가 주로 진행되었다(예: 박석돈, 1998; 조정원, 1995). 2000년대 이후부터는 지적장애, 자폐성장애, 발달장애 유형을 대상으로 하는 연구가 주로 진행되고 있음을 살펴볼 수 있었다(예: 김진호, 2007; 조인수, 송정선, 2009). 이러한 결과는 감각장애를 가진 장애학생은 감소하는 추세이나 지적장애나 자폐성장애를 가진 장애학생은 증가하고 있는 통계(교육부, 2022e) 흐름과 맥락을 같이 하는 것으로 해석할 수 있다. 구체적인 통계를 살펴보면, 시각장애 학생 수는 2018년 1,981명, 2020년 1,908명, 2022년 1,753명, 청각장애 학생 수는 2018년 3,268명, 2020년 3,132명, 2022년 2,961명, 지체장애 학생 수는 2018년 10,439명, 2020년

〈표 3-5〉 국내 학술논문의 연구대상 동향 분석 결과

연구대상		시대 구분					
		1990~1999년		2000~2009년		2010~2022년	
		N	%	N	%	N	%
연구참여자	장애학생	8	40.0	25	26.9	32	18.7
	가족	1	5.0	7	7.5	24	14.0
	특수교사	1	5.0	27	29.0	68	39.8
	학교관리자	1	5.0	0	0.0	6	3.5
	유관기관 관계자(복지서비스 등)	0	0.0	1	1.1	6	3.5
	지역 사업체	0	0.0	2	2.2	0	0.0
	일반교사	0	0.0	1	1.1	6	3.5
	전문가(교수 등)	0	0.0	0	0.0	4	2.3
학교급	유치원	0	0.0	8	8.6	2	1.2
	초등학교	3	15.0	14	15.1	20	11.7
	중학교	4	20.0	20	21.5	41	24.0
	고등학교	7	35.0	34	36.6	79	46.2
	전공과	0	0.0	8	8.6	30	17.5
	졸업생	0	0.0	3	3.2	3	1.8
학교 유형	특수학교	6	30.0	37	39.8	57	33.3
	특수학급	0	0.0	15	16.1	61	35.7
장애 유형	지적장애	2	10.0	32	34.4	60	35.1
	자폐성장애	1	5.0	0	0.0	25	14.6
	발달장애	1	5.0	6	6.5	23	13.5
	지체장애	7	35.0	9	9.7	11	6.4
	시각장애	5	25.0	7	7.5	10	5.8
	청각장애	3	15.0	12	12.9	9	5.3
	학습장애	1	5.0	1	1.1	8	4.7
	정서·행동장애	0	0.0	4	4.3	9	5.3
	발달지체	0	0.0	2	2.2	4	2.3
	중복장애	0	0.0	2	2.2	5	2.9
총합		20	100	93	100	171	100

9,928명, 2022년 9,639명으로 감소하고 있다. 반면, 지적장애 학생 수는 2018년 48,747명, 2020년 50,693명, 2022년 53,718명, 자폐성장애 학생 수는 2018년 12,156명, 2020년 13,917명, 2022년 17,024명으로 증가하고 있다.

(3) 국내 학술논문의 연구 방법 동향

장애학생 전환교육에 관한 국내 학술논문의 연구 방법 동향을 시대별로 구분하여 살펴본 결과를 요약하면 다음과 같다(〈표 3-6〉 참조).

첫째, 1990년 이후부터의 동향을 연구 방법론적 측면에서 살펴보면, 장애학생의 전환교육의 개념과 이론을 탐색하는 기초연구가 주로 진행되어 왔다. 최근에도 이러한 추이는 지속되고 있지만, 1990~2009년에는 전환교육의 개념 및 이론에 관한 연구가 다수 진행되었다(예: 김승국, 1994; 김희철, 1993; 박석돈, 이상욱, 1996; 박승희, 1995). 이 시대에는 전환교육 개념, 모형, 정책 등 전환교육의 개념적 요소를 주제로 하는 연구가 대다수 진행되었으므로, 이론과 정책을 탐구하는 관련 연구 방법이 증가한 것으로 해석할 수 있다.

둘째, 전환교육을 주제로 하는 양적 연구의 빈도는 시간이 흐르면서 증가하는 경향성을 보였다. 조사연구, 실태조사, 도구나 프로그램 등 개발연구의 경우 2000년대 이후부터 증가하는 추이가 나타났다(예: 김진호, 김영준, 2009; 박상희, 2006; 조인수, 송정선, 2007). 또한 개발된 전환교육 프로그램의 효과성을 측정하는 실험연구도 2000년 이후부터 시작되었고(예: 박정식, 2009; 조인수, 유정희, 2007), 2010년 이후부터는 빈도가 높아졌다. 이는 장애학생을 위한 전환교육의 정착 및 내실화가 이루어지는 시기와 같은 맥락으로, 전환교육의 현황과 효과를 측정하려는 양적 연구가 진행되고 있는 것으로 해석할 수 있다.

셋째, 전환교육을 주제로 하는 질적 연구의 빈도는 상대적으로 낮은 편이나, 면담연구는 2010년 이후 급격히 증가하는 동향을 보였다(예: 박영근, 박경란, 2014; 이미숙, 양소현, 2019). 이는 주로 특수교육 담당인력이나 가족의 요구를 살펴보는 연구들로, 이 시점 이후 관련 연구주제가 증가하였다는 점과 맥락을 함께한다. 연구 방법론적으로 국내 학술논문의 동향을 살펴보았을 때 2000년대 이후 현상을 자료를 수집하여 과학적으로 수치화 및 분석하는 양적 연구 방법이 진행되었다면, 최근이라고 볼 수 있는 2010년대 이후부터는 당사자 및 관련인의 목소리에 중점을 두어 분석하는 질적 연구 방법이 병행되고 있음을 알 수 있다.

넷째, 시간이 흐를수록 문헌이나 자료를 분석하는 연구 방법이 증가하였다. 특히 문헌분석은 2010년 이후 급증하였다는 특성이 나타났다(예: 김희주, 김동일, 2018; 박은영, 신인수, 2011). 이는 이전에 관련 선행문헌이 많이 축적되면서 연구의 동향을 살펴보는 체계적 문헌분석이나 메타분석이 가능해져 나타난 현상이다. 또한 전환교육 관련 통계, 교육과정, 보고서 등의 자료를 분석하는 내용분석 연구도 2000년대 이후 늘어나는 경향성을 보였고, 2010년 이후에도 지속되고 있었다.

〈표 3-6〉 국내 학술논문의 연구 방법 동향 분석 결과

연구 방법		시대 구분					
		1990~1999년		2000~2009년		2010~2022년	
		N	%	N	%	N	%
기초연구	개념 및 이론 연구	12	60.0	33	35.5	6	3.5
양적 연구	조사연구	4	20.0	33	35.5	66	38.6
	실태조사	1	5.0	0	0.0	6	3.5
	실험연구	0	0.0	13	14.0	24	14.0
	개발연구(프로그램, 도구)	0	0.0	2	2.2	6	3.5
질적 연구	면담	0	0.0	3	3.2	28	16.4
	사례분석	2	10.0	2	2.2	1	0.6
문헌연구	문헌분석	0	0.0	5	5.4	42	24.6
	내용분석	2	10.0	18	19.4	11	6.4
총합		20	100	93	100	171	100

2) 국립특수교육원 정책연구보고서 동향(2000~2022년)

장애학생 전환교육에 관한 국립특수교육원 정책연구보고서의 연구주제 동향을 시대별로 구분하여 살펴본 결과를 요약하면 다음과 같다(〈표 3-7〉 참조).

첫째, 장애학생의 전환교육에 관한 국립특수교육원 연구보고서는 주로 전환교육 운영 현황과 실태를 조사하는 것으로 나타났고, 2010년대 이후 빈도가 증가하였다. 장애학생의 진로성과를 살펴보는 연구도 2010년대 이후부터 빈도가 증가하였다. 이러한 결과는 국내 학술논문의 동향과도 유사한 것으로, 장애학생을 위한 전환교육 정

책이 현장에서 시행되면서 그 현황과 성과를 점검하는 목적의 정책연구가 다수 진행
되고 있는 것으로 해석할 수 있다. 특히 장애학생의 진로성과를 졸업 후 상태조사, 종
단조사 방법을 활용하여 주기적으로 측정하고 있음이 나타났다.

둘째, 전환교육의 개념에 관한 정책연구는 주로 향후 개선 및 활성화 방안을 모색
하는 주제로 진행되었고, 이는 시대 구분에 상관없이 지속적으로 이루어지고 있었
다. 이는 전환교육에 관한 다양한 실태조사를 통해 개선방안을 모색하는 것이었다.
그리고 전환교육 정책과 제도를 제안하는 연구주제도 현재까지 지속적으로 이루어
지고 있다. 2010년대 이후에는 전환교육 정책과 제도를 이끄는 모형을 탐구하는 주
제의 연구가 진행되었다.

셋째, 전환교육 교육과정 및 프로그램 개발과 제안에 관련된 정책연구는 주로
2010년대 이후부터 진행되고 있었다. 구체적으로, 진로·직업교육, 현장실습, 직종
개발, 교재·교구 개발에 관한 내용이었다. 소수이지만 전공과, 고등교육 지원에 관
한 중등이후 교육 주제의 연구도 진행되었다. 국립특수교육원 연구보고서 가운데 특
징적인 점으로 장애대학생 교육복지지원, 발달장애인 평생교육에 관한 정책연구가
다수 진행되었다.

〈표 3-7〉 국립특수교육원 연구보고서의 연구주제 동향 분석 결과

연구주제		시대 구분			
		2000~2009년		2010~2022년	
		N	%	N	%
개념	전환교육 모형	0	0.0	3	9.4
	전환교육 정책/제도	1	20.0	2	6.3
	개선/활성화 방안	5	100.0	6	18.8
	전환교육 지표	1	20.0	1	3.1
운영 및 실행	전환교육에 대한 요구	1	20.0	0	0.0
	전환교육 운영 및 실태	3	60.0	11	34.4
	진로성과	1	20.0	7	21.9
전환교육 교육과정 및 프로그램	전환교육 프로그램	3	60.0	3	9.4
	진로직업교육	0	0.0	7	21.9
	현장실습	0	0.0	3	9.4
	직종 개발	0	0.0	2	6.3
	교재·교구 개발	0	0.0	2	6.3

중등이후 교육	평생교육	2	40.0	8	25.0
	중등이후 교육	1	20.0	1	3.1
	장애대학생	1	20.0	6	18.8
전환교육 담당 인력		0	0.0	2	6.3
기관 간 협력/연계		0	0.0	1	3.1
총합		5	100	32	100

요 약

제3장에서는 우리나라 전환교육의 정책과 연구 경과를 살펴보았다.

1. 현행 「장애인 등에 대한 특수교육법」에 이르러 '진로 및 직업 교육'이라고 용어 및 세부 내용이 정비되었고, 현재 제6차에 이르기까지 '특수교육발전 5개년 계획'에서는 전환교육 관련 정책이 꾸준히 포함되었다.

2. 국내 학술논문과 정책연구 보고서의 동향은 전환교육 관련 법과 정책의 변화 흐름과 같은 맥락으로 전개된다는 특성이 나타났다.

활 동

1. 현행 「장애인 등에 대한 특수교육법」에 나타난 장애학생 전환교육 관련 조항을 찾아보고, 1977년과 1994년 「특수교육진흥법」에서 제시되었던 조항들과 비교하여 변화된 점을 서술해 봅시다. 향후 장애학생 전환교육의 발전을 위해 법에서 개정되어야 하는 내용을 포함하는 제안서를 작성해 봅시다.

2. 현재까지 제시된 장애학생 전환교육 관련 교육부 주요 정책의 내용을 비교하면서 변화된 점을 서술해 봅시다. 향후 장애학생 전환교육 발전을 위해 정책적으로 제안되어야 하는 내용을 포함하는 제안서를 작성해 봅시다.

3. 〈표 3-4〉를 참고하여 전환교육에 관한 국내 학술논문의 연구주제 동향 분석하고 특징을 서술해 봅시다. 향후 장애학생의 전환교육에 관하여 연구될 필요가 있다고 생각하는 주제를 제시해 봅시다.

4. 최근 5년간 국내 학술논문으로 발행된 장애학생 전환교육에 관한 주제의 학술논문을 모두 검색하고, 연구주제별로 요약하고 특징을 서술해 봅시다.

제2부

지역사회
전환

제4장
자립으로의 전환

김라경

1. 자립생활의 개요

1) 자립생활의 개념 및 정의

『표준국어대사전』에 따르면 '자립'은 "남에게 예속되거나 의지하지 아니하고 스스로 섬"을 의미하며, '생활'은 "일정한 환경에서 활동하며 살아감"을 의미한다. 즉, 자립생활은 남에게 의지하지 않고 스스로 활동하며 살아가는 것이라고 할 수 있다. 그러나 우리는 모두 타인에게 의지하지 않고 완전히 독립적으로 활동하며 살아갈 수 없으며, 장애인의 자립생활 역시 생활전반에 걸친 제반 상황에서 장애인이 아무런 도움 없이 모든 일을 혼자서 해야 함을 의미하는 것이 아니다. 예를 들어, 제1장에 제시된 사례 4의 영훈은 시각장애와 지적장애가 중복으로 있고 학습효과도 낮으며 일상생활 기술도 거의 습득하지 못했기 때문에 간단한 음식을 조리하는 것도 영훈 혼자서는 하루 종일 걸리거나 하루를 다 사용해도 할 수 없을 수 있다. 진정한 의미의 자립생활은 영훈이 이러한 고군분투를 통해 타인에게 의지하지 않고 자신의 일상생활을 자력으로 처리해야 한다는 것이 아니다.

자립을 협의의 의미와 광의의 의미로 정의한 최윤영(2005)은 협의의 의미에서 자립을 장애인의 일상생활을 원조하여 중증장애인의 자립을 지원하는 것이라고 정의하였다. 이는 타인으로부터의 완전한 독립을 의미하는 것이 아니고, 중증장애인이라

하더라도 타인의 도움의 종류나 방법에 대해서 충분히 선택할 수 있으며, 자신의 삶을 통제하는 것을 의미한다고 하였다. 그리고 광의의 자립생활 개념은 위에서 아래로 제공되어 기존의 방식이 아니라 장애인 스스로가 자기개발 및 환경변화를 시도하는 등의 사회변혁 운동을 포함하고 있다고 하였다. 결국, 장애인의 자립생활이란 "장애인이 아무런 타인의 도움 없이 모든 일을 독립적으로 할 수 있게 되는 것이 아니라 장애인이 의사결정과 일상생활을 영위함에 있어서 타인의 의존을 최소화하고, 자신의 삶을 스스로 선택하는 가능성을 가지고 통제하는 것을 의미하는 것"(최윤영, 2005)이라고 하였다.

1981년 미국자립생활협의회(National Council on Independent Living)에서도 자립생활을 "개인의 삶에 대해 결정할 때 타인의 개입이나 보호를 최소화하고 스스로 삶에 대해 선택하고 결정하는 과정에 당사자가 참여하는 과정"이라고 정의하였다. 자립생활은 장애인 당사자가 살아가는 데 필요한 자원을 사회적 지원체계를 통해 확보하여 자립이 가능하게 되는 상태를 말하며, 사회적 지원을 받아 장애인이 삶을 선택할 수 있는 범위가 넓어지고 그러한 환경의 변화로 스스로의 통제권이 강화되는 것을 말한다(DeJong, 1981). 종합해 보면, 자립생활은 장애인이 자신의 삶에 대해 결정하는 과정에서 타인의 지원을 최소한으로 받아 직접 선택하고 결정하며, 이러한 일련의 과정에 자기결정권과 선택권을 보장하여 장애인 당사자가 직접 참여하는 것을 강조하는 개념이다. 즉, 자립이란 자신 스스로 보호하고 관리하기 위하여 아무런 지원 없이 이룰 수 있는 것이 아니다.

자립생활은 동시대의 시민권 운동, 소비자주의, 자조 운동, 탈의료화, 탈시설화와 같이 전문가중심의 서비스에 대한 한계를 비판하는 사회 운동과 함께 성장하였다. 전문가중심이 아닌 당사자가 중심이 되어 장애인 본인의 서비스에 대한 권리를 주장하고 통제할 수 있는 사회 운동이 전개되었다. 유럽, 미국 등 선진국은 시설 수용 위주의 장애인 정책에서 탈피하여 지역사회에 기반을 둔 장애인의 동등한 사회 참여를 강조하고 있으나, 우리나라는 2011년 시설 소규모화 정책과 2021년 중앙정부의 탈시설 전달체계인 중앙장애인 지역사회통합지원센터가 설립되었음에도 불구하고, 획일적인 서비스 지원, 시설에서 지역사회로의 전환체계 미비, 주거 소득의 미확보 등 지역사회 정착을 위한 기반 부족으로 인하여 장애인이 자립하기 어려운 현실이다.

장애인의 자립생활 증진을 위한 국가의 의무를 명시한 국내 법률로는 「장애인차별금지 및 권리구제 등에 관한 법률」(이하「장애인차별금지법」), 「장애인복지법」 등이 있으며, 국제 기준으로는「장애인권리협약」이 있다. 우선 국제적으로「장애인권리협약(Convention on the Rights of Persons with Disabilities)」제3조 및 제19조는 '자립생활과 지역사회 통합'을 기본원칙으로 하면서, 모든 장애인이 지역사회로부터 소외되거나 격리되지 않고, 다른 사람들과 동등한 선택권을 가지고 지역사회에서 완전한 통합을 이루며 살아갈 수 있도록 효과적이고 적절한 조치를 취할 것을 국가의 의무로 규정하고 있다.「장애인권리협약」전문과 제3조는 "장애인이 스스로 선택할 자유를 포함하여 장애인 개인의 자율 및 자립의 중요성을 인정하며, 장애인은 자신과 직접적으로 관련이 있는 정책 및 프로그램을 포함한 의사결정과정에 적극적으로 참여할 수 있는 기회를 가져야 한다."고 명시하고 있다. 국내에서는「장애인차별금지법」제7조에서 "장애인은 자신의 생활 전반에 관하여 자신의 의사에 따라 스스로 선택하고 결정할 권리를 가진다."라고 명시하여 삶의 주도권 서비스에 대한 권리를 나타내었다.

또한「장애인복지법」제53조에서는 "국가와 지방자치단체는 중증장애인의 자기결정에 의한 자립생활을 위하여 활동보조인의 파견 등 활동보조서비스 또는 장애인 보조기구의 제공, 그 밖의 각종 편의 및 정보제공 등 필요한 시책을 강구하여야 한다."라고 규정하고 있으며, 같은 법 제54조 제1항은 "국가와 지방자치단체는 중증장애인의 자립생활을 실현하기 위하여 중증장애인 자립생활지원센터를 통하여 필요한 각종 지원서비스를 제공한다."라고 규정하고 있다. 제35조는 장애 유형, 정도별 재활 및 자립지원서비스를 받을 수 있도록 명시하여 자립에 대한 국가적 책무를 명시하고 있다.

이와 같이 삶의 다양한 영역에 있어 장애인에 대한 지원 의무를 국가의 책무로 보는 것은 장애인이 우리 사회에서 부딪히게 되는 수많은 문제의 원인이 신체적·정신적 손상을 지닌 장애인 개인에게 있는 것이 아니라, 비장애인과 같이 동등한 수준의 참여를 가로막는 사회의 전반적인 물리적·제도적 환경에 있다는 것을 전제하기 때문이다(국가인권위원회, 2013). 지역사회 장애인의 권익 향상 및 향후 자립생활 지원 정책의 실효성 강화를 위해서 중앙정부 차원의 통합적 지원계획 수립이 필요하다. 장애인 자립생활 활성화를 위해서는 인식 개선이 우선되어야 할 것이다. 또한 장애인 스스로의 자립생활에 대한 인식을 높이는 교육과 함께, 비장애인을 포함하여 사회 전체적으로 장애인에 대한 긍정적 이미지를 확산시키고 인권 및 자립에 대한 인식 개선이 필요하다.

2) 자립생활의 실태

(1) 장애인 거주시설의 현황

자립생활이 장애인 거주시설만을 의미하는 것은 아니지만, 역사적으로 장애인 거주시설은 자립생활과 밀접하게 연관되어 왔다. 우리나라의 장애인 거주시설은 1970년대부터 확대되어 서울올림픽이 열린 1988년에 장애인시설을 도심 외곽으로 이주하면서 대규모 장애인 시설이 설치되었다. 「장애인복지법」 제 58조에 따르면, 장애인 거주시설이란 "거주공간을 활용하여 일반가정에서 생활하기 어려운 장애인에게 일정 기간 동안 거주 · 요양 · 지원 등의 서비스를 제공하는 동시에 지역사회생활을 지원하는 시설"을 의미한다. 장애인 거주시설은 다양한 장애유형에 따라 생활시설의 유형도 달라진다. 가장 압도적으로 높은 유형은 지적장애인 거주시설이다. 2011년 「장애인복지법」 개정 전에는 장애인생활시설이라는 용어를 사용하였으나 장애인의 대규모 수용, 시설 내 모든 생활이 이루어지는 것과 같은 부정적 이미지로 인하여 거주시설이라는 명칭으로 변경하였다. 또한 2012년 신축 장애인 거주시설 정원을 30인 이하로 제한하는 소규모화 정책으로 소규모 시설(단기 거주시설, 공동생활가정 등)이 증가하였고, 입소자 수는 점진적으로 감소하는 추세이다. 2020년 기준 총 1,539개소의 장애인 거주시설이 전국적으로 설치되어 있으며, 지체장애인 거주시설, 시각장애인 거주시설, 청각장애인 거주시설, 지적장애인 거주시설, 중증장애인 거주시설, 장애영유아 거주시설 등 국내 장애인 거주시설에 입소한 장애인은 2010년에 452개소 24,395명, 2018년에 1519개소 29,676명, 2019년에 1,553개소 29,659명, 2020년에 1,539개소 29,086명이다(〈표 4-1〉 참조). 이 중 그룹홈 등으로 불리기도 하는 장애인 공동생활가정의 경우 장애인들이 스스로 사회에 적응하기 위하여 전문 인력의 지도를 받으며 공동으로 생활하는 지역사회 내의 소규모 거주시설이다. 지역사회 내에 일반 아파트, 가정 집 등에 분포해서 시설인지 잘 알아보기 어려우며, 대규모 거주시설에서 발생하는 장애인 인권 침해 문제가 사회적 이슈화되면서 장애인 공동생활가정의 필요성 내지 효용성이 더욱 증가되고 있는 실정이다. 장애인이 거주 공간을 단순히 물리적인 의미에서 지역사회로 두는 것이 자립생활을 의미하는 것이 아니라, 그가 거주하는 지역사회 내에서, 삶의 모든 측면에 대해 배제되지 않고 통합되어 주류에 참여하여야 자립생활을 한다고 할 수 있다.

〈표 4-1〉 장애인 거주시설의 현황(단위: 명, 개소)

유형		2010	2011	2012	2013	2014	2015	2016	2017	2018	2019	2020
소계	시설 수	452	490	1,348	1,397	1,457	1,484	1,505	1,517	1,527	1,557	1,539
	인원	24,395	25,345	30,640	31,152	31,406	31,222	30,980	30,693	30,152	29,662	29,086
지체장애인 거주시설	시설 수	40	39	40	39	44	39	40	39	33	33	28
	인원	3,673	2,102	2,057	1,978	2,208	1,668	1,766	1,690	1,418	1,304	1,121
시각장애인 거주시설	시설 수	14	15	16	16	15	16	17	17	16	15	16
	인원	873	787	786	770	632	628	711	700	662	615	579
청각언어장애인 거주시설	시설 수	10	9	8	8	7	7	7	7	7	7	7
	인원	386	361	335	320	270	255	228	232	223	216	205
지적장애인 거주시설	시설 수	196	226	278	293	309	321	317	313	320	313	317
	인원	14,338	10,788	11,748	12,001	12,136	12,369	12,112	12,008	11,865	11,485	11,349
중증장애인 거주시설	시설 수	182	191	201	216	223	233	233	233	239	251	251
	인원	4,813	10,798	11,006	11,412	11,344	11,314	11,192	10,996	10,995	10,978	10,866
장애영유아 거주시설	시설 수	10	10	10	9	9	10	9	9	9	9	9
	인원	312	509	510	473	466	541	452	429	398	382	361
단기 거주시설	시설 수	–	–	128	131	137	141	146	147	150	159	157
	인원	–	–	1,438	1,432	1,495	1,548	1,616	1,699	1,671	1,733	1,733
공동생활 가정	시설 수	–	–	667	685	713	717	736	752	753	770	754
	인원	–	–	2,760	2,766	2,855	2,899	2,903	2,939	2,920	2,949	2,872

출처: 보건복지부(2022).

(2) 자립생활과 주거서비스

① 탈시설화

장애인 거주시설은 장애인을 지역사회로부터 격리하고 분리하여 수용·보호하기 위한 목적으로 설립·확장되기 시작하였다. 그러나 장애인복지 패러다임의 변화와 장애인의 권익 증진, 사회적 인식의 변화와 같은 환경변화에 따라 거주시설은 거주의 기능을 주 기능으로 하고, 훈련 및 교육, 여가 및 문화 생활 등을 위해서는 지역사회에 기반한 제반서비스를 이용할 수 있도록 바뀌어야 한다는 운동과 정책 변화가 시도되었고, 실제로 변화가 있어 왔다. 미국과 유럽 일부 국가에서는 20세기 이후 대형시설에 수용된 장애인들을 지역사회에 위치한 거주시설로 이동시키는 탈시설화(deinstitutionalization) 움직임을 계속해서 진행해 오고 있다.

탈시설을 말할 때 광의와 협의의 두 가지 입장이 혼용되어 사용되는 경향이 있기 때문에, 이를 구분할 필요가 있다(김용득, 2019). '광의의 탈시설 입장'에 따르면, 거주시설은 생활인들의 자유권이 보장되고 시설 운영이 민주적이고 상시적인 감시 체계와 같은 '안전장치'만 있으면 시설의 존재 자체는 인정할 수 있다. 시설을 소규모화하고 인권을 감시할 수 있는 장치를 만들고 자신의 집처럼 삶의 공간과 사람들과의 관계를 구성한다면 탈시설의 의미 실현이 가능하다는 주장이다. '협의의 탈시설 입장'은 좀 더 엄격한 개념 정의로서, 시설을 나와 지역사회 내의 보편적인 주택에서 자립생활을 하면서 거주지의 선택 및 일상생활의 선택권을 장애인 당사자가 행사하는 상태만을 탈시설로 보는 것이다(박숙경, 2016). 시설은 불필요악이고 현재 시설의 문제가 있지만 한 번에 없애지 못하기 때문에 시설에 사는 각각의 장애인은 시설에서 퇴소하여 시설이 아닌 장소로 옮길 필요가 있다. 이와 같은 탈시설화 움직임은 장애인들의 대형시설 의존을 지속적으로 축소시켰으며, 장애인들의 지역사회 통합을 촉진시켰다(Beirne-Smith, Patton, & Kim, 2006).

탈시설을 하여도 지역사회와의 연계가 이루어지지 않는다면 장애인은 지역사회에 존재하는 투명인간일 뿐이다(이동석, 2019). 따라서 지역사회와의 연결을 재확립하는 지원이 반드시 필요하고, 경제활동을 위한 취업지원, 금전관리 지원 등이 필요하다. 이 외에도 개인에 맞춘 추가적인 지원이 필요하다(이동석, 2019). 한편, 지난 주거서비스 관련 장애인정책종합계획을 살펴보면 정부도 그간 발달장애인의 특성이나 가족의 돌봄 부담을 고려한 서비스를 도입해 왔으나, 일상생활에 어려움이 있는 최중증 발달장애인에 대한 돌봄 부담은 여전히 높은 상황이다.

제6차 장애인정책종합계획(2023~2027년)에서는 혼자서 일상생활과 사회생활을 하기 어려운 장애인에게 신체·가사 활동 및 이동보조 등을 지원하는 '장애인활동지원' 대상자를 현재 14만 명에서 2027년까지 17만 명으로 확대하고 종사자 처우개선 및 서비스 고도화 등을 통하여 서비스의 품질을 개선할 계획이다. 장애인의 주거 결정권을 강화하고 장애인 자립 지원체계 구축을 위해 기존 대규모 거주시설에서 소규모, 의료집중형 전문기관 등 희망하는 거주시설의 전환을 지원하며, 주거환경을 개선하기 위해 건설형 공공임대주택 의무공급을 지속하여 지원할 예정이다. 또한 현재는 장애인이 공급자중심의 제한된 복지서비스를 일괄로 제공받기 때문에 서비스를 이용하지 않는 경우도 있는데, 개인예산제를 도입하여 당사자의 장애인 복지서비스 간 칸막이를 제거해서 당사자의 선택권을 강화하고 서비스 이용자의 욕구에 맞춰 새로운 지원체계 필요한 복지서비스를 직접 선택할 수 있도록 할 것이다. 개인예산제가

〈표 4-2〉 주거서비스 관련 장애인정책종합계획의 기본 방향

제1차 (1998~2002)	• 시설입소제도의 합리적 개선 • 시설 개방화를 위한 여건 마련 • 공동생활가정의 법적 · 제도적 장치 마련
제2차 (2003~2007)	• 생활시설 서비스 공급 확충 • 시설생활 장애인의 지역사회 복귀 및 재활지원 강화
제3차 (2008~2012)	• 장애인 거주시설의 기능과 역할, 분류체계 정립 • 대규모 시설 개편 및 소규모 거주시설 확충 • 서비스 표준화 및 서비스 질 관리 시스템 구축
제4차 (2013~2017)	• 주거지원서비스 등 자립지원생활의 종합적 대책 마련 • 장애인거주시설의 지역사회 통합 기능 강화 • 서비스 종사자에 대한 지원치계 발전
제5차 (2018~2022)	• 권리보장 및 종합지원체계 구축, 탈시설 · 주거 지원 • 시설거주장애인의 자립생활 전환 지원치계 마련 • 새로운 주거서비스 유형 개발 • 재가장애인에 대한 주택지원 강화
제6차 (2023~2027)	• 시설 등에 거주하는 장애인의 안정적인 자립과 본인 의사에 따라 거주 환경을 결정할 수 있도록 장애인 맞춤형 통합지원 및 주거결정권 강화 • 개인별 지원계획에 따라 본인의 활동지원 급여 일정액(10%) 내에서 필요한 공공 또는 민간서비스를 구매하여 활용 • 최중증 발달장애인의 일상생활과 자립을 지원하는 통합돌봄서비스 강화

도입되면 '사용 가능한 서비스 총량' 내에서 자신에게 우선적으로 필요한 서비스를 선택할 수 있게 된다.

　중요한 점은 탈시설화에 대한 찬성이냐 반대냐의 문제가 아니라 장애인의 지역거주권을 확보하기 위한 다양한 정책과 제도, 대안이 동시에 마련되어야 한다는 것이다. 탈시설화가 구체적으로 무엇을 의미하는지, 이것이 우리나라에서 어떻게 실현될 수 있는지 논의되어야 한다. 장애인의 권리를 실현할 수 있는 것인지에 대한 이념과 철학이 세워져야 하며, 지역사회에서 삶의 질을 유지하면서 자기결정과 선택을 할 수 있는 서비스가 마련되어야 하는 것이 바로 탈시설의 핵심 전제조건이다(임종호, 이영미, 이은미, 2022). 또한 이용자중심의 환경, 지속적인 서비스의 제공, 자립 홈과 같은 다양한 주거환경의 제공 등 지원서비스의 개선 방안도 함께 논의되어야 한다(김라경, 강종구, 2016).

② 자립생활 지원

자립생활 지원 중증장애인의 자기결정과 선택권 보장의 가능성을 증진시키고 필요한 서비스를 제공하는 지역사회중심의 제반서비스를 의미한다. 자립생활 지원의 주요 원리는 서비스 제공자가 전문가로서의 우월적 지위를 갖고 시설 중심의 일방적 서비스를 제공하는 것이 아니라, 이용하는 장애인 당사자가 자신의 욕구를 바탕으로 스스로 서비스를 조절하고 통제하는 것이라는 점을 강조하고 있다. 자립생활을 위한 지원서비스에는 장애인이 자신의 가정이나 지역사회 내에서 자립적으로 생활하는 데 필수적인 다양한 것들이 포함되는데, 동료상담, 정보 제공과 의뢰, 이동서비스, 자립생활 기술훈련, 보조기구 관리 · 수리 · 임대, 권익옹호, 주거서비스, 활동 지원서비스가 있으며, 주로 자립생활센터를 통해서 제공한다.

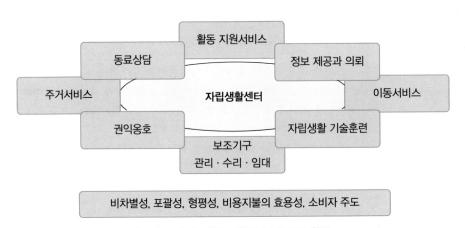

[그림 4-1] 자립생활 지원서비스의 주요 원리

〈표 4-3〉 자립생활 지원서비스의 주요 원리와 내용

구분	주요 내용
정보 제공과 의뢰	• 지역사회기관에서 제공받을 수 있는 서비스나 지원을 알려 주는 중요한 역할을 함 • 자립생활센터는 장애인들의 각종 의사결정과 그들이 필요로 하는정보를 취합 제공하여 자립이 원활히 이루어지도록 지원함
이동서비스	• 장애인들의 자립생활 달성을 위한 구체적이고 핵심적 서비스 중 하나임 • 자립생활센터에서는 이동서비스를 직접 제공하고 민간 · 공공 이동수단에 대한 정보 제공과 사용 방법 안내 등을 지원하게 됨

자립생활 기술훈련	• 자립생활은 사전에 충분한 준비 기간을 거쳐 다양한 상황에 대처 능력을 발휘하도록 해야 함 • 훈련 내용은 신변처리기술, 가정생활기술, 사회생활기술의 3개 영역으로 구성
보조기구 관리 · 수익 · 임대	• 장애인들이 지역사회 내에서 자립생활이 원활하기 위해서는 장애인 개인의 욕구와 장애특성에 맞는 보장구를 지원하는 서비스가 필수적임 • 자립생활센터에서는 장애를 최소화시키는 각종 재활기구의 임대서비스, 보장구의 유지 · 관리를 지원함
권익옹호	• 장애인이 일상적으로 겪게 되는 사회의 불평등과 부정적인 인식 때문에 야기되는 차별이나 부당한 처우에 관한 모든 개인적 · 법적 · 제도적 차별을 바꿔 가는 연대활동을 실천함 • 장애인 스스로가 자신의 신념과 권익을 위해서 전통적이고 의존적 사회규범에서 탈피하여 주체적으로 자신의 생활을 주도하고 소비자로서의 권리를 추구하는 것으로, ① 수혜옹호 서비스, ② 지역사회 내 권익옹호 서비스, ③ 주거 권익옹호 서비스 등이 있음
주거서비스	• 거주시설 장애인들이 시설에서 나와 지역사회 안에서 성공적으로 정착하기 위해 필요한 제반 사항을 지원함 • 아파트나 주택 등 다양한 거주형태에서 자립생활을 원하는 장애인들을 대상으로 실시함
동료상담	• '장애'라는 비슷한 배경을 가진 동료상담가가 대등한 입장에서 장애인의 여러 문제를 함께 의논하고 상담하는 과정을 말함
활동 지원서비스	• 이 서비스로 장애인들은 지역사회에서의 생활에 활동적으로 참여하고 참여 가능성과 기회들을 높일 수 있음. 미국의 경우, 활동보조 서비스를 ① 기관주도형 서비스, ② 소비자주도형 서비스로 나누어 제공함

출처: 서정희 외(2021).

3) 자립생활의 중요성 및 혜택

장애인이 거주공간을 지역사회에 두고 있으나 지역사회의 각종 삶과 활동으로부터 배제되어 정상적으로 사회생활에 참여할 수 없게 된다면, 생활공간이 지역사회에 있을 뿐 사회에 통합되었다고 보기 어렵다. 자립생활이란 시설에 거주하는 장애인에게는 탈시설을 거쳐 지역사회에 통합되고 참여하는 과정을 의미하며, 지역사회에 거주하는 장애인에게는 완전한 사회통합과 참여에 이르기 위한 정책적 노력을 의미한다. 탈시설을 거쳐 지역사회정착에 이르든, 지역사회에 거주하면서 지역사회정착이 이르든 자립생활 패러다임은 지역사회로의 완전한 참여와 통합을 지향한다.

2. 자립으로의 전환 모델

장애인복지의 패러다임은 개별적 모델(의료적 모델)에서 사회적 모델로, 재활 모델에서 자립생활 모델로 급격히 변화되어 오고 있다. 이러한 장애인복지 패러다임의 변화는 장애를 바라보는 관점을 장애인 개인의 병리적 문제로부터 기인하는 것이 아니라 장애인이 속해 있는 환경으로 인한 것으로 본다. 즉, 장애는 부적절하고 편견을 반영한 지원서비스, 장애인의 이동과 접근성을 제한하는 건축상의 장벽들, 경제적 · 사회적 역할의 축소 또는 제외 등 사회적 장벽들에 기인한다고 보는 것이다(김성희 외, 2013).

1) 재활 모델

장애인의 자립에 관한 기존의 지배적인 패러다임은 장애를 병리적으로 바라보는 재활의 관점이었다. 재활 모델(rehabilitation model)은 장애인을 치료하고 재활훈련을 통해 적응력을 갖춰야만 사회에 복귀할 수 있다는 이론이다(오혜경, 2018). 재활 모델은 장애인을 의료전문가에 의해 의학적 치료와 재활서비스를 제공받아야 하는 사람으로 인식하는 이론으로 치료와 재활이 필요하다는 관점에서 장애인을 병리적 존재로 규정하여 비장애인과 구분하였고(강영실, 2016), 장애인은 일상적 활동을 부적절하게 수행하여 자신의 능력을 적절히 발휘할 수 없거나 직업을 갖기 위한 준비가 안 되어 있어 취업에 부적절한 것으로 정의되어 왔다(김용득, 2016). 재활의 목표는 장애인의 기능을 최적의 수준으로 되찾아 최상의 생활을 유지할 수 있도록 도와주는 데 있으며, 장애인 개인을 대상으로 장애 발생 후 잔존능력과 잠재성 개발을 통한 사회 적응에 초점을 둔다(김용득, 2016).

전통적으로 장애에 대한 관점의 주류를 이루어 왔던 의료적 모델의 특징을 살펴보면 다음과 같다(임종호 외, 2010). 첫째, 장애의 발생 원인이 개인에게 있다는 것이다. 둘째, 문제의 원인을 기능적 제한(impairment)이나 심리적 상실에서 기인한다고 보는 것이다. 이러한 의료적 모델에 기반한 관점은 개인에게 무작위적으로 발생하는 불행한 사건이라는 개인적 비극이론을 조성한다(Oliver, 1990). 개별적 모델은 개별적 치료와 전문가의 지원, 훈련과 통제 등을 통해 개별적인 사회적응을 목적으로 하기 때문에 치료나 재활 관련 전문가의 역할이 절대적이다. 예를 들어, 제1장 사례 7의 재윤을 재활 모델의 입장에서 바라본다면 중도의 지적장애를 가진 재윤과 부모의 개인적 비극이며, 재윤을 위한 거주시설은 보호를 목적으로 하며, 어디에 거주할지, 졸업 후 어떤 프로그램에 참여할지는 당사자가 아닌 전문가들이 결정한다.

2) 사회 모델

전통적인 모델로서 재활 모델은 주로 장애인 개인의 손상이나 부적응 등 개인적 관점에서 문제를 정의하였으며, 개인적 요인들을 치유하고자 함으로써 장애 당사자를 환자나 클라이언트로 간주하는 의료적 모델이다. 자립생활 모델의 기반이 되는 사회적 모델은 1990년에 발간된 『장애의 정치(The Politics of Disablement)』에서 Oliver가 제시한 것이다. Oliver(1990)는 사회적 제한으로서의 장애인에 대한 적절한 사회이론은 기존의 의료적 관점에서 장애를 범주화하는 것을 거부하고, 장애인의 직접적인 경험에서 비롯되어야만 한다고 주장하면서 사회 모델을 제시하였다.

사회 모델은 장애인의 장애 원인이 개인에게 있는 것이 아니라 사회의 구조적인 문제 혹은 사회에서 발생하는 사회문제가 작용하고 있음을 주장하고 있다(Rothman, 2008). 사회 모델은 장애권리 운동을 촉발하고 현재까지 유지시키는 근본적인 정치적 원칙으로 여겨져 왔다. 사회 모델이 가지고 있는 강점은 개인과 그들의 신체적·정신적 결함으로부터 사회가 그들을 포함하거나 배제시키는 방식으로 관심을 이동시켰다는 것이다(Shakespeare, 2013). 특히 장애의 사회 모델은 장애인 스스로 권리회복과 차별 철폐를 위해 장애단체를 조직하거나 사회 운동이나 정치적인 운동과 연합하기 시작하는 중심적인 주체라는 인식을 가져다주게 되었다(정무성 외, 2006). 장애인을 비롯한 사회적 약자들에게 해당되는 사회억압 이론에서는 억압적 모순이 진행되고 있는 순환을 깨기 위해서 억압을 받고 있는 집단의 사람들이 반드시 다 함께 일어나서 이 사회에 존재하고 있는 억압의 원인을 찾아내고 그 원인을 제거하기 위해 함께 노력해야 한다고 주장한다.

〈표 4-4〉 재활 모델과 사회 모델의 비교

재활 모델	사회 모델
• 개인적 비극이론	• 사회억압 이론
• 개인적 문제에 관심	• 사회적 문제에 관심
• 개별적 치료	• 사회적 행동
• 의료화	• 자조
• 전문가의 지배	• 개별적 · 집합적 책임
• 개별적 정체성	• 집합적 정체성
• 목표에 대한 전문가의 통제	• 장애인의 목표 선택
• 개별적인 적응	• 사회변화
• 환자의 보호	• 소비자의 권리

출처: Oliver (1996), p. 34: 임종호 외(2012)에서 재인용

3) 자립생활 모델

자립생활 모델(independent living model)은 기존 재활 모델에서 주장하는 장애에 대한 개인적 · 의료적 접근에 대한 문제 제기와 함께 주변 환경에의 의존 및 지원체계의 개선을 위한 동료상담이나 자조활동, 소비자 주권, 각종 사회적 장애의 제거 등을 강조함으로써 장애문제의 해결을 도모하기 시작하였다(최윤영, 2005). Dejong (1981)의 자립생활에 관한 개념 정의에 따르면, 위험을 동반하는 존엄, 그것이 자립생활의 총체적인 개념 정의라고 말하고 있다. 자립생활의 본질적인 철학은 대부분의 중증장애인들까지 포함한 모든 장애인이 자신의 생활 전반에서 스스로를 관리(self directing)하고 자립하려는 바람과 이를 위한 능력을 갖추는 데 있다(이종운 외, 2011). 사회 모델의 변화와 함께 새로운 패러다임으로 제시되는 자립생활 모델은 장애인 당사자의 역할을 중시하고 지역사회생활을 지원하는 것이다. 따라서 장애인복지에 있어 전통적으로 중심적인 위치에 있었던 재활 패러다임과는 성격을 달리하는 새로운 패러다임으로 이해할 수 있다(이종운 외, 2011).

자립생활 모델은 전통적인 재활 패러다임과는 달리 문제의 근원이 장애인이 아니라 사회가 가지고 있는 불합리성에 기인한다고 생각한다. 문제는 장애인 개인에게 있는 것이 아니라 물리적 환경과 사회적 환경에 있다는 것이며, 장애인에게 필요한 다양한 지원체계를 통해 자립생활을 영위할 수 있다는 것이다. 자립생활 모델은 장애인 당사자에 의해 주도되고 지역사회에 기반하며 모든 장애 유형과 상관없이 모든

장애인은 비수용시설에 거주해야 한다(Nosek, Zhu, & Howland, 1992). 이 경우에 사례 7의 재윤은 거대한 거주시설이 아닌 장애인 공동생활가정 혹은 아파트에서 지원을 받아 거주할 수 있다. 물론 이러한 미래에 대한 중대한 결정은 재윤과 그의 가족의 욕구에 기반하여 결정된다.

재활서비스를 통해 특별한 성과를 기대하기 어려울 것으로 생각되었던 중증장애인들이 적절한 지원서비스만 제공된다면 지역사회에서 자립생활이 가능하다는 증거들이 나타났다(김용득, 2016). 더욱이 중증장애인의 경우 치료와 재활의 대상으로만 간주한다면 재활을 위한 어려움에 직면하게 되고, 재활이 불가능할 경우 자아존중감의 저하 또는 상실을 가져오게 된다. 따라서 중증장애인의 자립생활을 위해서는 물리적 환경과 사회적 환경을 중증장애인의 특성에 따른 수요자중심으로 지원하며, 자아존중감 회복을 위한 심리적 개입도 필요하다고 할 수 있다.

〈표 4-5〉 재활 모델과 자립생활 모델 비교

항목	재활 모델	자립생활 모델
문제의 정의	신체적 손상/직업기술 결여/심리적 부적응/동기와 협력의 부족	전문가, 가족 의존/부적절한 지원서비스/건축물의 접근 장애/경제적 장애
기본 관점 및 이론	장애는 개인 차원의 문제, 치료중심의 재활이 필요 → 개인 비극이론, 분리화	장애는 사회환경적 문제, 사회행동 필요 → 사회억압 이론, 정상화 이론, 통합화
문제의 위치	개인	둘러싼 환경
장애인의 역할	환자/복지수혜 대상자	소비자
문제의 해결	의사, 물리치료사, 작업치료사, 직업재활 상담원등에 의한 전문적 개입	동료상담/자기옹호/자조/소비자 주권/사회적 장애의 제거
장애인의 역할	환자/복지수혜 내상자	서비스 이용자/소비자
누가 통제하는가	전문가	소비자(장애인 당사자)
요구되는 결과	최대한의 일상생활 활동/유급 취업/심리적 적응/동기의 증가/철저한 신변처리	자기관리/최소한의 제한된 환경/생산성(사회적·경제적)
지원 형태	시설 수용/분리화	지역사회 거주/통합화

출처: Dejoing (1981).

(1) 장애인 거주시설의 종류와 운영

재윤(사례 7)은 특수학교 전공과 반 중에서 자립생활반에 재학 중인 중도의 지적장애가 있는 남학생이다. 재윤이 전공과를 졸업한 이후에 계속 부모와 함께 살아야 할지, 아니면 장애인이 거주하는 시설에 머물러야 할지 궁금해한다. 재윤의 부모가 고려하고 있는 장애인 거주시설은 복지시설의 종류로 거주공간을 활용하여 일반가정에서 생활하기 어려운 장애인에게 일정 기간 동안 거주·요양·지원 등의 서비스를 제공하는 동시에 지역사회생활을 지원하는 시설(「장애인복지법」 제58조 제1항 1호)이다. 장애인 거주시설에는 크게 장애 유형별 거주시설, 중증장애인 요양시설, 장애영유아 거주시설, 장애인 단기거주시설, 장애인 공동생활가정으로 나뉜다.

그중 장애인 공동생활가정은 '그룹 홈'이라고도 불리며, 주로 소규모(6~8명 이하)로 구성되어 있으며, 24시간 지원을 제공하는 직원이 상주하고, 발달장애인에게 음식 준비, 금전관리, 여가 활용과 같은 일상생활에 필요한 훈련을 제공하며, 일반 가정과 유사한 주거환경에서 생활할 수 있도록 하고 있다(Kim & Dymond, 2012). 장애인 공동생활가정은 대형 시설과 비교하여 입소자가 느끼는 삶의 만족도가 높고, 입소자 자신이 삶에 있어 더 많은 선택권을 가지며, 지역사회활동에 더 많은 참여 기회가 제공될 수 있으며(김용득, 박숙경, 2008; Emerson et al., 2000; Kim & Dymond, 2012), 우정 및 사회성 발달에 효과적일 수 있다는 장점들이 부각되고 있다. 장애인 공동생활가정의 경우보다 본질적으로 발달장애인이 향후 지역사회에 실질적으로 통합될 수 있

〈표 4-6〉 장애인 거주시설의 종류와 기능

1. 장애 유형별 거주시설: 장애 유형이 같거나 유사한 장애를 가진 사람들을 이용하게 하여 그들의 장애 유형에 적합한 주거지원, 일상생활지원, 지역사회생활지원 등의 서비스를 제공하는 시설
2. 중증장애인 거주시설: 장애의 정도가 심하여 항상 도움이 필요한 장애인에게 주거지원, 일상생활지원, 지역사회생활지원, 요양서비스를 제공하는 시설
3. 장애영유아 거주시설: 6세 미만의 장애영유아를 보호하고 재활에 필요한 주거지원, 일상생활지원, 지역사회생활지원, 요양서비스를 제공하는 시설
4. 장애인 단기거주시설: 보호자의 일시적 부재 등으로 도움이 필요한 장애인에게 단기간 주거서비스, 일상생활지원서비스, 지역사회생활서비스를 제공하는 시설
5. 장애인 공동생활가정: 장애인들이 스스로 사회에 적응하기 위하여 전문인력의 지도를 받으며 공동으로 생활하는 지역사회 내의 소규모 거주시설

도록 하는 데 목적을 두기에 주거생활에 필요한 자립기능을 습득하고 일반화시킬 수 있는 학습의 장이라고 볼 수 있다(김라경, 2016). 이와 같은 장점들로 인해 우리나라에서도 발달장애인들의 그룹 홈에 대한 선호는 증가 추세이다. 각 시설별 기능은 〈표 4-6〉과 같다.

(2) 지원주거

장애인 공동생활가정이 비교적 지역사회에서 개인이 전문적 지원을 받으면서 소규모로 살 수 있는 주거환경이지만, 여전히 시설이며, 주거환경이 서비스 프로그램이며, 가정은 아니라는 근본적인 문제를 가지고 있다. 그런 점에서 지원주거(supported apartment/supported living)는 장애인에게 자기 가정에서 살면서 자신의 일상적인 기능을 좀 더 스스로 통제할 수 있는 기회를 가지게 한다(Kim & Dymond, 2012; Nisbet et al., 1991). 지원주거의 형태는 자신이 소유하거나 임대하는 아파트, 공동주택 등 다양한 형태가 있는데, 지원주거에서는 자신이 살고 싶은 곳을 장애인 스스로가 결정하고 적극 참여한다는 점에서 시설과는 다르다.

지원주거를 위해서는 다음의 여섯 가지 원칙이 있다(Odom et al., 2007). 첫째, 지원과 주택은 분리한다. 주택에 대한 결정은 개별적으로 이루어지는데, 장애인 당사자가 서비스와 지원체계와는 별도로 자신의 가정과 지역사회를 선택할 수 있다. 둘째, 자신의 가정에서 산다. 장애인 당사자가 자신의 가정에 대한 대여 혹은 소유로부터 자율권과 독립성을 갖는다. 셋째, 지원주거는 각 개인에게 다양하게 나타난다. 지원주거는 장애인의 지원에 대한 개별화된 접근을 권장한다. 지원은 장애인 당사자의 개별적 요구와 선호에 따라 개발된다. 넷째, 여러 종류의 지원주거 유형 중 선택을 해야 한다. 상애인은 자신에게 맞는 주택을 발견하는 데 스스로 적극적인 역할을 해야 한다. 그들은 주택 비용과 다른 독립생활에 필요한 비용들과 균형을 맞추어야 한다. 다섯째, 지원주거는 유익한 활동에 더 많은 참여를 요구한다. 장애인은 독립생활에 관련된 모든 활동에 완전 참여가 허용되어야 하며, 이때 지원은 장애 당사자가 필요하거나 요구할 때 제공된다. 여섯째, 지원주거는 비공식적인 지원도 포함한다. 독립성을 증가시키고 유료 지원에 대한 의존성을 줄이기 위해서 장애인은 지역사회 환경에서 일반적으로 활용 가능한 자연적 지원을 개발할 필요가 있다.

우리나라에서도 제6차 장애인정책종합계획(2023~2027년)에서 수요에 맞춰 서비스를 탄력적으로 이용할 수 있도록 장애인 맞춤형 통합지원 및 자립주거지원을 위한 장애인 개인예산제를 도입하였다. 개인예산제는 장애 유형이나 정도에 따라 정해진 복지서비스를 받는 것이 아닌 일정 예산 한도 안에서 장애 당사자가 필요한 서비스를 선택하도록 하는 제도이다. 즉, 장애인에 대한 사회서비스 전 영역을 대상으로 일정한 사정 절차를 거쳐서 총량이 금액으로 산출되면 서비스 비용을 현금으로 지급하여 장애인 개인이 '서비스 간 조정'을 자유롭게 결정할 수 있도록 하는 제도이다. 그렇기 때문에 장애인복지정책에서 서비스에 대한 선택, 서비스에 대한 통제, 사람중심 등을 망라하는 개념이다. 기존의 거주시설 위주, 기관 주도가 아닌 이러한 개인 지원서비스가 정착된다면 지역사회에서 자립 주거결정권을 강화하고 장애 특성과 상태, 다양한 욕구를 반영한 자립생활에 동력을 주는 제도가 될 수 있다(보건복지부, 2023).

3. 자립으로의 전환을 위한 교육

국립특수교육원(2021a)에서 개발한 전환검사에서는 '자립'을 가정, 학교, 직장 등 지역사회 구성원으로서 독립적이고 주도적으로 살아가는 데 필요한 역량으로 정의하였다. 이 역량은 자기관리, 가정생활, 건강, 돈관리, 지역사회생활, 여가생활의 6개 능력을 포함하고 있다. 장애인의 자립생활은 장애인 당사자가 자신의 생활을 스스로 해결하는 것을 의미하는 것이 아니다. 장애인이 지역사회의 구성원으로서 주체적으로 살아가면서 일상생활과 관련된 모든 선택권을 가지고 신체적·정신적·경제적·사회적 자립생활을 영위하기 위해서는 이러한 영역에 있어 생의 전반에서 지속적인 지원이 필요할 수 있다.

현재 특수학교에서는 「장애인 등에 대한 특수교육법」에 따라 개별화 교육계획을 수립하고 각 교과교육과 진로·직업교육을 실시하고 있다. 「장애인 등에 대한 특수교육법」에서는 "진로·직업교육이란 특수교육대상자의 학교에서 사회 등으로의 원활한 이동을 위해 관련 기관의 협력을 통해 직업재활훈련·자립생활훈련 등을 실시하는 것"이라고 정의하고 있다. 그러나 장애학생 개인의 진로·직업교육계획이 성인기 삶의 질 향상과 연결되지 못하고 학교 졸업 이후 직업생활과 자립생활에 실질적으로 기여하지 못하고 있는 실정이다(국립특수교육원, 2019). 사례 4의 영훈도 실질적으로 자립생활기술을 습득하지 못한 학생이다. 영훈은 시각장애특수학교 고등학교에 재학 중이며, 시각장애와 지적장애가 중복으로 있다. 영훈은 초등학교에서 점자를 배우고 보행훈련을 하였으나 지적 기능성에서도 제한이 있어 학습의 효과는 매우 낮았다. 영훈이 중학교까지 받은 특수교육은 학교 교육과정이 주로 교과중심이어서 일상생활기술을 습득하는 기회가 거의 없었고, 영훈이 학교를 졸업하게 되면 그날부터 부모가 영훈의 일상생활을 돌보기 때문이다. 부모는 영훈이 장차 전공과를 졸업한 후 가정이나 지역사회에서 생활하는 데 필요한 생활기술들을 조금이라도 익힐 수 있기를 기대한다. 따라서 영훈의 올바른 평가를 통하여 자립생활을 위한 기능적 생활 기술들을 지도하는 것이 필요하다. 다음은 영훈과 같은 학생들을 위한 자립생활을 위한 기능적 생활기술과 교수법에 대한 내용이다.

중도장애학생에 대한 교육적 관심이 증가하면서 꾸준히 연구되어 온 부분은 궁극적으로 학생들이 살아가야 하는 지역사회에서 의미 있게 생활하고 참여하는 것이다. 중도장애를 가진 학생의 교육이 학업기술에 주안점을 두었던 것에서 기능적이고 지역사회중심의 활동으로 변화고 있다. 중도장애학생들이 학교나 지역사회의 여러 활동에 완전히 독립적으로 참여하는 것이 어렵다고 할지라도 부분참여를 통해 의미 있는 사회 참여 목표를 달성하고 있다. 또한 적절한 교수법이 제공된다면 이들이 지역사회 환경에서 필요한 기능적인 기술들을 성공적으로 학습할 수 있다.

지역사회의 활용은 중도장애 학생들을 위한 중등교육에서 더욱 강조되는데(McDonnell, Wilcox, & Hardman, 1991), 고등부 프로그램은 성인기로의 성공적인 전환을 위해 지역사회의 삶을 준비시키고 학교 졸업 후 삶의 질을 증진시키는 역할을 수행해야 하기 때문이다(McDonnell & Padjen, 1994). 즉, 장애학생들의 고등학교 교육과정은 그들이 지역사회 구성원으로서 의미 있는 직업을 갖고 지역사회의 자원을 활용하며, 지역사회의 서비스 프로그램을 이용하고, 친구, 가족, 직장 동료, 이웃들과 인간관계를 형성·유지하며, 여가 활동에 참여할 수 있도록 하기 위해 다양한 지역사회에서의 교수 기회와 경험을 제공해야 한다(McDonnell et al., 1993; McDonnell, Wilcox, & Hardman, 1991). 지역사회기술 교수는 중등도 및 중도 지적장애 학생들의 중·고등부 프로그램에서 점점 더 그 중요성이 강조되고 있으며(Luscre et al., 1984), 직접적으로 성인기를 준비하는 고등학교 장애학생들의 교육과정에서 핵심적인 요소로 추천되고 있다(Falvey, 1986; Ford et al., 1989; McDonnell, Wilcox, & Hardman, 1991).

1) 자립생활을 위한 기능적 생활기술

자립생활을 위한 가장 기본적인 전제 조건은 기능적 생활기술의 습득이다. 기능적 생활기술이란 가정과 지역사회에서 살아가는 데 필수적으로 필요한 기술로, 일상생활 속에서 장애학생이 스스로 수행하지 못한다면 타인의 지원을 통해서라도 반드시 수행해야만 하는 필수적인 삶의 기술들을 의미한다(김진호, 김영준, 2012). 장애학생이 학교교육을 마친 후 지역사회의 한 시민으로서 일반인과 함께 통합된 지역사회에 실재하며 참여하도록 준비시키고 지원하기 위한 통합교육을 지향하면서 지역사회생활에 필요한 기능적 생활기술 교수에 대한 중요성은 점점 더 부각되고 있다(박승희, 2003). 발달장애인은 성인이 되어서도 아동기와 청소년기의 주요 서비스 영역인 교육 영역에 대한 서비스와 더불어 자립생활영역에서의 기능 수행, 친밀한 관계의 형성과 유지 등의 일상생활 과제를 다루는 과정에서 타인의 도움을 필요로 한다(Wilker, 1983: 김용득 외, 2007 재인용). 이는 신변처리기술, 공공시설 이용기술, 식사생활기술 등이 있다.

민수(사례 5)는 일반학교 고등학교 재학 중이며, 부모가 지역사회의 마트, 극장, 운동경기장 등을 갈 때에는 민수와 함께 가는 편이다. 민수는 지역사회에 있는 체육시설에서 정기적으로 운동을 하고 있다. 민수의 부모는 민수가 지역사회 내 평생교육기관을 이용할 수 있을지 고민하고 있다. 그리고 민수의 장애가 심하지만 가능하다면 지역사회 내 사업체에서 지원고용을 통하여 어떤 종류의 일이라도 할 수 있기를 바라고 있다. 또한 민수가 지역사회 내 공동생활가정에서 친구들과 함께 생활할 수 있기를 바라고 있다.

2) 일상생활능력

일상생활능력이란 개인이 독립적으로 살아가는 데 필수적으로 요구되는 활동을 할 수 있는 능력으로, 신체적 기능 정도 능력과 생활 수단을 독립적으로 이용할 수 있는가에 대한 활용능력이다. 일상생활기술은 모든 인간의 일상생활에서 요구되는 기본적이고 공통된 기술이다. 이러한 기술을 독립적으로 수행하면 자기관리능력이 유지되면서 자존감을 향상시키고 동기를 부여하며 신체적·심리적 요인에 긍정적 영향을 미치게 된다. 그러나 일상생활활동에서 독립성을 상실하게 되면 개인은 타인의 도움을 통해서라도 이러한 활동에 참여해야 하고, 그 결과로 주변인들에게도 영향을 미치게 된다. 따라서 성공적인 가정생활과 사회생활 유지와 높은 삶의 질을 위해 일상생활활동에서의 최대한 독립성을 유지하는 것이 중요하다.

일상생활능력을 측정할 수 있는 일상생활수행능력은 기본적인 일상생활 수행능력 (Activities of Daily Living: ADL)과 도구적 일상생활 수행능력(Instrumental Activities of Daily Living: IADL)으로 구성되며 두 가지 영역을 평가하는 것을 의미한다. 일상생활 수행능력(ADL)은 인간이 다른 사람의 도움을 받지 않고 독립적으로 살아가기 위하여 필요한 신체적인 활동으로서, 착·탈의나 식사생활 등과 같은 기초적인 생존능력과 정신적 기초기능의 수행을 포함하는 일상생활에서 반복되는 동작을 말한다. 도구적 일상생활 수행능력은 신체적 자립 정도에 해당되는 ADL보다 상위 수준의 활동능력으로 전화 사용, 물건 사기, 금전관리, 교통수단 이용, 식사준비, 집청소, 빨래 및 옷관리, 가정용품 사용과 같은 일상의 기구나 장비의 사용능력 등에 해당하는 수단적 일상생활능력을 의미한다(〈표 4-7〉 참조).

박자경(2008)은 일상생활 수행능력을 장애와 관련되어 있고, 또한 신체 상태와 관련되어 있어 옷 입기와 식사하기, 움직이기, 화장실 가기, 대변 조절 등 일상생활에 필요한 가장 기본적인 기능이라 하였다. 그리고 도구적 일상생활 수행능력은 집안일 하기, 식사하기, 근거리 외출하기, 교통수단 이용하기, 은행 업무 보기 등 독립적인 생활을 하는 데 필요한 보다 높은 차원의 기능이라고 하였다. 일상생활 수행의 신체 기능 점수가 높을수록 사회활동에 많이 참여하고 자립생활에도 영향을 미치는 것으로 나타났다(이정진, 2019).

〈표 4-7〉 일상생활활동과 수단적 일상생활활동 각 항목의 내용

일상생활 수행능력(ADL)	도구적 일상생활 수행능력(IADL)
• 기초적인 생존능력, 신체적 · 정신적 기초기능 수행 −기초적인 생존능력 −신체적 · 정신적 기초기능 수행 −식사생활, 의생활, 개인위생, 개인건강 관리	• 일상의 기구나 장비의 사용 −전화 사용, 물건 사기, 금전관리, 교통수단 이용, 식사 준비, 집 청소, 빨래 및 옷관리, 가정용품 사용

3) 지역사회 환경에서의 교수

(1) 일반사례 교수

장애학생교육 프로그램의 우선적인 목표는 지역사회 활동들의 일반화된 수행에 있으며(McDonnell & Ferguson, 1988), 많은 지적장애학생은 일반화 전략이 교수 내에 통합되지 않으면 습득된 기술의 일반화에 어려움을 보인다(Branham et al., 1999). 장애학생에게 기능적인 지역사회 기술을 교수할 때 기술의 일반화를 고려하는 것은 지역사회기술 교수와 관련된 연구들에서 하나의 추세로 자리 잡고 있다. 지역사회 기술의 일반화를 촉진하기 위한 교수 전략으로 일반사례 교수(general case instruction)는 장애인의 일반화를 촉진하는 가장 성공적인 방법의 하나로 받아들여지고 있다(Ferguson & McDonnell, 1991; Westling & Fox, 2000). 일반사례 교수는 일반화를 높이기 위한 교수 방법으로 일련의 기술을 지도함으로써 훈련되지 않은 상황에서도 이미 습득한 기술을 사용하는 것을 의미한다(Horner & McDonald, 1982).

일반사례 분석은 단계에서의 변이와 다양한 수행 환경에서 나타나는 자극들을 확인하기 위해 전통적인 과제분석 절차를 확장한다. 다수의 구체적인 지역사회 환경 속에서 일반화의 반응을 얻을 수 있는 하나의 상황을 선택하여 단일 내용 영역을 가르치기 위해 제시된 모델을 말한다. 예를 들어, 물품의 위치는 편의점마다 다를 수 있으며, 편의점의 수에 따라 이러한 변이는 매우 다양할 수 있다. 그러나 모든 편의점에서 변이를 모두 다 배울수는 없기 때문에 교사가 지역사회 근처에 있는 두세 곳의 편의점에서 교수한다면 훨씬 지도하기 용이할 수 있다. 즉, 특정 기술 수행을 요구하는 구체적인 여러 지역사회 환경을 파악하고, 그 환경 중에서 다양한 자극과 반응 변인을 충분히 경험할 수 있는 대표적 환경을 선택하여 교수를 실시함으로써 단순히 충분한 사례를 교수하는 방법보다 좀 더 체계적이며, 일반화에도 효과적인 방법으로 평가받고 있다(Day & Horner, 1989). 일반사례 교수를 사용하는 교사는 목표 기술이 수행되어야 할 '교수 전 영역(instructional universe)'을 판별하고, 그 전 영역에서의 여러 가지 적절한 자극과 반응을 판별한 후, 학생이 모든 적절한 자극 조건들하에서 적합하게 반응하도록 교수하는데(Westling & Floyd, 1990), 그 단계를 자세히 정리하면 다음과 같다.

① 학습자가 목표로 할 교수 영역을 정한다. 즉, 자극이 주어지거나 반응이 필요한 모든 자연적인 환경을 식별한다. 예를 들어, 사례 5의 민수에게 물건 사기를 가르치는 것이 목표라고 한다면 교수 영역은 지역사회 근거리에 위치한 대형 슈퍼마켓과 편의점 열 곳일 수 있다.

② 교수 영역이 일어날 수 있는 관련된 모든 자극과 반응을 조사한다. 조사 내용으로는 일반적인 유능한 수행과 관련 있는 반응을 조사하고, 일반적으로 반응을 보이는 자극을 조사한다. 그리고 학생이 일반적인 반응을 보인 자극에 어떤 반응을 보이는지 조사한다. 이때 교사는 선정한 슈퍼마켓과 편의점 열 곳의 이용 방법을 모두 조사한다.

③ 교수와 평가에 사용될 사례를 선정한다. 비용, 시간, 지역 특성 등을 고려하여 선택할 교수 사례는 최소한의 사례 수를 선택한다. 가능한 교수 상황에서 동일한 양의 새로운 정보가 포함될 수 있는 모든 자극과 반응을 교수한다. 학생들이 해야 할 것과 하지 말아야 할 것도 중요한 예외가 포함되도록 한다. 민수에게 열 곳의 모든 마트와 편의점을 다 가르칠 수 없기 때문에 유형별로 마트와 편의점 각각 한 곳을 선정한다.

④ 교수 사례의 계열화를 통해 교수될 실례들의 순서를 정한다. 계열화할 때 고려할 사항은 모든 기술을 지도하되 다양한 난이도를 활용하는 것이다. 다양한 자극과 반응이 학습될 순서를 정하며, 일반화를 평가하기 위해 사용될 실례들도 선정한다. 변별능력을 증진시킬 수 있는 최대한 유사한 긍정적인 예와 부정적인 예를 제시한다. 새로운 회기에서는 이전 회기에서 학습한 예에 새로운 예가 추가되도록 한다. 예외를 가르치기 전에 일반적인 예를 교수한다(Westling & Fox, 2000).

⑤ 계열화된 순서에 따라 실례들을 학습시킨다. 이때에는 촉진, 소거, 강화 사용 등의 교수 전략이 함께 제시되어야 하며(Westling & Fox, 2000), 일반사례 교수를 적용한 대부분의 연구에서는 촉진을 통해 새로운 기술을 습득시키고 있다.

⑥ 교수하지 않은 지역에서 훈련하지 않은 실례들을 평가한다. 일반사례 교수는 일반화를 일으킬 가능성을 증가시키기 위한 것으로, 일반화가 되었는지를 알아보기 위해 교수하지 않는 검사 사례에서 학습자의 수행을 평가한다.

(2) 지역사회 중심교수

장애학생이 성인기에 궁극적으로 효과적이고 독립적인 생활을 하려면 '궁극적 기능의 기준(criterion of ultimate functioning)'에 도달하기 위한 시간이 지난 후에도 지속적으로 영향을 미치는 기술을 가르쳐야 한다(Brown, Nietupski, & Hamre-Nietupski, 1976). 이러한 기술을 가르치는 방법으로 지역사회 중심교수가 있다.

지역사회 중심교수란 학생이 성인 삶에 필수적인 기술을 배우고 더 나은 삶의 질을 누릴 수 있도록 기능적 생활중심 교육과정 실현을 위한 전략으로 지역사회 환경에서 활동할 때 필요한 기술을 실제 환경에서 직접 교수하는 것이다. 지역사회 중심교수는 학생들에게 인위적인 환경이 아닌 기술이 쓰일 실제적인 환경에서 그 새로운 기술을 배울 수 있도록 기회를 제공하고 가르친다. 지역사회 중심교수는 영 수준 추측을 바탕으로 실행된다. 영 수준 추측이란 장애학생 중 특히 지적장애학생들을 교수할 때 학급에서 학생에게 가르친 기술을 그 학생이 기술을 일반화하지 못할 수도 있다는 가정하에 일반화의 여부를 알기 위해서는 여러 자연스러운 지역사회에서 습득한 기술을 직접 경험하며 학습하게 해야 한다.

지역사회 중심교수는 단순한 일회적인 지역사회 체험활동이나 다수 학생들을 대상으로 행사 위주의 현장학습 등이 아니며, 배후의 연속성, 자연적 단서, 시각적 단서, 체계적 교수, 행동분석 등의 사용을 포함한다. 지역사회 중심교수에서 요구되는 원칙으로는 다음의 네 가지 원칙이 있다.

첫째, 환경진단(ecological inventory)으로 개인이 살아가는 다양한 자연적 환경을 선정하고 이들 환경에서 또래들의 가능한 활동들을 확인한다. 그 후 활동에서 요구되는 기술들을 선정하고 그 활동을 수행하기 위한 기술을 수행하는 데 있어 목표 행동과 학생의 현행 수준의 차이를 확인한다.

둘째, 지역사회에서 필요한 기술들은 대부분 하나의 단편적인 기술보다는 많은 하위 기술로 구성되어 있다. 교사는 교수할 활동과 그 활동을 어떻게 과제분석을 해야 할지 결정하여야 한다.

셋째, 부분참여의 원리(partial participation)로 장애의 정도가 심한 경우에는 활동에 완전한 기술 수행이 어렵기 때문에 부분적으로라도 참여하는 데 의미를 둔다.

넷째, 일반화(generalization)를 위해 지역사회기술은 다양한 지역사회 환경에서의 수행을 요구하기 때문에 적절한 교수 전략이 이루어져야 한다. 특히 장애의 정도가 심한 학생들은 일반화는 자연적인 결과로 일어나는 것이 아니며 일반화를 위한 체계적인 교수전략이 계획되어야 한다.

지역사회 적응기술을 교수하는 방법에는 지역사회 모의수업(Community Simulation: CS), 지역사회 참조수업(Community Referenced Instruction: CRI), 지역사회 중심교수 (Community-Based Instruction: CBI)가 있다.

첫째, 지역사회 모의수업(CS)은 지역사회 장면이나 과제를 교실수업으로 모의활동 형식으로 진행하는 방법이다. 지역사회 모의수업의 장점은 시간적·경제적·공간적 제한점을 극복할 수 있고 어려운 부분을 따로 분리해 집중해서 반복 연습할 수 있다는 것이다. 이러한 반복 연습은 실제 사용 시 실수를 최소화해 아동의 동기와 자신감 상승으로 이어질 수 있다. 또한 실제 현장으로 나가기 이전에 학생에게 사전 교수를 제공하는 방법으로 많이 사용되어 안전에 대한 문제를 줄일 수 있다. 예를 들어, 버스 이용하기 기술을 지도한다면 교실 수업 중에 버스 타기 이용 장면을 보여 주면서 교실 안에서 교통카드를 찍는 연습을 반복하는 활동을 할 수 있다.

둘째, 지역사회 참조수업(CRI)은 학교 내 공간에서 지역사회기술을 간접적으로 연습하는 것을 말한다. 지역사회 참조수업의 장점은 학교 내 시설을 이용함으로써 안전에 대한 부담이 적고 간접적 연습 기회를 비교적 자연적 상황에서 가질 수 있다는 것이다. 예를 들어, 편의점 이용하기를 지도하기 위해 학교 내의 편의점을 이용할 수 있고, 음식점 이용하기를 지도하기 위해 학교 식당을 이용해 메뉴를 주문하는 활동을 할 수 있다.

셋째, 지역사회 중심교수(CBI)는 교수·학습 활동이 실제 지역사회에서 이루어지는 것을 말한다. 지역사회 중심교수는 체계적인 교수계획에 의해 이루어지는 것으로 일회성으로 진행되는 현장학습이나 적응훈련과 구분될 수 있다. 예를 들어, 지하철 이용하기를 지도하기 위해 실제로 지하철을 탈 수 있고, 은행 이용하기 기술을 지도히기 위해 은행에 직접 방문해 입금하거나 출금하는 활동을 할 수 있다. 일반화가 어려운 장애학생의 특성을 고려하였을 때 실제 환경에서의 교수로 일반화를 촉진할 수 있다.

〈표 4-8〉 지역사회 모의수업과 지역사회 중심교수의 장점 비교

	지역사회 모의수업(CS)	지역사회 중심교수(CBI)
교수 환경	• 지역사회 내의 위험 요소를 감소시킴 • 지역사회 교수로 확장시키기 전에 미리 교수 기회를 제공하게 됨	• 기술 습득과 수행을 위한 자연적인 환경을 제공
반응 촉진 및 피드백	• 오류 수정이 즉시 이루어지며 간편함	• 자연적으로 발생하는 단서의 제공과 오류의 수정 가능
기술 습득의 효과성	• 짧은 시간 동안 반복적인 연습 기회 제공	• 다양한 자극과 반응 특성을 자연적으로 제시하여 기술의 일반화를 촉진
시간/비용의 효율성	• 인공적인 교수자료를 계속 사용하므로 비용 효과적임 • 지역사회 중심교수보다 교수시간이 더 적게 들 수 있음	• 장기간의 훈련인 경우는 모의수업보다 더 비용 효과적임 • 체계적으로 계획할 경우 비용을 더 줄일 수 있음

출처: 지경미(2001).

요 약 제4장에서는 지역사회 접근을 위한 자립으로의 전환을 위한 핵심적 이슈를 중점적으로 다루었다.

1. 자립생활의 개요와 다양한 자립생활 모델을 설명하였다.
2. 자립의 중요성 및 필요성을 이해하고 공감하는 데 초점을 두었다.
3. 자립을 위한 서비스와 자립으로의 전환을 위한 교육과 구체적인 기술들을 제시하였다.

활 동

1. 탈시설화에 대한 찬성과 반대의 의견을 논의해 봅시다.
2. 자립생활을 촉진하기 위하여 정부의 지원방안에 대해 조사해 봅시다.
3. 재활 모델, 사회 모델, 자립생활 모델의 차이점을 논의해 봅시다.
4. 장애인을 위한 주거서비스 연속체의 개념을 조사해 보고, 지원주거의 핵심적 요소를 파악해 봅시다.

제5장
직업으로의 전환

박영근

장애인들도 비장애인과 마찬가지로 독립적인 성인으로 살아가기 위해서는 직업을 가질 수 있도록 지원하는 것이 매우 중요하다. 직업은 장애인들에게 경제적인 혜택 이외에도 사회에 통합되어 의미 있는 구성원으로 살아갈 수 있도록 하고(박은혜, 1998), 장애인은 직장 속에서의 성취를 통해 자신을 긍정적으로 바라볼 수 있게 된다(김정희, 김미경, 2007). 이에 장애인들도 장애의 종류와 정도에 무관하게 직업을 가질 수 있도록 지원하는 것은 매우 중요하고 의미 있는 일이다. 그래서 최근에는 국가 및 사회 차원에서도 장애인을 위한 다양한 일자리 확보 및 고용 확대를 위한 정책들이 수립되고 실행되고 있다.

그러나 직업을 가지는 것이 중요함에도 불구하고, 장애를 가진 학생들이 졸업 후에 직업을 가지는 것은 쉬운 일이 아니며 여전히 풀어야 할 과제들이 많다. 특수교육 관련 다양한 통계를 살펴보아도 장애를 가진 많은 학생이 학교를 졸업한 이후에 직업을 가지거나 유지해 나가기 어렵다는 것을 쉽게 알 수 있다. 이에 장애인들이 직업을 가지고 유지해 나가는 데 어려움을 주고 있는 다양한 문제점을 찾아서 그러한 문제점들을 해결하고자 학교, 지역사회, 국가가 다 같이 노력할 필요가 있다. 학교는 장애학생들이 학교에 있는 동안 질 높은 진로 및 직업 교육을 통해 효과적인 교육 경험을 가지도록 해 주고, 지역사회는 장애인에 대한 인식 개선과 더불어 장애인들도 마음 편하게 함께 일할 수 있는 직업 환경을 만들어 주고, 국가는 장애인들이 우리 사회의 일원으로서 함께 일하고 통합되어 살아갈 수 있도록 진로 및 직업 교육 활성화 정책, 일자리 창출을 위한 정책들을 꾸준히 펼쳐 가야 할 것이다.

이 장에서는 직업의 개념, 직업 전환의 실태, 직업의 중요성과 혜택과 같은 직업 전환의 개념적 측면을 먼저 살펴보고, 보호작업장, 지원고용, 경쟁고용과 같은 직업으로의 전환 유형을 제시한 후 직업으로의 전환을 촉진하기 위한 교육 방법에 대해서 살펴보고자 한다.

1. 직업 전환의 개요

1) 직업의 개념

진로와 직업은 유사하면서도 학자들마다 조금씩 다르게 정의를 하고 있다. 진로(career)는 좁은 의미로는 직업(occupation)으로 이해할 수 있지만, 넓은 의미로는 개인의 일생을 통해 행해지는 모든 활동을 포괄하는 보편적인 생활로 개념화될 수 있다(박승희, 박현숙, 박희찬, 이숙향, 2011). 직업은 개인이 일생을 살아가면서 수행하게 되는 다양한 직업, 직무, 직위를 의미하기도 하고, 사회적으로 개인이 생계를 유지하고 과업을 위해서 수행하는 노동 행위를 의미하기도 한다(이무근, 1996).

직업, 직무, 직위, 직종도 진로와 유사한 개념이지만 상황에 따라 다르게 쓰이기 때문에 직업의 개념을 이해하기 위해서는 그 차이점을 살펴볼 필요가 있다. '직업'은 하나의 사업장 이상에서 발견되고, 한 사람 이상의 작업자들에 의해 협력해서 수행되는 공통의 직무 묶음이라 할 수 있다. 따라서 하나의 직업은 작업의 목적과 방법, 중간 재료와 최종 생산물, 작업자의 행동과 특성 등이 유사한 측면이 있다. '직무'는 다른 직무와 구별될 수 있는 주요한 일, 특징적인 일의 수행으로 각각의 직무들을 구별할 수 있는데, 직업이 달라도 여러 사람이 동일한 임무와 과업을 수행하고 있으면 동일한 직무를 수행하는 것으로 볼 수 있다. '직위'는 개인 작업자에게 부여되는 임무, 일, 책임을 의미하는 것으로, 개인의 사회적·신분적 지위나 위계적 차원의 상하 지위보다는 직무상 부여되는 지위를 주로 의미하며, 조직 속의 개인도 직위로서 표현될 수 있다. '직종'은 직무 내용이 유사한 직무의 집합을 의미하는 것으로, 직무의 종류가 유사하고 그 복잡함과 책임의 비중이 같은 경우 같은 직종으로 구분될 수 있다.

2) 직업 전환의 실태

고등학교 및 전공과를 졸업한 특수교육대상자의 진로 현황은 〈표 5-1〉과 같다. 2022년의 경우 고등학교를 졸업한 특수교육대상자 총 6,762명 중 전공과, 전문대학, 4년제 대학 등으로 진학한 학생은 3,800명(56.2%), 취업을 한 학생은 672명(22.7%)이었다. 전체 졸업생 중 진학 혹은 취업을 하지 않은 학생이 2,291명(37%)으로 상당한 숫자로 나타나 이러한 학생들에 대한 지원 방안이 필요함을 알 수 있다.

전공과를 졸업한 특수교육대상자 총 2,616명 중 전문대학, 4년제 대학 등으로 진학을 한 학생은 31명(1.2%), 취업을 한 학생은 1,172명(45.3%)이다. 전공과를 진학했던 학생들은 직업을 가지기 위한 집중적인 교육을 받고 싶어 했던 학생들이기 때문에 이후에 다시 대학 등으로 진학하기보다는 취업을 원하는 학생들이 많았고, 취업이 힘든 경우에도 다시 진학하기보다는 취업의 기회를 가지기 위해서 노력하고 있었다. 하지만 여전히 전공과 전체 졸업생 중 진학 혹은 취업을 하지 않은 학생이 1,413명(54%)으로 반 이상 나타나 전공과를 졸업한 이후에도 취업을 하지 못하는 학생들을 위한 지원 방안이 필요함을 알 수 있다.

〈표 5-1〉 2022년 고등학교 및 전공과 졸업 특수교육대상자 진로 현황

구분		졸업자 수	진학		취업		비진학 · 미취업자	
			진학자 수 (대학/ 전공과)	진학률 (%)	취업자 수	취업률 (%)	학생 수	비율
고등 학교	특수학교	2,167	1,307	60.3	59	6.9	801	37.0
	특수학급	3,497	1,795	51.3	559	32.8	1,143	32.7
	일반학급	1,098	698	63.6	53	13.3	347	31.6
	계	6,762	3,800	56.2	671	22.7	2,291	33.9
전공 과	특수학교	2,517	29	1.2	1,096	44.1	1,392	55.3
	특수학급	99	2	2.0	76	78.4	21	21.2
	계	2,616	31	1.2	1,172	45.3	1,413	54.0
전체		9,378	3,831	40.9	1,843	33.2	3,704	39.5

출처: 교육부(2022e), p. 8.

고등학교 및 전공과를 졸업한 특수교육대상자의 취업 분야 실태는 〈표 5-2〉와 같다. 특수학교 고등학교를 졸업한 학생 중에는 제품제조 분야에서 일하는 학생들이 21명으로 가장 많았고, 기타, 사무보조, 식품가공·제과제빵, 문화예술, 정보통신기술 분야 순으로 취업을 많이 하고 있었다. 고등학교 특수학급을 졸업한 학생 중에는 제품제조 분야에서 일하는 학생들이 110명으로 가장 많았고, 식음료서비스, 청소·세탁, 사무보조, 기타, 식품가공·제과제빵 순으로 취업을 많이 하고 있었다. 고등학교 일반학급을 졸업한 학생들은 제품제조, 식음료서비스, 식품가공·제과제빵, 사무보조, 문화예술, 보건·의료 영역 순으로 취업을 많이 하고 있는 것으로 나타났다. 장애가 심할수록 제품제조 및 사무보조와 같은 단순 기능직의 일에 종사하는 경우가 많았다.

특수학교 전공과를 졸업한 학생 중에는 제품제조 분야에서 일하는 학생들이 313명으로 가장 많았고, 청소·세탁, 식음료서비스, 기타, 사무보조, 보건·의료 분야 순으

〈표 5-2〉 2022년 고등학교 및 전공과 졸업 특수교육대상자의 취업 분야 실태

구분	고등학교			계	전공과		계
	특수학교	특수학급	일반학급		특수학교	특수학급	
보건·의료	1	29	3	33	65	1	66
제품제조	21	110	10	141	313	17	330
농림어업	–	6	1	7	1	–	1
정보통신기술	2	2	–	4	9	–	9
식품가공·제과제빵	4	39	6	49	40	6	46
이료	1	–	–	1	64	–	64
영업·판매	1	11	1	13	11	–	11
청소·세탁	1	85	1	87	196	18	214
식음료서비스	2	94	9	105	138	20	158
문화예술	4	9	3	16	23	1	24
사무보조	8	84	4	96	107	8	115
사서보조	–	14	–	14	13	–	13
기타	14	76	15	105	116	5	121
전체	59	559	53	671	1,096	76	1,172

출처: 교육부(2022e), p. 8.

로 취업을 많이 하고 있는 것으로 나타났다. 특수학급 전공과를 졸업한 학생 중에는 식음료서비스 분야에서 일하는 학생들이 20명으로 가장 많았고, 청소 · 세탁, 제품제조, 사무보조, 식품가공 · 제과제빵 순으로 취업을 많이 하고 있었다.

고등학교 및 전공과를 졸업한 특수교육대상자의 취업 유형 실태는 〈표 5-3〉과 같다. 고등학교를 졸업한 이후 취업한 특수교육대상 학생의 취업 유형 실태를 먼저 살펴보면 고용 방식은 지원(연계)고용 방식으로 취업한 학생이 31명으로 가장 많았고, 보호고용, 일반(경쟁)고용 순으로 취업을 많이 하고 있었다. 고등학교 졸업 후 취업한 학생들의 직업교육 연계성 측면을 살펴보면, 직업교육과 유관한 직종에 취업한 경우가 45명으로 대부분이었고, 무관한 직종에 취업하는 경우는 14명이었다. 고용 형태는 비정규직으로 취업을 한 학생이 45명으로 대부분이었고, 정규직으로 취업한 학생은 14명이었다. 급여 수준을 살펴보면, 50만 원 미만인 경우가 24명으로 가장 많았

〈표 5-3〉 2022년 고등학교 및 전공과 졸업 특수교육대상자의 취업 유형 실태

구분		고등학교		계	전공과		계
		남	여		남	여	
고용 방식	일반(경쟁)고용	4	2	6	184	80	264
	지원(연계)고용	19	12	31	417	208	625
	보호고용	14	8	22	131	76	207
	계	37	22	59	732	364	1,096
직업교육과 연계	유관 직종 취업	24	21	45	663	328	991
	무관 직종 취업	13	1	14	69	36	105
	계	37	22	59	732	364	1,096
고용 형태	정규직	9	5	14	224	107	331
	비정규직	28	17	45	508	257	765
	계	37	22	59	732	364	1,096
급여 수준	50만 원 미만	17	7	24	122	73	195
	50~100만 원 미만	11	7	18	340	167	507
	100~150만 원 미만	8	6	14	156	70	226
	150만 원 이상	1	2	3	114	54	168
	계	37	22	59	732	364	1,096

출처: 교육부(2022e), pp. 59-62.

고, 50~100만 원 미만, 100~150만 원 미만, 150만 원 이상 순으로 나타났다.

전공과를 졸업한 이후 취업한 특수교육대상자의 취업 유형 실태를 먼저 살펴보면, 고용 방식은 지원(연계)고용 방식으로 취업한 학생이 625명으로 가장 많았고, 일반(경쟁)고용, 보호고용 순으로 취업을 많이 하고 있었다. 전공과 졸업 후 취업한 학생들의 직업교육 연계성 측면을 살펴보면, 직업교육과 유관한 직종에 취업한 경우가 991명으로 대부분이었고, 무관한 직종에 취업하는 경우는 105명이었다. 고용 형태는 비정규직으로 취업을 한 학생이 765명으로 다소 높았고, 정규직으로 취업한 학생은 331명이었다. 급여 수준을 살펴보면, 100~150만 원 미만인 경우가 507명으로 가장 많았고, 그다음 100~150만 원 미만인 경우가 226명이었다.

3) 직업의 중요성 및 혜택

특수교육은 장애를 가진 학생들의 실질적인 지역사회 통합을 지향하고 있다. 이때 실질적인 지역사회로의 통합이라 함은 장애학생들이 학령기 동안에도 학교에서 통합을 경험할 뿐만 아니라 학교를 졸업한 이후에도 성인으로서 직업생활을 영위하며 지역사회에 통합되어서 독립적이고 의미 있는 삶을 살아갈 수 있는 통합을 뜻한다. 즉, 성인이 된 이후에도 지역사회의 다양한 활동에 지속적으로 참여하고, 여가와 취미생활을 즐기며, 고등교육으로의 진학 및 고용 등 성인으로서의 다양한 삶을 영위해 나갈 수 있는 것을 의미한다(Neubert, Moon, Grigal, & Redd, 2001). 사례 5에서 민수의 어머니도 민수가 학령기뿐만 아니라 성인이 된 이후에도 지역사회에 통합되어 살아가길 원했기 때문에 지역사회의 마트, 극장, 운동경기장 등에 갈 때 항상 민수와 함께 갔었고, 지역사회의 운동시설을 정기적으로 이용하도록 하였다. 이는 어린 시절부터 지역사회 통합의 경험을 많이 가지는 것이 학령기 이후 성인이 되었을 때 지역사회에 통합되어 살아갈 수 있는 가능성을 향상시켜 줄 것으로 생각했기 때문이다.

비장애인과 마찬가지로 장애인들이 독립적인 성인으로 살아가기 위해서는 직업이 매우 중요한 이유는 직업이 무엇보다 자아실현을 이루는 데 중요한 요건이 되고, 우리 사회의 의미 있는 구성원으로 살아가는 데 빠질 수 없는 구성 요소가 되기 때문이다. 민수의 어머니는 비록 민수가 장애를 가지고 있지만 지역사회 내의 사업체에서 지원고용을 통해서 어떤 종류의 일이라도 할 수 있기를 바라고 있었다. 비장애인들처럼 경쟁고용의 직업 현장에서 근무하는 것이 가장 좋겠지만, 여러 가지 현실을 감안했을 때 민수의 어머니는 지원고용의 형태로 직업생활을 해 나갈 수 있기를 희망하였다.

한 개인이 직업을 가지는 것은 경제적인 혜택 이외에도 다양한 이점이 있다. 무엇보다 장애인은 직업을 통해 사회에 통합되어 살아갈 수 있는 기회를 가질 수 있고, 지역사회로의 소속감도 누릴 수 있다(박은혜, 1998). 또한 직장에서의 경험을 통해 자신을 바라보는 긍정적인 인식이 생성되고 자아실현을 이루기 위한 발판을 마련할 수 있으며(김정희, 김미경, 2007), 비장애인들과 교류할 수 있는 기회를 통해 장애인들의 정신적·사회적 기능성 또한 높일 수 있다(Reid & Bray, 1998). 그러므로 장애의 유무, 장애의 종류에 관계없이 누구나에게 직업을 가질 수 있는 기회를 제공하는 것은 중요한 일이고 의미 있는 일이라 할 수 있다.

이러한 이유 때문에 학령기 동안 질 높은 진로 및 직업 교육, 적절한 교육환경, 다양한 프로그램을 통하여 장애를 가진 학생들이 졸업한 이후에 독립적으로 살아갈 수 있도록 지원할 필요가 있다(Kraemer & Blacher, 2001). 또한 국가 차원에서도 장애인들을 위한 진로 및 직업 교육 활성화와 더불어 장애인 일자리 창출을 위해 많은 노력을 기울일 필요가 있다.

2. 직업으로의 전환 유형

1) 보호작업장

(1) 보호작업장의 개념

보호작업장은 직업능력이 다소 낮은 장애인에게 보호적 조건의 환경에서 직업훈련 및 일자리를 제공하여 근로의 기회를 주고 이에 상응하는 노동의 임금을 지급하는 곳으로, 근로사업장이나 그 밖의 경쟁적인 고용시장으로 옮겨 갈 수 있도록 돕는 역할을 하는 시설이다(한인영 외, 2011). 보호작업장은 지역의 특성이나 생산품 판로 개척의 용이성, 일반고용과의 연계성을 고려하고, 그 직업에 종사할 장애인의 장애 특성 및 직무 분석을 통해 장애인 개인별 특성에 적합한 직무를 배치하는 사업을 진행하고자 노력하고 있다(박민성, 2011).

재윤(사례 7)은 특수학교 전공과에 재학 중인 남학생으로 중도의 지적장애가 있다. 현재는 특수학교 전공과의 자립생활반에 다니면서 전공과 교육내용으로 생활기능을 익히거나 생활 관련 활동을 하고 있다. 재윤의 부모는 재윤이 전공과를 마치게 되면 그동안 받아왔던 특수교육이 종료된다는 점에 심한 불안감을 느끼고 있다. 무엇보다도 재윤이 14년 동안 다니고 있는 특수학교를 졸업한 이후에는 하루 종일 가정에서 재윤을 책임져야 할 수 있도 있다는 사실이 심적인 부담으로 다가오고 있다. 그래서 부모는 재윤이 전공과를 졸업 한 이후 다닐 수 있는 장애인복지관이나 주간보호센터 같은 곳을 알아보려고 한다. 많은 장애인복지관이나 주간보호센터는 학교를 졸업한 성인 장애인들을 보호하는 역할도 하지만, 보호작업장 형태의 작업장을 운영하면서 장애인이 자신의 능력과 적성에 맞는 직업생활을 통하여 인간다운 생활을 할 수 있도록 장애인 직업재활과 관련된 제반서비스와 취업 기회를 제공하고 있다. 장애인복지관이나 주간보호센터에서 운영하는 보호작업장은 재윤과 같이 장애인들이 작업할 수 있는 시설이나 장비, 환경에 대한 배려가 가장 많은 곳이다.

장애인 직업재활시설 유형별 현황을 살펴보면 다른 시설 유형과 비교할 때 보호작업장이 그 수가 가장 많고 이용자 수도 가장 많은 비중을 차지하고 있다. 장애인의 경우 학교를 졸업한 이후 부모나 타인의 도움 없이 생활을 할 수 있도록 일정한 소득을 유지할 수 있는 직업을 찾고 직업활동을 유지하여 스스로 사회에 나아갈 수 있는 기틀을 마련해야 하기 때문에(박승희 외, 2011) 처음 직업을 가지는 경우와 다소 직업능력이 낮은 경우에도 보호작업장과 같은 직업재활시설을 주로 이용하게 된다. 장애인들만으로 구성된 시설에서 일을 하고 있어서 지역사회 통합의 경험을 가지기는 힘들지만, 보호작업장은 장애인이 적절한 수입을 보장받으며 작업에 필요한 기능과 작업 습관 등을 익힐 수 있는 기회를 제공하기 때문에 장애인의 직업적 욕구를 충족시켜 주고 건전한 사회생활을 영위 하도록 도울 수 있는 중요한 기관으로 인정받고 있다(이동영, 김희정, 2014). 즉, 보호작업장은 장애인의 장애 유형, 장애 정도, 연령별 특성, 업종의 특성에 따른 다양한 직무와 경쟁고용에 필요한 재활 프로그램을 제공하고 있어 장애인들의 사회적 참여와 직업 재활에 있어서 중요한 역할을 하고 있다(박희찬, 오길승, 2016).

(2) 보호작업장 고용 대상자

보호작업장을 이용하는 장애인은 장애의 상황이나 여러 환경적인 측면을 고려하여「근로기준법」에 따른 근무 계약을 체결하고 임금을 받는 근로장애인과 장애인 직업재활시설에서 제공하는 작업활동 프로그램에 참여하거나 시설을 이용하는 훈련장애인으로 나누어진다(보건복지부, 2021). 근로장애인의 경우 근로사업장 등의 상위 단계 직업재활시설이나 일반 고용으로 전환되기 위해 직업적응 훈련, 문제해결 훈련, 직업평가, 직무기능 향상훈련 등의 프로그램을 실시하여야 하며, 훈련장애인은 일정 기간 훈련을 통해 향후 근로장애인으로 전환될 수 있도록 작업활동 프로그램을 실시하여야 한다(보건복지부, 2021).

보호작업장을 이용하는 장애인은 기관으로부터 제공받는 다양한 서비스 프로그램을 통하여 직업 적응뿐만 아니라 사회적응 능력을 기를 수 있고, 사회통합을 위하여 심리적 즐거움과 안정을 위한 모임, 오락 및 노래 모임 등의 사회적 접촉의 기회를 제공받는다(박석돈, 2001). 또한 보호작업장의 장애인은 기관에 따라 차이가 있을 수 있지만 다양한 서비스 프로그램을 통하여 직업재활 과정에서 일상생활이나 사회생활에 필요한 전반적인 기술과 규범을 습득할 수 있다(이동영, 김희정, 2014). 이렇듯 보호작업장의 장애인은 장애 유형과 정도에 따라 개별화된 고용의 기회를 지원받고 직업재활서비스를 받음으로써 사회적 역할을 수행할 수 있다. 또한 사회 통합의 목적을 이루기 위해 직무에 필요한 서비스뿐만 아니라 사회 적응에 필요한 서비스도 제공받게 된다. 장애인들의 직업생활에서 장애로 인한 사회적 기술의 제한은 지시 따르기, 갈등 다루기, 도움 청하기 등의 사회적 상호작용에 어려움으로 이어질 수 있어 부정적 상황을 초래할 수 있기 때문에 장애의 특성과 취업 상황에 적합하고 구조화된 직질한 중재 개입이 필요하다(박희찬, 오길승, 2016).

하지만 보호작업장은 보호된 환경에서 주로 장애인중심으로 고용이 이루어지기 때문에 사회통합에 제한이 있으며, 임금 수준이 낮고 직종의 다양성도 떨어지는 한계가 있어 가능한 한 보호고용에서 지역사회에 통합된 형태의 고용인 지원고용이나 경쟁고용으로 옮겨 갈 수 있도록 다양한 정책을 펼칠 필요가 있다.

2) 지원고용

(1) 지원고용의 개념

지원고용은 1980년대 전 세계적으로 지역사회 통합이라는 원칙하에 장애를 가진 사람들을 위한 서비스가 중증의 장애를 가진 사람들의 교육과 직업 및 주거 서비스에 관심을 집중하게 되면서, 이들의 통합 직업 환경에서의 고용 모델로 출현하게 되었다(Taylor, Biklen, & Knoll, 1987). 이러한 지원 고용에 관한 정의는 1984년에 미국의 연방 법률에서 제정된 「발달장애인법(Developmental Disabilities Act, P.L. 98-527)」에서 최초로 소개되었고, 1986년에 개정된 「재활법(Rehabilitation Act-Amendment, P.L. 99-506)」에서는 이전보다 구체적으로 구성되었다(유병주, 이달엽, 1996). 이 「재활법」에서 정의하는 지원고용을 살펴보면, 경쟁적인 고용이 어려운 사람 혹은 심한 장애 때문에 고용이 중단되었거나 어려움을 겪고 있는 사람들에게 통합된 작업장에서 지속적인 서비스를 제공해 줌으로써 경쟁적 고용이 이루어지도록 하는 것이라 할 수 있다. 특별한 요구를 지닌 사람이 고용을 유지하는 데 있어서 중요한 것은 지속적인 지원이다. 지속적인 지원은 지원고용의 핵심이며, 특별한 요구에 적합한 서비스를 제공하는 것은 지원고용의 질을 향상시키는 데 있어 중요한 요인이다. 이후에도 지원고용에 대한 정의가 계속적으로 이루어졌는데, 박희찬과 오길승(2016)은 지원고용을 중증장애로 인하여 기존에는 분리된 보호고용에 한정되거나 고용이 되더라도 중단되거나 포기하게 되는 장애인에게 적절한 지원과 현장훈련을 통하여 지역사회 통합고용을 달성하게 되는 과정과 결과라고 정의하였다.

앞서 언급했듯이, 민수(사례 5)는 현재 일반학교 고등학교에 재학 중인 지적장애를 가진 학생으로, 부모가 통합교육에 대한 확신을 가지고 있어 초등학교 때부터 현재 고등학교까지 통합교육을 받아 왔다. 민수는 통합교육을 받는 과정에서 사회적인 기능성이 향상되었고, 가정과 초등학교, 중학교, 고등학교 주변 환경도 익혀 나가서 지역사회 내에서 생활할 수 있는 능력을 꾸준히 향상시켜 왔다. 더욱이 민수의 부모는 지역사회의 마트, 극장, 운동경기장 등을 갈 때에는 민수와 함께 가는 편이고, 민수가 지역사회에 있는 체육시설에서 정기적으로 운동을 할 수 있도록 함으로써 지역사회에 가능한 통합될 수 있도록 노력해 왔다. 따라서 민수의 부모는 민수가 지역사회 내 사업체에서 지원고용을 통하여 일을 할 수 있기를 바라며 민수가 부모로부터 독립해서 지역사회 내 공동생활가정에서 친구들과 함께 생활할 수 있기를 바라고 있다.

한편, 소영(사례 6)은 특성화 고등학교에 재학 중이며 선천적인 청각장애를 가지고 있다. 어린 시절부터 소영은 보청기를 사용하였음에도 불구하고 소리 자극의 전달에 어려움이 있었고, 언어 습득이 지체되어 구어 사용에서 단어가 수가 빈약하고 조음에서 명료도가 떨어지는 등 구어를 통한 의사소통이 원활하지 못한 특성을 가지고 있다. 일반 초등학교를 졸업한 후 일반 중학교에서의 의사소통 수준이 점차 향상되었으나 여전히 어휘 사용의 풍부성이나 언어 이해, 문장의 이해 및 조음에서 어려움을 겪었다. 또한 학업 성적도 학급의 평균 점수보다 상당히 떨어지는 경향을 보였다. 최근에 소영은 요리 프로그램이나 셰프에 대한 내용을 방송을 통해 접하면서 장차 호텔 조리사가 되기를 희망하고 있고, 학교에서는 실습 시간에 조리를 배우는 것을 즐거워하는 편이다. 만약 소영이 조리사 일을 하고 싶다면 주변의 필요한 지원을 받으면서 일을 하는 지원고용의 형태로 취업을 할 수 있는 곳을 찾는 것이 가장 현실적인 대안일 것이다.

민수와 소영처럼 어느 정도 직업능력을 가지고 있고, 직장에서 일을 하며 사회적으로 통합되어 살아갈 수 있는 역량은 있지만 비장애인처럼 아무런 지원과 배려 없이 취업을 유지하기 어려운 장애인에게 근로 기회를 제공하며 최저 이상의 임금을 받을 수 있고 경쟁고용 시장으로 옮겨 갈 수 있도록 도와주는 곳이 지원고용 형태의 근로사업장이라 할 수 있다. 이 곳에서는 민수와 소영의 장애 유형과 특성 및 사업장에서 수행 중인 일의 특성에 따라 직무 지원계획도 마련된다. 민수와 소영은 이곳에서 일을 하면서 경제적 기반을 마련뿐만 아니라 지역사회로의 통합도 촉진될 수 있을 것이다.

지원고용 체계는 통합된 작업환경을 강조하고 있는데, 이러한 통합된 작업환경이란 대다수의 노동자가 일반인으로 구성된 작업장이라 할 수 있다. 즉, 대규모의 분리된 보호작업장과 전일제 훈련식 프로그램을 지양하고, 장애를 가지고 있는 사람들의 정상화라는 철학적 기저를 바탕으로 통합에 중점을 두고 있다.

그러므로 지원고용 체계는 경쟁적 노동, 통합된 작업환경, 지속적인 서비스의 제공 등 세 가지 요인을 충족하여야 한다. 이 세 가지 요건이 충족되면 학생들은 경제활동을 할 수 있는 기회를 얻을 수 있을 것이다. 또한 사회적 측면에서도 그들의 자립생활이 일정 부분 가능해짐으로써 공공 프로그램에 대한 의존도를 낮출 수 있게 될 것이다. 이러한 지원고용서비스 프로그램이 등장하게 된 배경은 장애와 상관없이 모든 인간이 누려야 할 삶의 질에 대한 관심이 증대하였고, 장애를 가진 사람에 대한 편견을 극복하기 위함이며, 종래의 고용에 대한 한계점이 부각되고, 장애인 재활에 대한 기술이 향상되었기 때문이다(박희찬, 오길승, 2016).

지원고용의 방법을 살펴보면, 특별한 지원을 필요로 하는 학생을 통합고용 환경에 배치되기 위하여 개인적 능력이나 직업준비를 시키는 데 집중하기보다는 장애를 가진 개인의 직업적인 선호나 흥미 및 특성에 따라 고용의 가능성이 있는 직업 환경에 배치한 후 직업 환경에서 일을 하고 적응하도록 하는 적합한 현장 직업훈련과 지원을 제공하는 것을 원칙으로 한다(박승희, 2010). 이것을 선 배치-후 훈련이라고 하는데, 장애를 가진 사람들이 직업을 가지는 데 있어 중요한 것은 직업을 가지는 데 필요한 개인적인 능력이 아니라 실제 직업 환경에서의 직무수행과 적응에 필요한 훈련을 직무 환경에서 제공하고 지속적인 서비스를 제공함으로써 직업을 지속적으로 유지할 수 있도록 돕는 것이기 때문이다. Bond(2004)는 선 배치-후 훈련 지원고용 모델의 가장 보편적인 형태로 개별배치 모델을 들고 있다. 개별배치 모델에서는 특별한 요구를 지닌 학생을 일반 사업체에 우선 배치된 후에 작업 현장에서 직업적응을 위한 훈련과 직무지도를 받는다(박선희, 박승희, 2009). 이때 직무지도원은 그들에게 적합한 고용환경에 배치한 후 직무 적응과 고용 유지에 필요한 현장직업훈련과 사후지도를 제공하는 과정을 통해 고용을 돕는다. 이것은 학생을 직업현장에 배치하기 전에 미리 필요한 직무능력과 고용 유지에 필요한 훈련들을 시켜서 직업 환경에 배치하는 선 훈련-후 배치 모델과는 차이가 있다.

(2) 지원고용의 과정

지원고용의 과정은 구직장애인의 특성과 사업체 측면으로 구분할 수 있다. 지원고용을 실시하기 위해서는 먼저 구직장애인의 특성을 분석해야 하는데, 이는 구직장애인의 초기면접 및 직업평가 결과 또는 직업적응훈련 등의 직업재활서비스 과정에서 지속적으로 진행된 상담과 평가를 바탕으로 파악할 수 있다(박희찬, 오길승, 2016). 이러한 구직장애인의 특성은 취업알선 시 사업체 및 직무에 요구되는 기능을 분석할 때 활용될 수 있다. 이와 더불어 장애인과 보호자 등이 가지고 있는 취업에 대한 욕구가 무엇인지, 구체적으로 개발된 사업체에 취업을 희망하고 있는지 등을 조사해야 한다. 구직장애인의 특성 및 구직욕구는 취업알선 시 사업체의 직무에서 요구되는 특성들과의 적합성을 비교하는 데 활용된다.

　사업체 개발은 지역사회 내 장애인이 직업을 가지고 생활할 수 있는 잠재적인 취업 가능 사업체를 개발하는 전문적·종합적 활동으로, 개발된 사업체는 장애인을 고용하고자 구인을 요청한 사업체이거나, 지원고용 담당기관이 장애인의 직무 배치를 염두에 두고 직무 조정 등의 과정을 통해 개발한 사업체를 말한다. 사업체가 장애인 채용에 대한 의사를 나타내면 사업체와 구인 직무를 구체적으로 파악해야 하는데, 이를 위해 사업체와 협의하여 방문 일정을 계획하고 방문 시 장애인 고용혜택 등의 제도, 지원고용 담당기관 소개 자료 등을 준비하여 설명하고 안내한다. 사업체를 개발하는 과정에서 직무분석을 해야 하는데, 이는 사업체의 일반 직무 또는 구인 직무를 수행하기 위해 필요한 신체능력, 인지, 작업수행, 변별력, 사회성 등의 기능 정도를 파악하는 것으로, 궁극적으로는 사업체 정보 조사와 함께 해당 직업의 적합성에 관련된 주요 요소를 평가하여 구직장애인에게 특정 직무가 적합한지 여부를 결정하는 핵심 자료이다.

　이렇게 구직장애인의 특성과 사업체의 특성들을 살펴본 이후에는 구직장애인의 성공적인 직업 배치를 위하여 구직 요건과 구인 요건이 일치하는지 상호 비교하여 구직장애인에게 알선할 사업체를 결정하는 적합성 비교의 과정을 가진다. 이를 통해 실제 취업으로의 연결 가능성 여부를 결정하고 지원고용이 결정되면 현장 직무배치 전후에 구직장애인에게 필요한 서비스 지원계획을 수립하고 계획을 실현하기 위한 시간과 절차들을 구체화한다. 지원계획 수립 후 사업체에 지원고용 대상자의 직무 배치가 이루어지면 지원 고용전문가는 현장훈련을 실시하고 지원 내용을 결정한다. 지원 방법은 구직장애인의 개인적인 특성이나 직무 난이도에 따라 다양하게 선택하고 적용될 수 있는데, 과제분석, 촉진, 모델링, 시범, 신체적 안내, 자연적 지원 등 다양한 방법으로 이루어 질 수 있다. 이후 장애인, 사업주나 동료, 가족 등을 대상으로 장애인이 취업된 이후 발생할 수 있는 다양한 문제에 대해 적절히 대처할 수 있도록 지원하는 취업 후 적응지원이 이루어지게 된다. 취업한 장애인의 담당 직무에 변화가 있을 때도 변화에 따른 적응을 지원할 수 있고, 직장 내 대인관계, 규칙 준수, 자기관리 등을 잘 할 수 있도록 지원하여 원활한 직장생활을 유지할 수 있도록 지원한다 (박희찬, 오길승, 2016).

(3) 지원고용의 유형

지원고용과 관련된 문헌을 탐색해 볼 때 발달지체인에게 지원고용 프로그램을 효과적으로 제공할 수 있는 모델은 여러 가지가 있다. 그러나 그 가운데 경제적·지역적 여건이 다른 상황에서도 성공적으로 실시할 수 있는 네 가지 모델을 제시하고자 한다.

① 개별배치 모델

개별배치 모델은 지원고용서비스를 제공하는 데 가장 널리 사용되는 방법으로, 이는 분산배치(scattered site)의 지원고용 방법으로 불리기도 한다(박희찬, 오길승, 2016). 이 모델에서는 근로자를 지역사회 내의 직업현장에 배치하여 훈련시키는데, 배치된 직업현장에서 업무를 수행할 수 있을 정도로 훈련시켜서 고정적으로 배치하며 일대일의 집중적인 훈련과 지도 감독을 제공한다(Mank et al., 1986; Wehman & Kregel, 1985).

훈련을 시키는 사람은 일대일로 근로자를 훈련시키고, 시간이 지남에 따라 보조하는 정도를 줄여 나가는 방식으로 지원이 이루어진다. 이때 지역사회 내에 있는 모든 기업체가 장애인을 배치할 수 있는 잠정적인 직장이 된다.

이 모형은 전통적인 모형과는 달리 직장에 배치되기 전에 직업 준비 과정을 요구하지 않는다. 이것은 직업현장에 배치된 다음에 작업 방법, 사회성 기능, 지역사회 내에서의 이동 기능 등에 대해 포괄적인 훈련을 제공한다. 그리고 단기적이거나 한시적인 훈련이 아니라, 직업훈련 전문가 한 사람이 직업개발, 직업 배치, 직업훈련, 사후서비스 등을 모두 담당한다.

개별배치 모델의 과정은 직업 개발 및 내담자 평가, 배치과정, 현장 내 직업훈련, 지속적인 평가와 사후지도의 단계로 이루어진다(조인수, 2005). 직업 개발 및 내담자 평가는 내담자의 흥미와 사전 훈련 정도, 신체적 특성 등에 가장 적합한 직업을 탐색하는 과정이다. 이러한 과정에서 특정 직업을 선택하게 되면 직무분석 등의 분석 도구를 활용하여 작업환경 조건을 분석한다. 또한 내담자의 적응행동 및 작업 의지, 출퇴근 가능성, 부모 및 보호자의 태도 등에 관한 정보를 수집할 필요가 있다. 그리고 다양한 평가를 통해서 직업현장에서 요구하는 직업적 기능을 내담자가 수행할 수 있을지를 결정해야 한다. 그러나 이러한 기능을 수행할 수 없어도 지원고용서비스를 포기하거나 중단할 필요는 없다. 이는 지원고용 자체가 직업현장에 즉각 적응할 수 있는 모든 기능을 갖춘 개인을 직업현장에 배치하는 것이 아니라, 개인을 일단 직업현장에 배치한 후 훈련을 시작하는 방식에 기반을 두고 있기 때문이다(조인수, 2005).

배치과정에서는 직무를 분석한 자료와 내담자에 대한 다양한 평가 정보를 검토하게 된다. 내담자를 집단에서 의뢰한 경우에는 사전 선별과정을 통해 특정 직업이 요구하는 필수 요건들을 확인할 필요가 있다. 예를 들면, 주말 작업을 해야 하는 경우라면 내담자가 주말에 작업을 할 수 있는지를 알아야 한다. 더욱이 내담자가 직장까지 어떻게 출근하는지, 출근할 때 가족이 도와줄 수 있는지 여부 등을 알아야 한다. 내담자가 일단 특정 직업현장에 배치되면 훈련사는 형식적인 직업 면담 혹은 비형식적 방법으로 직업현장을 방문하여 직업을 소개하는 과정을 가진다(조인수, 2005).

현장 내 직업훈련에서는 직무와 관련된 행동이라 할 수 있는 과제수행기능, 의사소통 방법, 식사 시간 및 휴식 시간 이용 방법, 교통수단 이용 방법 등을 체계적으로 지도한다. 현장훈련은 고용 첫날부터 시작하게 되는데, 고용전문가의 기능 수준, 근로자의 기능 수준, 직무의 복잡성 등에 따라 훈련 기간은 달라질 수 있다. 현장훈련은 주로 직업 안내 및 평가, 초기훈련 및 기능 습득, 안정화, 지원 등의 단계로 이루어진다.

사례 6에 제시된 소영의 경우에는 학교 실습 시간에 조리를 배우는 것을 좋아하고 장차 호텔조리사가 되기를 희망하고 있기 때문에 학교를 졸업한 이후 우선 지역사회 내에 음식을 조리하는 사업체에 취업할 수 있도록 추천할 수 있을 것이다. 취업을 희망하는 소영이 지역사회 내 음식점에서 해당 직무를 수행하는 데 어느 정도 적합하다는 결정을 하게 되면 소영을 음식점에 개별적으로 배치하여 현장에서의 훈련과 지원을 제공할 수 있을 것이다. 이를 통해 소영은 지역사회 내 음식 사업체에서 부여받은 직무를 원활하게 수행하고, 통합고용을 이룰 수 있게 되는 것이다.

② 소집단작업 모델

소집단작업 모델은 특정 사업장 안에 소집단으로 지원고용의 기회를 제공하는 것으로 주어진 사업장 안에서 장애인이 전체 8명을 넘지 않는 규모여야 하고, 전형적으로 유사한 직업흥미와 프로그램 서비스 유형을 가진 개인들의 집단으로 구성된다.

사실 소집단작업을 제공할 수 있는 회사를 찾는 일은 쉬운 일은 아니지만, 규모가 큰 회사일수록 근로자를 통합하기 쉽고, 특별 훈련을 실시하는 생산라인에 주의를 덜 기울일 수 있으며, 초보자의 훈련기회를 조절할 수 있기 때문에 작은 회사보다는 유리한 면은 있다(조인수, 2005). 소집단작업 모델 감독자는 근로자를 통합시키기 위해서 적극적으로 노력해야 하지만, 통합은 대중교통 수단을 이용할 때나 휴식시간, 회사 내의 오락 시간 등에 부분적으로 자연스럽게 참여시켜서 점진적으로 이루어 가는 것이 바람직하다. 고용주들은 고용전문가가 정기적으로 책임성 있는 지도감독과 생산지원을 제공한다는 점을 좋아하지만 계속적인 현장에서의 지도감독은 지원고용 대상자로 하여금 고용전문가에게 불필요하고 바람직하지 못한 의존심을 갖게 하는 역기능이 있을 수 있다(박희찬, 오길승, 2016).

소집단작업 모델에서는 개별배치 모델보다 더 장기적인 지원을 제공할 수 있으며 지역사회 내의 특정 직업에 적절히 적응하지 못하는 사람에게도 고용기회를 줄 수 있다는 장점이 있다. 뿐만 아니라 소집단작업 모델은 감독자 한 사람이 장애를 가진 몇 명의 사람들을 동시에 취업시킬 수 있으며, 내담자가 현장통합훈련 단계를 넘어 정규 사원으로 채용되어 떠나면 다른 사람들이 그 자리에 충원될 수 있다.

만약 민수를 초기면접 및 직업평가를 통해 특성을 살펴본 결과 제빵에 관심이 있고, 민수와 같이 제빵에 관심이 있는 다른 학생들이 3명 더 있다면 이들을 지역사회 내 제빵 사업체에 함께 배치하도록 결정을 내릴 수 있을 것이다. 이때 단순히 제빵에 관심만 있는 학생들이 아니라 제빵과 관련된 직업 프로그램을 이수하는 과정에서 작업수행 및 태도 등에 대한 관찰과 평가를 통하여 제빵에 대한 흥미와 능력이 있는 학생들을 사업체에 배치해야만 한다. 이때 지원고용 전문가와 직업교육 담당 교사는 이 4명의 지원고용 대상자들을 대상으로 훈련 및 지원계획 수립, 훈련 및 지원 제공 등을 공동으로 실시할 수 있을 것이다.

③ 이동작업대 모델

이동작업대 모델은 취업을 원하는 장애인들에게 소집단으로 고용될 수 있는 기회를 제공한다는 점에서는 소집단작업 모델과 유사하지만, 구체적인 계약 내용에 따라 사업장을 이동하면서 일을 해야 하는 점에서 차이가 있다. 이동작업대 모델은 기업체가 적은 중소도시나 농어촌에 적합한 형태로서 감독 1명이 3~8명의 근로자를 담당하는 집단 지원고용 형태로(조인수, 2005), 청소, 집 관리, 농장일 등과 같은 업무를 장·단기 계약에 따라 수행하는 방식으로 일을 수행할 수 있다(박희찬, 오길승, 2016; Mank, 1986). 이 시스템은 여러 유형의 기관이나 소규모 사업 단체에서 운영할 수 있다. 그러나 일반적으로 이동작업단은 모든 근로자의 생산성이 총 생산성의 수준에 이르지 못하기 때문에 초과 비용이 들고, 많은 감독이 필요하며, 공공기금을 사용해야 한다는 단점이 있다.

예를 들어, 재윤과 같이 중도의 지적장애를 가지고 있더라도 적절한 지원만 제공된다면 비장애인 1명과 장애인 7명으로 구성된 청소 팀에 소속되어 지역사회의 공원, 공공기관, 회사 등에 청소, 소독 등을 실시하는 일을 할 수 있을 것이다. 이 청소 팀은 지역사회 내에 계약을 맺은 다양한 기관으로 이동하면서 청소, 정리, 소독 등을 실시하는 일을 할 수 있을 것이다. 재윤의 부모는 재윤이 전공과를 졸업한 이후 갈 곳이 없을까봐 걱정하고 있지만 이동작업대 모델을 통해 취업을 할 수 있다면 어머니가 생각하는 불안한 상황은 생기지 않을 것이다.

④ 소기업 모델

소기업 모델은 진보적인 형태의 지원고용 모델로, 소기업 모델은 상품을 생산하거나 지역사회에 서비스를 제공하기 위하여 소기업을 창업하고 운영하고 있다(박희찬, 오길승, 2016). 이는 소기업의 작업수행을 통해 수익을 창출하고, 기업의 수익으로 근로자의 임금을 지급하는 등 다른 기업들과 유사한 방식으로 운영된다. 소기업 모델은 공동으로 사업체의 실질적 주인이 될 수 있다. 이러한 소기업에 비장애인을 고용해서 장애인과 비장애인이 통합될 수 있는 방식으로 운영되는데, 식당, 상점, 제과점, 카페 등이 소기업 모델의 성공적인 예가 될 수 있다.

예를 들어, 재윤과 같이 장애가 심한 학생의 부모 4명이 재정을 투자하여 교육청 1층 로비에 카페를 설치할 수 있다. 이 카페는 커피, 쿠키, 빵 등의 다양한 음료와 다과를 판매하고 있을 것이다. 이때 카페 운영의 실질적 경험이 있는 비장애인을 점장으로 고용하고 4명의 장애인들은 바리스타, 바리스타 보조, 카페 정리 및 청소 등의 일을 담당할 수 있도록 할 수 있다. 이 카페는 하나의 소기업이 되어 구청의 직원과 민원을 위해 구청을 방문한 시민들을 대상으로 서비스를 제공하고 수익을 창출하여 임금을 제공할 수 있을 것이다.

3) 경쟁고용

경쟁고용(competitive employment)은 장애를 가진 사람들이 일반인과 같은 임금과 연금을 받을 수 있는 직업을 가지는 것을 의미한다. 장애인이 학교를 졸업 한 후 경쟁고용이 이루어지면 직업을 가지기 전, 직업을 가진 직후에 집중적으로 지원서비스가 제공되고, 지원서비스는 제한된 기간만큼만 주어진다. 장애인이 경쟁고용 작업장에 취업하기 위해서는 기능적인 기술, 대인관계 그리고 필요에 의해 익힐 수 있는 다른 작업과 연관된 기능을 가져야 하고, 독립적 작업 수행 및 높은 생산성 표준을 충족시켜야 한다. 그러므로 이러한 경쟁고용은 일반적으로 장애가 심하지 않은 사람에게 적합한 것으로 여겨진다. 경쟁고용의 장점 중 하나는 비장애인 근로자와 충분한 통합의 경험을 가질 수 있다는 것이다.

3. 직업으로의 전환을 위한 교육

장애학생들이 학교를 졸업한 이후 직업을 가지고 고용을 유지해 나가기 위해서는 학령기 동안 질 높은 직업교육이 전제되어야 한다. 직업교육을 통해서 배울 필요가 있는 영역은 크게 직업 인식, 고용 관련 지식과 기술, 특정 직업과 관련된 지식과 기술 등 세 가지로 구분된다.

1) 직업 인식

직업 인식은 다양한 영역으로 이루어지는데, 그중 직업 역할에 대한 인식은 직업에 관한 학습 경험을 제공하여 장애학생이 자신이 할 수 있는 역할을 새롭게 또는 확장되게 하는 것이다. 이는 학습자로서 학생이 하는 작업, 자원봉사자로서의 작업, 가정에서 가족의 일원으로 임금을 받지 않고 하는 작업, 일상생활의 일부로서 해야 할 작업 활동(예: 세탁, 구두 닦기, 수도꼭지 고치기 등)과 같은 여러 종류의 일에서 어떤 역할을 하는지 인식하도록 해야 한다. 또한 소비자로서의 역할이라 할 수 있는 구매자, 환자, 클라이언트, 임대인, 사용인과 같이 개인이 경험할 수 있는 다양한 역할을 인식할 수 있도록 할 필요가 있다.

소영(사례 6)은 현재 특성화 고등학교 조리과 2학년에 재학 중이고, 요리 프로그램을 자주 접하면서 호텔 조리사 일을 하고 싶어 한다. 하지만 아직까지 요리에 대한 흥미, 적성 검사를 전혀 받아보지 않았고, 졸업 후 취업을 할지, 아니면 전문대학에 진학을 할지 아직 결정하지 못하였다. 대학을 진학할 경우에 대비해서 무엇을 준비해야 하는지도 모르고 있고, 취업을 할 경우에 진행해야 할 절차, 호텔조리사의 직무, 근무 여건에 대해서도 전혀 알지 못하고 있는 상황이다. 따라서 졸업을 앞둔 소영과 같은 학생들에게 직업의 역할에 대한 바른 인식을 하게 해 주어서 학생 자신이 할 수 있는 역할을 파악하고, 그 역할의 범위를 점차 확대할 수 있도록 지원해야 한다.

Ginzberg 등(1951)은 직업 선택과정에 대한 연구를 통하여 직업 선택과정을 발달의 과정이라고 하였다. 이 이론에서 직업 의사결정 과정은 환상, 임시적 선택, 현실적 선택의 세 가지 기본 단계 또는 기간으로 일어난다. 이러한 결정과정이 여러 해에 걸쳐 일어나며, 각 단계는 이전에 결정한 것과 밀접한 관련이 있을 수 있다. 직업 의사결정의 전반적인 과정은 개인의 능력, 교육, 사회적 지위, 연령, 신체적·정신적 특성, 지역 등 많은 요인 간의 지속적인 절충의 결과로 특징지을 수 있다. 어떤 사람에게는 절충이 적게 이루어지는 반면, 어떤 사람에게는 절충이 많이 이루어지게 된다.

교사와 부모는 학생이 선택한 직업에 대한 정보를 제공하여 학생이 생각하고 있는 직업의 긍정적 혹은 도전적 요소에 대한 이해를 높이고, 그 직업을 준비하기 위하여 무엇이 필요한지 알 수 있도록 도와주어야 하며, 직업의 실재에 관한 기본 정보를 제공해 주어야 한다. 장애학생에게 직업에 대한 기본 정보를 제공하는 것은 도전이 될 수 있다. 교사는 학생이 일을 하기 원하도록 격려하는 것도 중요하지만, 다른 한편으로 식업 현장에서 부딪힐 수 있는 부정적인 현실을 학생이 정확히 인지할 수 있도록 도와주어야 한다. 장애학생이 직업 현장을 가능한 한 일찍 접할 수 있도록 함으로써 나중에 직업 현장에서 직접 부딪힐 수 있는 어려움을 보다 쉽게 극복할 수 있도록 도와주어야 한다. 아울러 어떤 형태의 직업에 대한 개발이나 책임 없이 부적절하게 직업을 옮김으로써 받게 되는 불이익에 대한 정보도 제공하여 책임감 있는 개인이 될 수 있도록 지도해야 한다.

2) 고용 관련 지식과 기술

장애학생들은 직업에 대한 인식과 더불어 고용 관련 지식과 기술을 배워야 한다. 이는 작업 습관과 태도로 불리기도 하는데, 여기에는 직업 선택하기, 직업훈련 방안을 찾거나 취업하기, 일상적인 일을 적절하게 수행하여 직업 유지하기, 직업에서 발생할 수 있는 문제 다루기 등과 관련되는 모든 지식과 기술이 포함될 수 있다.

이러한 고용 관련 지식과 기술은 수행능력으로 언급되며, 여러 가지 다른 방식으로 조직되나 대체로 직업을 찾고 유지하는 일반적인 영역들과 관련된다. 물론 직업을 유지하는 영역은 가장 어려운 부분의 하나이며, 작업 동료, 상급자, 소비자 등과 관계하는 기술뿐만 아니라 시간을 맞추고 과제에 집중하는 기술 등을 필요로 한다.

전환능력검사(국립특수교육원, 2022a)는 장애학생들의 전환능력을 검사하기 위해 개발된 평가지표로, 이 중 직업 영역은 자신에 대한 이해와 직업 세계에 대한 탐색을 바탕으로 자신에게 적합한 직업을 선택하고 직업인으로서의 생활을 유지하는 데 필요한 역량을 담은 영역이다. 초등학생은 직업인식, 직업기능, 직업생활, 중학생은 직업탐색, 직업기능, 직업생활, 고등학생은 직업준비, 직업기능, 직업생활 영역으로 직업평가의 하위 영역을 구성하고 있다.

3) 특정 직업 지식과 기술

학생들은 학교에 있을 때부터 직업교육을 체계적으로 제공받아야 한다. 오길승(2003)은 장애를 가진 학생은 1~2년 정도의 집중적인 훈련만으로는 직업능력을 향상시키기가 쉽지 않으므로, 이들의 고용 확대를 이루기 위해서는 학령기 동안 특수교육현장에서 보다 철저하고 체계적인 진로 및 직업준비 교육이 이루어지고 교육 연한이 끝날 때 자연스럽게 성인 직업재활서비스가 연계될 수 있도록 해야 한다고 주장하였다.

학생들이 졸업 후에 그들에게 적합한 직업을 가지고 성인으로서의 삶을 살아가기 위해서는, 개별화전환계획을 통하여 그들에게 적합한 직업 목표를 설정하고 그 목표를 성취하기 위한 훈련이 학령기부터 지속적으로 이루어져야 한다. 직업교육훈련의 목표는 실제 지도에서 무엇을 다루어야 하고, 어떠한 것에 우선순위를 두어야 하고, 어떠한 내용을 선정하고, 어떠한 학습 경험을 강조해야 하는지 등과 같은 구체적

3. 직업으로의 전환을 위한 교육

인 행동 지침을 제시해 주는 것으로써, 진로 및 직업 담당 교사들에게 직업교육훈련의 기본 방향을 마련해 줌으로써 체계적인 교육이 이루어질 수 있도록 해야 한다(이유훈, 김형일, 강병호, 2003). 소영(사례 6)처럼 호텔조리사라는 특정 직업에 종사하기를 원하는 학생의 경우에 그 직업에서 요구하는 직무에 대한 지식과 요리기술을 익힐수 있는 교육 및 훈련을 받을 필요가 있다.

학생들이 훈련의 과정을 통해서 직업기술을 갖추기 위해서는 적절한 직업교육과정의 개발이 필요하다. 이때 학생들에게 적합한 직업교육과정을 제대로 마련하기 위해서는 지역사회 공동체 유형, 지역의 상황, 지역 경제, 노동시장 직업 활용도, 서비스에 맞추어진 학생들의 특성(나이, 장애 유형), 자원 활용(교수자, 교수자료) 등을 고려하여 교육과정을 마련해야 한다. 사실 학생들이 별로 흥미를 가지지 못하는 일임에도 불구하고 단지 취직이 잘된다는 이유로 학생들에게 직업기술을 가르치는 경우가많은데, 이때 학생들은 그 직업을 지속적으로 해 나가기 어려울 것이다. 학생들에게 적합한 직업이 선택되면 학교는 이러한 직종에서 요구되는 훈련을 시켜야 한다. 직업훈련은 일반 교과지도나 생활지도처럼 단순히 교재나 일반 자료만으로 가능한 것이 아니라, 훈련 현장이 직업 현장과 같거나 비슷한 물적 조건이 제대로 갖추어져 있어야 가능하다. 그래서 시설 및 운영비 등의 지원 여건을 제대로 갖추는 것도 매우 중요하다(이유훈, 김형일, 강병호, 2003).

요 약

제5장에서는 직업으로의 전환에 중점을 두었다.

1. 직업은 다양한 혜택과 장점이 있기 때문에 직업생활을 유지해 나갈 필요가 있으나 장애인들의 성공적인 진로 및 직업 교육 현실과 실태를 살펴보면 아직도 해결해 나가야 할 과제가 많다. 직업의 개념, 직업 전환의 실태, 직업의 중요성 및 필요성에 대한 내용을 다루었다.

2. 장애인의 장애 유형과 정도, 장애 특성을 고려해서 보호고용, 지원고용, 경쟁고용의 유형에 따라서 적절한 직업 전환 유형을 선택할 수 있고 이후에 이동도 가능하다. 장애의 유형, 정도, 특성에 따른 직업 전환의 유형을 이해하기 위한 내용을 다루었다.

3. 장애학생들이 학교를 졸업한 이후 직업을 가지고 고용을 유지해 나가기 위해서는 학령기 동안 질 높은 진로 및 직업 교육이 전제되어야 한다. 직업교육을 통해서 배울 필요가 있는 직업인식, 고용 관련 지식과 기술, 특정 직업과 관련된 지식과 기술에 대한 내용을 다루었다.

활 동

1. 사례 5~7에서 제시하고 있는 장애학생의 유형, 정도, 특성 등을 고려해 보았을 때 이 학생에게 적합한 직업 전환의 유형에 대해서 논의해 봅시다.

2. 직업으로의 전환에 있어서 현재 학령기 진로 및 직업 교육의 현황, 문제점, 개선방안 등을 장애인 당사자, 특수교사, 관련 전문가, 학부모의 관점에서 논의해 봅시다.

3. 최근 들어 장애인을 위한 다양한 진로 및 직업 교육 정책들이 생겨나고 있는데, 하나의 정책을 선택하여 장애인의 취업 활성화를 위해서 시급히 개선해야 할 점들을 생각해 봅시다.

제6장
계속교육으로의 전환

이정은

1. 계속교육 전환의 개요

1) 계속교육의 개념

과거에는 학령기 정규교육만을 강조하였다면, 사회의 변화와 함께 인간의 교육은 가정, 학교, 사회에서 전 생에 걸쳐 이루어져야 한다는 교육관에 근거하여 계속교육(continuing education)이 등장하게 되었다. 계속교육은 사회가 변화해 감에 따라 그에 적응하기 위해 인간은 끊임없이 교육을 받아야 한다는 것을 일컫기도 하고, 고등학교를 졸업한 후에 받게 되는 교육 프로그램을 뜻하기도 한다. 또한 교과, 직업, 전문 또는 준전문 기술의 교육이나 훈련에 초점을 둔 프로그램(Sitlington et al., 2008)으로 정의되기도 한다. 종합하면, 계속교육은 성규 교육과정 이후에도 사회에서 자립할 수 있도록 생애주기에 따른 교육을 제공하여 교육 기회 제공 및 형평성 보장 차원에서 보장되어야 하는 보편적인 교육이다(김학만 외, 2017). 이는 곧 장애인의 사회 참여 확대를 통한 삶의 질 향상이라는 궁극적 목표와도 직결된다.

전환능력검사에 따르면, 계속교육은 "특수교육대상 학생을 위한 중등이후 교육으로 생애 전반에 걸쳐 원하는 교육을 받아 개인의 삶의 질을 향상할 수 있는 역량"(국립특수교육원, 2022a)으로 정의하였으며, 구성 영역으로 기초교육, 평생교육, 대학교육 세 영역으로 나누었다(국립특수교육원, 2020a). 이를 기반으로 이 장에서는 계속교육의 유형으로 크게 전공과, 고등교육(higher education), 평생교육(lifelong education) 등 세 가지로 제시한다.

2) 계속교육의 법적 근거

계속교육 관련 사항은 「장애인 등에 대한 특수교육법」, 「평생교육법」, 「장애인 차별금지 및 권리구제 등에 관한 법률」, 「고등교육법」, 「장애인복지법」 및 「장애인·노인·임산부 등의 편의증진 보장에 관한 법률」 등 여러 관련 법령에 규정되어 있다. 계속교육 유형에 따른 법적 근거를 살펴보면 다음과 같다.

(1) 전공과

전공과 관련 사항은 「장애인 등에 대한 특수교육법」에 규정되어 있다. 이 법 제3조는 전공과의 경우 무상교육임을 명시하고 있으며, 제20조에서 전공과 교육과정은 교육감의 승인을 받아 학교장이 정애햐 한다고 규정하고 있다. 전공과 설치 및 운영에 있어서는 제24조 제1항 "특수교육기관에는 고등학교 과정을 졸업한 특수교육대상자에게 진로 및 직업 교육을 제공하기 위하여 수업연한 1년 이상의 전공과를 설치·운영할 수 있다."를 근거로 한다. 이 조항을 통해 전공과는 진로 및 직업 교육 제공에 그 목적이 있음을 확인할 수 있다.

(2) 고등교육

장애학생을 위한 고등교육을 활성화하기 위해 우리나라 장애인 고등교육 관련 법규로 「장애인 등에 대한 특수교육법」, 「장애인 차별금지 및 권리구제 등에 관한 법률」, 「고등교육법」, 「장애인복지법」 및 「장애인·노인·임산부 등의 편의증진 보장에 관한 법률」 등에 규정하고 있다. 이 중에서도 「장애인 등에 대한 특수교육법」에서는 장애학생들의 고등교육 접근성을 도모하고 지원을 강화하는 조항들을 제시하였다. 이 법 제4조(차별금지)에 따르면 특수교육대상자가 대학에 입학하는 과정에서 장애를 이유로 대학에 지원하거나 입학하는 것을 거부하거나 수험편의 제공을 위한 목적 외에 별도의 면접이나 신체검사를 요구하는 등의 차별을 금지하도록 규정하였다. 또한 제13조(특수교육 실태조사) 제2항에서는 대학에 취학하는 장애학생의 교육 여건을 개선하기 위하여 3년마다 장애학생의 교육복지 실태조사를 실시하고 그 결과를 공표하도록 규정하였다. 그리고 대학에는 장애대학생 지원을 위한 심의기구인 특별지원위원회를 의무적으로 설치·운영하며(제29조), 또한 장애대학생들의 교육 및 생활에 관한 지원을 총괄·담당하는 장애대학생지원센터 또는 지원부서를 설치·운영해야 한다(제30조). 가장 최근에 신설된 제30조의2의 경우 대학에서도 매 학기마다 개인별 교육지원계획을 수립하도록 의무화하여 장애대학생 맞춤형 지원을 강화하였다. 마지막으로, 제33조에 근거하여 장애인고등교육지원센터를 설치·운영하도록 하였는데, 이 센터에서는 장애학생 고등교육 관련 연구뿐 아니라 지원 자료를 개발 및 보급하며, 진로 및 취업 지원, 교직원 연수에 이르기까지 장애학생지원센터 운영에 있어 다양한 역할을 하도록 법적으로 명시하였다.

더불어 「장애인 차별금지 및 권리구제 등에 관한 법률」에서는 제13조(차별금지)에서 장애인의 지원·입학·전학, 정당한 편의제공, 교육 참여, 진로 및 취업, 장애인 및 관련자, 학업시수 등에 있어서의 차별을 금지하고 있다. 즉, 교육책임자가 장애인의 입학 지원 및 입학을 거부할 수 없으며, 대학 입학 지원 시 장애인의 특성을 고려한 교육시행 이외의 목적이 아닌 경우 추가 서류나 별도 면접을 요구할 수 없도록 규정하고 있다. 또한 제14조(정당한 편의제공 의무)에서는 장애학생의 교육활동에 불이익이 없도록 정당한 편의 제공을 위한 수단인 이동보조기기, 교육보조인력, 학습보조기기, 의사소통기기, 교육 및 평가 방법을 적극 강구하고 제공하며, 이를 위한 부서 및 담당자를 두도록 제시하고 있다. 이 법에 따르면, 만약 금지한 차별행위를 행하고 그 행위가 악의적인 것으로 인정되는 경우 3년 이하의 징역 또는 3천만 원 이하의 벌금에 처할 수 있다.

(3) 평생교육

장애인 평생교육과 관련하여 기존에는 「장애인 등에 대한 특수교육법」 제33조를 기반으로 평생교육의 근거를 마련하였으나 장애인 평생교육에 대한 중앙정부 차원의 방향성 및 계획, 지원서비스를 강조하기 위해 2016년 5월 관련 규정을 「평생교육법」으로 이관하여 추가적인 보완 규정을 마련하였다. 이는 장애인 평생교육이 일반 평생교육 체계 내에서 주류화되고, 통합을 중심으로 하는 환경을 구현하며, 장애인 평생교육을 활성화시킬 수 있는 동력을 확보하게 되었다는 점에서 큰 의의가 있다(김기룡 외, 2019). 이 법 제5조는 국가와 지방자치단체의 장애인 평생교육에 대한 정책의 수립 및 시행을 강조하였으며, 이를 위한 유기적인 협조체제 구축을 논하였다. 또한 제9조는 장애인 평생교육진흥과 이에 대한 정책의 평가 및 제도 개선에 관한 사항을 포함하였다. 이 외에도 장애인 평생교육 활성화를 위한 조항으로 제15조의2 '장애인 평생학습도시의 지정과 운영', 제19조의2 '국가장애인평생교육진흥센터의 설치와 업무', 제19조의3 '장애인 평생교육 종사자에 대한 인권교육', 제20조의2 '장애인 평생교육시설의 설치' 등이 제시되었다.

3) 계속교육의 실태

2022년 특수교육통계에 제시된 내용을 중심으로 고등학교 및 전공과 졸업생 진로 현황을 살펴보면 전체 9,378명의 졸업자 중 계속교육으로 진학한 학생들은 3,831명으로 40.9%의 진학률이 보고되었다(교육부, 2022e). 〈표 6-1〉에 따르면 진학률은 평생교육을 받는 학생들은 제외한 비율로 전공과로 진학한 학생이 2,450명(26.1%), 전문대학으로 진학한 학생이 539명(5.7%), 4년제 대학으로 진학한 학생이 842명(9.0%)이었다. 2022년 기관별 진학률을 살펴보면, 특수학교는 60.3%, 특수학급은 51.3%, 일반학급은 63.6%로 일반학급이 가장 높은 진학률을 보였으며, 예년 대비 특수교육대 학생의 진학률은 지속적으로 증가하는 추세이다.

〈표 6-1〉 2022년 고등학교 및 전공과 졸업생 진로 현황

구분		졸업자 수	전공과	전문 대학	대학교	진학자 수	진학률 (%)	비진학, 미취업자수
전체		9,378	2,450	539	842	3,831	40.9	3,704
고등학교	계	6,762	2,450	519	831	3,800	56.2	2,291
	특수학교	2,167	1,234	12	61	1,307	60.3	801
	특수학급	3,497	1,179	311	305	1,795	51.3	1,143
	일반학급	1,098	37	196	465	698	63.6	347
전공과	계	2,616	-	20	11	31	1.2	1,413
	특수학교	2,517	-	20	9	29	1.2	1,392
	특수학급	99	-	-	2	2	2.0	21

출처: 교육부(2022e).

고등학교를 졸업한 특수학교/학급 및 일반학급 학생들의 진로 현황을 구체적으로 들여다보면, 특수학교를 졸업한 학생 중에서는 전공과에 진학하는 비율이 56.9%(1,234명)로 특수학급(33.7%) 및 일반학급(3.4%)에 비해 훨씬 높았다. 반면, 전문대학 또는 대학에 진학하는 비율은 3.4%에 그쳤다. 특수학급을 졸업한 학생들의 경우 진학하는 학생 중에서는 대체적으로 전공과에 진학하는 비율이 높았으며, 그 뒤를 이어 전문대학 또는 대학교에 진학하는 비율(11.7%)이 높은 것으로 나타났다. 반면, 일반학급의 경우 졸업자의 60.2%가 전문대학 또는 대학교에 진학하는 것으로 나타났다. 이처럼 각 기관에 따라 진학률 역시 차이가 있는 것을 볼 수 있다. 특수학교 또는 특수학급 전공과를 졸업한 학생들을 대상으로 진로 현황을 살펴보면, 총 2,616명의 졸업자 중 1.2%만이 대학 또는 전문대학으로 진학하는 것으로 나타나 전공과 이후로는 진학률이 굉장히 낮은 것으로 나타났다. 이는 직업재활에 중점을 둔 전공과의 특성을 반영한 것으로 보인다. 이러한 내용을 종합하자면, 전체적인 특수교육대상 학생의 진학률은 지속적으로 증가하는 추세이나 대부분 전공과로 진학하는 것으로 나타났고, 특수교육대상 학생들의 전문대학 또는 대학 진학률은 여전히 낮은 것으로 나타났다.

전문대학 및 대학 진학률을 보다 심도 있게 살펴보면, 1995년 '특수교육대상자 특별전형'이라는 대학입학제도를 도입한 이후 장애학생의 고등교육에 대한 참여 가능성이 높아지게 되고 장애대학생의 수는 점차적으로 증가하고 있으며, 이와 더불어 장애대학생 교육복지지원 실태평가 대상 역시 지속적으로 확대되었다. 1995년도 8개 대학에 113명의 장애학생이 특별전형으로 입학한 이후 2021년 기준 총 108개교(전문대학 23개교, 대학 85개교)에 약 919명이 대학에 특별전형을 통해 입학하였다(교육부, 2022d). 대학에 입학하는 장애학생 수가 증가함에 따라 이들에 대한 적절한 지원을 제공하기 위해 장애학생지원센터 설치 역시 증가하였으나 지원센터 전담인력 수는 여전히 부족하며 대부분 겸직을 맡고 있었다.

장애 유형에 따른 장애대학생 현황을 살펴보면, 2012년도에는 지체장애, 시각장애, 청각장애의 비중이 대다수였으나, 2021년에는 발달장애 및 기타 장애 유형의 비중이 지속적으로 확대되는 양상을 보였다. 2012년에는 지체 및 뇌병변 장애의 경우 56%, 시각 및 청각장애의 경우 29%, 발달장애의 경우 8%에 그쳤다면, 2021년 장애대학생 비중은 지체 및 뇌병변 장애의 경우 39%로 감소하였다. 시각 및 청각 장애의 경우 28%로 예년과 비슷하며, 발달장애의 경우 14%로 거의 두 배로 뛰었다(교육부,

2021). 기존에 발달장애 학생들의 경우 일반적인 대학생활에 어려움이 있고, 자격시험 통과에 있어 어려울 것이라는 인식을 바탕으로 주로 전공과 또는 평생교육으로의 진학을 고려하였다면 특별전형 확대와 다양한 고등교육 모델로 인하여 발달장애 학생의 대학입학이 늘어나는 것으로 사료된다.

평생교육의 현황에 있어서는 앞의 특수교육통계와 같은 명확한 수치가 제공되고 있지는 않으나, 관계부처가 합동으로 2019년 12월에 발표한 장애인 평생교육 활성화 방안에 따르면 비장애인 평생교육 참여율이 28.3%였던 것과 비교했을 때 장애인 평생교육 참여율이 4.0%에 그쳐 현저히 낮은 참여율을 보였다(조인식, 2022).

4) 계속교육의 중요성 및 혜택

일반적으로 특수교육의 궁극적 목적은 장애학생이 지역사회에서 공동체의 일원으로 역할을 수행하며 삶을 누리고 독립적인 생활을 할 수 있도록 지원하는 것이다. 하지만 장애학생의 장애 정도 및 특성에 따라 바로 지역사회로 나가기에는 적응기술이 부족하거나 사회적 관계 형성에 어려움을 겪어 스스로 사회에 적응하며 살아가기 어렵다. 이에 고등학교를 졸업하고 자신의 미래에 대해 탐구하고 독립된 성인으로 살아가기 위한 준비의 시간으로 계속교육을 선택하는 학생이 점차 증가하고 있다. 계속교육은 사회에 적응하기 위한 준비를 할 수 있는 중요한 시기라고 여겨진다.

계속교육의 유형에 따라 그 목적은 다르나 전공과의 경우에 학령기의 한정된 특수교육만으로는 성인기에 통합된 지역사회 내에서 성공적으로 적응하는 데 어렵기에 성인사회 이전 중간 단계의 가교역할로서 직업생활능력 및 자립생활능력 향상을 주로 다루고 있다(박희찬, 2016; 이지연, 2016). 특히 직업을 중점적으로 다루는 전공과에서는 전문적인 현장중심의 직업훈련을 제공함으로써 직업교육의 효과를 극대화하고, 궁극적으로는 취업 기회를 확대하는 결과를 가져왔다. 반면에 영훈(사례 4)과 재윤(사례 7)의 부모는 중도중복장애를 가지고 있는 자녀들의 특성상 직업을 준비하기 어렵고 돌봄에 대한 부담이 크기에 가능한 고등학교를 졸업하고도 학교 전공과에 머물며 지역사회에 필요한 생활기술을 익히는 시간을 가지길 희망한다. 이런 지원 요구는 학교를 졸업하고 바로 사회에 나가기 이전에 학교 내에서 전환을 준비할 수 있는 시기로서 자립생활에 중점을 두고 전공과를 진학하는 사례를 보여 준다.

고등교육의 경우 전공과와 관련된 지식뿐만 아니라 건전하고 건강한 시민이 되도록 도우며 다양한 학습경험을 제공한다(박정은, 2013; Jones et al., 2016). 특히 발달장애 학생들이 대학 입학을 선호하게 되는 이유로 같은 연령대의 성인기 학생들과 함께 대학이라는 공간에서 함께 생활하며 소속감을 느끼고, 관계를 형성하고, 가치 있는 역할을 수행하고, 생활연령에 적합한 활동 참여 기회를 얻을 수 있기 때문이다(박승희 외, 2020). 이는 곧 통합된 사회의 축소판으로 사회적 통합을 촉진한다. 특히 고등교육 환경에서 평생교육에 참여한 발달장애 대학생들은 진로 선택 및 계획, 고용 관련 지식 및 기술을 포함한 직업능력뿐만 아니라 기능적 의사소통 및 자기결정을 포함한 학업능력 모두에 있어 긍정적인 변화를 보고하였다(박정식, 2013). 소영(사례 6)의 경우에 특성화 고등학교에서 현장중심의 관련 실무교육을 해 주고 있으나 자격증 취득 및 관련 직종 상담 등과 같은 취업에 대한 준비는 아직 미비한 부분이 있다. 보다 심화된 직무에 대한 이해 및 자격증 준비 등은 전문대학 관련 학과를 통해서 직무능력을 더 향상하여 취업으로 나아갈 수 있을 것이다. 마찬가지로 평생교육의 경우 장애인의 자존감을 높이고 자립과 사회통합에도 기여할 수 있다(조인식, 2022).

만약 계속교육이 부재한 경우에는 취업에 성공한 장애학생 이외에는 주로 가정에 머무를 가능성이 높은데, 이처럼 가정에서 머무르는 장애학생들은 의존적이며 무기력한 생활 패턴을 보이는 것으로 나타났다(김영준, 강경숙, 2013). 실제 성인기에 이르러 학령기에 부분적으로 습득한 생활기술조차도 활용하기 어려워하였으며, 낮은 동기로 인해 무기력한 모습을 보여 주었다. 또한 계속교육에 참여하지 못한다면 가정에서 혼자 고립되어 주변인과의 원만한 대인관계를 발달시키지 못하고 컴퓨터만 하는 등의 행동 양상을 보이는 것으로 나타났다(김영준, 강경숙, 2013). 이에 계속교육은 학생들에게 학령기 이후 배움의 기회를 제공하여 사회에의 적응을 보다 준비시키고 이들의 삶의 질을 향상한다는 데 그 의의가 있다.

2. 계속교육으로의 전환 유형

1) 전공과

(1) 전공과의 개요

전공과는 특수교육대상 학생의 직업교육의 활로를 넓히고 심화된 교육을 제공하기 위한 기회를 모색하기 시작하면서 1993년에 처음 설치되었다(류문화 외, 2000). 「장애인 등에 대한 특수교육법」 제24조제1항에 따르면, 전공과는 "특수교육기관에서 고등학교 과정을 졸업한 특수교육대상자에게 진로 및 직업 교육을 제공하기 위하여 수업연한 1년 이상의 교육을 실시하는 기관"으로 정의된다. 즉, 특수학급 또는 특수학교에서 고등학교 과정을 졸업한 학생을 대상으로 운영된다. 초창기만 해도 전공과는 장애학생들의 '직업교육 및 훈련'에 초점을 맞추어 취업을 위한 사전 준비과정으로 인식되었다. 하지만 관련 법이 개정된 이후 진로 및 직업 교육이 보다 포괄적으로 정의되면서 현재 전공과에서는 직업재활훈련과 자립생활훈련 모두를 다루고 있다(김영주, 신진숙 2011; 류문화 외, 2000). 특히 전공과를 '학습－일－삶'의 통합을 실현하는 구심점으로서 그 역할과 기능을 인식하여 왔다. 전공과 설치 및 운영은 1993년 이래로 그 수가 매년 증가하고 있다. 2011년도에 전공과가 설치된 특수학교들이 100개였다면, 2022년도 기준으로는 163개에 이르고 있다(교육부, 2022e). 특히 전공과의 양적 확대는 '장애학생 진로 · 직업교육 내실화 방안(2009, 2010)'을 기점으로 일반학교 특수학급 전공과 설치, 특수학교 전공과 학습자 수 증가, 특수학교 학교기업 및 일반학교 통합형 직업교육 거점학교 등의 지원 강화 등의 변화와 맥을 같이 한다(이세희, 2017).

(2) 전공과 운영 모형

전공과는 「장애인 등에 대한 특수교육법」 제20조에 근거하여 교육감의 승인을 받아 학교에서 자체적으로 교육과정계획을 수립하여 운영한다. 전공과는 특수교육 교육과정에서 학교장이 교육과정을 편성 · 운영할 수 있도록 자율성을 부여하고 있다. 이에 따라 학교별로 특색화된 전공과 운영이 가능하며, 구체적으로 전공과 운영 특수학교(급) 165개 대상 전공과 교육과정에 대해 분석한 결과는 다음과 같다(국립특수교육원, 2019b).

전공과 교육과정 운영은 2015 특수교육 교육과정 기본 교육과정과 선택중심 교육과정을 혼합하여 편성하거나 지역, 학교 특성과 요구에 따라 학교 단위에서 교육과정을 편성하는 경우가 높은 빈도로 나타났다. 전공과 운영 유형은 〈표 6-2〉와 같이 구분되며, 학급 내 특성화가 109개교(66%)로 가장 많았으며, 그 뒤를 이어 학급별 특성화 30개교(18.2%), 직종별 특성화 26개교(15.8%)로 나타났다. 학교별 운영과정 수는 학급 내, 학급별, 직종별 특성화를 운영하는 학교의 운영과정 수를 의미한다. 별도의 과정이 없거나 학년제로 운영되는 경우에는 1개 과정으로 분석한 결과 1개 과정이 112개교(67.9%)로 가장 빈도가 높았으며, 2개 과정(23%), 3개 과정 14개교(8.5%), 4개 과정 1개교(0.6%) 순으로 나타났다.

〈표 6-2〉 전공과 운영 유형 사례

유형	운영 방식	교육 목표	교육과정	실습 유형
학급 내 특성화 운영	• 한 학급 내 학생들을 자립생활훈련과 직업재활훈련으로 구분하여 개별화교육을 운영함	• 자립생활능력 향상 • 여가생활능력 향상	• 동일 학년 내 동일과정으로 운영	• 교내실습 • 교외실습 • 직업재활시설 실습
학급별 특성화 운영	• 학생 특성에 따라 자립생활훈련반과 직업재활훈련반으로 구분하여 운영	• 직업 태도 및 기능 향상 • 지역사회적응능력 향상	• 학급별 교육과정 운영	
직종별 특성화 운영	• 직업재활과정으로 운영	• 여가생활능력 향상 • 직업 태도 및 기능 향상 • 지역사회적응능력 향상	• 직종별 교육과정	• 교내실습

출처: 국립특수교육원(2019b).

(3) 전공과 교육과정

학교별 교육과정은 〈표 6-3〉과 같이 자립생활, 직업재활, 직종, 시각장애학교 등 4개로 범주를 구분할 수 있다. 범주에 따른 특수학교(급) 전공과 교과를 살펴보면 크게 두 가지 교과로 나뉜다. 이는 직업생활에 필요한 기초 지식 및 태도 형성과 관련된 교양교과와 다양한 직업기능을 신장시킬 수 있는 선택중심의 전문교과로 운영되는 것을 볼 수 있다. 선택중심 교육과정 운영과목으로는 직업현장실습, 직업준비, 외식서비스, 대인서비스 순으로 빈도가 높게 나타났다. 총 163개의 전공과 설치 학교를

기반으로 가장 많이 설치된 과정으로 조립포장, 운반, 제조, 생산으로 시각장애 영역
을 제외한 모든 장애 영역 학교에서 운영하고 있었으며, 이를 뒤이어 외식서비스, 생
활공예, 제과제빵, 생활원예 순으로 나타났다. 특히 시청각장애 영역에서는 주로 전
문교과가 편성되는 양상을 띤 반면, 지체장애, 지적장애, 정서장애 영역에서는 대부
분 비슷하게 나타났다. 구체적으로, 시각장애 영역에서는 주로 이료 실기교과로 편
성되어 있으며, 청각장애 영역에서는 정보처리, 컴퓨터기능, 인쇄 등의 과정이 편성
되어 있다는 점이 특징이었다.

〈표 6-3〉 범주별 과정 명칭

범주	과정 명칭
자립생활 범주	자립생활, 자립생활훈련, 실용생활, 가정생활, 생활과정, 생활교육중점, 생활교육, 공동생활, 생활자립, 자립반, 여가생활반
직업재활 범주	직업재활, 직업재활훈련, 직업교육, 직업생활, 취업반, 전문직업, 직업교육중점, 직업전문, 직장적응, 취업, 취업준비
직종 범주	식품가공, 조립포장, 공예, 바리스타, 원예, 농생명과학, 농수산, 대인서비스, 도예, 생산유통, 생산 포장, 생활도예, 생활서비스, 외식서비스, 유통관리, 재활승마, 전문세탁, 제과제빵, 제조, 조립서비스, 친환경농업, 포장조립서비스
시각장애학교	이료재활, 자립생활, 이료심화, 직업재활, 이료전문, 직업기초, 음악

출처: 국립특수교육원(2019b).

이처럼 전공과 교육과정은 학교에서 자율적으로 운영하고 있지만 보다 운영을 활
성화하기 위해서는 기존 교육과정의 문제점에 대해서 고찰해 볼 필요가 있다. 전공
과 운영의 성격은 기본적으로 취업을 위한 전문교육 및 직업훈련 과정이었으나 이
후 직업재활과 자립생활이 함께 운영되며 전공과 운영 정체성에 모호함이 제기되어
왔다(이미숙, 박영근, 2020). 이는 전공과에 진학하는 학생들의 장애 유형이 다양해지
고 장애정도도 중증화되었기 때문이다. 이처럼 전공과의 성격이 모호해짐에 따라 전
공과는 단순히 고등학교 교육과정의 연장선으로 여겨지는 실정이다(이지연, 장주희,
2015). 또한 직업재활에 있어서도 시대 흐름과는 무관한 단순 작업 및 서비스 직종에
한정된 공급자중심의 직업훈련 교육과정이 제공된다는 점 역시 문제점으로 제기되
어 왔다(류문화 외, 2000).

전공과의 기본 취지와 달리 전공과를 학령기 연장의 수단으로 여기는 현 상황에서

정체성 및 역할에 대한 재정립은 분명히 필요할 것이다. 이에 대한 쟁점과 관련하여 전공과 설립기관 다양화를 모색하거나 각 학교별 전공과 교육과정의 다양성과 특수성을 확대함으로써 그 범위를 넓히는 등의 방법 역시 고려해 볼 수 있다(국립특수교육원, 2019b; 이미숙, 박영근, 2020).

2) 고등교육

(1) 고등교육의 개요

법적 및 제도적 기반을 통해 장애학생을 위한 고등교육은 점차 확대되어 왔다. 여기서 고등교육이란 "교육 단계 중 최상위 단계의 교육으로서 학위 또는 그에 준하는 자격을 수여하는 대학, 대학원 등의 교육 기관에서 제공하는 교육"으로 정의되며, 주로 전문대학이나 4년제 대학을 포함한다. 특히 1995년부터 특수교육대상자 고등교육 특별전형제도를 도입하여 장애학생들에게 고등교육의 기회가 확대될 수 있었다. 여기에서의 장애인 특별전형제도는 사실상 장애인의 특례입학제도로서 정원 외 입학, 장애 유형별 적합전공 및 입학사정, 절대평가로의 학점 부여 등 여러 범주의 특혜를 제공하는 제도이다. 당시 113명의 장애학생이 특별전형을 통해 대학에 입학했으며, 1995년부터 2020년까지 특별전형제도로 고등교육/대학에 입학한 장애학생 수는 거의 9배나 가까이 증가하였다(교육부, 2020). 물론 초창기의 특별전형제도는 주로 시청각장애 · 지체장애(뇌병변장애 포함) 학생들로 국한하여 고등교육의 기회를 부여해 왔다. 하지만 고등교육에 관심을 가지는 장애학생들이 갈수록 늘어나며 최근에는 보다 다양한 장애 유형(예: 발달장애) 학생들을 대상으로 그들의 다양한 교육적 요구를 다루는 고등교육의 기회를 제공하는 노력이 엿보인다(이승민, 김은하, 2018). 특히 미국의 경우 2010년부터 교육부에서 지적장애 학생을 위한 전환 및 고등학교 프로그램(Transition and Postsecondary Programs for Students with Intellectual Disability: TPSID)의 통합 프로그램 모형을 제시함으로써 2020년도 기준 약 300여 개의 프로그램이 개별 대학에서 운영되고 있다.[1]

---

1) 자세한 내용은 웹사이트(https://thinkcollege.net/projects/national-coordinating-center/what-is-a-tpsid) 참조

(2) 고등교육 운영 모형

미국에서는 TPSID 프로그램 모형을 통해 고등교육을 운영하고 있는데, 교육부로부터 TPSID 관련 지원 자금을 제공받은 기관은 고등교육 프로그램 개발 시 기본적으로 학업 및 사회 통합을 위한 개별 지원과 서비스를 제공해야 하며, 직업 및 독립생활과 관련한 경험도 제공해야 한다. 또한 개인중심계획(person-centered planning)을 중심으로 장애학생이 프로그램 평가에 참여하며 프로그램 완료 시 이들에게 의미 있는 자격 증명서를 발급할 것을 지침으로 한다. 마지막으로, 지역교육기관과 협력하여 장애학생을 지원하며 보조금 지급 이후에도 프로그램을 지속할 수 있도록 계획을 수립할 것을 명시하고 있다.

반면, 우리나라에서는 따로 고등교육 운영 모형이 명시되어 있지는 않다. 장애인 특별전형을 통해 기존 학과에 입학하는 형태의 경우 입학한 학과에서 제공하는 교육과정을 따르나 최근 들어 발달장애 대학생이 증가함에 따라 다양한 모형이 운영되고 있다. '기존학과 입학허용 형태'의 경우 주로 감각장애와 지체장애를 중심으로 이루어지나 발달장애 학생들도 14.3% 정도 속해 있는 것으로 보고되었다(김주영, 강경숙, 2012). 발달장애 학생을 위한 대학 기반의 고등교육은 학위과정과 비학위과정을 모두 포함하며, 운영 형태는 발달장애 학생을 대상으로 한 특성화 학부나 학과를 개설해 운영하는 형태, 대학의 기존 일반 학과에서 발달장애 학생을 대상으로 한 별도의 프로그램을 운영하는 형태, 대학 내 평생교육원과 같은 부설기관에서 발달장애 학생을 대상으로 실행하는 프로그램의 형태, 다양한 학과에 소속된 학생에게 학교에서 개별화된 지원을 제공해 주는 형태로 구분할 수 있다(김주영, 강경숙, 2012; 서효정, 박윤정, 2018; 이성아, 박승희, 2023).

가장 먼저 시작된 모형 중 하나로 대학 교내 평생교육원의 특별과정 형태로 운영되는 모형이 있다. 이는 4년제 대학인 이화여자대학교, 대구대학교, 한국복지대학교, 안산대학교 등에서 실시하고 있는 형태이다. 예를 들어, 이화여자대학교와 한국복지대학교의 중등이후교육 프로그램은 한 학기 단위로 운영되며, 매 학기 성인기 생활에 필수적인 내용 요소를 다양하게 다루고 있다. 독립생활, 직무 및 직업, 의사소통기술에서부터 다양한 지역사회 참여활동, 직무활동 등의 내용을 다루며 이는 비학위과정으로 운영된다. 대구대학교나 안산대학교에서는 평생교육원에서 비학위과정 프로그램을 수강한 후 대학 내 학위과정 프로그램/학과로 옮겨 가는 연속체상의 고등교육 프로그램을 운영하는 것이 주목할 점이다.

대학 내 별도 학부 또는 학과를 개설해 운영하는 형태로는 대표적으로 나사렛대학교가 있다. 나사렛대학교의 경우 브리지학부라는 학부 학위과정을 운영하고 있는데, 이는 필수교양 36학점과 필수전공 36학점을 포함하여 총 127학점을 이수하면 졸업 시 학위가 주어지는 과정이다. 개별 맞춤형 심리상담, 동료활동, 학생자치활동, 다양한 비교과활동 참여 등 특성화 전략을 제시하고 있다. 나사렛대학교와 같은 4년제 대학과 달리 일부는 전문대학에서의 고등교육 운영 모형이 장애인에게 적합하다고 보았다. 이는 2~3년제의 전문대학 특성상 기술이나 직업과 밀접한 전문 직업교육 인프라를 활용한 전문직업인의 양성을 목적으로 하기에 현장실습, 인턴과정을 포함한 실무 중심 내용의 다양한 강의들이 제공되며, 성인 친화적인 학사 운영이 가능한 환경이기 때문이다(이성아, 박승희, 2023; 정태화 외, 2013).

현재 전문대학 기반의 고등교육 운영 모형의 예시로는 안산대학교나 협성대학교를 들 수 있다. 안산대학교 '에이블자립학과'는 별도 학과 형태의 3년 학위과정으로 사무행정 및 보건의료 보조 양성교육을 목적으로 2022년도부터 정원을 모집하기 시작하였다. 마찬가지로 협성대학교의 경우 신학대학 내 별도의 학과로 4년 학위과정의 '에이블아트 · 스포츠학과'를 모집하기 시작하였다. 음악, 미술, 스포츠라는 예술교과를 중점으로 면접과 실기고사를 통해 학생을 모집하고 있다.

대학의 기존 일반 학과에서 발달장애 학생을 대상으로 한 별도의 프로그램을 운영하는 형태로는 강동대학교 사회복지과가 있다. 강동대학교 사회복지과에서는 2019년부터 공식적으로 10명 내외로 발달장애 학생을 선발하여 일반 사회복지과 강의를 제공하되 이 학생들을 위해 별도로 고안된 교육 프로그램을 부분적으로 실행하며, 이들의 자격증 취득까지 연계하고 있다.

마지막으로, 대학형 전공과 형태의 대표적 예시로 인천재능대학교를 들 수 있다. 인천재능대학교의 경우 2년제 비학위과정으로 일부 교과는 학점은행제가 적용되며, 일반강의에 참여하는 것 이외에도 4개 전공 분야(호텔관광과, 호텔외식조리학과, 바이오코스메틱과, 뷰티아트과)를 기반으로 직업교육을 실시한다. 전담 특수교사가 있으며, 위탁형 전공과의 형태로 운영 중에 있다. 소영(사례 6)의 경우 특성화 고등학교 졸업 후 바로 취업전선에 뛰어들 수도 있지만 인천재능대학교의 호텔외식조리학과와 같은 전공으로 진학하여 진로를 탐색한 후 취업을 준비할 수도 있다.

(3) 고등교육 교육과정

경도 발달장애인 대상으로 '독립학과 형태'로 운영되고 있는 고등교육 교육과정을 살펴보면, 일례로 2009년부터 시작된 나사렛대학교 재활자립학부를 찾아볼 수 있다. 나사렛대학교 재활자립학부의 교육 목표는 발달장애학생이 고등교육을 통해 민주시민으로서의 교양과 소양을 갖추고 자립생활 역량을 넘어 졸업 후 지역사회에 주체적으로 참여하는 것이다. 졸업이수학점은 127학점으로 교양, 전공필수, 전공선택, 전공심화 등의 교육과정을 운영하고 있으며, 주로 직업과 자립, 자기결정에 초점을 둔 교육과정으로 운영되고 있다. 구체적인 교육과정의 예시는 〈표 6-4〉와 같다. 이러한 정규교육과정 외에도 비교과 교육과정으로 다양한 프로그램을 운영 중이다.

〈표 6-4〉 2022년도 나사렛대학교 재활자립학부 교육과정

구분	이수 구분	교과목 명(학점)
1학년	전공필수	시사상식
	전공선택	과학과 생활(3), 수리와 생활(3), 표현과 생활(3), 경제생활(3), 자기결정기술(3), 커뮤니케이션 이론과 실제(3), 대인관계기술(3), 참여와 실천(2), 직업의 세계(2), 정보와 문화(3)
2학년	전공필수	현장실습이론 1(3), 현장실습이론2(3)
	전공선택	비즈니스 매너(2), 언어와 생활(2), 문서관리(3), 직업탐색(3), 소비자심리(3), 자원관리(2), 지역사회 활용(3), 요양보호(3), 식물케어(3), 동료상담(2)
3학년	전공필수	현장실습 1(3)
	전공선택	특수교육보조훈련(3), 조직의 이해(2), 생활회계(2), 직업윤리(2), 현장실습 2(3), 자기성장세미나(3)
	전공심화	직업준비(3), 생활과컴퓨터(3), 탁상출판(3), 직무기술(3)
4학년	전공선택	사무행정의 실제 1(3), 사무행정의 실제2(3), 비즈니스 매너(2), 서비스 개발(3), 보고서작성법(3), 웰빙과 힐링(3)
	전공심화	현장실습 3(3), 직업적응(3), 현장인턴십(3)

출처: 나사렛대학교 재활자립학부(https://cms.kornu.ac.kr/dri/index.do).

3) 평생교육

(1) 평생교육의 개요

평생교육은 「장애인 등에 대한 특수교육법」에 평생교육에 관한 조항이 포함된 이후 고등학교 졸업 이후 계속교육 유형의 하나로 관심이 높아지고 있다. 이 프로그램에는 대학, 장애인복지관, 장애인시설 등에서 실시되는 다양한 프로그램과 비장애인을 대상으로 하는 평생교육기관에서 제공되는 프로그램들을 포함한다. 「평생교육법」 제2조에 근거하면, 평생교육은 "학교의 정규교육과정을 제외한 학력보완교육, 기초문해교육, 직업능력 향상교육, 인문교양교육, 문화예술교육, 시민참여교육 등을 포함하는 모든 형태의 조직적인 교육활동"으로 정의되며, 이는 협의의 정의에 해당한다. 반면, 광의의 정의에 입각한 평생교육은 삶의 질을 높이기 위해 개인의 전 생애에 걸쳐서 개인적·사회적·직업적 발달을 실현할 수 있도록 하는 과정을 모두 포함하는 통합적 개념으로도 정의된다(Dave, 1976).

특수교육에서는 평생교육을 학령기 이후, 장애성인과 노인을 대상으로 학교 외의 장소에서 이루어지는 계속교육의 형태로 인식해 왔다(정동영, 2008). 장애인의 평생교육은 비장애인과는 달리 '특수교육–평생교육–복지' 영역이 중첩된 복합적 특성을 가지고 있다는 특징이 있다. 즉, 평생교육이 복지로 여겨야 하는지, 특수교육의 연장선상에 있는지 명확하게 규정하기가 어렵기 때문이다. 하지만 공통적으로 장애인의 삶의 질 제고를 위해 복지와 재활, 사회 교육서비스를 통해 평생학습권을 보장하고 지역사회 통합을 실현하기 위해서 평생교육의 운영이 중요함이 강조되었다.

(2) 평생교육 교육과정

장애인 대상의 평생교육과정을 제공하는 기관 유형을 살펴보면 장애인평생교육시설, 일반평생교육기관 내 장애인 대상 프로그램, 장애인복지시설, 특수교육기관 등이 있다. 평생교육 프로그램이 점차 증가함에 따라 다양한 프로그램을 총체적으로 이해하고 관리하는 데 도움이 될 수 있도록 국내에서는 '한국 평생교육 프로그램 분류체계'를 규정하였다. 특히 김두영과 박원희(2013)는 장애인 학습자의 특성과 교육적 요구가 반영되도록 기존 6진 분류표를 수정 및 보완하여 제시하였다. 이 분류체계에 따르면 평생교육 프로그램은 6대 영역이 있으며 영역에 따른 18개 하위 프로그램으로

범주화되어 있다. 6대 영역은 크게 기초문해교육, 학력보완교육, 직업능력교육, 문화
예술교육, 인문교양교육, 시민참여교육이 있다. 각 영역에 대한 정의와 프로그램 예
시는 〈표 6-5〉와 같다.

〈표 6-5〉 평생교육 6진 체계

6대 영역	정의	프로그램 예시
기초문해교육	일상생활을 영위하는 데 필요한 문자해득(文字解得) 능력을 포함한 사회적 · 문화적으로 요청되는 기초생활능력 등을 갖출 수 있도록 하는 조직화된 교육 프로그램	한글문해 프로그램 한글생활 문해 프로그램 기초자립생활 프로그램
학력보완교육	장애 또는 가정환경 등 불가피한 이유로 학력을 취득하지 못한 장애인들에게 학교 이외의 교육을 통해 「초 · 중등교육법」과 「고등교육법」에 명시된 소정의 학력을 인정을 받을 수 있도록 지원하는 평생교육	초등학력보완 프로그램 중등학력보완 프로그램 고등학력보완 프로그램
직업능력교육	직업인식과 직업탐색의 기회를 제공하고, 직장생활에 필요한 기술과 태도, 의사소통기술, 사회생활기술 등을 지원하는 프로그램	기초직업교육 프로그램 전문직업교육 프로그램 자격인증 프로그램
문화예술교육	체력 증진 및 여가 선용을 위한 스포츠 활동과 일상생활 속 문화예술 향유 및 기능 숙련을 위한 교육활동	여가스포츠 프로그램 문화예술 향유 프로그램 문화예술 숙련 프로그램
인문교양교육	지역사회에서 사회 구성원으로 역할을 수행하기 위해 전인적인 성품과 다양한 소양을 개발하도록 지원하는 평생교육	사회재활 프로그램 생활소양 프로그램 인문학적 교양 프로그램
시민참여교육	지역사회에서 사회구성원으로 역할을 수행하기 위해 전인적인 성품과 다양한 소양을 개발하도록 지원하는 평생교육	시민의식 프로그램 시민역량 프로그램 시민활동 프로그램

출처: 김두영, 박원희(2013).

분류체계는 공통적으로 사용되고 있으나 특히 장애 유형과 특성 및 연령별로 특화
된 평생교육 프로그램과 교육과정 개발에 대한 논의가 활발히 이루어지고 있다. 이
는 각 장애 유형마다 지원 요구나 평생교육 접근 방법이 상이하기 때문이다. 예를 들
어, 중도 · 중복장애는 일상생활기능 중심의 교육에 대한 요구도가 높았으나 시각 및

청각 장애와 같은 감각장애는 자격인증교육에 높은 요구가 나타났다(김도연, 2020). 기초직업교육에 있어서의 요구도를 구체적으로 살펴보면, 중도중복장애의 경우에서는 직업준비와 자립생활에 대한 요구, 지체·뇌병변장애, 시각장애의 경우에서는 자립지원 훈련과 사회성기술 교육에 대한 요구, 청각장애의 경우에서는 사회성기술 교육, 직업적응 훈련 등에 대한 요구가 높게 나타났다. 발달장애인 평생교육의 경우에서는 주로 기초문해 영역, 직업 영역, 자립 및 독립생활기술 교육과 같은 특정 영역에 편중되어 제공되고 있다(이병인 외, 2017). 하지만 추후 6진 체계 분류에 근거해 성인기에 있어 보다 광범위한 평생교육의 기회를 제공받도록 지원하는 것이 고려되어야 할 것이다(한경근, 김원호, 주교영, 2020).

3. 계속교육으로의 전환을 위한 교육

장애학생들을 위한 계속교육의 긍정적인 영향에도 불구하고 장애학생들의 계속교육 참여를 방해하는 여러 가지 요소가 있다. 계속교육이 제공되는 환경은 일반 학교 환경과는 많은 차이가 있으며 이러한 새로운 환경에 적응할 수 있도록 선수기술이 필요하다는 논문이 여럿 존재한다(박영근, 김정현, Hosp, 2013; 국립특수교육원, 2020a). 일반적으로 중·고등학교 내에서는 별다른 선수기술이 없이도 학교 내 교육과정 수정 및 조정, 개별적 지원을 통해 장애학생들은 큰 어려움 없이 교과 활동에 참여할 수 있었다(Mellard & Clark, 1992). 하지만 고등교육기관, 평생교육센터, 전공과 등의 계속교육 환경에서는 이전보다 자기주도적인 학습을 요하는 학생의 역할이 많이 요구된다. 이는 학교의 교사나 부모에 의해서 결정이 주로 이루어지던 학령기 시기와는 전혀 다른 것이다. 이러한 환경을 고려한다면 계속교육을 고려 중인 장애학생들은 학령기에 선수기술을 미리 준비해야 할 필요가 있다. 예를 들어, 취업을 목표로 하는 장애학생들과는 달리 대학 진학을 목표로 하는 학생들에게는 기본적인 학업기술을 중점적으로 교육해야 하며, 이 외에도 독립생활기술, 사회성기술, 자기결정기술 등을 배우는 것이 우선시될 필요가 있다. 전환역량검사 내 계속교육과 관련한 교육 요소들은 〈표 6-6〉과 같다.

특히 기본적인 학업기술은 학령기뿐만 아니라 지역사회의 일원으로 살아가는 데

〈표 6-6〉 전환역량검사 내 계속교육 영역 정의 및 문항

역량	하위 영역	정의	초등학교 문항	중학교 문항	고등학교 문항
계속 교육	기초교육	목표에 도달하는 데 필요한 중재 단계 혹은 선행적으로 습득되어야 할 일상생활에 필요한 기본적인 학습기술로 학습준비 기술, 읽기, 쓰기, 셈하기 등의 내용으로 구성(주로 중중장애학생을 고려한 하위 영역)	학습준비기술을 갖춘다.	학습준비기술을 갖춘다.	학습준비기술을 갖춘다.
			학습활동에 주의집중을 한다.	학습활동에 주의집중을 한다.	학습활동에 주의집중을 한다.
			학습을 위한 읽기를 한다.	학습을 위한 읽기를 한다.	일상생활에서 기능적 읽기기술을 사용한다.
			학습을 위한 쓰기를 한다.	학습을 위한 쓰기를 한다.	일상생활에서 기능적 쓰기 기술을 사용한다.
			학습을 위한 셈하기를 한다.	학습을 위한 셈하기를 한다.	일상생활에서 기능적 수학기술을 사용한다.
			-	스마트기기를 정보 및 문해에 활용한다.	스마트폰을 정보 및 문해에 활용한다.
	중학교 준비교육 (초등학교), 고등학교 준비교육 (중학교), 대학교육 (고등학교)	고등학교준비교육: 장차 고등학교에서 일반교양과 전문 기술을 길러 개성에 맞게 장래의 진로를 결정할 수 있도록 하기 위하여 중학교에서의 학습기술, 학습동기, 자기주도적 학습능력, 고등학교 기관 탐색, 입학 절차 수행의 내용으로 구성	학습기술을 가지고 있다.	학습기술을 가지고 있다.	학습기술을 가지고 있다.
			학습동기를 가지고 있다.	학습동기를 가지고 있다.	학습동기를 가지고 있다.
			-	자기주도적 학습능력이 있다.	자기주도적 학습능력이 있다.
			중학교 유형에 따른 특성을 탐색한다.	고등학교 유형에 따른 특성을 탐색한다.	희망하는 대학에 입학하기 위한 절차를 수행한다.
			중학교에 입학하기 위해 상담을 한다.	고등학교에 입학하기 위해 상담을 한다.	
			-	-	주제에 알맞은 글을 쓴다.
			-	-	대학에서 제공하는 지원서비스를 활용한다.
	평생교육		-	-	평생교육 강좌를 수강 등록한다.
			-	-	교육시간에 맞게 교육장소로 이동한다.
			-	-	강좌에 참여한다.
			-	-	평생교육기관의 규칙을 준수한다.
			-	-	평생교육기관이 제공하는 지원서비스를 활용한다.

출처: 국립특수교육원(2020a).

반드시 필요한 기술 중 하나이다. Devine(1987)은 학업기술을 "학교에서 다루는 정보
나 지식들을 배우고 기록하고, 정리하고, 종합하고, 암기하고 사용하는 것과 관련된
능력들"이라고 정의하였다. 대표적인 기초학업기술의 예시로는 읽기, 경청하기, 노
트 필기하기, 과제 작성하기, 구두발표하기, 그래픽 보조자료 사용하기, 시험 보기, 시
간 관리하기, 행동 조정하기 등이 있다(김자경, 정남용, 2001). 비슷하게, 전환능력검사
에서도 계속교육을 위해서는 기초교육이 필요하며, 이는 학습준비기술, 기능적 읽기,
쓰기 및 수학 기술, 주의집중, 스마트폰 활용 등을 포함한다(국립특수교육원, 2020a).

　대학 또는 평생교육 강의를 듣는 데 있어 기본적인 읽기, 쓰기, 말하기에 제한이 있
다면 지원서 작성에서부터 강의 참여까지 여러 어려움을 겪을 것이다. 예를 들면, 발
달장애인 대상 학위과정을 운영하고 있는 대학의 경우 기초학업기술과 관련하여 면
접을 보는 것으로 알려져 있다. 이처럼 계속교육에 진학하고자 하는 학생들은 기초
학업기술에 초점을 두어 가르치되 각 학생의 실생활에 맞게 이를 기능적 교육과정에
근거하여 구성해야 한다. 기능적인 교육과정이란 학생들이 실제 생활에 적응할 때에
필요한 개념과 기능에 초점을 맞춘 교육과정을 의미한다(김진호, 2000). 기능적 교육
과정에 근거한다면 공통적으로 배워야 하는 기초학업기술 이외에도 각 학생마다 중
점적으로 가르쳐야 하는 기초학업기술이 다를 수 있기 때문이다.

　기초학업기술뿐만 아니라 계속교육, 특히 고등교육에 참여하기 위해서는 대학교
육에 참여하기 위한 학습기술, 학습동기 및 자기주도적 학습능력 그리고 대학 준비와
관련한 역량도 필요할 것이다. 소영(사례 6)의 경우 특성화 고등학교에서 고등교육으
로의 전환을 준비하는 입장으로 희망하는 대학에 입학하기 위한 절차를 수행하는 역
량이 매우 중요할 것이다. 대학에 입학하기 위한 절차는 매우 광범위한 활동을 포함
하는데, 예를 들어 소영은 가장 먼저 지역 내 4년제 대학 또는 2~3년제 전문대학에서
호텔조리 또는 조리학과 관련 전공이 있는 학교들을 검색해 보는 활동에 참여할 수
있다. 학교를 검색하고 관련 학과 사이트에 접속하여 학과 지원요건, 학교 교육과정
에 어떠한 것들이 있는지, 졸업 후 진로는 어떠한지, 관련 자격증 취득이 가능한지 등
다양한 정보를 살펴보고 이를 정리하여 비교할 수 있을 것이다.

　정보 탐색뿐만 아니라 대학에서 진행하는 예비대학캠프, 진로박람회, 대학 탐방
및 학과 체험을 해 보는 것도 교육환경 및 진로 관련 정보를 탐색하는 데 있어 효과적
일 수 있다. 특히 청각장애가 있는 소영의 경우에는 장애 특성상 전화로 물어보는 것

은 한계가 있으나 예비대학캠프 또는 진로박람회에서는 수화통역사나 속기사의 도움을 받아 활동에 참여할 수 있다. 이후 특정 학교의 학과에 진학하기로 마음먹었다면 그다음 단계는 학과에 지원하기 위해 필요한 지원 요건을 검토하여 면접 및 지원서 작성이 필요할 시 지원서 작성 연습, 모의 면접 훈련 등에 참여할 수 있을 것이다. 이처럼 계속교육으로의 전환은 단순히 학업 성취만을 강조하는 것이 아닌, 계속교육과 관련된 선수기술 훈련 및 정보탐색과 지원서 작성 등의 전환 관련 경험 참여를 아우르는 지원이 필요하다.

기초교육 이외에도 독립생활기술 및 자기결정기술은 필수적인데, 이에 대한 예시로 대학 또는 평생교육 강좌를 수강하기 위해서는 강좌 수강 등록을 할 줄 알아야 하며, 교육 시간에 맞게 교육 장소로 이동하거나 규칙을 준수하는 등의 독립생활 기술이 필요할 것이다. 또한 강좌를 수강 등록하기 위해 내가 듣고자 하는 강좌를 선택하거나, 자기주도적 학습능력을 지니거나, 교육기관에서 제공하는 지원서비스를 옹호하는 등의 행위 등이 포함된 자기결정기술 역시 필요할 것이다(국립특수교육원, 2020a).

요 약 제6장에서는 계속교육으로의 전환에 중점을 두었다.

1. 계속교육으로의 전환 개요에서는 계속교육의 개념, 법적 근거, 실태 및 중요성에 대해 논의하였다.

2. 계속교육으로의 전환 유형에서는 전공과, 평생교육, 고등교육에 대한 개요 및 교육과정 모형을 제시하였다.

3. 계속교육으로의 전환을 위한 교육에서는 계속교육으로 전환하는 데 있어 필요한 선수기술을 제시하였다.

활 동 1. 최근 들어 발달장애인을 위한 고등교육 프로그램이 많이 생겨나는 추세이다. 이 중 하나의 프로그램을 골라 관련학과를 탐색해 봅시다.

2. 사례 5, 6을 기반으로 고등학교 졸업 후 참여할 수 있는 고등교육 프로그램 또는 평생교육 프로그램을 안내하는 간단한 소개 팸플릿을 만들어 봅시다.

3. 계속교육과 관련된 쟁점 및 해결방안과 관련하여 논문을 기반으로 전문가, 특수교사, 장애인 당사자 및 학부모의 관점에서 논의해 봅시다.

4. 현재 발달장애인을 위한 고등교육 모델에 대한 연구가 활발하게 이루어지고 있다. 미국에서 운영되고 있는 지적장애 학생을 위한 전환과 고등교육 프로그램(TPSID) 모델에 대해 탐색해 보고 우리나라에서는 이를 어떻게 적용할 수 있는지 논의해 봅시다.

제3부

전환평가

제**7**장
전환평가의 개념과 방법

이현주

1. 전환평가의 개념

1) 전환평가의 정의

　전환평가(transition assessment)는 장애학생의 미래 삶의 방향을 제시하는 주춧돌을 잘 고르고 매끈하게 다듬어 준비하는 과정으로, 전환교육의 초석이다. 장애학생의 현재 수행수준, 선호도, 흥미, 강점과 약점, 장래희망이나 요구 등을 구체적으로 파악하는 전환평가를 실시하고 이러한 정보가 전환계획에 반영된다면, 전환교육은 보다 실질적이고 효과적으로 운영되고 궁극적으로 교육의 효율성은 높아지게 된다. 다시 말해, 전환평가는 전환계획(transition planning)을 적절하게 수립하는 데 유용한 정보를 제공하고, 이 과정을 통해 문서화된 개별화진환계획(Individualized Transition Plan: ITP)은 전환교육의 효과적인 운영을 이끄는 원동력으로 작용한다. 이처럼 전환평가, 전환계획, 전환교육은 순차적이면서 순환적으로 이루어진다. 전환평가는 전환교육의 전반적인 과정에서 가장 먼저 실시하게 되는 필수불가결한 단계이다. 전환교육 성과 점검 및 평가를 위한 목적으로 전환평가의 재실행 및 전환계획 재수립이라는 선순환이 이루어지기도 한다.

　전환교육은 장애학생이 성인이 되는 삶에 지대한 영향을 미치므로 우리나라 전환교육 제도 및 정책을 통해 강조되고 있다. 하지만 대부분 전환교육 프로그램의 운영 측면이 언급되고 있고, 전환평가 및 전환계획에 대해서는 상대적으로 덜 강조되어 오고 있다. 따라서 이 장에서는 전환평가가 전환교육에서 자리하는 중요한 위치에 대해 논하고자 하며, 다양한 유형의 전환평가 정보를 제시하여 전환교육 관련 전문가가 장애학생의 특성과 연령에 적합하게 전환평가를 선택하여 활용하는 데 도움을 주고자 한다.

전환평가의 정의는 전환교육 개념이 등장하면서 함께 제시되었다. 선행연구와 학자들의 견해를 종합하면, 전환평가는 장애학생의 현재 및 미래 모습과 성과를 종합적으로 판별하기 위해 학생 중심적이어야 하고 지속적인 실행 관점을 취해야 한다. Clark(1998)에 따르면, 전환평가는 장애학생이 고등학교를 졸업하고 청소년에서 성인으로 성장하는 생애기적 전환이 순조롭게 이루어질 수 있도록 장애학생과 가족을 지원하는 데 필요한 다양한 정보를 수집하고, 전환계획 수립 및 전환교육 운영에 적용되는 계획적이고 지속적인 과정이다. Sitlington, Neubert 및 Leconte(1997)에 따르면, 전환평가는 장애학생의 현재 및 미래 직업, 교육, 일상생활에 관한 요구, 흥미, 선호도 등을 포함하는 자료를 수집하는 과정이고, 전환평가의 결과는 전환교육 과정 전반에 걸쳐 기초자료로 활용되며, 개별화전환계획 내 중등이후 목표 수립과 전환 서비스 선정에 활용된다.

Neubert와 Leconte(2013)에 따르면, 연령에 적합한 전환평가는 장애학생의 요구, 강점, 선호 및 흥미 등에 관한 정보를 수집하는 지속적인 과정이고, 이를 통해 습득한 정보는 측정 가능한 중등이후 목표와 개별화교육계획(IEP) 연간 목표의 개발과 연관성을 가지며, 장애학생의 중등이후 목표 달성을 촉진하는 데 도움이 된다. 전환평가는 장애학생의 개별 특성과 학생을 둘러싼 환경(학교, 가정, 지역사회 등) 간의 요구를 세밀하게 맞추어 나가는 과정이고, 이에 따라 조정 전략, 서비스, 지원 및 보조공학 등에 관한 제안을 하게 된다. 따라서 장애학생과 그 가족은 전환평가의 결과를 해석하고 적용하는 법을 배우게 되며, 개별화교육계획과 수행요약서(Summary of Performance: SOP) 내 장애학생의 성인기 전환에 관련된 내용을 개발하거나 필요한 지원을 주장하기 위해 사용할 수 있다.

전환평가의 구체적인 질적 지표를 살펴보는 것도 전환평가의 개념을 이해하는 데 도움이 된다. Morningstar, Erickson, Lattin와 Lee(2012)는 전환교육의 실행 수준을 진단하고 효율성을 점검하기 위한 목적으로 '전환교육 프로그램 질적 지표-2(Quality

Indicators of Exemplary Transition Programs Survey-2: QI-2)'를 개발하였고, 7개의 주요 영역인 전환계획, 가족참여, 학생참여, 전환교육 교육과정과 교수, 전환평가, 기관 간 협력, 시스템 인프라를 제시하였다. 이 중에서 전환평가는 전환계획의 첫 번째 단계에서 시행되는 것으로, 장애학생의 강점, 흥미, 선호, 구체적인 전환 요구를 파악하여 학생의 성공적인 미래를 준비하는 정보 획득 과정이다. 전환평가는 일회성을 지양하고 지속성을 띠어야 한다. 전환평가의 결과는 장애학생이 고등학교를 졸업하고 난 이후의 중등이후 목표를 개발하고 설정하는 데 직접적으로 연관되고, 장애학생과 가족과 공유되어야 한다. 전환평가에 관한 구체적인 지표는 다음과 같다.

- 다양한 형식적, 비형식적 전환평가가 사용되는가?
- 전환평가는 개별 장애학생의 성인기 전환에 관한 요구, 강점, 선호 및 흥미를 구체적으로 평가하는가?
- 전환평가는 지속성을 띠고 연중 계속되는 과정으로 실행되는가?
- 전환평가 결과는 장애학생, 가족, 관련 전문가와 의미 있게 공유되는가?
- 장애학생의 중등이후 목표는 전환평가 결과를 토대로 수립되는가?
- 장애학생이 고등학교를 졸업하기 전에 수행요약서(SOP) 내 중등이후 목표 달성을 위한 제언 내용이 개발되었는가?

하지만 국내에서는 전환평가라는 용어보다는 직업평가라는 용어가 빈번하게 언급된다. '장애인직업재활사업규정' 제2조제2항에 따르면, 직업능력평가에서는 "구직 장애인의 신체적 · 심리적 · 사회적 · 직업적 능력을 파악 · 분석하기 위해 실시하는 신체능력평가, 작업평가, 심리평가, 의료평가 등의 과정"이라고 정의하였다. 박희찬 등(2022)에 따르면, 직업평가는 개별 장애학생의 직업적 특성, 흥미 등을 파악하여 진로 · 직업교육에 도움이 되는 정보를 수집하는 과정으로, 장애학생의 신체적 · 정신적 · 정서적 능력, 한계 및 작업 지속력 등을 평가하는 포괄적인 학제 간 과정이다. 이 장에서 언급하는 전환평가는 이러한 직업평가를 포함하는 개념이고 장애학생의 다양한 성인기 생활 전 영역을 아우르는 포괄적인 개념이다. 제1장에서 살펴보았듯이, 전환교육의 영역은 고용 이외에 중등이후 교육, 지역사회 참여, 일상생활 등을 포괄하고 있으며, 이에 따라 전환평가는 미래를 준비하는 데 필요한 정보를 획득하는 과정이라고 보는 것이 바람직하겠다.

정리하면, 전환평가는 장애학생의 생애주기적 전환, 즉 고등학교를 졸업하고 맞닥 뜨리게 되는 성인으로서의 전반적인 삶에 관련된 장애학생과 가족에 대한 정보(예: 요구, 선호, 강점, 약점 등)를 체계적으로 수집하는 종합적인 과정이다. 전환평가는 장 애학생에게 적합한 전환계획을 수립하고 효과적으로 전환교육을 제공하기 위한 기 초적인 자료이다. 따라서 전환평가는 전환계획의 수립뿐만 아니라 전반적인 전환교 육 운영의 사전 단계에 진행되고, 전환평가의 결과는 전환계획의 수립과 교육의 실행 에 적절히 반영된다. 전환평가는 역동적으로 기능하기도 하는데, 전환교육의 효율성 을 진단하고 전환계획의 재수립을 위한 목적으로도 활용될 수 있기 때문이다. 전환 평가를 실시할 때에는 특수성을 고려하여 장애학생에게 개별적으로 실시하는 것이 매우 중요하다. 다양한 전환평가 종류 가운데 한 학생에게 일부 평가도구가 유용할 수도 있지만 다른 학생에게는 그렇지 않을 수도 있고 반드시 사용되어야 하는 것도 아니다.

2) 전환평가의 특징

전환평가를 통해 장애학생의 생애기적 전환에 관련된 개별적인 요구를 정밀하게 판별하게 되고, 이러한 정보는 체계적 · 선제적으로 전환계획을 수립하는 데 도움을 준다. 전환평가의 특징을 정리하면 다음과 같다.

첫째, 전환평가는 장애학생의 선호, 흥미, 강점 등에 관한 정보를 포함하는 종합적 전환 요구를 파악한다. 종합적인 전환 요구는 장애학생이 성인이 되었을 때의 다양 한 삶의 영역에서 필요하거나 희망하는 것과 관련된 것이고, 장애학생뿐만 아니라 학 교나 가정에서도 정보를 획득할 수 있다. 전환평가 결과는 장애학생의 미래에 대한 요구, 강점, 흥미, 선호, 현재 수준 등을 포함하게 되므로 상당히 종합적 · 포괄적이라 고 볼 수 있다. 따라서 장애학생의 직업뿐만 아니라 중등이후 교육, 지역사회 참여, 여가, 일상생활 등 모두 혹은 일부에 초점을 두고 전환평가를 실시하고, 장애학생과 가족의 개별적인 요구나 환경에 근거하여 실행하는 것이 중요하다. 전환평가의 영역 은 전환교육에서 중점을 두는 영역과 유사하며, 이는 직업, 중등이후 교육, 자립이라 는 세 가지 영역으로 크게 구분된다(영역별 구체적인 예는 〈표 7-1〉 참조). 나아가 전환평가는 장애학생에게 추가적으로 필요한 성인기 삶의 영역에 대한 자세한 정보를 제공할 수 있다.

〈표 7-1〉 전환평가 영역의 예

영역	구체적인 예
직업	직업흥미, 직업능력, 적성, 직업 가치, 직업태도, 진로성숙도, 직업준비기술, 손기능, 작업환경, 직업훈련 등
중등이후교육	기초학습능력, 학습 스타일, 조정 전략, 평생학습 등
자립	자기인식, 자기결정, 자기옹호, 가정생활, 일상생활기술, 사회적 기술, 여가생활, 이동능력, 안전, 건강, 의사소통, 재정 및 돈 관리, 주거, 적응행동, 지역사회 참여 등

둘째, 전환평가는 전환계획 수립과정에 지속적으로 삽입되어 영향력을 미친다. 즉, 장애학생에게 필요한 전환교육 영역이 무엇인지를 명확하게 계획하기 위해서는 구체적인 현행 수준과 기대되는 수준에 대한 진단이 필요하며, 이것이 전환평가의 주된 역할이다. 즉, 전환계획에서 가장 우선적으로 실행되어야 하는 것이 바로 전환평가이다. 물론 교육과정 운영에 관한 지속적인 점검과정에서도 전환평가는 유용하게 사용될 수 있다. 이러한 전환평가는 일회성에 그치는 것이 아니라 연간 학교교육과정 안에서 지속적으로 이루어져야 한다. 전환계획과정에서 전환평가의 역할을 정리하면 다음과 같다(Morningstar & Clavenna-Deane, 2018).

- 장애학생의 강점, 선호, 흥미 및 요구 파악
- 관련성이 높고 측정 가능한 중등이후 목표 결정
- 전환교육 및 서비스와 관련된 학습 경험 판별 및 개별화된 목표 개발
- 전환교육의 운영 및 효과성에 관한 정보 수집
- 중등이후 목표를 달성하기 위한 지원, 연계 및 협력 자원 판별
- 목표, 전환교육 및 관련 서비스, 지원에 관한 장애학생의 변화 측정 및 평가

셋째, 전환평가의 결과는 전환 목표, 중등이후 목표의 작성과 직접적으로 연관된다. 전환평가 실행을 통해 장애학생의 성인기 전환에 관한 요구를 종합적으로 진단

하고 나면, 그 결과를 근거로 하여 전환 목표, 중등이후 목표가 작성되고 적절한 전환계획이 마련된다. 전환 목표는 개별화전환계획 혹은 개별화교육계획에 삽입되어 작성되는 것이며, 이는 측정 가능한 중등이후 목표(Measurable Postsecondary Goals: MPGs)라고 불리기도 한다.

넷째, 전환평가는 장애학생에게 개별 접근하는 것이 필요하다. 앞서 언급한 전환평가의 모든 영역이 모든 장애학생에게 필요하다는 것을 의미하지는 않는다. 장애학생마다 능력, 특성, 요구 등에 따라 필요한 전환평가의 유형이 다르기 때문에 전환평가 실시 전에 장애학생의 꿈, 선호, 강점, 관심사가 무엇인지를 파악하는 단계가 선행되어야 한다. 또한 모든 장애학생이 모든 전환평가의 영역에서 문제점이나 어려움을 가지는 것이 아니라는 점도 명심해야 한다(Gaumer Erickson, Clark, & Patton, 2013).

다섯째, 장애학생과 가족 중심으로 전환평가를 실행하는 것이 필요하다. 장애학생의 개별적인 특성과 요구에 근거하여 종합적인 전환평가 과정이 개발되고 실행되어야 한다. 평가의 본질적인 목적이 개인의 능력, 수준, 특성 및 요구 등을 정확하게 파악하여 양적 및 질적으로 자료화하는 데 있으므로, 검사자 중심으로 실행되기보다는 피검자인 장애학생을 중심으로 실행되는 것이 바람직하다. 전환평가는 장애학생의 성인기 삶을 지향점으로 하여 평가도구를 활용하여 자료를 수집하는 과정이므로, 장애학생이나 가족의 미래에 대한 계획이나 관점을 잘 녹여 내는 것이 필요하다. 따라서 장애학생과 가족이 전환평가 과정에 적극적으로 참여하는 것은 전환평가 과정에서 중요하게 다루어져야 한다. 이를 위해 장애학생은 자기이해, 자기표현, 의사결정과 같은 기술의 향상이 필요하고, 전환교육 교육과정에서는 관련 기술 증진 교육을 중시한다. Kohler와 Fields(2003)는 전환평가에서 장애학생이 할 수 있는 역할을 다음과 같이 제시하였다.

- 장애학생이 자기 자신에 대해 더 알고 싶은 구체적인 내용을 계획하도록 돕기
- 장애학생이 자신의 전환평가과정에 참여할 수 있는 구체적인 방법 판별하기
- 전환평가를 통해 획득한 정보를 중등이후 목표와 전환계획의 개발에 사용하기
- 장애학생의 학습전략, 강점, 선호, 흥미, 조정 등을 포함하는 포트폴리오 작성하기
- 학생 주도의 계획 강조하기

3) 전환평가의 단계

교육 현장에서는 전환평가를 실행하기에 앞서 무엇을, 어떻게, 누가 준비할 것인가를 고민하게 될 것이다. 전환평가를 실시하는 대표적인 기관으로 한국장애인고용공단 장애인직업능력평가포털(https://hub.kead.or.kr/eovOnlineOccpTrlPrsecGuidance.do)이 있고 온라인 직업심리검사를 실시할 수 있다. 직업평가센터 등 장애인복지관 혹은 지역사회 내에서 전환평가를 시행하는 곳이 소수 있다. 국립특수교육원에서 개발한 발달장애인용 직업흥미검사, 전환능력검사도 활용할 수 있다. 전환평가를 기관 위탁으로 실시할 수도 있지만, 특수교사 혹은 특수학교 진로전담교사가 상시적으로 실행할 수도 있다.

장애학생을 위한 전환계획을 체계적으로 계획하여 수립하듯이, 전환평가 과정도 체계적으로 계획하여 진행할 필요가 있다. 이처럼 전환평가를 계획하는 것은 단순하게 가장 잘 알려진 혹은 특정 전환평가 도구를 모든 장애학생을 대상으로 시행하는 것을 지양하고, 개별 장애학생의 특성에 맞게 적합한 전환평가 도구를 선정하기 위해 필요한 과정이다. 이를 위해 다음 질문이 도움이 될 것이다(Clark, 2007).

- 어떤 전환평가 도구와 유형이 준비되어 있는가?
- 전환평가는 누가 담당하여 실시하는가?
- 전환평가는 장애학생의 개별적인 특성과 다양성을 어떻게 반영할 수 있는가?
- 전환평가를 실시할 때 어떤 조정 전략이 사용될 수 있는가?
- 전환평가를 통해 얻은 정보는 어떻게 사용될 것인가?
- 전환평가 결과는 어떻게 구성되어야 하고 사용할 것인가?

장애학생마다 필요한 전환평가의 구체적인 요소는 다를 수 있겠지만, 일반적으로 전환평가는 종합적인 과정으로 실행할 수 있도록 체계적인 시스템을 구축하고 계획하는 것이 필요하다. Morningstar와 Clavenna-Deane(2018)은 전환평가 과정의 일반적인 절차를 다음과 같이 7단계로 제시하였다.

- 1단계: 전환평가 절차를 지정하여, 평가가 필요한 영역이나 정보를 알 수 있도록

한다. 전환평가 실시 전에 장애학생에게 필요한 평가의 방향과 결과 등을 구체적으로 계획하고 개별화해야 한다.

- 2단계: 전환평가 방법은 장애학생의 학습, 반응 양상에 적합하도록 선택한다. 전환평가 도구는 동일한 방식으로 장애학생에게 사용될 수 없고, 개별 특성 등을 고려하여 전환평가를 실시하고 학생의 참여를 이끄는 것이 필요하다.

- 3단계: 전환평가는 필요한 경우 보조공학과 조정 전략을 통합한다. 이는 전환평가 과정에서만 필요하다기보다는 전반적인 성인기 삶 영역에서 적절하게 보조공학과 조정 전략을 선택하여 활용하는 것이 필요하다.

- 4단계: 전환평가는 자연스러운 환경에서 이루어지는 것이 좋다. 형식적 전환평가를 전반적인 전환 영역에 대한 종합적인 자료를 제공하지만, 장애학생의 미래에 대한 정보를 수집하기 위해서는 실제 혹은 자연스러운 환경에서 비형식적으로 수집하게 되는 자료도 상당히 필요하다.

- 5단계: 전환평가는 전환교육 교육과정의 개발, 계획 및 실행에 영향을 미치는 결과를 산출해야 한다. 예를 들어, 장애학생의 미래가 아직 정해지지 않았다면 진로흥미검사를 통해 선택할 수 있는 진로에 관한 정보를 제공하게 된다.

- 6단계: 전환평가는 다양한 방법으로 실행되어야 하고, 다양한 사람이 관여할 수 있어야 한다. 전환평가는 연중 다회에 걸쳐 실시되므로 장애학생을 둘러싼 다양한 관련인이 평가를 실행하거나 참여하게 된다. 이처럼 전환평가는 유연성을 지니고 실행되는 것이 중요하다.

- 7단계: 전환평가의 결과는 사용자 친화적인 양식으로 저장되어야 한다. 예를 들어, 장애학생은 자신의 전환평가 결과를 포트폴리오에 저장하게 된다. 전환평가 결과는 관련인 간에 공유될 수 있도록 사전에 누구와 어떻게 공유할 것인지를 계획하는 것이 필요하다.

김형일(2020)은 전환평가의 단계를 다음의 세 가지로 제시하고 있다. 1단계는 전환계획 수립에 필요한 장애학생의 현재 수행능력 등을 결정하기 위한 선별의 과정으로, 주로 비형식적인 평가도구(예: 면접, 관찰, 누적 기록물 등)를 활용하게 된다. 2단계는 이전 단계에서 수집한 자료의 분석을 한 후 장애학생의 구체적인 수행 능력을 파악하고 요구 사항을 검토한다. 주로 표준화된 검사도구들을 활용하게 되며, 임상적 혹은 탐색 단계라고 불리기도 한다. 3단계는 포괄적인 평가과정으로, 주로 형식적인 검사 도구(직업평가, 상황평가, 노작평가 등)를 활용하게 된다. 이 단계는 직업평가라고 불리기도 한다.

최근 전환평가과정에서 중요시되고 있는 것은 장애학생의 참여 혹은 가족의 참여이다. 전환평가는 특수교사가 전환교육을 운영하기 위한 목적으로 실시하기보다는 장애학생의 미래를 잘 설계하기 위해 필요한 자료를 수집하는 것이 더 궁극적인 목적이기 때문이다. 따라서 장애학생을 전환평가의 대상으로만 여기기보다는 주체적인 참여를 강조하는 관점이 강조되고 있다. 즉, 장애학생 당사자가 직접 전환평가 과정에 참여하고 자신의 의견을 표현하는 것이 매우 중요하다. 전환평가에서 장애학생의 참여를 독려하기 위해 추천하는 전략은 다음과 같다(Morningstar & Clavenna-Deane, 2018).

- 전환평가를 실시하기 이전에 장애학생과 라포(rapport) 형성하기
- 장애학생이 자신의 흥미, 진로를 알 수 있도록 돕는 설문조사지 사용하기
- 장애학생이 자신의 강점과 경험을 자연스럽고 효과적으로 표현하기 어려울 수 있으므로, 상황평가 등 다양한 전환평가 도구를 사용하여 정보 수집하기
- 직업체험 이전에 직업흥미검사 등을 활용하여 직업흥미 탐색하기
- 지역사회 내 전환평가 시행 기관을 방문하거나 연계하기

4) 전환평가의 유형

장애학생의 연령에 적합한 전환평가 도구를 사용하는 것은 전환계획 과정에서 중요하고(Patton & Clark, 2021), 장애학생이 고등학교를 졸업하기 이전에 가급적 빠르게 전환평가를 시작하고 지속적으로 운영하는 것이 필요하다. 전환평가의 유형은 크게 형식적 전환평가와 비형식적 전환평가로 구분된다.

형식적 전환평가(formal transition assessment)는 장애학생의 성인기 전환에 관하여 객관적이고 표준화된 자료를 수집하는 것이다. 형식적 전환평가 도구들은 집단을 대상으로 하며 표준화 절차를 거쳤으므로, 개별 장애학생의 능력을 규준-참조, 혹은 준거-참고의 근거 자료와 비교할 수 있고 충분한 타당도 및 신뢰도를 보장한다.

형식적 전환평가는 장애학생의 전환 능력에 대한 큰 그림을 제공한다. 비록 종합적인 전환능력을 측정하는 형식적 전환평가 도구가 많지 않지만, 전환능력검사, 적성검사, 직업흥미검사, 작업표본검사 등과 같은 영역을 포함하는 평가 도구를 사용할 수 있다. 대표적인 형식적 전환평가 도구에는 국외의 전환계획척도(Transition Planning Inventory-3: TPI-3), 국내의 전환능력검사가 있고 이 도구들은 장애학생의 종합적인 전환능력을 측정한다.

비형식적 전환평가(informal transition assessment)는 장애학생의 전환 능력에 관한 세부적인 사항들을 세심하게 파악하는 데 도움이 된다. 비형식적 전환평가의 방법으로는 기록물, 면담, 관찰, 조사, 상황평가, 현장평가 등이 있다. 주로 학교에서 교사에 의해 활용되며, 부모나 관련 전문가에 의해 실행되기도 한다. 비형식적 전환평가는 비용 측면에서 효과적인 편이고, 유동적으로 양식의 변경이 가능하다는 장점이 있다. 예를 들어, 상황평가는 근무하게 될 직장과 유사한 장소에서 관찰을 통해 직무수행 태도, 능력, 행동뿐만 아니라 일상생활기능, 규칙 준수, 직무 관련 사회적 행동 등을 기록하는 과정이다. 현장평가는 실제 작업환경에서 직무능력을 평가하여 현장에서의 직무능력과 적응력을 측정하여 직무배치 적합성을 파악하는 데 초점을 두는 과정이다.

2. 전환평가 도구의 개요

전환평가에는 다양한 종류가 있으며, 이 장에서는 교육 현장에서 대표적으로 활용되고 있는 전환평가 도구의 개요를 제시한다. 첫째, 종합적인 전환평가 도구로 전환계획척도(TPI-3), 지역사회적응검사(CISA-2), 장애학생 진로직업교육 성과지표, 전환능력검사의 특성 및 개요를 제시한다. 둘째, 진로탐색에 관한 전환평가 도구로는 국립특수교육원 발달장애인용 직업흥미검사(NISE-VISIT), 장애청소년 진로성숙도검사(발달장애인용)의 특성 및 개요를 제시한다. 셋째, 직업능력에 관한 전환평가 도구로 직업기능스크리닝검사, 직업기능탐색검사, 취업준비체크리스트, 직업준비검사 개정판의 특성 및 개요를 제시한다. 이 외에 보편적으로 활용되는 평가 도구를 영역별로 구분하여 나열하면 〈표 7-2〉와 같다(박희찬 외, 2022; 한국장애인개발원, 2022).

〈표 7-2〉 전환평가 영역별 종류

평가 영역		평가 도구 종류
종합적인 전환 역량		전환계획척도(TPI-3), 전환능력검사 등
직업적성		Holland적성탐색검사, 장애인용 직업적성검사, 직업가치관검사 KEAD 청소년 직업적성 검사 등
직업흥미		그림직업흥미검사(지적장애), 발달장애인용 직업흥미검사(NISE-VISIT), 비언어성 직업흥미검사(RFVII), 직업선호도검사, 청소년 직업흥미검사 등
진로태도		장애청소년 진로성숙도검사(발달장애인용), 구직욕구진단검사 등
직업준비		취업준비체크리스트, 직업준비도검사, 직업기능탐색검사, 직업준비검사 개정판, 직업기능스크리닝검사, 고용서비스 다양성 검사 등
작업기능		KEAD 손기능작업표본검사, KEAD 다차원 양손협응 작업표본검사, McCarron-Dial System(MDS), Talent Assessment Program(TAP), Mobile Vocational Evaluation Set(MVE), Purdue Pegboard, Valpar 17(Pre-vocational readiness battery), Work Activity, Micro-Tower
신체능력	신경근육 운동발달	Valpar 17 발달수준검사(신체근력), 한국형 맥캐론 신경근육발달검사(K-MAND) 등
	시지각능력	시지각 발달검사(DTVP-2), 시지각 인지능력검사(MVPT-4), 시지각 운동통합발달검사(VMI), 촉시지각 변별검사(HVDT) 등
인지능력	인지	한국판 웩슬러 성인지능검사(K-WAIS 4), 한국판 아동지능검사(K-WISC 5)
	언어	수용어휘력검사(REVT), 그림어휘력검사(PPVT) 등
심리·정서 능력	사회적응도	지역사회적응검사(CISA-2), 적응행동검사(K-ABS) 등
	정서 및 성격	자기개념검사, 성격유형검사(MBTI), 한국판 집-나무-사람검사(K-HTP), 정서행동관찰(EBC) 등

1) 종합적인 전환평가 도구

(1) 전환계획척도-3

　전환계획척도-3(Transition Planning Inventory: TPI-3; Patton & Clark, 2021)은 장애학생이 고등학교를 졸업하고 성인이 되는 전환기에 필요한 요구, 강점, 선호와 흥미를 종합적으로 평가하는 도구이다. 이는 장애학생의 연령에 적합하고 체계적·종합적으로 정보를 파악하는 데 유용하고, 의미 있는 전환 목표를 개발하여 전환계획을 수립하거나 프로파일을 작성하는 데 도움이 되며, 미국 「장애인교육법(IDEA)」에 명시된 조항을 준수하는 것이기도 하다. 또한 비형식적 전환평가 책자와 연계하여 추가로 필요한 전환평가 정보를 제공한다.

이 검사는 총 아홉 가지 세트로 구성된다. 이는 핵심 평가 양식(core rating forms: 학생용, 가정용, 학교용), 선호도 및 흥미 양식(preferences and interests forms: 가정용, 학생용-기본, 학생용-심화), 프로파일 및 추가 평가 추천 양식(profile and Further assessment recommendations form), 수정 양식(modified form for students with autism and other significant support), 수행요약서 문서(summary of performance exit document)이다. 첫 번째 단계로 선호도 및 흥미 양식을 완료하고, 두 번째 단계로 적절한 TPI-3 평가 양식을 완료하고, 세 번째 단계로 프로파일 및 추가 평가 추천 양식을 작성하도록 추천한다.

이 검사의 핵심 평가 양식은 전환 관련 지식과 기술에 관한 총 57개 문항으로 구성

〈표 7-3〉 전환계획척도-3(TPI-3) 핵심 평가 양식의 문항 내용

영역	하위 영역	문항 수	문항 내용
고용	진로 선택과 계획	4	직업에 대한 이해, 구직 활동에 대한 이해 등
	고용 지식과 기술	5	일반/특정 직무기술 수행, 이직에 대한 이해 등
계속교육	중등이후 교육/훈련	4	중등이후 교육 장소에 대한 이해, 중등이후 교육에서의 성공 기술, 서비스/자원 활용에 대한 이해 등
	기능적 의사소통	4	실생활에서의 읽기, 쓰기, 듣기, 말하기 기술 등
	자기 결정	8	강점 및 약점, 목표 설정 및 의사결정 능력, 책임감 등
자립생활	일상생활	6	요리, 청소 등 일생생활기술, 문제해결기술, 테크놀로지 활용기술 등
	개인 자금 관리	4	구매 기술, 통장관리, 자산관리 등
	지역사회 참여와 활용	6	시민구성원 기술, 지역사회서비스 및 자원 활용기술, 대중교통 수단 활용기술 등
	여가활동	4	여가활동 유형 인식, 실내/실외 여가활동에의 참여 등
	건강	5	신체 및 정신 건강 관련 지식과 기술, 성 지식 등
	사회적/대인 관계	7	대인관계기술, 친구 사귀기 기술, 갈등해결 능력, 좋은 부모가 되는 데 필요한 지식과 기술 등

주: 6점 척도 사용(0 = 전혀 동의하지 않음, 1 = 동의하지 않음, 2 = 다소 동의하지 않음, 3 = 다소 동의함, 4 = 동의함, 5 = 매우 동의함, NA = 해당사항 없음, DK = 잘 알지 못함)

출처: Patton & Clark (2021).

되고, 3개 영역[고용(work), 계속교육(learning), 자립생활(living)]의 11개 요인(진로 선택과 계획, 고용 지식과 기술, 중등이후 교육/훈련, 기능적 의사소통, 자기결정, 일상생활, 개인 자금 관리, 지역사회 참여와 활용, 여가활동, 건강, 사회적/대인 관계)으로 구분된다. 반면, 수정 양식은 자폐성 장애학생이나 고강도의 지원을 필요로 하는 학생을 대상으로 실시하는 것으로, 동일한 3개 영역(고용, 계속교육, 자립생활)에 걸쳐 총 74개 문항으로 구성되고, 하위 영역은 11개이다(고용, 기능적 의사소통, 자기결정, 중등이후 교육/훈련, 사회적/대인관계, 개인적 행동, 자조기술, 가정생활, 건강과 안전, 여가활동, 지역사회 참여). 영역 및 요인별 문항 수와 구체적인 문항 내용은 〈표 7-3〉과 같다. 모든 문항은 6점 척도를 활용하여 측정하며, 추가로 해당사항이 없는 경우(NA)와 잘 알지 못하는 경우(DA)를 표시한다.

(2) 지역사회적응검사-2

지역사회적응검사-2(Community Integration Skills-2: CISA-2; 김동일, 박희찬, 김정일, 2017)는 지적장애인과 자폐성장애인을 포함하는 발달장애인의 지역사회 적응기술 수준을 포괄적으로 검사하는 표준화된 검사도구이다. 이 검사는 발달장애인의 지역사회 통합에 필수적인 적응기술을 파악하여 이를 적응행동지수로 산출한다. 검사 결과는 발달장애인의 교육훈련계획서 수립 및 운영에 유용한 정보를 제공하고, 지역사회적응 교육과정(CISC-2)과 연계하여 개별화교육 훈련 프로그램을 개발하는 데 활용된다. 이 검사는 그림을 이용하여 지역사회 적응기술을 측정할 수 있으며, 언어 표현이 제한되거나 읽기에 능숙하지 못한 발달장애인이 비교적 쉽게 평가에 참여할 수 있다는 특징을 가진다.

이 검사는 총 161문항으로 구성되며, 3개 영역(기본생활, 사회자립, 직업생활)의 10개 요인(기초 개념, 기능적 기호와 표지, 가정관리, 건강과 안전, 지역사회서비스, 시간과 측정, 금전관리, 통신서비스, 직업기능, 대인관계와 예절)으로 구분된다. 영역 및 요인별 문항 수와 구체적인 문항 내용은 〈표 7-4〉와 같다. 모든 문항에 대해 피검사는 정답이라고 생각하는 것을 고르고, 이러한 반응을 검사자는 기입하며 정답과 오답에 관계없이 피검사자의 모든 반응을 기입하게 된다. 기본생활, 사회자립, 직업생활 영역별로 적응지수가 산출된다.

〈표 7-4〉 지역사회적응검사-2(CISA-2) 문항 내용

영역	하위 영역	문항 수	문항 내용
기본생활	기초 개념	17	색 변별, 방향 인지, 모양 · 공간 · 형태 변별, 수 개념, 언어능력 등
	기능적 기호와 표지	16	교통 관련 표지, 생활 관련 표지, 안전 관련 표지, 지역사회 상징 기호, 학교, 공공기관 등
	가정관리	16	식품관리, 식사 준비, 의복관리, 가정관리, 세제 사용 등
	건강과 안전	17	자조기술, 응급처치, 안전사고 예방, 안전사고 대처 등
사회자립	지역사회서비스	17	공공서비스, 은행 이용, 대중교통 이용 등
	시간과 측정	16	디지털 시간 변별, 아날로그 시간 변별, 시간활용능력, 달력 사용, 측정능력 등
	금전관리	15	화폐 조합, 화폐 활용, 구매기술, 급여관리 등
	통신서비스	16	컴퓨터 활용, 인터넷 활용, 전화 사용 능력, 스마트폰 활용, 컴퓨터와 전화기 등
직업생활	직업기능	15	도구명과 쓰임새, 직업 인식, 직업태도 등
	대인관계와 예절	16	인사하기, 의사소통, 대인관계, 이성관계, 공중예절 등

주: 피검사의 반응 기입

출처: 김동일, 박희찬, 김정일(2017).

(3) 장애학생 진로 · 직업교육 성과지표 검사

장애학생 진로 · 직업교육 성과지표 검사(국립특수교육원, 2012)는 장애학생 진로 · 직업교육의 성과관리를 위해 개발된 핵심지표로, 직업재활훈련 및 자립생활훈련 영역으로 구분하여 구체적인 성과지표를 제시한다. 이 지표는 장애학생의 전환계획 수립, 전환교육 프로그램 사전 점검 및 사후 성과 측정의 기초자료를 제공한다. 기존의 직종 중심의 성과지표에서 벗어나 공통 직무를 중심으로 지표 내용을 개정하였고, 발달장애학생을 대상으로 한다. 특히 자립생활훈련 성과지표는 중도 · 중복장애학생을 고려하였다.

이 검사는 총 75문항으로 구성되며, 2개 영역(직업재활훈련, 자립생활훈련)의 5개 요인(작업기초기능, 진로 및 직업생활 준비기능, 자립기초기능, 일상생활기능, 지역사회생활기능)으로 구분된다. 영역 및 요인별 문항 수와 구체적인 문항 내용은 〈표 7-5〉와 같다. 모든 문항은 5단계 척도를 활용하여 측정한다. 이 검사는 국립특수교육원 장애학생 진로 · 직업 정보화 사이트 JOBable(https://www.nise.go.kr/pi/survey_intro01.jsp)

에서 온라인으로 실시할 수 있고, 실시 이후에는 결과 해석이 제공된다. 결과는 원점수와 표준 점수로 제시하며, 진로·직업교육의 수행 정도를 '매우 낮음, 낮음, 높음, 매우 높음'이라는 4점 척도로 구분하여 제시한다. 또한 지원요구 정도를 전반적 지원 필요, 확장적 지원 필요, 부분적 지원 필요, 간헐적 지원 필요 등 네 가지로 구분하여 제시한다.

〈표 7-5〉 장애학생 진로·직업교육 개정 성과지표 문항 내용

영역	하위 영역	문항 수	문항 내용
직업재활 훈련	작업기초기능	16	직업생활에 요구되는 공통 직무 수행을 위한 기초기능
	진로 및 직업생활 준비기능	24	진로를 탐색하고 준비하며 직업생활에 적응하기 위한 기능
자립생활 훈련	자립기초기능	15	자립생활의 기초가 되는 감각 및 운동 기능
	일상생활기능	10	의식주의 독립적 수행과 생활환경 적응기능
	지역사회생활기능	10	지역사회 자립과 사회통합을 위한 기능

주: 5점 척도 사용(직업재활훈련 문항 응답의 예: 1 = 수행 시 전반적 지원이 필요하여 취업 기회의 제한이 예상됨, 2 = 수행 시 대체로 지원이 필요함, 3 = 적절하게 수행할 때도 있지만 부분적 지원이 필요함, 4 = 대체로 적절하게 수행하여 간헐적 지원이 필요함, 5 = 취업 시 강점이 될 정도로 안정적으로 수행함)

출처: 국립특수교육원(2012). https://www.nise.go.kr/pi/survey_intro01.jsp

(4) 전환능력검사

전환능력검사(국립특수교육원, 2022c)는 장애학생의 성인기 전환에 관한 역량을 종합적으로 평가하는 표준화된 검사도구이다. 이 검사는 장애학생의 현재 전환역량 수준을 파악하고, 이를 기반으로 전환 목표를 설정할 수 있도록 정보를 제공하며, 전환교육 교육과정의 계획 및 운영에도 유용한 정보를 제공한다. 또한 장애학생의 전환역량 향상 정도를 진단하고 점검하는 지표로 활용할 수 있고, 가족 등과의 상담을 위한 기초자료로 활용 가능하다. 이 검사 결과는 장애학생 교과연계 전환역량 향상 프로그램과 연계할 수 있다. 이에 대한 자세한 내용은 제8장과 제9장을 참고하도록 한다.

2) 진로탐색에 관한 전환평가 도구

(1) 국립특수교육원 발달장애인용 직업흥미검사

국립특수교육원 발달장애인용 직업흥미검사(National Institute of Special Education-Vocational Interest Test for Students with Intellectual & Developmental Disabilities: NICE-VISIT; 국립특수교육원, 2016)는 발달장애인의 직업흥미를 탐색할 수 있도록 그림으로 구성한 표준화된 검사이다. 이 검사는 국내 직업분류체계와 취업 상황을 고려하여 직군과 직종을 중심으로 개발되었고, 발달장애인의 진로탐색뿐만 아니라 전환계획의 수립 및 운영에도 유용한 정보를 제공한다. 검사 대상은 중학교 연령 이상의 발달장애인이며, 다른 장애유형의 경우 실시 방법의 조정과 해석에서의 유의가 필요하다. 이 검사는 국립특수교육원 홈페이지(https://www.nise.go.kr/examine/examineInfo.do?m=090201&s=nise)에 있는 웹기반 방식을 권장하며, 책자 방식으로 실시하는 것도 가능하다.

이 검사는 네 가지 유형인 학생용 종합형(NISE-VISIT), 학생용 간편형(NISE-VISIT-S), 교사부모용 A형(NISE-VISIT-TPA), 교사부모용 B형(NISE-VISIT-TPB)으로 구성되어 있다. 학생용 종합형은 직업흥미에 대한 전반적인 정보를 파악하기 위해 실시하며, 총 118개 문항으로 구성되어 있고, 검사 소요 시간은 약 40분이다. 학생용 간편형은 직업흥미에 대한 기본적인 정보를 파악하거나 종합형을 실시하기 어려운 경우에 실시하며, 총 27개 문항으로 구성되어 있으며, 검사 소요 시간은 약 15분이다. 교사부모용 A형은 교사나 부모가 발달장애인의 직업흥미에 대한 전반적인 정보를 간접적으로 파악하고자 실시하는 것으로, 총 105개 문항으로 구성되어 있으며 검사 소요시간은 약 25분이다. 교사부모용 B형은 교사나 부모가 발달장애인의 직업흥미에 대한 기본적인 정보를 간접적으로 파악하고자 실시하는 것으로, 총 21개 문항으로 구성되어 있으며, 검사 소요 시간은 약 10분이다. 영역 및 요인별 문항 수와 구체적인 문항 내용은 〈표 7-6〉과 같다.

〈표 7-6〉 국립특수교육원 발달장애인용 직업흥미검사 문항 내용

도구 유형	문항 수	문항 내용
학생용 종합형	118	7개 직군, 21개 직종, 포장·운반·정리에 대한 흥미 정도와 직군과 직종에 대한 정보 제시
학생용 간편형	27	7개 직군에 대한 흥미 정도와 관련된 직군의 정보 제시
교사부모용 A형	105	7개 직군, 21개 직종, 포장·운반·정리에 대한 흥미 정도와 직군과 직종에 대한 정보 제시
교사부모용 B형	21	7개 직군에 대한 흥미 정도와 관련된 직군의 정보 제시

주: 1. * 7개 직군: 제조, 청소, 음식, 농수산업, 사무 지원, 대인서비스, 예술 스포츠
　　2. * 21개 직종: 조립, 생산, 운송 판매, 실내외 청소, 세차, 세탁, 패스트푸드, 조리, 음료, 재배, 사육, 수산업, 사무 보조, 사서 보조, 우체국 보조, 유아 보조, 노인장애인 보조, 미용, 음악, 미술, 스포츠

출처: 국립특수교육원(2016). https://nise.go.kr/examine/info.do?m=090101&s=nise

(2) 장애청소년 진로성숙도검사(발달장애인용)

장애청소년 진로성숙도검사(발달장애인용)(한국장애인고용공단, 2022)는 발달장애 청소년의 자기주도적 진로탐색에 필요한 진로태도, 진로능력 및 진로행동을 평가하는 표준화된 검사도구이다. 발달장애 청소년의 진로 준비도를 평가하는 기초 자료로 활용할 수 있고, 검사 결과는 전환교육의 계획 및 운영, 향후 관련 서비스 제공 방향을 결정하는 데 유용한 정보를 제공한다. 검사 대상은 지적장애 및 자폐성장애 등을 포함하는 발달장애 고등학생, 전공과 학생, 대학생이다. 이 검사는 타인보고형과 자기보고형으로 구분된다. 타인보고형 검사는 독립적적으로 검사 문항을 이해하고 응답하는 데 어려움을 가진 발달장애 고등학생과 전공과 학생을 대상으로 한다. 자기보고형 검사는 대학생을 대상으로 하되 독립적인 검사 수행이 가능한 고등학교, 전공과 학생도 참여할 수 있다. 이 검사노구의 특징은 고등학생용과 전공과/대학생용 검사로 두 종으로 구분된다는 점이다.

이 검사의 고등학생용은 총 60문항으로 구성되며, 3개 영역(진로태도, 진로능력, 진로행동)으로 구분된다. 전공과/대학생용은 총 67개의 문항으로 구성되고, 3개 영역을 측정하는 것은 동일하다. 영역별 문항 수와 구체적인 문항 내용은 〈표 7-7〉과 같다. 고등학생용 검사는 4단계 척도를 활용하여 측정하고, 전공과/대학생용 검사는 2단계 척도를 활용하여 측정한다. 검사 결과는 T점수와 준거점수로 제시하며, 피검사의 진로성숙도를 높은 수준, 보통 수준, 낮은 수준으로 구분하여 대영역 및 하위 영역별로

구분하여 결과를 해석한다. 또한 활용 가능한 프로그램 및 자료의 예시도 제공하며, 실시 이후에는 검사 결과 프로파일이 제공된다.

〈표 7-7〉 장애청소년 진로성숙도검사(발달장애인용) 문항 내용

영역	문항 수		문항 내용
	고등학생용	전공과/대학생용	
진로태도	23	24	일의 중요성, 계획성, 독립성, 진로 확신성
진로능력	26	27	자기이해, 진로 의사결정, 직업세계 이해능력
진로행동	11	16	직업적응능력, 진로탐색행동, 진로준비행동

주: 고등학생용 검사는 4단계 척도 사용(1 = 전혀 그렇지 않다, 2 = 그렇지 않다, 3 = 그렇다, 4 = 매우 그렇다), 전공과/대학생용 검사는 2단계 척도 사용(1 = 예, 2 = 아니요)

출처: 한국장애인고용공단(2022).

3) 직업준비에 관한 전환평가 도구

(1) 직업기능스크리닝검사

직업기능스크리닝검사(한국장애인고용공단, 2013)는 장애인의 근로능력을 측정하고 가장 적합한 고용서비스를 제공하기 위해 실시하는 표준화된 검사도구이다. 장애인에게 고용 및 직업재활 서비스를 제공하기 위한 초기 단계에서 주로 실시하는 검사이므로, 취업을 목적으로 하는 장애학생, 고용 및 직업재활 관련 서비스를 받기를 시작하고자 하는 장애인에게 활용할 수 있다. 검사 대상은 모든 장애인이며, 장애 유형과 상관없이 실시할 수 있다. 이 검사는 자기보고형 검사도구로 소요 시간은 15분 정도이다.

이 검사는 총 20문항으로 구성되며, 3개 영역(작업기능, 인지·문제해결기능, 신체·자립기능)으로 구분된다. 영역별 문항 수와 구체적인 문항 내용은 〈표 7-8〉과 같다. 모든 문항은 5단계 척도를 활용하여 측정한다. 이 검사는 한국장애인고용공단 장애인직업능력평가포털(https://hub.kead.or.kr/eovOccpSkllCreeningPrsecGuidance.do)에서 온라인으로 실시할 수 있고, 실시 이후에는 검사 결과 프로파일이 제공된다. 직업기능스크리닝검사 결과는 T점수와 준거점수로 제시하며, 피검사의 고용 형태를 일반고용 대상자, 일반고용 전환 대상자, 지원고용 대상자, 지원고용 전환 대상자, 보호고용 대상자, 보호고용 전환 대상자, 복지서비스 대상자 일곱 가지로 구분하여 제시한다.

〈표 7-8〉 직업기능스크리닝검사 문항 내용

영역	문항 수	문항 내용
작업기능	7	작업기술, 작업동기 유지하기, 작업 전(후) 준비, 협력행동, 사회규칙, 지시이해, 대중교통
인지·문제해결기능	6	요구하기, 장애 인식하기, 정보 활용능력, 문제 인식하기, 읽기, 대인관계
신체·자립기능	7	건강관리, 신변(청결)관리, 용모(복장)관리, 식사하기, 이동하기, 손기능, 지구력

주: 5단계 척도 사용(1 = 장애로 인하여 해당 기능 수행이 불가능하거나 현저한 제한을 받는 경우로, 다른 사람의 도움이 전적으로 필요한 경우, 2 = 장애로 인하여 해당 기능 수행에 수시로 제한을 받는 경우로, 다른 사람의 도움이 대부분 필요한 경우, 3 = 장애로 인하여 해당 기능 수행에 가끔 제한을 받는 경우로, 다른 사람의 도움이 간헐적(때때로)으로 필요한 경우, 4 = 장애로 인하여 해당 기능 수행에 드물게 제한을 받는 경우로, 다른 사람의 도움이 약간 필요한 경우, 5 = 장애로 인하여 해당 기능 수행에 거의 제한을 받지 않는 경우로, 다른 사람의 도움이 거의 필요 없는 경우)

출처: 한국장애인고용공단(2013). https://hub.kead.or.kr/eovOccpSkllCreeningPrsecGuidance.do

(2) 직업기능탐색검사

직업기능탐색검사(한국장애인고용공단, 2008)는 구직을 원하는 장애인이 고용서비스를 받는 초기 단계에서 적합한 서비스가 무엇인지를 파악하기 위한 검사도구이다. 직업생활을 수행하는 데 장애로 인해 갖는 어려움과 필요한 지원을 파악하고, 특정 직업기능에 관한 장점 및 단점을 파악하는 데 유용하다. 검사 대상은 모든 장애인이며, 20세 미만과 60세 이상에 대한 규준 및 안면장애, 언어장애, 신체 내부 장애인을 대상으로 하는 규준이 제시되지 않으므로 검사 결과의 해석에는 유의가 필요하다. 이 검사는 자기보고형 검사도구로 소요 시간은 20분 정도이다. 하지만 장애로 인해 표현능력이나 수기 작성에 어려움이 있는 경우, 평기시나 보호자가 대신 기입할 수 있다.

이 검사는 총 25문항으로 구성되며, 2개 영역(신체, 정신)의 6개 요인(자립기능, 운동기능, 언어기능, 작업기능, 인지기능, 사회기능)으로 구분된다. 영역 및 요인별 문항 수와 구체적인 문항 내용은 〈표 7-9〉와 같다. 모든 문항은 5첨 척도를 활용하여 측정한다. 이 검사는 한국장애인고용공단 장애인직업능력평가포털(https://hub.kead.or.kr/eovOccpSkllCallPrsecPrsecGuidance.do)에서 온라인으로 실시할 수 있고, 실시 이후에는 검사 결과 프로파일이 제공된다. 직업기능탐색검사 결과는 피검사의 직업기능 수준을 일반고용, 보호고용, 복지서비스라는 세 가지 수준으로 구분하여 제시한다.

〈표 7-9〉 직업기능탐색검사 문항 내용

영역	하위 영역	문항 수	문항 내용
신체 영역	자립기능	5	건강관리, 신변처리, 용모관리, 식사하기, 보기
	운동기능	3	이동하기, 손기능, 지구력
	언어기능	2	듣기, 말하기
정신 영역	작업기능	6	작업준비, 작업동기, 근무규칙, 작업기술, 협력행동, 사회규칙
	인지기능	6	상황판단, 주의집중, 지남력, 사고하기, 기억하기, 지시 이해
	사회기능	3	대인관계, 의사소통, 감정 유지

주: 5단계 척도 사용(1 = 장애로 인하여 해당 기능 수행이 불가능하거나 현저한 제한을 받는 경우로, 다른 사람의 도움이 전적으로 필요한 경우, 2 = 장애로 인하여 해당 기능 수행에 수시로 제한을 받는 경우로, 다른 사람의 도움이 대부분 필요한 경우, 3 = 장애로 인하여 해당 기능 수행에 가끔 제한을 받는 경우로, 다른 사람의 도움이 간헐적(때때로)으로 필요한 경우, 4 = 장애로 인하여 해당 기능 수행에 드물에 제한을 받는 경우로, 다른 사람의 도움이 약간 필요한 경우, 5 = 장애로 인하여 해당 기능 수행에 거의 제한을 받지 않는 경우로, 다른 사람의 도움이 거의 필요 없는 경우)

출처: 한국장애인고용공단(2008). https://hub.kead.or.kr/eovOccpSkllCallPrsecPrsecGuidance.do

(3) 취업준비체크리스트

취업준비체크리스트(한국장애인고용공단, 2021)는 일본에서 개발되어 한국장애인고용공단이 번안하여 사용하고 있는 검사로, 장애인 구직자의 취업 관련 심리 및 행동 영역 준비 정도를 파악하는 검사이다. 주로 직업상담과정에서 활용되고 특수교육기관에서 장애학생의 직업준비를 파악하는 기초자료로도 유용하게 활용 가능하다. 검사 대상은 구직을 희망하는 모든 장애인이며, 장애 유형과 상관없이 실시할 수 있다. 이 검사는 타인보고형 검사도구로 개발되었고, 자기보고도 가능하다. 소요 시간은 30분 정도이다.

이 검사는 총 44문항으로 구성되며, 9개 영역(일반적 속성, 취업욕구, 직업생활의 유지, 이동, 사회생활/과제수행, 손기능, 자세와 지구력, 정보의 이해와 전달, 이해와 학습능력)으로 구분된다. 영역별 문항 수와 구체적인 문항 내용은 〈표 7-10〉과 같다. 모든 문항은 위계 척도를 활용하여 측정한다. 이 검사는 한국장애인고용공단 장애인직업능력평가포털(https://hub.kead.or.kr/eovEmpymnPrpareCheckListGuidance.do)에서 온라인으로 실시할 수 있고, 실시 이후에는 검사 결과 프로파일이 제공된다. 취업준비체크리스트 결과는 총점과 백분위 점수가 제시되고, 이에 따라 피검사의 취업 준비

수준을 '준비됨, 일부 준비됨, 준비 부족, 준비 안 됨'이라는 네 가지 수준으로 구분하여 제시한다.

〈표 7-10〉 취업준비체크리스트 문항 내용

영역	문항 수	문항 내용
일반적 속성	5	연령, 취업경험, 운전면허, 자격면허, 직업훈련
취업욕구	4	일에 대한 관심, 희망 진로, 직업정보의 취득, 경제생활
직업생활의 유지	8	신변처리 자립 정도, 증상의 변화, 의료조치, 의료의 자리관리, 건강의 자기관리, 체력, 근무체제, 주변 상황
이동	5	외출, 대중교통의 이용, 평지의 이동, 계단 오르기, 보행기술
사회생활/과제수행	2	과제의 수행, 사회생활의 수행
손기능	6	손가락운동, 손가락운동 속도, 어깨/팔/가슴 동작, 우세 손의 동작, 정교성, 상지의 근력
자세와 지구력	4	자세의 변화, 들어올리는 힘, 앉은 자세의 지속, 선 작업의 지속
정보의 이해와 전달	5	시각기능, 시각분별기능, 청각기능, 커뮤니케이션 방법, 쓰기 표현의 방법
이해와 학습능력	5	언어적 이해력, 말하는 능력, 독해력, 쓰는 능력, 숫자처리능력

주: 위계 척도 사용(취업 욕구 문항 8 응답의 예: 1 = 관심이 없고 정보를 수집한 적이 없다, 2 = 관심은 있으나 정보를 얻는 방법을 모르기 때문에 적극적으로 수집한 적이 없다, 3 = 관심은 있으며 상담하는 것만이 아니라 스스로 정보를 얻고자 직접 행동한다)

출처: 한국장애인고용공단(2021). https://hub.kead.or.kr/eovEmpymnPrpareCheckListGuidance.do

(4) 직업준비검사 개정판

직업준비검사 개정판(김정일, 최지혜, 윤보아, 박정호, 2023)은 지적 및 자폐성 장애인이 취업을 준비하고 식업을 유지하는 데 필요한 직업준비행동을 체계적으로 평가하는 표준화된 검사이다. 이 검사는 장애학생의 직업준비기능 관련 강점 및 약점을 파악하는 데 유용하고, 전환계획 수립, 진로ㆍ직업교육 프로그램 개발에 기초자료로 활용될 수 있다. 또한 개별 맞춤 행동지원 프로그램 개발을 할 수 있도록 직업준비훈련 안내서에 '행동 지원 프로그램 요약표'와 '직업준비훈련 계획서'가 제공된다. 검사 대상은 만 13세 이상의 지적 및 자폐성 장애인으로, 취업 준비를 시작하는 단계에서 활용하면 유용하다. 이 검사는 타인보고형 검사도구로 관찰, 면담 등을 통해 평가할 수 있다. 소요 시간은 10분 정도이다.

이 검사는 총 63문항으로 구성되며, 3개 영역(인지적 행동, 사회정서적 행동, 고용유지행동)과 7개 요인(일상생활기술, 인지기술, 자존감, 직업의식, 사회기술, 직업 관련 기술, 작업기술)으로 구분된다. 영역별 문항 수와 구체적인 문항 내용은 〈표 7-11〉과 같다. 모든 문항은 4점 척도를 활용하여 측정한다. 검사 결과는 두 가지 규준을 적용하며, 직업 수준에 상관없이 '취업장애인 규준'이 제공되고, 피검사의 직업 수준에 따라 '직업적응훈련 규준' '보호고용 규준' '지적 및 자폐성장애인 규준'이 적용된다.

〈표 7-11〉 직업준비검사 개정판 문항 내용

영역	요인	문항 수	문항 내용
인지적 행동	일상생활기술	7	개인위생, 세탁하기, 식사 예절, 집안일 돕기, 건강관리
	인지기술	13	읽기, 시간개념, 수개념, 덧셈과 뺄셈, 금전 개념, 전화 사용 능력, 정보 전달력, 대중교통 이용 능력, 물건 구매 능력, 인터넷 활용 능력
사회·정서적 행동	자존감	8	자아상, 자기옹호, 자신감, 자기존중, 자기표현, 자기반성
	직업의식	7	직업욕구, 직업의식, 자기이해, 구직활동
	사회기술	9	감정관리, 대인관계, 상사와의 관계, 동료와의 관계
고용유지 행동	직업 관련 기술	8	작업습관, 근무태도, 작업태도, 안전 수칙 준수, 작업 인내력
	작업기술	11	양손 민첩성, 작업 정확성, 작업 수행, 작업숙련도, 작업도구 사용능력, 작업응용, 작업적응, 지원 정도, 작업수정

주: 4점 척도 사용(1 = 고용이 어려울 정도로 수행이 안 됨, 2 = 고용 시 문제가 될 정도로 일관성이 없는 수행을 보임, 3 = 강점은 아니더라도 적절하게 수행함, 4 = 고용이 가능할 정도로 수행이 잘됨)

출처: 김정일, 최지혜, 윤보아, 박정호(2023).

요 약   제7장에서는 전환평가의 개념, 종류 및 특징을 살펴보았다.

1. 전환평가는 전환교육의 초석이다. 장애학생의 생애기적 전환, 즉 고등학교를 졸업하고 맞닥뜨리게 되는 성인으로서의 전반적인 삶에 관련된 장애학생과 가족에 대한 정보를 체계적으로 수집하는 과정이다.

2. 전환평가는 장애학생의 종합적인 전환 요구를 파악하고, 전환계획 수립 과정에 영향을 미치며, 전환 목표, 중등이후 목표의 작성을 이끈다. 장애학생 개별적 접근이 중요하며, 장애학생과 가족을 중심으로 전환평가를 실행하는 것이 필요하다.

3. 전환평가는 형식적인 평가와 비형식적인 평가로 유형화할 수 있고, 신체능력, 인지능력, 심리정서 능력, 직업능력 등 영역별로 전환평가 도구가 다양하다. 장애학생에게 필요한 평가 도구를 선택하여 활용하는 것이 필요하고, 관찰이나 면담 등 자연스러운 환경에서 비형식적으로 전환에 관한 정보를 수집하는 것도 필요하다.

활 동   1. 장애학생을 위한 전환교육에서 전환평가의 역할과 중요성에 대해 서술해 봅시다.

2. 제1장의 사례 중에서 1개를 선택하고 전환평가의 특징 다섯 가지를 고려하여 전환평가 단계를 체계적으로 수립해 봅시다.

3. 제1장의 사례 중에서 1개를 선택하고 이 장에서 제시한 전환평가도구 중 1개를 실제로 적용하여 실행한 후에 개별화전환계획에 활용할 수 있도록 결과보고서를 작성해 봅시다.

제8장

전환능력검사의 실시

송승민

1. 전환능력검사의 개요

1) NISE-TEEMH

NISE-TEEMH('나이스–팀')은 'National Institute of Special Education–Transition Education Competency System for Students Elementary, Middle, & High School Students with Disabilities'의 약자로 초 · 중 · 고등학교 특수교육대상자에게 전환능력검사를 실시하고, 검사 결과를 기반으로 하여 교과연계 전환역량 향상 프로그램을 제공하는 체계이다. NISE-TEEMH의 특징은 다음과 같다. 첫째, 전환능력검사와 교과연계 전환역량 향상 프로그램으로 구성된다. 둘째, 전환능력검사를 실시하고 웹기반으로 채점 후 결과보고서를 제공한다. 셋째, 전환능력검사 결과를 반영하여 개별화(전환)교육계획을 수립할 수 있는 자료를 제공한다. 넷째, 학생용 워크북, 교사용 지도서, 사용자 매뉴얼 등의 자료를 제공한다.

NISE-TEEMH은 전환능력검사, 학생용 워크북, 교사용 지도로 구성되며, 이에 대한 내용을 살펴보면 다음과 같다. 먼저, 전환능력검사는 특수교육대상자가 지역사회에서 생활하고, 일하고, 학습하는 데 필수적인 기술의 수준을 측정하는 도구로, 초등학교 5~6학년용, 중학교용, 고등학교용의 3종류가 있다. 전환능력검사를 실시한 후 웹 시스템에서 결과보고서를 출력할 수 있으며, 그 결과보고서의 내용을 반영하여 학생의 개별화(전환)교육계획서를 작성할 수 있다. 그다음, 학생용 워크북은 학생용 워크북은 특수교육대상자의 전환능력을 향상하기 위한 교과연계 프로그램으로서 전환능력검사의 문항별로 개발되어 있다. 이 워크북은 초등학교 5~6학년용, 중학교용, 고등학교용의 3종류가 있다. 마지막으로, 교사용 지도서는 교사가 특수교육대상자의 전환능력을 향상하기 위한 교과연계 프로그램인 학생용 워크북을 지도할 수 있는 안내서로서 전환능력검사의 문항별로 개발되어 있다. 이 지도서는 초등학교 5~6학년용, 중학교용, 고등학교용의 3종류가 있다.

2) 전환능력검사의 목적과 방향

특수교육은 장애학생이나 특별한 교육적 요구가 있는 학생에게 적절하고 통합된 교육환경을 제공하고 생애주기에 따라 장애 정도 및 특성을 고려한 교육을 실시하여 이들이 자아실현과 사회통합을 하는 데 기여한다. 특수교육의 제공이 장애인의 삶의 질 향상에 기여해야 한다는 주장과 함께 강조된 것이 바로 전환교육이다(박희찬, 2013). 성인기 장애인의 사회적 통합은 학령기에 각 학교 수준별 성공적인 학교생활 적응과 다음 단계 학교로의 성공적 전환이 축적된 결과라고 볼 수 있다(나수현, 박승희, 2008; Carter et al., 2005; Zeendyk et al., 2003).

「장애인 등에 대한 특수교육법」에 제시된 특수교육의 목적에 따라 학령기 특수교육은 성인기 삶을 체계적으로 준비하여 학교에서 지역사회로의 삶으로 성공적인 전환이 이루어질 수 있도록 해야 한다. 장애학생에게 있어 전환은 상급학교로 나아감에 따라 여러 번 있게 되고, 학령기의 각 단계에서 보여 주는 전환성과들은 이후의 삶을 성공적으로 이끌 가능성을 높여 준다(김진호, 2016; 박희찬, 2000; 이기태, 최지연, 2021; McDonnell & Hardman, 2010). 전환이 장기적으로 종적 연계 속에서 준비되기 위해서는 초·중·고등학교 및 그 이후 성인으로서의 삶을 준비하는 계획이나 과정이 보다 체계적으로 운영되어야 한다. 특수교육을 통하여 자립생활기술을 향상하고, 고용과 지역사회로의 성공적인 전환에 필요한 지원이 학령기 동안 지속되어야 한다. 이를 위해 학생의 전환교육 목표를 달성할 수 있도록 학교교육과정을 적절하게 편성·운영해야 하며, 성인으로서의 자립과 직업으로의 전환 가능성을 극대화시킬 수 있어야 한다. 따라서 각 학생의 전환능력을 측정하여 전환에 대한 현재 수준을 평가하고 그 결과를 교육과정과 연계할 수 있도록 전환능력검사를 활용해야 한다.

전환능력검사는 다음과 같은 방향에서 개발되었다(국립특수교육원, 2022c). 첫째, 학령기를 마친 후 지역사회의 자립생활과 직업생활을 목표로 하여 하향식으로 고등학교, 중학교, 초등학교용 전환능력을 측정할 수 있는 검사를 개발하였다. 둘째, 전환능력검사는 학교급별로 종적 연계성을 가질 수 있도록 검사의 영역을 동일하게 유지하되, 검사의 하위 영역과 문항에서는 학교급별 학생들의 수준에 적합하도록 조정하였다. 셋째, 검사 문항에 대한 측정을 객관적이고 신뢰할 수 있도록 문항에 대한 수행예시와 함께 5점 척도에 대한 기준을 수행 비율, 지원 강도, 지원 기간, 지원 방법 등을 종합적으로 고려하였다. 넷째, 규준은 지적장애와 자폐성장애의 장애 유형과 특수학교와 특수학급의 학교 유형 등을 고려하여 표집한 발달장애인용으로 개발하였다. 다섯째, 전환능력검사의 채점 및 결과보고서 작성은 교사가 수기로 할 수 있도록 관련 자료들을 제시하되, 향후 웹 기반 시스템 구축 시 활용할 수 있도록 내용과 방법을 설계하였다. 여섯째, 전환능력검사의 결과가 학생들의 개별화교육계획 작성에 고려될 수 있도록 하며, 학교교육과정의 편성·운영을 통하여 학생들의 전환역량을 향상할 수 있도록 교육과정과 연계할 수 있도록 하였다.

3) 전환능력검사의 구성

전환능력검사에서의 전환역량은 초·중·고등학교에 재학 중인 장애학생이 향후 성인으로 살아갈 준비를 하는 데 갖추어야 할 필수 기술로 '자립' '직업' '계속교육' '공통'의 4개 영역이다. 특수교육대상자가 학령기 동안 함양해야 할 전환역량은 궁극적으로는 자립과 직업이며, 계속교육은 자립과 직업에 도달하는 과정에서 연계하여 작용할 수 있다. 또한 자립, 직업, 계속교육의 기초가 되는 공통 영역의 역량을 설정하였다.

전환역량에 해당하는 4개 영역의 정의와 각각의 하위 영역들을 중학교용 검사를 중심으로 살펴보면 다음과 같다. 먼저, '자립'은 가정, 학교, 직장 등 지역사회 구성원으로서 독립적이고 주도적으로 살아가는 데 필요한 역량이다. 이 역량은 자기관리, 가정생활, 건강, 돈관리, 지역사회생활, 여가생활의 6개 하위 영역으로 구성된다.

[초등학교]

Ⅰ-1. 자기관리: 자기관리는 자립생활을 영위하기 위해 일상생활에 필요한 기본적인 능력으로 식사, 개인위생 관리, 옷 입기, 신변처리 등의 내용으로 구성된다.

Ⅰ-2. 가정생활: 가정생활은 가정에서의 여러 가지 집안일을 처리하기 위해 필요한 기본적인 능력으로 간식준비, 식사 후 정리, 청소, 세탁 등의 내용으로 구성된다.

Ⅰ-3. 건강: 건강은 건강하고 안전한 삶을 유지할 수 있는 능력으로 운동, 건강 관리, 병원 진료, 약 복용, 신체 변화 대응, 아픈 상황에 대한 대처 등의 내용으로 구성된다.

Ⅰ-4. 돈 관리: 돈 관리는 개인이 경제적인 자립생활을 영위하기 위해 필수적으로 요구되는 능력으로 화폐 관리, 화폐 금액 파악, 현금 사용, 용돈 관리 등의 내용으로 구성된다.

Ⅰ-5. 지역사회생활: 지역사회생활은 지역사회 구성원으로 살아가기 위해 습득해야 할 기술과 능력으로 이동, 교통수단, 교통 안전규칙, 공공기관 및 편의시설 이용 등의 내용으로 구성된다.

Ⅰ-6. 여가생활: 여가생활은 자신이 자유롭게 사용할 수 있는 시간에 삶의 활력을 가질 수 있도록 수행하는 자발적인 능력으로 여가시설 이용, 혼자 혹은 함께하는 여가활동으로 구성된다.

[중학교]

Ⅰ-1. 자기관리: 자기관리는 자립생활을 영위하기 위해 일상생활에 필요한 기본적인 능력으로 식사, 개인위생 관리, 외모 관리, 외출준비 등의 내용으로 구성된다.

Ⅰ-2. 가정생활: 가정생활은 가정에서 일어나는 여러 가지 집안일을 처리하는 데 필요한 기본적인 능력으로 식사준비, 청소, 빨래, 기기 사용 등의 내용으로 구성된다.

Ⅰ-3. 건강: 건강은 건강하고 안전한 삶을 유지할 수 있는 능력으로 운동, 체중 관리, 병원 진료, 약 복용, 신체변화 대응, 응급상황 대처, 보조공학기기 사용 등의 내용으로 구성된다.

Ⅰ-4. 돈 관리: 돈 관리는 개인이 안정적인 자립생활을 영위하기 위해 필수적으로 요구되는 능력으로 현금과 카드의 사용, 용돈 관리, 은행거래 등의 내용으로 구성된다.

Ⅰ-5. 지역사회생활: 지역사회생활은 지역사회 구성원으로 살아가기 위해 습득해야 할 기술과 능력으로 이동, 교통수단, 교통 안전규칙, 공공기관 및 편의시설 이용 등의 내용으로 구성된다.

Ⅰ-6. 여가생활: 여가생활은 자신이 자유롭게 사용할 수 있는 시간에 삶의 활력을 가질 수 있도록 수행하는 자발적인 활동으로 여가활동 계획, 여가 프로그램 정보 활용, 여가시설 이용, 혼자 혹은 함께하는 여가활동으로 구성된다.

[고등학교]

Ⅰ-1. 자기관리: 자기관리는 자립생활을 영위하기 위해 일상생활에 필요한 기본적인 능력으로 개인위생 관리, 외모 관리, 일정 관리 등의 내용으로 구성된다.

Ⅰ-2. 가정생활: 가정생활은 가정에서 일어나는 여러 가지 집안일을 처리하는 데 필요한 기본적인 능력으로 식사, 청소, 빨래, 기기 사용 등의 내용으로 구성된다.

Ⅰ-3. 건강: 건강은 건강하고 안전한 삶을 유지할 수 있는 능력으로 건강관리, 질병 예방, 임신과 피임, 안전사고 예방 및 대처 등의 내용으로 구성된다.

Ⅰ-4. 돈 관리: 돈 관리는 개인이 안정적인 자립생활을 영위하기 위해 필수적으로 요구되는 능력으로 현금과 카드의 사용, 수입과 지출의 파악, 은행거래 등의 내용으로 구성된다.

Ⅰ-5. 지역사회생활: 지역사회생활은 지역사회 구성원으로 살아가기 위해 습득해야 할 기술과 능력으로 이동, 교통수단, 공공기관 및 편의시설 이용 등의 내용으로 구성된다.

Ⅰ-6. 여가생활: 여가생활은 자신이 자유롭게 사용할 수 있는 시간에 삶의 활력을 가질 수 있도록 수행하는 자발적인 활동으로 여가시간 계획, 여가 프로그램 정보 활용 및 시설 이용, 개인·단체 여가활동, 실내·외 여가활동 등의 내용으로 구성된다.

'직업'은 자신에 대한 이해와 직업 세계에 대한 탐색을 바탕으로 자신에게 적합한 직업을 선택하고 직업인으로서의 생활을 유지하는 데 필요한 역량이다. 직업생활 영역은 3개의 하위 영역으로 구성된다.

[초등학교]

Ⅱ-1. 직업인식: 직업인식은 자신의 꿈과 특성에 대한 이해를 기반으로 일의 소중함을 인식하고 다양한 직업의 유형을 탐색하는 능력으로 자기 이해, 직업의 의미, 직업의 소중함, 직업세계의 탐색 등의 내용으로 구성된다.

Ⅱ-2. 직업기능: 직업기능은 작업을 수행하는 데 필요한 기초적인 능력으로 지시에 따른 과제수행 능력, 사물의 구분과 생활용품 사용 능력, 정보통신 기기의 사용 능력, 신속하고 정확한 과제수행능력 등의 내용으로 구성된다.

Ⅱ-3. 직업생활: 직업생활은 직업을 갖고 난 이후 직업인으로 생활하는 데 필요한 능력으로 우선 학교에서 함양할 수 있는 규칙 및 시간, 맡은 일, 안전사고, 또래와 협력의 내용으로 구성된다.

[중학교]

Ⅱ-1. 직업탐색: 직업탐색은 자신의 특성에 대한 이해를 기반으로 하여 직업의 역할과 다양한 직업의 유형을 탐색하는 활동으로 자기 이해, 직종의 탐색, 직업훈련 및 취업기관의 탐색, 직업정보 수집 등의 내용으로 구성된다.

Ⅱ-2. 직업기능: 직업기능은 직무에서 요구되는 작업 활동에 필요한 기본적인 능력으로 기초학습 능력, 신체 능력, 도구 사용 능력, 컴퓨터 활용 능력, 과제의 정확성 및 신속성 등의 내용으로 구성된다.

Ⅱ-3. 직업생활: 직업생활은 직업을 갖고 난 이후 직업인으로 생활하는 데 필요한 능력을 기르기 위하여 학교생활에서 기를 수 있는 태도로 규칙 및 시간, 맡은 일, 안전사고, 친구와 협력 등의 내용으로 구성된다.

[고등학교]

Ⅱ-1. 직업준비: 직업준비는 자신과 직업에 대한 이해를 바탕으로 취업을 준비하기 위한 기본적인 능력과 태도로 자기 이해와 직업탐색, 취업 준비 및 면접 참여 등의 내용으로 구성된다.

Ⅱ-2. 직업기능: 직업기능은 직무에서 요구되는 작업 활동에 필요한 기본적인 능력과 태도로 기초학습 능력, 신체 능력, 도구 사용 능력, 컴퓨터 활용 능력, 과제의 정확성 및 신속성 등의 내용으로 구성된다.

Ⅱ-3. 직업생활: 직업생활은 직업을 갖고 난 이후 직업인으로 생활하는 데 필요한 능력과 태도로 출퇴근, 근로계약, 맡은 업무, 팀 협력, 급여 관리의 내용으로 구성된다.

'계속교육'은 특수교육대상학생을 위한 교육으로 생애 전반에 걸쳐 원하는 교육을 받아 개인의 삶의 질을 향상할 수 있는 역량이다. 계속교육 영역은 초등학교, 중학교 2개의 하위 영역, 고등학교 3개의 하위 영역으로 구성된다.

[초등학교]

Ⅲ-1. 기초교육: 기초교육은 학습 목표에 도달하기 위해 선행적으로 습득되어야 하거나 중재 단계에서 요구되는 가장 기초적이고 기본적인 자세나 태도를 갖추는 능력으로 학습준비 기술, 주의 집중, 읽기, 쓰기, 셈하기 등의 내용으로 구성된다.

Ⅲ-2. 중학교 준비교육: 중학교 준비교육은 장차 중학교 진학 후 적합한 교육을 받기 위해 초등학교에서 향상해야 할 능력으로 학습기술, 학습동기, 중학교에 대한 탐색, 중학교 입학 상담 등의 내용으로 구성된다.

[중학교]

Ⅲ-1. 기초교육: 기초교육은 목표에 도달하는 데 필요한 중재 단계 혹은 선행적으로 습득되어야 할 일상생활에 필요한 기본적인 학습기술로 학습준비기술, 읽기, 쓰기, 셈하기 등의 내용으로 구성된다. 기초학습은 주로 중증장애학생을 고려한 하위 영역이다.

Ⅲ-2. 고등학교 준비교육: 고등학교 준비교육은 고등학교에서 일반교양과 직업기초기술 교육이 가능하도록 하기 위하여 중학교에서의 학습기술, 학습동기, 자기주도적 학습, 고등학교 탐색, 고등학교 입학상담 등의 내용으로 구성된다.

[고등학교]

Ⅲ-1. 기초교육: 기초학습은 목표에 도달하는 데 필요한 중재 단계 혹은 선행적으로 습득되어야 할 일상생활에 필요한 기본적인 학습기술로 학습준비기술, 읽기, 쓰기, 셈하기 등의 내용으로 구성된다. 기초학습은 주로 중증장애학생을 고려한 하위영역이다.

Ⅲ-2. 평생교육: 평생교육은 생애 전반에 걸쳐 원하는 교육을 받기 위한 능력으로 평생교육기관 찾기, 분야 선택, 수강 등록 및 이수, 규칙 준수, 복지제도 활용 등의 내용으로 구성된다.

Ⅲ-3. 대학교 준비교육: 대학교 준비교육은 대학 혹은 전문대학에서 제공하는 교육을 받기 위한 능력으로 고등교육기관 찾기, 교육을 받기 위한 동기와 기술, 학칙 준수, 복지제도 활용 등의 내용으로 구성된다.

'공통'은 학교에서 지역사회로의 전환을 위하여 필요한 기본적인 역량이며 자립, 직업, 계속교육에서도 공통적으로 요구되는 역량이다. 공통 영역은 의사소통, 대인관계, 자기결정의 3개 하위 영역으로 구성된다.

[초등학교]

Ⅳ-1. 의사소통: 의사소통은 구어 또는 비상징적인 방식을 사용하여 상대방과 생각이나 감성 등을 상호 교환하는 능력으로, 감정이나 생각 표현, 먼저 말을 걸거나 대답, 도움 요청, 존댓말, 정보통신 기기 활용 의사소통 등의 내용으로 구성된다.

Ⅳ-2. 대인관계: 대인관계는 사람과 사람 사이에서 관계를 형성 및 유지할 수 있는 능력으로 인사, 공감하기, 허락 구하기, 친구 사귀기, 예절 지키기 등의 내용으로 구성된다.

Ⅳ-3. 자기결정: 자기결정은 삶의 과정에서 주체적으로 선택하거나 결정하는 능력으로 자신의 특성, 정보 관리, 의견 주장, 일의 선택, 문제 상황 대처, 목표 파악과 실천, 투표 참여 등의 내용으로 구성된다.

[중학교]

Ⅳ-1. 의사소통: 의사소통은 언어적, 비언어적 방법을 통하여 사람들 간에 생각이나 감정 등을 교환하기 위한 기본적인 능력으로 감정 표현, 대답, 도움 요청, 존댓말, 정보통신 기기 활용 의사소통 등의 내용으로 구성된다.

Ⅳ-2. 대인관계: 대인관계는 사람과 사람 사이에서 발생하는 문제를 적절히 해결할 수 있는 능력으로 인사, 허락 구하기, 이성 교제, 예절 지키기, 문제·갈등 상황 등의 내용으로 구성된다.

Ⅳ-3. 자기결정: 자기결정은 일상생활, 학교생활 및 진로와 관련된 상황에서 개인이 주체적으로 선택, 결정하는 능력으로 자기인식, 자기옹호, 정보 파악, 목표 계획과 실천, 진로 탐색 및 선택, 참여 및 차별 대처의 내용으로 구성된다.

[고등학교]

Ⅳ-1. 의사소통: 의사소통은 언어적, 비언어적 방법을 통하여 사람들 간에 생각이나 감정 등을 교환하기 위한 기본적인 능력으로 감정 표현, 대답, 도움 요청, 존댓말, 정보통신 기기 활용 의사소통 등의 내용으로 구성된다.

Ⅳ-2. 대인관계: 대인관계는 사람과 사람 사이에서 발생하는 문제를 적절히 해결할 수 있는 능력으로 인사, 허락 구하기, 이성 교제, 예절 지키기, 문제·갈등 상황 해결 등의 내용으로 구성된다.

Ⅳ-3. 자기결정: 자기결정은 일상생활, 직업생활 및 진로와 관련된 상황에서 개인이 주체적으로 선택, 결정하는 능력으로 정보 관리, 목표 계획과 실천, 진로 선택 및 수용, 차별 대처 및 참여의 내용으로 구성된다.

전환능력검사의 문항별 구성을 살펴보면 초등학교용 전환능력검사는 4개 영역, 14개 하위 영역, 85개 문항으로 구성되어 있고, 중학교용 전환능력검사는 4개 영역, 14개 하위 영역, 98개 문항으로 구성되어 있으며, 고등학교용 전환능력검사는 4개 영역, 15개 하위 영역, 114개 문항으로 구성되어 있다. 이를 정리하면 〈표 8-1〉과 같다.

〈표 8-1〉 전환능력검사의 문항 구성

영역		하위 영역	문항 수
Ⅰ.자립	초등학교	자기관리, 가정생활, 건강, 돈 관리, 지역사회생활, 여가생활	34개
	중학교		39개
	고등학교		42개
Ⅱ.직업	초등학교	직업인식, 직업기능, 직업생활	21개
	중학교	직업탐색, 직업기능, 직업생활	23개
	고등학교	직업준비, 직업기능, 직업생활	31개
Ⅲ.계속교육	초등학교	기초교육, 중학교 준비교육	9개
	중학교	기초교육, 고등학교 준비교육	11개
	고등학교	기초교육, 평생교육, 대학 준비교육	17개
Ⅳ.공통	초등학교	의사소통, 대인관계, 자기결정	21개
	중학교		25개
	고등학교		24개
계		초등학교: 85개 문항, 중학교: 98개 문항, 고등학교: 114개 문항	

2. 전환능력검사의 실시 방법

1) 검사자

　전환능력검사를 실시하는 검사자는 적어도 3년 이상의 교사 경력이 있으면서 지적장애나 자폐성장애 등 발달장애가 있는 학생을 지도해 본 특수교사를 권장한다. 특히 학생에 대한 강점 우선, 지원과 환경의 중요성, 전환교육 등을 이해하고, 교사나 부모와의 의사소통, 문제해결, 친밀도 형성, 일정 조정 등의 기술을 갖는 것이 필요하다. 아울러 심리검사의 개발, 실시, 채점, 분석, 결과보고서 이해 및 활용 등에 대한 기본적인 지식과 기술을 습득하고 있는 것이 필요하다.

　검사자는 학생의 특성에 대해 잘 알고 있는 특수교사가 직접 실시할 수도 있고, 관련 전문성을 가진 검사자가 교사나 부모를 면담하여 검사를 실시할 수도 있다. 이들 전문가는 특수교사 이외에 진로전담교사, 진로상담교사, 임상심리사 등이 될 수 있으며, 이들은 사전에 전환능력검사의 실시 방법을 정확하게 이해하는 연수를 받고 이

검사를 실시할 수 있는 임상적인 경험을 가져야 한다. 전환능력검사의 검사자가 되기 위해서는 전환능력검사의 개발 목적, 실시 방법, 채점, 규준, 결과 해석, 교과 연계 프로그램 개발과 적용 등에 대하여 10시간 이상 연수를 받을 필요가 있다.

검사자가 전환능력검사에 대해 이해하기 위해서는 『사용자 매뉴얼』의 내용을 숙지하는 것이 필요한데, 『사용자 매뉴얼』은 NISE-TEEMH 홈페이지의 [커뮤니티]-[자료실]에서 내려 받을 수 있다. 『사용자 매뉴얼』은 검사 실시 과정에서 척도에 대한 이해, 수행예시 및 척도예시에 대한 이해를 위하여 활용할 수 있다.

2) 실시 방법

전환능력검사는 초등학교 5~6학년군, 중학교, 고등학교 및 전공과 학생을 위한 3종의 검사로 구성되어 있으며, 모두 자립, 직업, 계속교육, 공통의 4개 영역으로 구성되어 있다. 이 검사를 실시하는 장소는 조용하고 다른 사람의 방해를 받지 않으며 검사자와 피검사자만 전용으로 사용할 수 있어야 한다.

이 검사를 실시하는 검사자는 전환능력검사를 정확하게 이해하고 학생을 충분히 파악하는 특수교사가 실시하는 것이 보편적일 수 있으나 검사 실시 전문가가 특수교육대상 학생의 담임교사 및 부모 등과의 면담을 통해 검사를 실시할 수도 있다. 면담을 통하여 검사를 실시할 때에는 전문가가 먼저 전환능력검사의 목적, 실시 방법, 척도 등에 대하여 설명한 다음 검사가 원만하게 이루어 질 수 있도록 친밀감을 가질 수 있는 시간을 갖는다.

〈표 8-1〉에서 보여 주듯이, 이 검사는 학교급에 따라 하위 영역 및 문항 수에서 차이가 난다. 검사자는 전환능력검사의 초·중·고등학교 학교급별로 확인한 후 각 문항을 빠짐없이 모두 검사하여 기록해야 한다.

검사자는 사전에 실시 지침서를 충분히 숙지하여야 하며, 검사 실사 과정에서 실시 지침서에 제시된 문항의 수행 예시, 1~5점의 척도를 이해할 수 있어야 한다. 각 문항에서 주어지는 수행 예시는 각 문항에 대한 이해를 도울 수 있도록 문항의 과제분석, 수행과정이나 구성 요소 등을 중심으로 작성되었다.

각 문항에 해당하는 기술을 수행하는 데 필요한 지원의 정도를 5점 척도로 구성하였다. 각 척도는 지원 강도에 따라 고강도, 중강도, 저강도, 모니터링이라는 용어를 사용하였고, 지원 기간에 따라 연중 항상, 6개월 이상, 1주일 이상, 1주일 이내 등으로 구분하였다.

그 외에 피검사자가 수행할 수 있는 비율을 15% 이하 수행, 16~50% 수행, 51~84% 수행, 85~99% 수행, 100% 수행 등으로 구분하였다. 그리고 지원 방법은 전반적 신체적 지원, 부분적 신체적 지원, 언어 혹은 그림 단서 제공, 확인 절차 제공, 지원 없음 등으로 구분하였다. 검사자는 피검사자가 각 문항을 수행하는 비율, 제공해야 할 지원의 강도나 기간, 지원 방법 등을 종합적으로 고려하여 1~5의 척도 중에서 하나를 선택하여 표시하면 된다. 개인의 현재 수행 정도에서 어느 정도, 어떤 방법 등으로 지원이 제공되면 그 항목을 수행할 수 있는지에 대하여 종합적으로 판단해서 측정한다. 전환능력검사의 척도와 척도의 판단 기준은 〈표 8-2〉에, 조사지의 예시는 〈표 8-3〉에 제시하였다.

〈표 8-2〉 전환능력검사의 척도와 척도의 판단 기준

	1. 전반적 지원	2. 확장적 지원	3. 제한적 지원	4. 간헐적 지원	5. 독립 수행
척도	양치를 하기 위해 고강도의 지원이 항상 필요함	양치를 하기 위해 중강도의 지원이 대부분의 기간 필요함	양치를 하기 위해 저강도의 지원이 일정 기간 필요함	스스로 양치를 할 수 있으나, 특정 상황이나 조건(예: 칫솔이나 치약 교체)에서 모니터링이 필요함	스스로 양치를 함
척도 판단 기준					
수행 비율	15% 이하 수행	16~50% 수행	51~84% 수행	85~99% 수행	100% 수행
지원 강도	고강도	중강도	저강도	모니터링	지원 없음
지원 기간	연중 항상	6개월 이상이지만 연중 항상은 아님	1주일 이상이지만 6개월 이내	1주 이내	지원 없음
지원 방법	전반적인 신체적 지원	부분적인 신체적 지원	언어 혹은 그림 단서 제공	확인 절차 제공	지원 없음

〈표 8-3〉 전환능력검사 조사지 예시

| 일반 사항 |

1. 검사 실시자의 성함을 적어 주십시오. (직접 기입)
( )

2. 검사 대상 학생 소속 학교의 지역을 선택하여 주십시오. (택 1)
① 광역시 ② 비광역시

3-1. 검사 대상 학생 소속 학교의 유형을 선택해 주십시오. (택 1)
① 특수학교 ② 특수학급

3-2. 검사 대상 학생 소속 학교명을 적어 주십시오. (직접 기입)
( )

4. 검사 대상 학생의 생년월일을 입력해 주십시오. (8자리로 입력, 예: 2010.07.01)
( )

5. 검사 대상 학생의 성별을 선택하여 주십시오. (택 1)
① 남자 ② 여자

6. 검사 대상 학생의 장애 유형을 선택하고 기타의 경우에는 적어 주십시오. (택 1 및 기타의 경우 장애 유형을 직접 기입)
① 지적장애 ② 자폐성장애 ③ 기타( )

7. 검사 대상 학생의 장애정도 및 특성 등을 고려할 때, 학생이 경중장애와 중증장애 중 어디에 해당한다고 생각하십니까? (택 1)
① 대체로 경중장애에 해당 ② 대체로 중증장애에 해당

• 검사 대상 학생이 각 문항의 활동을 고등학교 수준에서 기본적으로 수행하기 위해 어느 정도 지원이 필요한지를 고려하여 척도(1~5)에서 하나를 선택하여 체크(✓)하시기 바랍니다.

• 검사가 보다 신뢰할 수 있게 이루어질 수 있도록 검사 실시과정에서 반드시 [실시 지침서]를 참조하시기 바랍니다.

[영역 I. 자립]

• I -1. 자기관리에 관한 내용입니다.

하위 영역	번호	문항	1. 전반적 지원	2. 확장적 지원	3. 제한적 지원	4. 간헐적 지원	5. 독립 수행
I -1. 자기관리	I -1-1	식사를 한다.					
	I -1-2	양치를 한다.					
	I -1-3	세수를 한다.					
	I -1-4	목욕을 한다.					
	I -1-5	옷을 입는다.					
	I -1-6	화장실을 사용한다.					
	I -1-7	(여자) 월경을 처리한다. (남자) 면도를 한다.					
	I -1-8	의류를 세탁한다.					
	I -1-9	냉난방기를 사용한다.					

• I -2. 가정생활에 관한 문항입니다.

하위 영역	번호	문항	1. 전반적 지원	2. 확장적 지원	3. 제한적 지원	4. 간헐적 지원	5. 독립 수행
I -2. 가정생활	I -2-1	필요한 식품을 구입한다.					
	I -2-2	간단한 식사 준비를 한다.					
	I -2-3	음식을 조리한다.					
	I -2-4	식사 후 정리와 설거지를 한다.					
	I -2-5	생활 공간을 청소한다.					
	I -2-6	쓰레기를 분리배출한다.					
	I -2-7	의류를 세탁한다.					
	I -2-8	냉난방기를 사용한다.					

3) 채점 방법

전환능력검사의 채점 방법으로 검사자 채점 방법과 온라인 채점 방법이 있다. 검사자 채점 방법은 전환능력검사를 실시한 후 검사자가 직접 문항의 원점수를 더하여 수기로 하위 영역, 영역, 전체 점수를 채점한다. 이후 점수들을 검사 결과보고서에 기입하는 방식으로 이루어진다. 온라인 채점 방법은 국립특수교육원 홈페이지로 들어가 검사를 실시하면 자동으로 채점이 되고 결과보고서가 완성되는 방법으로, 이는 2024년부터 실시 가능하다.

전환능력검사의 영역과 하위 영역 점수에 해당하는 환산 점수를 규준표에서 확인할 수 있다. 규준표는 초등학교 5~6학년용, 중학교용, 고등학교용이 별도로 마련되어 있어 학생이 해당하는 학교급별로 적합하게 규준표를 사용해야 한다. 또한 각 학교급별 규준표는 학생의 변인에 따라 집단별로 차이가 있는 경우 별도의 규준표를 사용해야 하므로 이 점을 유의해야 한다. 예를 들면, 중학교용 전환능력검사의 규준표는 영역과 하위 영역에 따라 별도로 작성되어 있다. 또한 학생이 '특수학교에 배치되어 있는가?' 혹은 '특수학급에 배치되어 있는가?' 그리고 학생이 '지적장애가 있는가?' 혹은 '자폐성장애가 있는가?'에 따라서 다른 규준표를 사용해야 한다.

3. 검사 결과 해석

1) 결과보고서의 전체 구성

전환능력검사는 초등학교용, 중학교용, 고등학교용의 3종으로 구성되어 있으며, 피검사자가 소속되어 있는 학년군에 따라 알맞게 검사 도구를 선택하여 실시할 수 있다. 전환능력검사는 자립, 직업, 계속교육, 공통의 영역은 동일하나, 하위 영역이나 문항에서 초등학교용, 중학교용, 고등학교용에 따라 차이가 있어 결과보고서의 내용에도 차이가 있다. 결과보고서에는 표지, 일반 정보, 원점수 요약, 영역 점수와 프로파일, 하위 영역 점수와 프로파일, 문항 점수, 검사 결과 해석, 검사 결과 활용, 검사 소개, 국립특수교육원 전환역량 시스템의 소개, 판권, 검사자 소견으로 구성되어 있으며, 고등학교용 기준 전환능력검사 결과보고서의 예시는 [그림 8-1]과 같다.

전환능력검사는 2024년부터 검사의 편의성과 효율성을 위하여 국립특수교육원에서 전환능력검사 웹사이트를 이용할 수 있으며, 검사자가 수기로 결과를 입력하고 검사보고서를 작성할 수 있다. 웹 기반 형태로 전환능력검사를 실시한 후 자동으로 계산되어 작성된 결과보고서를 PDF 형태의 파일로 확인할 수 있다. 결과보고서를 확인하기 위해서는 Acrobat Reader와 같은 전용 뷰어 프로그램이나 Chrome과 같은 호환 가능한 브라우저를 통해 결과 내용을 살펴볼 수 있다.

4쪽: 하위 영역 프로파일

5쪽: 문항 점수 1

6쪽: 문항 점수 2

7쪽: 문항 점수 3

8쪽: 문항 점수 4

9쪽: 문항 점수 5

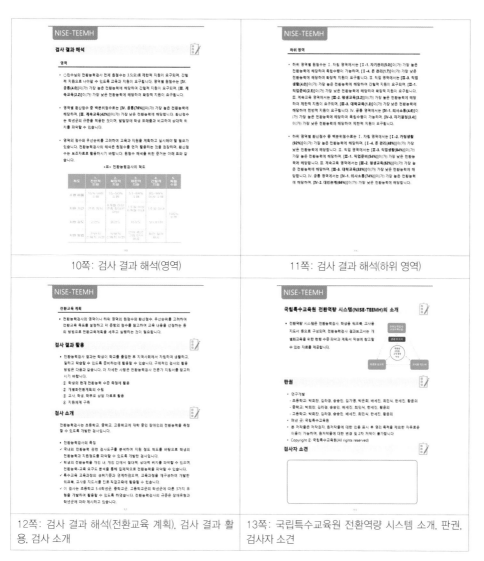

10쪽: 검사 결과 해석(영역)	11쪽: 검사 결과 해석(하위 영역)
12쪽: 검사 결과 해석(전환교육 계획), 검사 결과 활용, 검사 소개	13쪽: 국립특수교육원 전환역량 시스템 소개, 판권, 검사자 소견

[그림 8-1] 전환능력검사 고등학교용의 결과보고서 예시

출처: 국립특수교육원(2022a)의 내용을 재구성함.

2) 검사의 해석

원점수는 각 학생이 어느 정도 지원을 받아야 수행이 가능한지를 측정할 수 있어 그 자체로 중요한 의미를 지닌다. 즉, 어떤 학생이 자립 영역의 자기관리 하위 영역 평균이 3.3점이라면 이 학생은 제한적 지원과 간헐적 지원 사이에 위치하는 점수이며, 향후 간헐적 지원을 제공해야 하는 수준을 목표로 프로그램을 제공할 수 있어야 한다. 환산 점수는 이 학생의 상대적인 위치를 파악할 수 있게 해 준다. 환산 점수는 발달장애학생을 대상으로 한 것으로 백분위 점수와 T 점수를 통하여 발달장애학생 중에서 어느 정도 상대적인 위치에 해당하는지 파악하여 학교나 학급 프로그램 개발에 대한 시사점을 줄 수 있다.

전환능력검사의 해석은 제1장에서 제시한 7명의 사례를 중심으로 기술하였으며 각 사례별 결과를 제시하면 〈표 8-4〉와 같다. 먼저, 지민(사례 1)은 초등학교 일반학급에 재학 중인 뇌성마비 학생으로, 전환능력검사 전체 점수의 평균은 4.2로 간헐적 지원이 필요한 것으로 확인되었다. 영역별 점수는 자립 4.2, 직업 4.4, 계속교육 3.7, 공통 4.1인 것으로 나타났다.

민준(사례 2)은 특수학교 중학교에 재학 중인 지적장애 학생으로, 전환능력검사 전체 점수의 평균은 3.1으로 제한적 지원이 필요한 것으로 확인되었다. 영역별 점수는 자립 3.0, 직업 2.7, 계속교육 3.4, 공통 3.4인 것으로 나타났다.

예슬(사례 3)은 특수학급 중학교에 재학 중인 자폐성장애 학생으로 전환능력검사 전체 점수의 평균은 4.4로 간헐적 지원이 필요한 것으로 확인되었다. 영역별 점수는 자립 4.5, 직업 4.5, 계속교육 4.9, 공통 4.0인 것으로 나타났다.

영훈(사례 4)은 특수학교 고등학교에 재학 중인 시각중복장애 학생으로, 전환능력검사 전체 점수의 평균은 1.1으로 전반적 지원이 필요한 것으로 확인되었다. 영역별 점수는 자립 1.0, 직업 1.0, 계속교육 1.0, 공통 1.3인 것으로 나타났다.

민수(사례 5)는 일반 고등학교에 재학 중인 지적장애 학생으로, 전환능력검사 전체 점수의 평균은 3.6으로 제한적 지원과 간헐적 지원 사이에 있는 것으로 확인되었다. 영역별 점수는 자립 3.8, 직업 3.6, 계속교육 2.2, 공통 4.0인 것으로 나타났다.

소영(사례 6)은 특성화 고등학교에 재학 중인 청각장애 학생으로, 전환능력검사 전체 점수의 평균은 4.9로 독립 수행이 가능한 것으로 확인되었다. 영역별 점수는 자립 5.0, 직업 4.9, 계속교육 4.7, 공통 5.0으로 전반적으로 높은 것으로 나타났다.

재윤(사례 7)은 특수학교 전공과에 재학 중인 지적장애 학생으로, 전환능력검사 전체 점수의 평균은 2.7로 제한적 지원에 가까운 것으로 확인되었다. 영역별 점수는 자립 3.1, 직업 2.3, 계속교육 1.3, 공통 3.7인 것으로 나타났다.

〈표 8-5〉 전체 사례의 전환능력검사 결과

사례	학교 수준	전환능력검사 결과				
		Ⅰ. 자립	Ⅱ. 직업	Ⅲ. 계속교육	Ⅳ. 공통	계
1. 지민	초등학교	4.2	4.4	3.7	4.1	4.2
2. 민준	중학교(학교)	3.0	2.7	3.4	3.4	3.1
3. 예슬	중학교(학급)	4.5	4.5	4.9	4.0	4.4
4. 영훈	고등학교(학교)	1.0	1.0	1.0	1.3	1.1
5. 민수	고등학교(일반고)	3.8	3.6	2.2	4.0	3.6
6. 소영	고등학교(특성화고)	5.0	4.9	4.7	5.0	4.9
7. 재윤	전공과	3.1	2.3	1.3	3.7	2.7

　전환능력검사는 학령기를 마친 후 지역사회의 자립, 직업, 계속교육을 목표로 하여 초·중·고등학교에서 필요한 전환능력을 측정할 수 있는 검사도구로 학생의 현재 전환능력의 수준을 객관적으로 파악하고 그 결과를 바탕으로 개별화교육계획을 수립하는 데 활용할 수 있다. 전환능력검사는 학생의 개인 내 전환능력을 탐색할 수 있을 뿐만 아니라 초·중·고등학교와 같이 학생이 소속된 학년군에 따라 개인 간 전환능력을 상대적으로 분석할 수 있는 장점이 있다. 결과보고서의 해석 방법을 일반고등학교에 재학 중인 민수(사례 5)를 중심으로 살펴보면 다음과 같다.

1쪽: 일반 정보, 원점수 요약

• 일반 정보

일반 정보는 검사 실시 전 검사자가 피검사자의 정보를 기입한 내용으로 구성되어 있다. 일반 정보에는 성명, 생년월일, 성별, 장애명, 과정, 검사일, 검사자, 검사기관의 정보를 포함하고 있다. 일반 정보를 통하여 피검사자와 결과보고서의 대상이 일치하는지 확인할 수 있다.

전환능력검사는 학년군(초등학교, 중학교, 고등학교), 장애 유형(지적장애, 자폐성장애), 학교급(특수학교, 특수학급)에 따라 규준을 제시하고 있어 앞의 준거에 따라 학생의 상대적 위치를 파악할 수 있도록 개발하였으므로, 해당 정보가 정확히 기재되었는지, 학생의 정보와 일치하는지를 확인하는 것이 필요하다.

NISE-TEEMH

일반정보

성명	○민수	생년월일	2006.08.15
성별	남성	장애유형	지적장애
학교명	한국고등학교(특수학급)	학교급	고등학교
검사자	박철수	검사일	2023.03.22

원점수 요약

영역	영역 평균	하위 영역*	하위 영역 평균
I. 자립	3.8	1. 자기관리	5.0
		2. 가정생활	4.9
		3. 건강	3.1
		4. 돈 관리	1.7
		5. 지역사회생활	4.0
		6. 여가생활	3.8
II. 직업	3.6	1. 직업준비	2.5
		2. 직업기능	4.2
		3. 직업생활	4.6
III. 계속교육	2.2	1. 기초교육	2.2
		2. 평생교육	3.2
		3. 대학교육	1.3
IV. 공통	4.0	1. 의사소통	4.6
		2. 대인관계	4.4
		3. 자기결정	3.4
전체 평균	3.6	*초등학교, 중학교, 고등학교의 하위 영역은 상이함	

영역	정의
I. 자립	가정, 학교, 직장 등 지역사회 구성원으로서 독립적이고 주도적으로 살아가는 데 필요한 역량
II. 직업	자신의 이해와 직업 세계에 대한 탐색을 바탕으로 자신에게 적합한 직업을 선택하고 직업인으로서의 생활을 유지하는데 필요한 역량
III. 계속교육	특수교육대상학생을 위한 교육으로 생애 전반에 걸쳐 원하는 교육을 받아 개인의 삶의 질을 향상할 수 있는 역량
IV. 공통	학교에서 지역사회로의 전환을 위하여 필요한 기본적인 역량이며 자립, 직업, 계속교육에서도 공통적으로 요구되는 역량

• 원점수 요약

원점수 요약은 전환능력검사의 결과에서 핵심되는 내용을 우선적으로 파악할 수 있도록 하였다. 원점수 요약에서는 고등학교용 기준으로 전환능력검사 전체 평균값, 4개 영역에 대한 평균값, 15개 하위 영역에 대한 평균값을 제시하고 있으며 초등학교용, 중학교용에 따라 하위 영역에 일부 차이가 있다. 전환능력검사에서는 원점수를 우선하여 해석하는 것을 권장하므로 원점수 요약에서는 전환능력검사의 원점수를 중심으로 제시하였다. 전환능력검사 원점수의 평균값을 기준으로 학생의 전환능력 수준과 지원 정도를 직관적으로 파악할 수 있다. 전환능력검사에 대한 상세한 결과는 다음 페이지부터 나오는 영역 점수와 프로파일, 하위 영역 점수와 프로파일 등의 자료를 통해 파악할 수 있다.

2쪽: 영역 점수와 프로파일

• 영역 점수

영역 점수는 'Ⅰ. 자립', 'Ⅱ. 직업', 'Ⅲ. 계속교육', 'Ⅳ. 공통'의 4개 영역에 대한 원점수와 환산 점수에 대한 정보를 제공한다. 먼저, 원점수는 평균과 표준편차 점수를 제시하며, 평균값은 1~5점의 범위를 갖는다. 원점수를 통해 학생의 전환능력 영역별 차원에서 개인 내 차이가 있는지를 살펴볼 수 있다. 민수는 'Ⅳ. 공통' 영역의 평균은 4.0으로 가장 높은 전환능력을 가지고 있었으나, 'Ⅲ. 계속교육' 영역의 평균은 2.2로 가장 낮은 전환능력을 가지고 있는 것으로 확인되었다.

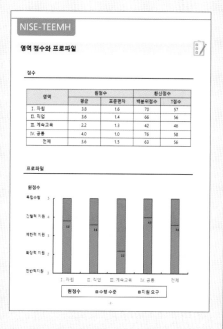

다음으로, 환산 점수는 백분위 점수와 T 점수를 제시한다. 백분위 점수는 학생이 해당하는 집단의 점수 분포상에서 개인이 위치하고 있는 등분점을 의미하며, T 점수는 평균을 50, 표준편차를 10으로 계산한 점수를 의미한다. 민수는 원점수와 동일하게 'Ⅳ. 공통' 영역의 백분위 점수가 76%, T 점수가 58점으로 또래와 비교하여 상대적으로 높은 전환능력을 가지고 있었으나, 'Ⅲ. 계속교육' 영역의 백분위 점수가 42%, T점수가 46점으로 또래와 비교하여 상대적으로 낮은 전환능력을 가지고 있는 것으로 확인되었다. 영역 점수의 해석은 원점수를 우선하여 살펴보고, 환산 점수는 보조자료로 사용할 것을 권장한다.

• 영역 프로파일

영역 프로파일은 피검사자의 원점수 평균을 시각화하여 그래프로 제시하였다. 원점수 프로파일은 4개 영역의 평균값을 세로 막내 그래프로 표현하였으며, 프로파일의 척도는 독립 수행부터 전반적 지원까지의 지원 정도로 왼쪽에 제시하였다. 막대의 파란색은 원점수의 평균값으로 현재의 전환능력을 의미하며, 주황색은 학생이 독립 수행으로 나아가기 위해 필요한 지원 정도를 의미한다. 학생의 전환능력 원점수를 막대 그래프로 제시하여 개인 내 차이를 직관적으로 파악할 수 있는 능력이 있다. 민수는 'Ⅳ. 공통' 영역에서 원점수가 높은 것으로 나타났으며, 'Ⅲ. 계속교육' 영역에서 원점수가 모두 낮음을 알 수 있다.

3쪽: 하위 영역 점수

• 하위 영역 점수

하위 영역 점수는 고등학교용을 기준으로 'Ⅰ. 자립' 영역의 자기관리, 가정생활, 건강, 돈관리, 지역사회생활, 여가생활, 'Ⅱ. 직업' 영역의 직업준비, 직업기능, 직업생활, 'Ⅲ. 계속교육' 영역의 기초교육, 평생교육, 대학교육, 'Ⅳ. 공통' 영역의 의사소통, 대인관계, 자기결정의 15개 하위 영역에 대한 원점수와 환산 점수에 대한 정보를 제공한다. 먼저, 원점수는 평균과 표준편차 점수를 제시하며, 평균값은 1~5점의 범위를 갖는다. 원점수를 통해 학생의 전환능력 하위 영역별 차원에서 개인 내 차이가 있는지를 살펴볼 수 있다. 하위 영역은 영역 내, 영역 간에서 차이가 있는지를 종합적으로 살펴볼 수 있다.

민수는 'Ⅰ-1. 자기관리' 하위 영역이 5.0으로 가장 높은 전환능력을 가지고 있었으나, 'Ⅲ-3. 대학교육' 하위 영역이 1.3으로 가장 낮은 전환능력을 가지고 있었다. 영

NISE-TEEMH

하위 영역 점수와 프로파일

점수

영역	하위 영역	원점수		환산점수	
		평균	표준편차	백분위점수	T점수
Ⅰ. 자립	1. 자기관리	5.0	0.0	91	59
	2. 가정생활	4.9	0.4	92	64
	3. 건강	3.1	1.8	58	53
	4. 돈 관리	1.7	1.6	48	46
	5. 지역사회생활	4.0	1.4	70	58
	6. 여가생활	3.8	0.4	71	57
	영역	3.8	1.6	70	57
Ⅱ. 직업	1. 직업준비	2.5	1.3	54	51
	2. 직업기능	4.2	1.0	74	58
	3. 직업생활	4.6	0.5	84	62
	영역	3.6	1.4	66	56
Ⅲ. 계속교육	1. 기초교육	2.2	1.5	35	45
	2. 평생교육	3.2	1.3	62	53
	3. 대학교육	1.3	0.5	33	42
	영역 전체	2.2	1.3	42	46
Ⅳ. 공통	1. 의사소통	4.6	1.3	74	59
	2. 대인관계	4.4	0.5	66	57
	3. 자기결정	3.4	0.5	72	57
	영역 전체	4.0	1.0	76	58
전체		3.6	1.5	63	56

역별로 살펴보면 Ⅰ. 자립 영역에서 'Ⅰ-1. 자기관리' 하위 영역이 5.0으로 가장 높은 전환능력을 가지고 있었으나, 'Ⅰ-4. 돈관리' 하위 영역이 1.7로 가장 낮은 전환능력을 가지고 있었다. Ⅱ. 직업 영역에서 'Ⅱ-3. 직업생활' 하위 영역이 4.6으로 가장 높은 전환능력을 가지고 있었으나, 'Ⅱ-1. 직업준비' 하위 영역이 2.5로 가장 낮은 전환능력을 가지고 있었다. Ⅲ. 계속교육 영역에서 'Ⅲ-2. 평생교육' 하위 영역이 3.2로 가장 높은 전환능력을 가지고 있었으나, 'Ⅲ-3. 대학교육' 하위 영역이 1.3으로 가장 낮은 전환능력을 가지고 있었다. Ⅳ. 공통 영역에서 'Ⅳ-1. 의사소통' 하위 영역이 4.6으로 가장 높은 전환능력을 가지고 있었으나, 'Ⅳ-3. 자기결정' 하위 영역이 3.4로 가장 낮은 전환능력을 가지고 있었다.

다음으로, 환산 점수는 백분위 점수와 T 점수를 제시한다. 백분위 점수와 T 점수의 의미는 앞서 영역에서 제시하였다. 민수는 원점수와 다르게 'Ⅰ-2. 가정생활' 하위 영역의 백분위 점수가 92%, T 점수가 64로 또래와 비교하여 상대적으로 높은 전환능력을 가지고 있었으나, 'Ⅲ-3. 대학교육' 하위 영역의 백분위 점수가 33%, T 점수가 42점으로 또래와 비교하여 상대적으로 낮은 전환능력을 가지고 있는 것으로 확인되었다. 하위 영역 점수의 해석은 영역과 동일하게 원점수를 우선하여 살펴보고, 환산점수는 보조 자료로 사용할 것을 권장하며, 영역 전체를 종합하여 살펴보거나 각 영역별로 살펴보면서 학생의 전환능력을 다각도로 살펴볼 수 있다.

4쪽: 하위 영역 프로파일

• 하위 영역 프로파일

하위 영역 프로파일은 피검사자의 원점수 평균과 환산점수 중 백분위 점수를 시각화하여 그래프로 제시하였다. 원점수 프로파일은 15개 하위 영역의 평균값을 세로 막대그래프로 표현하였으며, 프로파일의 척도는 독립 수행부터 전반적 지원까지의 지원 정도로 왼쪽에 제시하였다. 막대의 파란색은 현재의 전환능력을 의미하며, 주황색은 학생이 독립수행으로 나아가기 위해 필요한 지원 정도를 의미한다. 학생의 전환능력 중 하위 영역의 원점수와 백분위 점수를 통해 개인 내, 차이를 직관적으로 파악할 수 있도록 하였다. 고등학교용을 기준으로 15개의 하위 영역을 제시하고 있어 영역별 구분선을 제시하여 가독성을 높였다.

민수는 'Ⅰ-1. 자기관리', 'Ⅰ-2. 가정생활' 하위 영역에서 원점수와 백분위점수 모두 높은 것으로 나타났으며, 'Ⅲ-3. 대학교육', 'Ⅰ-4. 돈관리' 하위 영역에서 원점수와 백분위 점수 모두 낮음을 알 수 있다.

5~9쪽: 문항 점수

• 문항 점수

문항 점수는 고등학교용 기준으로 4개 영역, 15개 하위 영역에 따른 114개의 문항의 원점수를 제시하였다. 문항 점수에서는 모든 문항에 대한 원점수를 제시하고 있어 학생의 전환능력과 지원 정도를 구체적으로 파악할 수 있다. 문항을 중심으로 영역, 하위 영역 간의 관계를 종합적으로 판단할 수 있다.

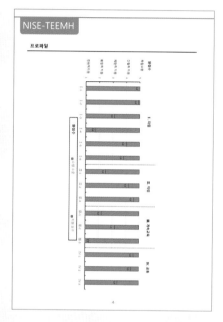

10쪽: 검사 결과 해석(영역)

검사 결과 해석에서는 지금까지 피검사자의 전환능력과 관련된 정보를 종합하여 영역, 하위 영역 등에 대한 정보를 제시하였다. 첫 번째 문단의 영역에서는 전환능력검사의 전체 원점수 평균과 전반적 지원에서 독립 수행까지 어디에 해당하는지 지원 정도를 제시하고 있다. 전환능력검사 결과 가장 높은 전환능력에 해당하는 영역과 가장 낮은 전환능력에 해당하는 영역의 원점수와 지원 정도를 제시하였다. 두 번째 문단에서는 영역별 환산 점수 중 백분위 점수를 중심으로 원점수와 마찬가지로 가장 높은 전환능력에 해당하는 영역과 가장 낮은 전환능력에 해당하는 영역의 환산 점수를 제시하였다. 마지막 문단에서는 원점수와 백분위 점수의 해석 기준을 제시하였다. 개인 내 차인 원점수를 먼저 해석할 것을 권장하며, 개인 간 차인 환산점수는 보조 자료로 활용할 것을 안내하였다.

11쪽: 검사 결과 해석(하위 영역)

하위 영역의 검사 결과 해석에서는 영역과 마찬가지로 하위 영역의 원점수, 환산 점수, 원점수와 환산 점수를 종합한 결과를 제시하였다. 첫 번째 문단에서는 4개 영역에서 가장 높은 전환능력에 해당하는 하위 영역과 가장 낮은 전환능력에 해당하는 하위 영역의 원점수와 지원 정도를 제시하였다. 두 번째 문단에서는 하위 영역별 환산 점수 중 백분위 점수를 제시하였으며, 15개 하위 영역에서 가장 높은 전환능력에 해당하는 하위 영역과 가장 낮은 전환능력에 해당하는 하위 영역의 백분위 점수를 제시하였다. 마지막 문단에서는 하위 영역의 원점수와 백분위 점수의 종합한 전환능력에 대한 결과를 제시하였다.

12쪽: 검사 결과 해석(전환교육계획), 검사 결과 활용, 검사 소개

· 전환교육계획

　전환능력검사의 영역, 하위 영역의 원점수와 환산 점수 그리고 우선순위를 고려하여 전환교육 목표를 설정하고 전환교육계획을 세워 실행해야 함을 안내하였다.

· 검사 결과 활용

　전환능력검사의 결과를 활용하는 방법을 안내하고 있으며, 구체적인 활용 방법은 이후의 내용에서 제시하였다.

· 검사 소개

　전환능력검사가 갖는 특징에 대하여 기술하였다.

13쪽: 판권, 검사자 소견

· 판권

　판권은 연구개발자, 펴낸 곳, 저작권 등에 대한 정보를 제시하였다. 전환능력검사는 국립특수교육원의 지원을 받아 개발되었으며, 초등학교용과 중학교용, 고등학교용의 연구진에 일부 차이가 있다. 전환능력검사는 저작권의 보호를 받음에 대하여 안내하였다.

· 검사자 소견

　검사자 소견은 피검사자의 특성, 참고 사항, 특이 사항 등을 기록할 수 있는 공간이다. 결과보고서는 피검사자에 대한 객관적인 정보를 제공하는데, 검사자가 검사 실시 과정이나 검사 결과에서 중요하다고 판단되는 내용을 작성할 수 있다. 즉, 일화에 대한 간략한 서술적 기록을 검사 후에 기록할 수 있다(피검사자의 반응, 행동 양식 등).

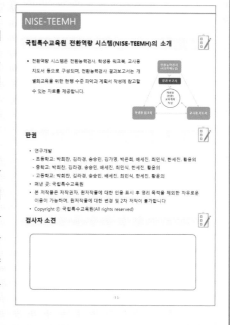

요 약

제8장에서는 전환능력검사를 소개하고 실시 방법을 안내하는 데 중점을 두었다.

1. 전환능력검사의 개요는 NISE-TEEMH와 전환능력검사의 목적, 방향, 구성 등을 설명하는 데 초점을 두었다.

2. 전환능력검사의 실시 방법에서는 검사자의 자격, 실시 방법, 채점 방법 등을 안내하였다.

3. 검사 결과 해석은 검사 후 결과보고서의 전체 구성을 안내하고, 학생의 사례를 중심으로 해석하는 방법을 제시하였다.

활 동

1. 초등학교, 중학교, 고등학교 과정의 장애 학생을 대상으로 전환능력검사를 실시해 봅시다.

2. 실시한 전환능력검사의 결과를 확인하고 해석해 봅시다.

3. 전환능력검사와 유사한 검사 도구를 찾아보고 비교해 봅시다.

제**9**장
전환능력검사의 활용[1]

김라경

　장애학생의 성인기 전환에 대한 높은 관심에도 불구하고 전환성과가 매우 저조한 이유는 개인 요인과 외부 요인으로 설명될 수 있는데, 제한된 전환성과와 관련이 있는 외부 요인 중 하나는 전환계획의 질이다(서효정, 박윤주, 2015). 전환계획이란 장애학생이 학교 졸업 후 사회생활에 효과적으로 적응할 수 있게 하고자 재학 시에 특별히 중점을 두어야 할 사항들에 대한 초점을 문서로 작성한 계획이다(국립특수교육원, 2020a). 개별화교육계획을 통하여 전환계획을 실시하고 개별화전환계획을 통해서 개별 학생들에게 그들의 장래를 계획하고 미래를 제시해 줄 수 있다. 미국의 경우에는 16세부터 전환계획 관련 내용을 개별화교육계획에 포함해야 한다고 명시되어 있지만(14세부터로 한정된 주도 있음), 우리나라의 경우 「장애인 등에 대한 특수교육법」은 개별화전환교육계획에 대한 조항을 담고 있지 않다. 그러나 제4장 3항에서도 효과적인 진로 및 직업 교육을 지원하기 위하여 관련 기관과의 협의체를 구성할 것을 명시하고 있다.

　전환계획을 잘 세우기 위해서는 적절한 전환평가가 이루어져야 하며, 전환평가란 학생이 지역사회에서의 학습, 생활, 고용에 대한 강점, 선호, 흥미, 요구에 대한 정보를 수집하기 위한 형식적·비형식적인 방식으로 지속적으로 실시하는 평가를 말한다. 이러한 전환평가는 학교에서 지역사회의 삶으로 전환되는 데 요구되는 진로 및 직업, 지역사회적응, 계속교육, 자립생활 등 전반적 영역을 아우르는 개념이다(Miller,

[1] 이 장은 국립특수교육원(2022c)의 전환능력검사 지침서의 내용을 재구성 및 추가하여 작성하였다.

Lombrad, & Corbey, 2010; Test et al., 2015). 전환이 장기적으로 종적 연계 속에서 준비되기 위해서는 초등학교, 중학교, 고등학교 및 그 이후 성인으로서의 삶을 준비하는 계획이나 교육과정이 보다 체계적으로 운영되어야 한다.

전환능력검사(NISE-TEEMH)는 초등학교용, 중학교용, 고등학교용의 3종으로 구성되어 있으며, 피검사자의 학년군에 따라 검사 도구를 선택하여 실시할 수 있다. 예를 들어, 제1장에서 제시된 사례 2에서 지적장애 남자 중학생인 민준에게 해당하는 전환능력검사는 중학생용 전환능력검사이다. 영역은 자립, 직업, 계속교육, 공통의 4개 영역, 14개 하위 영역, 98개 문항으로 구성되어 있다. 사례 4와 5에서 고등학생인 영훈과 민수에게 해당하는 전환능력검사는 고등학생용 전환능력검사이다. 전환능력검사의 영역은 민준과 마찬가지로 4개의 영역이나 하위영역은 15개, 문항은 114개로 영역에 있어 종적인 연계성을 가지나 고등학생의 수준에 적합하도록 문항이 더 세분화되고 다양하게 구성되어 있다.

1. 개별화전환교육의 운영 과정

전환능력검사는 전환능력검사 실시, 전환능력검사 결과보고서 분석, 개별화교육계획 수립 시 자료 제공, 전환역량 향상 프로그램 운영, 프로그램 평가 및 환류의 5단계 과정으로 수행된다([그림 9-1] 참조).

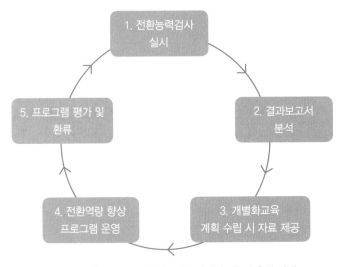

[그림 9-1] 전환역량 향상을 위한 개별화교육의 운영 과정

1) 전환능력검사 실시

전환능력검사가 전환계획을 위한 과정에서 기초적인 정보를 제공하는 장점이 있으나, 전환능력검사 외에도 학생의 강점, 요구, 선호 등을 판별하기 위한 다양한 검사를 실시하거나 학문적 팀 접근에 의한 자료 수집이 요구된다. 전환평가를 통하여 학생은 자신의 흥미와 선호가 무엇인지 확인하고, 지역사회에서의 활동과 직업에 대해 인식하며, 활용 가능한 자원과 편의가 어느 정도인지, 중등 이후 성인으로서의 삶의 목표를 달성하기 위한 역량이 어느 정도인지 파악하는 것이 중요하다. 전환능력검사는 전환평가의 일환으로 개발되었으며, 이 전환능력검사의 결과는 중등 이후 삶의 목표를 설정하는 데 반영할 수 있다.

[그림 9-2]와 같이 전환능력검사 목록에서는 검사일, 검사 종류(초등학교, 중학교, 고등학교), 실시 방법(웹기반 방식, 검사지 방식), 피검사자 정보(이름, 나이, 성별), 검사 결과, 검사자를 확인할 수 있다.

결과 확인

...
검사 결과를 확인할 수 있습니다. 검사 결과는 검사일 기준 6개월 이후 자동 삭제됩니다.

검사일	검사 종류	실시방법	피검사자 정보	검사결과			검사자
2023.06.08	중학교	웹기반 방식	김아름 /18세 7개월/M	검사 진행중		검사 삭제	배세진
2023.06.08	고등학교	웹기반 방식	이아름 /18세 4개월/F	결과 보기	결과보고서	검사 삭제	배세진
2023.06.08	고등학교	웹기반 방식	한아름 /18세 4개월/M	결과 보기	결과보고서	검사 삭제	배세진

[그림 9-2] 전환능력검사 목록

2) 결과보고서 분석

전환능력검사의 결과보고서는 피검사자의 성명, 생년월일, 성별, 장애명과 같은 일반 정보, 영역과 전환능력검사 결과보고서는 자립, 직업, 교육, 공통 영역과 각 하위 영역에서의 수행 수준에 대한 원점수, 규준 점수, 백분위를 제시해 준다. 또한 각 문항에 대한 원점수를 제공한다. 이러한 결과보고서 점수를 분석하여 각 영역이나 하위 영역에서의 장점과 지원의 정도를 파악하게 된다.

〈표 9-1〉은 민수(사례 5)의 전환능력검사 검사 결과이다. 민수는 일반 고등학교에 재학 중인 지적장애 학생으로, 중도장애임에도 불구하고 초등학교 때부터 지금까지 통합교육을 받고 있다. 전환능력검사 전체 원점수의 평균은 3.6으로 제한적 지원이 요구되며, 간헐적 지원으로 나아갈 수 있도록 교육과 지원이 요구된다. 영역별 원점수는 '공통' 영역이 4.0이고, 백분위 점수는 76%이므로 가장 높은 전환능력을 가지고 있으며 간헐적 지원이 요구된다. 영역별 원점수로는 '계속교육' 2.2이고, 백분위점수로는 42%로 가장 낮은 전환능력에 해당하여 확장적 지원이 요구된다. 환산 점수는 학년군의 규준을 적용한 것이기 때문에 상대적인 위치를 알 수 있다. 민수의 전환능력 환산 점수는 63%로 또래 발달장애학생과 비교하여 다소 높은 전환 능력을 가졌음을 알 수 있다. 교사는 영역의 점수와 부모와 학생 교육의 우선순위를 고려하여 교육과 지원을 계획하고 실시해야 할 필요가 있다. 전환능력검사는 교육적 중재를 거쳐 개별 아동의 발전을 살펴보는 것에 우선을 가지기 때문에 원점수를 먼저 활용하는 것을 권장하며, 환산 점수는 보조 자료로 활용하는 것이 바람직하다.

하위 영역별 원점수는 '자립' 영역에서 '자기관리'가 5.0으로 가장 높은 전환능력에 해당하여 독립 수행이 가능하며, 4.9인 '가정생활'도 거의 독립적인 수행이 가능하다. 부모가 지역사회의 마트, 극장, 운동경기장 등을 갈 때에는 민수와 함께 가고, 민수 역시 지역사회에 있는 체육시설에서 정기적으로 운동을 하고 있어서 그런지 지역사회 점수도 높은 전환 능력을 가지고 있었다. 다만, 돈관리가 1.7로 가장 낮은 전환능력에 해당하여 확장적 지원이 요구된다.

'직업' 영역에서는 '직업생활' 4.6으로 가장 높은 전환능력에 해당하여 간헐적 지원이 요구되며, '직업준비'가 2.5로 가장 낮은 전환능력에 해당하여 확장적 지원이 요구된다.

'계속교육' 영역에서는 '평생교육'이 3.2로 가장 높은 전환능력에 해당하여 제한적 지원이 필요로 하며, 현재 일반 고등학교에서도 학업을 따라가기가 어려운 것처럼 '대학교육'이 1.3으로 가장 낮은 전환 능력을 보였다. 민수의 부모는 지역사회 내 평생교육기관을 이용할 수 있을지 고민하고 있는데, 상대적으로 계속교육 영역에서 높은 점수를 보이고 있어 제한적 지원이 제공된다면 평생교육기관을 이용할 수 있을 것이라고 판단된다.

'공통' 영역에서는 의사소통이 4.6으로 가장 높은 전환능력에 해당하여 독립 수행

〈표 9-1〉민수의 검사 결과 요약

영역	하위 영역	원점수		환산 점수	
		하위 영역 평균	표준편차	백분위 점수	T 점수
I. 자립	1. 자기관리	5.0	0.0	91	59
	2. 가정생활	4.9	0.4	92	64
	3. 건강	3.1	1.8	58	53
	4. 돈 관리	1.7	1.6	48	46
	5. 지역사회생활	4.0	1.4	70	58
	6. 여가생활	3.8	0.4	71	57
	소계	3.8			
II. 직업	7. 직업준비	2.5	1.3	54	51
	8. 직업기능	4.2	1.0	74	58
	9. 직업생활	4.6	0.5	84	62
	소계	3.6			
III. 계속교육	10. 기초교육	2.2	1.5	35	45
	11. 평생교육	3.2	1.3	62	53
	12. 대학교육	1.3	0.5	33	42
	소계	2.2			
IV. 공통	13. 의사소통	4.6	1.3	74	59
	14. 대인관계	4.4	0.5	66	57
	15. 자기결정	3.4	0.5	72	57
	소계	4.0			
전체		3.6	1.5	63	56

이 가능하며, 자기결정이 3.4로 가장 낮은 전환 능력에 해당하여 제한적 지원이 요구된다. '공통' 영역이 4로 점수가 제일 높으며 간헐적 지원이 필요한 단계이기 때문에 스스로 할 수 있으나 특정 상황이나 조건에서 모니터링이 필요하며, 수행 비율은 85~99% 수행을 하고 1주일 이내로 지원을 하면 수행을 독립적으로 할 수 있는 것으로 보인다. 다만, 세부적으로 보면 통합교육을 받는 과정에서 사회적인 기능이 향상되어 의사소통이나 대인관계의 점수는 4.6, 4.4로 간헐적 지원과 독립 수행의 사이지만 자기결정이 3.4로 상대적으로 낮은 점수를 보이며 1주일 이상이지만 6개월 이내제한적 지원이 필요한 것으로 판단된다. 향후 하위 영역의 점수와 우선순위를 고려하여 교육과 지원을 계획하고 실시해야 할 필요가 있다.

3) 개별화교육계획 수립 시 자료 제공

중등이후 목표를 달성하기 위해 학생은 이번 해에 어떠한 기술과 지식을 습득해야하는가? 전환능력검사의 결과는 학생이 현재 수행할 수 있는 기술과 지식으로 향후 1년 혹은 한 학기 동안 특수교육에서의 개별화교육을 통해 달성해야 할 목표를 수립하는 자료로 활용할 수 있다. 개별화교육의 목표를 수립하기 위해서는 전환능력검사 결과보고서 내용에 대한 우선순위 평가, 지도 여부 결정 등의 절차를 거칠 수 있다.

4) 전환역량 향상 프로그램 운영

개별화교육계획의 목표에 근거하여 전환역량을 향상하기 위해 기본 교육과정이나 선택 중심 교육과정의 지도 계획을 세우고 가장 잘 가르칠 수 있는 교수 방법을 안내하며 실제로 지도하게 된다. 특수교육 교육과정의 교과용 도서를 참고할 수도 있겠으나 교사용 지도서의 각론에 제시된 내용을 중심으로 지역사회 특성, 학교의 실정, 학생의 요구 등을 전반적으로 고려하여 교수·학습을 계획하고 수행할 수 있을 것이다.

5) 프로그램 평가 및 환류

개별화교육계획에 따라 지도학기의 지원 요구 목표에 근거하여 교수학습을 수행한 결과 어느 정도 향상도가 있는지 기록한다. 전환능력검사의 문항은 개별화교육계획의 목표에 반영되어 각 학기별로 지도하게 되며, 그 결과로 지원 요구가 어느 정도 줄어들어서 교육적으로 효과가 있고 학생들의 전환역량이 향상되었는지 평가하게 된다. 〈표 9-2〉를 보면, 민수의 경우에는 직업에서 총 5개의 목표 중 두 가지가 1학년 1학기와 2학기에 지도되었다.

교수학습활동 수행 결과에 대한 평가 결과는 차기 개별화교육계획으로 환류가 이루어지며, 환류를 반영한 개별화교육의 계획과 실행을 통해 학생은 종적인 연계 속에서 지역사회에서의 삶의 목표를 준비하게 될 것이다.

〈표 9–2〉 민수의 개별화전환교육 수립 계획 및 평가 예시

하위영역	번호	문항	지원요구	우선순위	지도여부	목표 김민수 학생		지도학기(지원요구 목표/향상도)					
						단기	장기	1-1	1-2	2-1	2-2	3-1	3-2
II. 직업	2. 직업 기능	① 직업생활을 위한 기초학습 능력을 갖춘다.	2	3	1		✓					2/1	1/1
		② 작업 지시를 수행한다.	5	1	2								
		③ 기준에 따라 사물 및 도구를 분류한다.	5	1	2								
		④ 용도에 맞는 작업 도구를 사용한다.	5	1	2								
		⑤ 직무에 알맞은 복장을 갖춘다.	5	1	2								
		⑥ 바른 자세를 유지하여 작업을 수행한다.	5	1	2								
		⑦ 주어진 과제를 정확하게 수행한다.	4	4	1	✓		4/4	4/5				
		⑧ 주어진 시간 내에 과제를 완성한다.	4	4	1	✓		4/4	4/5				
		⑨ 작업의 변화에 적응한다.	4	3	1	✓				4/4	4/5		
		⑩ 보조공학기기를 업무에 활용한다.	3	3	1		✓					3/4	4/5

지원요구: 전반적 지원(1), 확장적 지원(2), 제한적 지원(3), 간헐적 지원(4), 독립수행(5)
우선순위: 매우 낮음(1), 낮음(2), 보통(3), 높음(4), 매우 높음(5)
장기 목표: 학기별 혹은 학년별 목표
단기 목표: 학기 내 세부 목표
지도 여부: (1) 예, (2) 아니요
목표: 장애정도가 중증, 경중인 학생에 따라 작성하는 범위가 달라질 수 있음; 지원요구 목표 제시

2. 검사 결과의 활용

1) 학생의 현재 전환능력 수준 측정

전환능력검사를 통해 학생의 사립, 직업, 계속교육, 공통 등의 제 영역과 그 하위 영역, 문항들에 대한 기능적 수행 수준이면서 동시에 지원 요구에 대한 수준을 평가할 수 있다. 즉, 각 문항을 수행하는 데 요구되는 지원이 없으면 독립 수행이며, 간헐적 지원, 제한적 지원, 확장적 지원, 전반적 지원 등을 통하여 수행이 가능한 수준일수도 있다. 따라서 학생이 어느 정도의 지원을 통하여 수행이 가능한지는 학생의 수행 수준이면서 동시에 다른 관점에서 본다면 학생이 필요로 하는 지원이 요구되는 수준이 되는 것이다. 검사를 실시한 후 그 결과를 제시하는 결과보고서의 점수는 학생의 현재 수행 수준이면서 다른 관점에서 보면 지원 요구 수준이 된다.

　예를 들어, [그림 9-3]을 살펴보면 프로파일의 막대 그래프에서 학생의 수행 수준과 학생에게 필요한 지원 요구의 수준이 나타나 있다. 민수의 현재의 전환능력 수준은 'IV. 공통' 영역의 평균은 4.0으로 가장 높은 전환 능력을 가지고 있었으나, 'III. 계속교육' 영역의 평균은 2.2로 가장 낮은 전환 능력을 가지고 있는 것으로 파악되었다. 전환능력 수준이 높으면 지원의 요구가 적고 전환 능력 수준이 낮으면 지원의 요구것을 보았을 때 민수는 공통 영역에서 가장 적은 지원 간헐적 지원(스스로 대부분을 할 수 있으나, 특정 상황이나 조건에서 모니터링이 필요함)을 필요로 하고 있으며, 계속교육 영역에서는 확장적 지원(중강도의 지원이 대부분의 기간 필요함) 정도를 필요로 하고 있음을 알 수 있다.

　전환능력검사가 전환계획을 위한 과정에서 기초적인 정보를 제공하는 장점이 있으나, 보다 면밀하게 파전환능력검사 외에도 학생의 강점, 요구, 선호 등을 판별하기 위한 다양한 검사를 실시하거나 학문적 팀 접근에 의한 자료 수집이 요구된다.

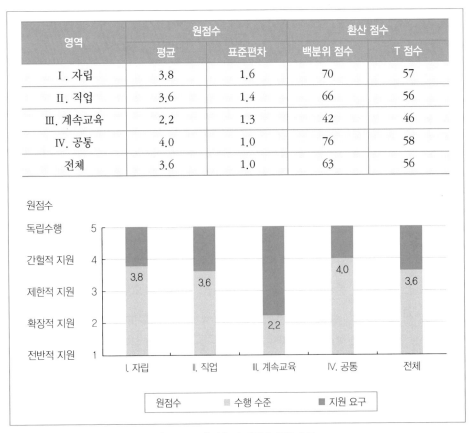

영역	원점수		환산 점수	
	평균	표준편차	백분위 점수	T 점수
I. 자립	3.8	1.6	70	57
II. 직업	3.6	1.4	66	56
III. 계속교육	2.2	1.3	42	46
IV. 공통	4.0	1.0	76	58
전체	3.6	1.0	63	56

[그림 9-3] 민수의 영역별 현행 수준

2) 개별화전환계획 수립

전환능력검사의 결과보고서 점수는 학생의 개별화전환교육 작성에서 현재 수준의 정도를 제시하는 것이며, 각 영역과 하위 영역별 강점과 보완해야 할 점들을 파악할 수 있게 해 준다. 전환능력검사의 결과를 반영하여 학생의 전환 역량을 향상하기 위한 개별화전환교육계획 수립의 목표 설정과 프로그램 편성 및 운영의 자료로 활용할 수 있다.

전환능력검사 결과보고서에 제시된 수행 수준에 대한 원점수, 규준 점수, 백분위를 파악하고, 이러한 수행 수준을 바탕으로 각 항목의 우선순위를 5점 척도에 따라 매우 낮음부터 매우 높음까지 중에서 표기하면 된다. 〈표 9-3〉에서 볼 때, 자리관리 하위 영역의 9개 문항에서 수행 수준에 대한 원점수는 3~5점이다. 이러한 수행 수준의 수준을 고려할 때, 문항에 대한 우선순위로 보통(3)에 해당하는 문항은 Ⅰ-1-①, Ⅰ-1-②, Ⅰ-1-③, Ⅰ-1-④, Ⅰ-1-⑤, Ⅰ-1-⑥의 6개, 높음(4)에 해당하는 문항은 Ⅰ-1-⑧의 1개, 그리고 매우 높음(5)에 해당하는 문항은 Ⅰ-1-⑥, Ⅰ-1-⑧의 2개로 평가하였다. 이렇게 지원 요구 수준을 고려하고 학급의 상황이나 교육과정 등을 고려하여 교사는 문항들에 대한 우선순위를 평가할 수 있다.

〈표 9-3〉 전환능력검사 결과보고서 예시

하위 영역	번호	문항	수행 수준			우선순위				
			원점수	규준 점수	백분위	매우 낮음 (1)	낮음 (2)	보통 (3)	높음 (4)	매우 높음 (5)
I-1. 자기 관리	Ⅰ-1-①	식사를 한다.	5					✓		
	Ⅰ-1-②	양치를 한다.	5					✓		
	Ⅰ-1-③	세수를 한다.	5					✓		
	Ⅰ-1-④	목욕을 한다.	5					✓		
	Ⅰ-1-⑤	옷을 입는다.	5					✓		
	Ⅰ-1-⑥	화장실을 사용한다.	5					✓		
	Ⅰ-1-⑦	(여성) 월경을 처리한다. (남성) 면도를 한다.	3							✓
	Ⅰ-1-⑧	단정한 모습을 한다.	3							✓
	Ⅰ-1-⑨	날씨에 알맞게 외출 준비를 한다.	4						✓	

개별화전환계획을 수립하기 위해서는 [그림 9-4]와 같은 5단계를 거친다.

첫 번째 단계에서는 장애 학생의 배경 정보, 좋아하는 것과 싫어하는 것, 잘할 수 있는 것과 잘할 수 없는 것, 미래의 꿈과 희망 등을 조사한다. 장애학생의 선호도와 흥미, 원하고 바라는 성인기 삶이 개별화(전환)계획에 반영되어야 한다. 개별화전환계획은 학생의 결핍, 장애 상태로부터 시작하여 계획을 세우는 대신 개인의 목표, 장점과 선호도를 기반으로 하여 성인이 되어 성공적인 지역사회 통합을 향한 길을 마련하기 위한 학생의 강점 중심 접근이 중요하다(Wehman, 2020). 학생 개인에게 적합한 전환계획을 위해서는 학생의 능력과 환경을 함께 고려해야 하며, 이러한 정보는 전환교육계획 수집을 하기 위한 정보를 학생, 보호자, 교사들로부터 수집할 수 있다. 이와 동시에 학생이 졸업 후 학생의 삶이 어떻게 되기를 원하는지 중등 이후 삶의 목표를 자립, 직업, 계속교육, 공동 영역에서 종합적으로 분석하고 검토해야 한다.

목표를 결정할 때 지금 현재 지역사회 내에서 제공되고 있는 서비스 종류에 의해 결정하거나 제한되어서는 안 되며, 학생 개인과 가정에서의 필요와 욕구를 우선적으로 반영해야 한다.

두 번째 단계에서는 학생이 원하는 졸업 후 원하는 성공적 전환을 위해 필요한 지원과 서비스 요구 영역을 파악하고 서비스를 구성하는 관련기관간의 협력을 구축한다. 학교, 평생교육시설, 직업재활시설 등 다양한 장애인 관련 기관들이 중복되지 않으면서 적절한 서비스를 제공할 수 있도록 노력해야 한다. 만약 학생이 고등학교 졸업 후까지도 지원과 서비스가 필요할 것 같으면 학교 졸업 후 성과를 계속 유지하거나 적절한 건강한 삶을 유지하기 위해 필요한 지원과 서비스를 계속 받도록 학생들을 도와 줄 적합한 지역사회기관들을 파악해야만 한다.

세 번째 단계에서는 영역별 학생의 현행 수준 파악해야 한다. 전환능력검사와 같은 다양한 형식적 혹은 비형식적 평가 방법을 통하여 제시된 영역에서 학생의 기능적 수행 수준을 찾아낼 수 있다.

네 번째 단계에서는 교수학습계획을 수행하여야 한다. 개별화전환계획 양식에 포함되어 있는 내용에는 전환교육의 장기 목표, 단기 목표, 실천 방법, 기준, 기간, 달성 여부 등이 포함된다. 어떤 환경에서 실제 수업을 실시할 것인지에 대한 구체적인 계획이 마련되어야 한다. 학생의 중등 이후 목표를 달성하기 위하여 학생은 이번 해에 어떠한 기술과 지식을 습득해야 하는지를 파악이 되면 향후 1년 혹은 1개 학기 동안 특수교육에서의 개별화교육을 통하여 달성해야 할 목표를 수립할 수 있다.

마지막으로, 개별화전환교육계획의 각 목표가 도달되었는지를 확인할 수 있도록 교수학습활동 결과를 평가해야 한다. 평가는 평가 절차, 평가 주체, 평가 기준 및 일정에 따라 구체적으로 수행되어야 한다.

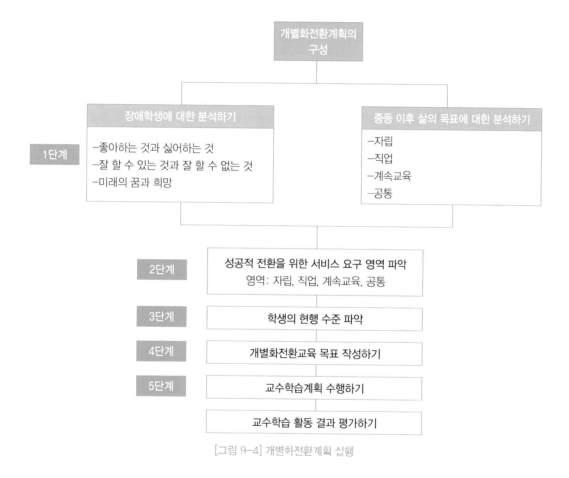

[그림 9-4] 개별화전환계획 실행

[그림 9-4]와 같은 이러한 절차에 따라 수립된 개별화전환계획은 별도의 통일된 서식은 없으나 〈표 9-4〉를 활용하여 작성할 수 있다. 여기서는 민수(사례 5)를 활용하여 제시하였다.

〈표 9-4〉 개별화전환계획의 예

학생 일반 정보				
이름	생년월일	성별	장애명	과정
민수	2002. 8. 22.	남성	지적장애 (과거등급 1급)	일반 고등학교

최초 전환팀	교장	교사	부모	진로전담 교사	특수교육 실무사	의사	언어 치료사	직업 평가사
	김○○	이○○	김○○	서○○	김○○			박○○

	구분	도구명	실시 일	주요 결과	
진로 · 직업 평가	직업흥미 검사	VISI T	2022. 3. 7.	흥미 직군	음식, 제조
				흥미 직종	세차, 음악, 생산, 조립, 음료
	적응행동 검사	NISE- SAB	2022. 3. 6.	적응행동지수	개념적(77), 사회적(79), 실제적(67), 전체(70, 저조한 수준)
	지능검사	K-WISC- IV	2021. 3. 6.	IQ 지수	언어이해(68), 지각추론(76), 작업 기억(79), 처리속도(59), 전체 지능 (69, 매우 낮음)
	전환능력 검사	NISE- TEEMH	2022. 10. 1.	전환능력검사지수 [원점수평균(백분위점수)]	자립 3.8(70%), 직업 3.6(66%), 계속 교육 2.2(42%), 공통 4.0(76%)

	날짜	내용
당사자 · 보호자 상담	2022. 3. 21.	학생 기본 정보 및 특성 파악을 위한 학생대상 기초상담 실시
	2022. 3. 28.	전환 방향 및 전환 목표 설정을 위한 학부모 상담 실시
	2022. 7. 3.	전환 목표 일부 수정을 위한 학부모 상담 실시

진로 · 직업 교육계획		
구분		현행 수준
자립		자기관리, 가정생활에서는 독립적으로 수행 가능하고 지역사회생활은 간헐적 지원, 여가생 활, 건강관리는 제한적으로 지원이 필요하며, 자립에서의 하위영역 중에는 돈 관리에 있어 서 전반적으로 지원이 필요로 한다.
직업		조리할 음식을 정하고, 재료를 준비한 후, 조리 도구 및 기기를 안전하게 사용하여 조리하기 를 연속해서 다섯 번 교사의 도움 없이 수행할 수 있다.
계속교육		〈생략〉
공통		〈생략〉
성인기 삶의 목표	직업	하루에 4시간 정도 학교, 식당 등에서 급식보조 및 주방보조의 업무를 수행할 것이다.
	자립	공동생활가정에서 동료들과 함께 생활하기를 원한다. 또한 지역사회 스포츠 센터 또는 복지관 등의 지역사회기관에서 여가활동을 수행하고, 마트에서 필요한 물건을 구입할 수 있으며 이러한 활동을 수행하기 위해 대중교통 수단을 이용할 것이다.
	계속교육	고등학교 졸업 이후 복지관에서 평생교육을 받는 데 필요한 능력을 습득하고 활용 할 것이다.
	공통	지역사회에서의 자립, 직업, 계속교육에 필요한 대인관계기술을 습득할 것이다.

장기(연간) 목표	직업	하루에 2시간 학교식당에서 주방보조 업무를 수행한다.
	자립	마트에 필요한 물건을 사기 위해 대중교통 수단을 이용한다.
	계속교육	〈생략〉
	공통	다양한 상황에서 타인이 싫어하는 행동을 구별할 수 있다.
단기 목표	직업	할당된 과제 목록에 대한 자기관리 체크리스트를 사용해 연속해서 다섯 번 아무런 촉구 없이 모든 과제를 시작할 수 있다.
	자립	교통카드를 사용하여 연속해서 5번 교사의 도움 없이 헬로 마트에 가는 3번 버스를 탈 수 있다.
	계속교육	〈생략〉
	공통	교사의 지시에 따라 정해진 시간 동안 코 파기 행동을 하지 않을 수 있다.
서비스 기간		시작일 2023. 4. 1. 종료일 2023. 12. 22.
책임자		특수학교 교사/직업재활사(직업)

작 성 일 2○○년 ○○월 ○○일

3) 진로 및 직업 교육 활용

전환능력검사는 횡적으로는 진로와 직업 교과뿐 아니라 전환과 관련된 다양한 교육과정을 연계하였고 종적으로는 초등학교 5~6학년군, 중학교군, 고등학교군의 학년군에 따른 세 가지 유형을 개발하여 학교급별로 교육과정을 연계하였다. 특수교육 기본 교육과정의 성취기준과 연계하고 교육과정을 재구성하여 개발한 워크북, 교사용 지도서는 초등학교에 실과, 중학교와 고등학교에서 진로·직업교육 수업시간에 활용할 수 있다. 또한 전환능력검사 결과에서 제공되는 정보는 개별 학생의 맞춤형 진로 및 직업 교육을 실시하기 위한 자료로도 활용하여 궁극적으로 생애주기별 진로·직업교육 운영의 종적 연계 체제를 마련하고 장애학생의 전환역량을 향상시킬 수 있다.

〈표 9-5〉에서 민수의 경우 '주어진 시간 내에 과제를 완성한다.'에 간헐적 지원의 요구를 파악하였고 1학기에 지도하기로 결정되었다. '주어진 시간 내에 과제를 완성한다.'는 문항은 특수학교 기본 교육과정 진로와 직업의 '[12진로03-01] 작업을 지속적으로 정확하고 신속하게 수행하여 작업의 생산성을 향상시킨다.'의 성취기준과 연결되어 있으므로 진로와 직업 수업시간에 활용하여 가르칠 수 있다.

〈표 9–5〉 전환능력검사의 진로와 직업 성취기준과의 연계 예시

영역	하위 영역	문항	원점수	2015 진로와 직업 성취기준 연계
Ⅰ. 자립	1. 자기 관리	① 식사를 한다.	5	독립적인 수행으로 현행기술 유지를 목표로 함
		② 양치를 한다.	5	
		③ 세수를 한다.	5	
		④ 목욕을 한다.	5	
		⑤ 옷을 입는다.	5	
		⑥ 화장실을 사용한다.	5	
		⑦ (여성) 월경을 처리한다. (남성) 면도를 한다.	5	
		⑧ 단정한 모습을 한다.	5	
		⑨ 날씨에 알맞게 외출 준비를 한다.	5	
		하위 영역 전체	5	
	2. 가정 생활	① 필요한 식품을 구입한다.	4	[12재활02-01] 올바른 식습관을 유지하고 관리한다.
		② 간단한 식사 준비를 한다.	5	독립적인 수행으로 현행기술 유지를 목표로 함
		③ 음식을 조리한다.	5	
		④ 식사 후 정리와 설거지를 한다.	5	
		⑤ 생활공간을 청소한다.	5	
		⑥ 쓰레기를 분리배출한다.	5	
		⑦ 의류를 세탁한다.	5	
		⑧ 냉난방기를 사용한다.	5	
		하위 영역 전체	4.9	
	3. 건강	① 운동을 한다.	5	독립적인 수행으로 현행기술 유지를 목표로 함
		② 체중을 관리한다.	4	[12진로06-01] 직업생활에 필요한 용모, 건강, 급여, 시간 등에 대한 자기관리 능력을 기른다.
		③ 상비약을 사용한다.	5	독립적인 수행으로 현행기술 유지를 목표로 함
		④ 병원 진료를 받는다.	3	[12보건01-07] 건강검진의 필요성을 알고 의료기관 이용 및 방법을 실천한다.
		⑤ 처방받은 약을 복용한다.	5	독립적인 수행으로 현행기술 유지를 목표로 함
		⑥ 임신에 대처한다.	1	[12보건02-03] 임신 중 바른 몸 관리 방법과 태아의 성장 과정을 탐색한다.

		⑦ 피임을 한다.	1	
		⑧ 응급상황에 대처한다.	1	
		⑨ 신체기능 향상을 위한 보조공학기기를 사용한다.	3	[12재활01-04] 상황에 적절한 자세를 유지한다.
		하위 영역 전체	3.1	
	4. 돈 관리	① 현금이나 카드를 사용한다.	5	독립적인 수행으로 현행기술 유지를 목표로 함
		② 수입과 지출을 관리한다.	1	
		③ 급여 명세를 확인한다.	1	
		④ 공공요금을 납부한다.	1	
		⑤ 은행거래를 한다.	1	
		⑥ 모바일(인터넷) 뱅킹을 한다.	1	
		하위 영역 전체	1.7	
	5. 지역 사회 생활	① 지역사회 내 목적지까지 이동한다.	5	독립적인 수행으로 현행기술 유지를 목표로 함
		② 교통수단을 이용한다.	5	
		③ 교통 안전규칙을 지킨다.	5	
		④ 공공기관을 이용한다.	2	[12진로01-01] 자기와 가족, 학교, 직장, 지역사회 등 주변 환경에 대한 정보를 파악하고 기록한다.
		⑤ 편의시설을 이용한다.	3	[12직자05-04] 자신이 이용할 수 있는 다양한 시설을 안다.
		하위 영역 전체	4.0	
	6. 여가 생활	① 여가활동을 계획한다.	4	[12여가02-06] 지역사회의 자원을 활용하여 할 수 있는 여가활동을 선택하고 실천한다.
		② 여가 프로그램 정보를 활용하다	3	[12여가03-05] 문화 센터의 여가활동 프로그램의 종류를 살펴보고, 관심 있는 강좌의 이용 방법을 탐색한다.
		③ 여가시설을 이용한다.	4	[12진로06-03] 일과 여가의 관계를 이해하고 직장과 지역사회의 시설을 이용하여 여가활동을 즐긴다.
		④ 혼자 하는 여가활동을 한다.	4	[12여가01-03] 자신이 하고 싶은 여가활동에는 무엇이 있는지 살펴보고 선택한다.
		⑤ 힘께하는 여가활동을 한다.	4	[12여가04-02] 또래와 함께 즐길 수 있는 여가활동의 방법을 알고, 여가활동을 계획해 실천한다.
		하위 영역 전체	3.8	
		영역 전체	3.8	

4) 교사, 학생, 보호자 상담 자료

전환능력검사는 학생, 교사, 보호자 등이 학생의 전환능력에 대한 정보를 얻고자 할 때 활용할 수 있으며, 특히 전환능력검사 결과를 바탕으로 학부모와의 상담을 통해 자녀의 교육요구도가 높은 곳이 어디인지 협의할 수 있다. 또한 진로전담교사는 담임교사와의 상담, 특수교사는 일반교사와의 상담, 담임교사는 보호자나 학생과의 상담에 활용할 수 있으며, 교사 간에는 상호 협력을 위한 자료로 활용할 수 있다.

5) 진로설계

전환능력검사의 결과를 기반으로 학생이 고등학교 졸업 전 선택해야 할 진로를 합리적으로 설계하고 진학의 문제를 앞서 생각하고 준비함으로써 대학 진학이나 졸업 후 취업뿐 아니라 앞으로 평생의 삶에서 자신의 진로를 준비하고 대응하기 위해 도구로써 활용할 수 있다.

중등 이후 삶의 목표는 성인으로서 지역사회에서 가능한 한 자립적으로 살아가는 것이다. 특수교육 대상자가 학령기에 함양해야 할 전환 역량은 궁극적으로는 자립과 직업이며, 계속교육은 자립과 직업에 도달하는 과정에서 매개적으로 작용할 수 있다. 또한 자립, 직업, 계속교육의 기초가 되는 관계 중심의 공통 역량을 설정할 수 있다. 이러한 4개 영역은 학령기 동안 종적으로 연계되면 초등학교 때부터 시작되어 향상될 수 있어야 한다.

이러한 자립과 직업으로 가는 경로에 계속교육이 있을 수 있다. 그리고 자립, 직업, 계속교육에 공통으로 관련된 전환 능력이 있는 것으로 설정하고 있다. 중등 이후 삶의 목표에 대한 보다 구체적인 내용은 자립과 직업의 하위 영역들이다. 즉, 자기관리, 가정생활, 건강, 돈관리, 지역사회생활, 여가생활, 직업준비, 직업기능, 직업생활을 적절하게 할 수 있는 목표를 개발하는 것이다. 자립과 직업이라는 중등 이후 삶의 목표에 직접적으로 관련된 계속교육과 공통의 하위영역들도 특수교육을 통하여 향상해야 할 전환역량들이며, 그 내용은 계속교육에서 기초교육, 평생교육, 대학교육에 대한 역량이며, 공통에서 의사소통, 대인관계, 자기결정에 대한 역량이다. 고등학교 이후의 진로를 다양한 각도로 설계해 보고 가장 합리적인 방안을 선택하여 이를 실현하기 위해 체계적인 계획을 수립하고 준비하도록 한다.

6) 지원체계 구축

전환능력검사는 지원 정도 척도를 바탕으로 학생의 전환능력과 지원 정도를 파악할 수 있도록 개발한 검사이다. 민수의 전환능력검사를 살펴보면 전체적으로는 원점수는 3.5로 제한적 지원이 요구되며, 간헐적 지원으로 나아갈 수 있도록 교육과 지원이 요구된다. 영역별 원점수는 '공통'이 4.0으로 가장 높은 전환 능력에 해당하여 간헐적 지원이 요구되며, '계속교육'이 2.2로 가장 낮은 전환 능력에 해당하여 확장적 지원이 요구된다. 민수는 졸업 전까지 계속교육 영역에서는 독립적인 수행이 어려울 것으로 예상할 수 있다. 만일 고등학교 졸업 전까지 하위 영역과 문항에서 지원이 요구되면 학교를 졸업하면서 전환 역량의 수준에 비추어 적합한 지원체제를 갖추어 민수가 지역사회에서 살아갈 수 있도록 하는 것은 중요하다.

학생의 졸업 후 미래 환경에 근거한 전환계획과 이를 지원할 자립기술, 직업훈련, 지역사회적응훈련, 계속교육, 자기결정과 주장 능력 훈련 등 학교에서 사회로 전환하는 과정에 필요한 계별화전환계획을 수립하기 위해 전환능력검사를 실시할 수 있다. 전환능력검사의 결과를 바탕으로 학생의 졸업 후 미래 환경에 근거하여 필요한 계획을 수립하면 지역사회 기관과 연계하여 구체적인 전환서비스를 지원할 수 있다. 전환능력검사는 학령기에는 해당 학생의 교육기관을 중심으로 활용될 수 있으나 향후 특수교육 안에서만 단편적으로 장애학생의 교육계획을 수립하는 데 활용되기보다는 특수교육기관, 해당 지역의 장애인 고용 관련 기관, 직업재활시설, 장애인복지관, 산업체 등 관련 기관과 학교 및 지역사회를 연결하는 구심점으로 활용될 수 있다.

요 약

제9장에서는 전환능력검사의 결과보고서를 해석하고 검사 결과를 활용하여 개별화전
환교육계획을 세우는 데 중점을 두었다.

1. 전환능력검사의 결과보고서를 간단하게 해석하였다.

2. 검사 결과의 활용하여 개별화전환계획을 작성하였다.

3. 제1장에 소개된 다양한 사례를 활용하여 검사 결과를 활용할 수 있는 방법을 모색
   하였다.

활 동

1. 초등학생용 전환능력검사를 실시하고 검사 결과를 활용하는 방법을 적용해 봅시다.

2. 중학생용 전환능력검사를 실시하고 검사 결과를 활용하는 방법을 적용해 봅시다.

3. 고등학교용 전환능력검사를 실시하고 검사 결과를 활용하는 방법을 적용해 봅시다.

제4부

전환교육의
실제

제10장
초등학교 전환교육의 실제

배세진

1. 초등학교 전환교육의 목표

1) 초등학교에서 중학교로 전환 시기의 특성

초등학교 5~6학년은 사춘기와 청소년기에 접어드는 시기로 신체적 · 사회적 · 심리적 · 정서적으로 많은 변화를 경험하게 되는 시기이며, 동시에 적응에 대한 두려움과 스트레스를 느끼게 되는 시기이다. 이는 비장애학생뿐만 아니라 특수교육대상학생도 동일하게 느끼는 부분으로, 특수교육대상 학생이 경험하는 전환은 비장애학생보다 훨씬 더 많은 지원을 필요로 한다(함보라, 이미숙, 2020).

특히 이 시기는 초등학교에 비하여 많은 수의 교과목이 개설되고 수업 시수도 증가하며 학교의 규칙과 절차도 복잡해지는 중학교로의 진학을 앞두고 있어 학생들은 초등학교에 입학하던 시기보다 차츰 독립적인 수행과 능동적인 생활방식을 요구받게 된다(백정옥, 최윤희, 2010). 특수교육대상 학생들이 중학교에 진학하게 되면 낯선 환경과 익숙하지 않은 학교생활에서 어려움을 겪을 수 있으며, 학업과 또래관계 형성에서 발생할 수 있는 격차와 해당 학년으로의 교육과정 접근의 어려움 등이 수반될 수 있다. 따라서 초등학교에서 중학교로 전환하는 시기에 적절한 전환기 지원이 필요하며, 특히 학교 차원에서 학생의 전환을 지원할 수 있는 계획이 수립되어야 한다(Carter et al., 2005).

초등학교에서 중학교로의 전환을 위한 지원 내용으로는 학업적 지원, 학교생활과 관련된 일상생활지원, 사회적 관계지원 등이 포함된다(나수현, 박승희, 2009). 특히 중학교 교육과정을 이해하고 중학교에서 중요시되고 있는 기술들을 파악하여 전환기에 있는 학생들에게 필요한 실제적인 교육을 제공하는 것에 대한 요구가 높게 나타나고 있다. 따라서 초등학교에서 중학교로의 방문, 초등학교와 중학교 간의 교육과정 연계, 중학교생활에 필요한 다양한 기술의 학습, 부모지원 등과 같은 프로그램 등을 제공하는 것이 필요하다(함보라, 이미숙, 2020).

중학교 환경에 성공적으로 적응하기 위해 요구되는 과제들에 대한 준비와 지원을 마련하기 위해서는 초등학교 5~6학년 시기에 학생에 대한 전환평가가 필요하며, 평가 결과를 토대로 교육과 지원이 필요한 부분을 확인하여 개별화교육계획을 통한 적합한 교육과정의 제공이 필요할 것이다.

2) 자립

초등학교 과정에서의 자립은 가정과 학교, 지역사회 등에서 독립적이고 주도적으로 살아가는 데 필요한 역량으로 자기관리, 가정생활, 건강, 돈관리, 지역사회생활, 여가생활의 6개 하위 영역으로 구성된다(국립특수교육원, 2022d). 실제 중학교로의 전환을 앞둔 초등학생에게 요구되는 자립기술로는 달라지는 중학교의 규칙과 일과에 대해 이해하고, 일과 내에서 독립적으로 생활할 수 있도록 하는 자기관리기술이 포함된다. 또한 청소년 시기의 또래 관계의 형성으로 비슷한 학생들끼리 또래 집단 문화를 만들어 가고 또래와의 관계를 중요시하며, 사회적 상호작용의 범위가 확대되면서 지역사회 활동 및 여가활동에 참여하기 위한 기술 역시 요구되기도 한다.

지민(사례 1)은 일반 초등학교 5학년에 재학 중이며 뇌성마비가 있는 여학생이다. 지민은 일반학급의 교과 수업에 참여하는 데 큰 어려움은 없으나, 뇌성마비로 인하여 보행 및 균형감에 제한이 있어 이동이나 활동이 많은 체육수업에 있어서는 특수교사의 지원을 받는다. 신체적 제한으로 인하여 평소 가까운 곳을 이동할 때나 지역사회 기관을 이용할 때 부모의 지원을 받았으며, 학교생활 중에도 활동의 범위가 넓은 과제를 수행할 때에는 비장애학생들과 함께 활동하거나 참여하는 데 제한이 많았다.

지민은 전환능력검사를 실시한 결과, 전체 원점수의 평균이 4.2로 간헐적 지원 수준에 해당하였다. 이 중 자립 영역과 공통 영역을 중심으로 하위 영역의 점수 분포를 살펴보면, 자립 영역에서는 지역사회생활 영역의 원점수가 3.7의 제한적 지원 수준인 것을 제외하고는 모두 4점대의 간헐적 지원 수준을 보였으며, 공통 영역에서는 3개의 하위 영역 전체가 4점대로 간헐적 지원 수준을 나타냈다. 지민은 전환능력검사 결과를 토대로 자립을 위해 지역사회생활 관련 기술 중 가장 우선적으로 가르쳐야 할 내용을 선정하여 지속적으로 전환교육을 실시해 나아가야 하며, 평가 결과를 토대로 교육 내용과 방법을 보완해야 할 것이다.

3) 중학교 준비교육

전환역량으로서 계속교육은 특수교육대상 학생을 위한 교육으로 생애 전반에 걸쳐 원하는 교육을 받아 개인의 삶의 질을 향상할 수 있는 역량이며, 초등학교에서는 기초교육과 중학교 준비교육의 2개 하위 영역으로 구성되고(국립특수교육원, 2022d), 계속교육 역량의 각 하위 영역의 정의는 〈표 10-1〉과 같다. 초등학교에 재학 중인 특수교육대상 학생이 낯설고 새로운 중학교 생활에 대하여 불안해하거나 필요한 부분에 대해 적절한 지원을 제공받는 것은 전환에 대한 스트레스를 줄이고, 심리적·정서적으로 안정감을 주며, 궁극적으로는 중학교 이후 생활에 보다 수월하게 적응할 수 있도록 한다. 그러므로 중학교로의 전환을 앞두고 있는 초등학생에게는 중학교 준비교육을 위한 학교 차원의 교육계획과 교육과정 운영이 필요하다.

중학교 과정을 준비하기 위해서는 학업적인 지원과 학교생활과 관련한 지원이 필요하다. 먼저 학업적 지원을 위한 기초교육 기술로는 읽기, 쓰기, 셈하기와 같은 기본

〈표 10-1〉 계속교육 역량 하위 영역의 정의

역량	하위 영역	정의
계속 교육	기초교육	학습을 수행하기 위해 선행적으로 습득되거나 우선적으로 필요한 기본적인 학습기술이다. 학습 준비기술, 주의 집중, 읽기, 쓰기, 셈하기 등 주로 중증장애학생을 고려한 하위 영역이다.
	중학교 준비교육	중학교에서 학습하기 위한 기본적인 능력이며, 중학교 이후의 삶의 과정에서 계속교육을 위한 능력이다. 학습기술, 학습동기, 중학교 유형 탐색, 중학교 입학 상담 등이 있다.

출처: 국립특수교육원(2022d).

적인 학습기술과 더불어 학습 준비, 수업 참여, 학습 태도 등의 내용을 포함할 수 있다. 이 중 특수학급에 재학 중인 학생의 경우 일반학급에서의 수업 참여를 증진하는 방안을 마련하는 것도 포함될 수 있다(Carter et al., 2005). 학교생활지원으로는 장애학생이 입학하는 중학교의 학교 규칙과 절차 및 일과에 대한 교육과 학교 일과 내에서 독립적으로 기능할 수 있도록 하는 기술의 교수가 필요하다. 이는 중학교 생활 및 환경에 대한 사전 정보를 제공하거나 중학교에 입학하기 전 학교를 사전 방문하여 탐색하기, 선배들과의 사전 만남 등의 방법으로 이루어질 수 있다.

지민은 그동안 학년이 바뀔 때마다 새로운 담임교사나 또래와 적응하는 것을 어려워했으며, 지민의 보행 자세나 균형에 대해 이해하지 못하는 주변인들도 있었다. 지민은 집에서 가장 가까운 중학교로 입학하기를 희망하나, 교과별로 다른 교사가 수업을 하는 중학교의 수업 방식에서 적응해야 할 교사의 수가 많아지는 것과 새로운 친구들과의 적응과정, 다양한 체험활동을 중심으로 한 수업 방식 변화 등으로 중학교 생활에 대한 두려움을 가지고 있다.

지민의 전환능력검사 결과를 살펴보면, 자립, 직업, 계속교육, 공통 영역의 원점수 평균이 각각 4.2, 4.4, 3.7, 4.1로 전체적으로 간헐적 지원 수준이나 중학교 준비교육이 포함된 계속교육 영역만 3.7로 제한적 지원 수준을 나타냈다. 또한 하위 영역에서도 기초교육이 3.6, 중학교 준비교육이 3.8로 다른 영역의 하위 영역이 대부분 간헐적 지원 수준인 것에 비하면 높은 지원이 요구된다. 지민의 중학교 준비교육을 위하여 현재 전환능력의 수준과 가장 우선적으로 가르쳐야 할 내용을 선정하여 지속적으로 전환교육을 실시해야 할 것이다. 그리고 전환성과에 대한 지속적인 평가를 통하여 교육 내용과 방법을 보완해 나가야 할 것이다.

2. 초등학교 교육과정 운영

1) 일반 학교

지민(사례 1)은 일반 초등학교에 재학 중인 학생으로 2022 교육과정의 초등학교 공통 교육과정을 중심으로 일반학급에서 수업을 받고 있다. 따라서 지민에게 적용 가능한 교육과정 편제와 시간 배당은 일반 초등학교의 편제를 따르고, 지민의 장애 특성과 정도에 따라 특수학급에서 필요한 교과에 대한 내용을 편성하고 운영하고 있다. 초등학교 5~6학년군에 속하는 지민에게 적용되고 있는 초등학교 교과(군)의 시간 배당 기준은 〈표 10-2〉와 같이 국어, 사회/도덕, 수학, 과학/실과, 체육, 예술(음악/미술), 영어로 구분되고, 각 교과에 따라 최소 이수 시간이 편성되어 총 1,972시간을 이수하도록 한다. 또한 창의적 체험활동이 204시간을 이수하도록 되어 있어 교과와 창의적 체험활동 전체 최소 이수 시간은 2,176시간이다(교육부, 2022f).

〈표 10-2〉 초등학교 배당 기준

구분		1-2학년	3-4학년	5-6학년
교과(군)	국어	국어 482	408	408
	사회/도덕		272	272
	수학	수학 256	272	272
	과학/실과	바른 생활 144	204	340
	체육	슬기로운 생활 224	204	204
	예술(음악/미술)	즐거운 생활 400	272	272
	영어		136	204
소계		1,506	1,768	1,972
창의적 체험활동		238	204	204
학년군별 총 수업 시간 수		1,744	1,972	2,176

주: 1. 1시간 수업은 40분을 원칙으로 하되, 기후 및 계절, 학생의 발달 정도, 학습 내용의 성격, 학교 실정 등을 고려하여 탄력적으로 편성 · 운영할 수 있다.
  2. 학년군의 교과(군)별 및 창의적 체험활동 시간 배당은 연간 34주를 기준으로 한 2년간의 기준 수업 시수를 나타낸 것이다.
  3. 학년군별 총 수입 시산 수는 최소 수업 시수를 나타낸 것이다.
  4. 실과의 수업 시간은 5~6학년 과학/실과의 수업 시수에만 포함된다.
  5. 정보교육은 실과의 정보 영역 시수와 학교 자율 시간 등을 활용하여 34시간 이상 편성 · 운영한다.
출처: 교육부(2022f).

지민은 〈표 10-2〉를 기준으로 하여 재학하고 있는 초등학교가 편성 · 운영하는 교육과정을 이수하게 된다. 다만, 지민은 2022 특수교육 교육과정 총론의 초 · 중등학교 교육과정 편성 · 운영 기준(교육부, 2022c)에 따라 해당 학교 교육과정에 제시된 교과를 대신하여 지민의 장애 특성과 정도를 반영한 교과의 영역 및 내용과 관련된 교육과정을 운영할 수 있다. 지민은 뇌성마비로 인하여 근육에 경직이 있고 균형감이 떨어지므로 주 2시간의 체육 시간에는 특수학급으로 이동하여 특수교사로부터 자신에게 적절한 수업을 받는다. 또한 초등학교 5학년은 중학교 진학을 앞두고 있는 전환의 시기이므로 사회 교과와 실과 교과를 활용하여 주 4시간은 지역사회생활과 중학교생활을 준비할 수 있는 내용을 중심으로 특수학급에서의 교육을 운영하고 있다. 특수학급 교사는 공통 교육과정의 초등학교 교육과정과 기본 교육과정의 성취기준을 고려하여 지민에게 적합한 교육 내용과 방법을 선정하여 지도한다.

2) 특수학교

지민은 일반학교에 재학하고 있으나, 학생에 따라서는 일반학교가 아닌 특수학교에 재학하는 경우도 있다. 특수학교에서는 중도중복장애 학생을 위해 기본 교육과정을 중심으로 교육과정을 편성·운영한다. 기본 교육과정은 주로 지적장애나 자폐성장애와 같은 발달장애학생이나 두 가지 이상의 장애를 동시에 동반하고 있는 중도중복장애가 있는 경우에 적용될 수 있다. 특수학교에서는 학생의 장애 특성과 교육적 요구를 반영하여 적절한 교육을 하도록 개별화교육계획을 작성하며 그에 따른 교과를 운영한다.

2022 특수교육 기본 교육과정 초등학교 교육과정 편제는 교과(군)과 창의적 체험활동, 일상생활 활동으로 구성되어 있으며, 초등학교 5~6학년군의 학생에게 적용되고 있는 기본 교육과정의 교과(군)는 국어, 사회, 수학, 과학/실과, 체육, 예술(음악/미술)이며 창의적 체험활동은 자율·자치활동, 동아리활동, 진로활동을 포함한다. 기본교육과정을 적용하는 중도중복장애 학생의 경우 2022 특수교육 교육과정에 새롭게 포함된 일상생활활동을 활용하여 여러 교과를 통합해서 학생에게 적절한 교육과정을 재구성할 수 있다. 2022 특수교육 기본 교육과정의 초등학교 5~6학년 교과(군)의 최소 이수 시간은 1,428시간이고, 창의적 체험활동은 408시간, 일상생활활동 340시간으로 5~6학년의 총 수업 시간 수는 2,176시간이다. 기본 교육과정의 시간 배당 기준의 구체적인 내용은 〈표 10-3〉과 같다(교육부, 2022c).

〈표 10-3〉 기본 교육과정 초등학교 배당 기준

구분		1~2학년	3~4학년	5~6학년
교과(군)	국어	국어 352	340	340
	사회	수학 204	204	204
	수학		204	204
	과학/실과	바른 생활 116	204	272
	체육	슬기로운 생활 180	170	170
	예술(음악/미술)	즐거운 생활 320	238	238
소계		1,172	1,360	1,428
창의적 체험활동		272	306	408
일상생활활동		300	306	340
학년군별 총 수업 시간 수		1,744	1,972	2,176

주: 1. 1시간 수업은 40분을 원칙으로 하되, 기후 및 계절, 학생의 발달 정도, 학습 내용의 성격, 학교 실
　　정 등을 고려하여 탄력적으로 편성·운영할 수 있다.
　2. 학년군의 교과(군)별 및 창의적 체험활동, 일상생활활동 시간 배당은 연간 34주를 기준으로 한
　　2년간의 기준 수업 시수를 나타낸 것이다.
　3. 학년군별 총 수업 시간 수는 최소 수업 시수를 나타낸 것이다.
　4. 실과의 수업 시간은 5~6학년 과학/실과의 수업 시수에만 포함된다.
출처: 교육부(2022c).

3) 교과연계

현대사회는 제4차 산업혁명의 도래로 전 세계적으로 정보화된 지식기반사회로 나아가고 있으며, 인문, 과학, 기술 등 각각의 세분화된 학문들을 결합 및 통합하고 나아가 응용함으로써 새로운 지식과 분야를 창출하는 일들이 활발하게 일어나고 있다. 따라서 사회 변화에 발맞추어 다양한 지식을 융합하고 문제해결능력과 창의적 사고력을 발전시킬 수 있는 인재를 필요로 하고 있다(조준동, 2015). 이러한 시대적 상황을 반영하여 학교교육은 기존의 단순 지식과 개념을 전달하는 교육의 방식에서 벗어나서 학교에서 배우는 내용이 학생의 삶에 직접적·실제적 의미를 부여하는 교육의 방식으로 융합되고 연계될 필요가 있다.

교과연계교육은 통상적으로 통합 수업이나 주제 통합 수업으로 언급되며, 기존의 교과 간의 경계가 뚜렷했던 학교 수업 방식을 보완하기 위하여 제시된 교육과정 접근 방식 중 하나이다. 교과연계는 "교과 간 지식(기능과 태도 포함)을 연계하거나 연결

하여 새로운 것을 창조하는 능력이나 행위"(권점례 외, 2017)로 규정된다. 따라서 주제 통합 수업은 주제를 중심으로 하여 교과 간의 지식이 연계 또는 연결된 수업을 의미한다. 교육과정 연계의 통합 접근 방식은 다양한 학자에 의해 논의되었으며, 그중 교육과정 연계·융합에 대하여 기초적인 논의를 한 학자 중 한 명인 Drake(2013)가 제시한 교육과정 연계의 통합 방식을 중심으로 그 내용을 제시하면 다음과 같다.

첫째, 다학문적 접근이다. 이는 '한 주제를 조망하기 위해 서로 다른 학문 영역을 엮어 놓은 형태'로 각 교과의 담당 교사가 쉽게 접근할 수 있는 방법으로 소개된다. 즉, 한 주제를 탐구하기 위하여 관련성이 있는 여러 교과의 시각을 통하여 주제를 탐구하고 상호 관련성을 증진시키는 접근방법이다. 예를 들어, '지역사회'라는 주제를 공부하기 위하여 사회, 국어, 미술, 수학, 과학 교과 사이를 순환하면서 다양한 시각을 제공하고 서로 다른 장소에서 유사한 주제를 학습할 수도 있다. 다학문적 접근에서는 교과의 수업 내용과 평가가 각 교과 내에서 이루어지므로 개별 교과가 가지고 있는 특수성과 고유성은 그대로 지니게 되고, 일반적으로 학생들은 명시적으로 교과 간의 연결과정을 통해 학습을 촉진하고 성취도를 높일 수 있다.

둘째, 간학문적 접근이다. 간학문적 접근은 '주제를 각 교과의 영역에 적용하는 데 머무르지 않고 여러 학문 영역에 걸쳐 있는 공통점에 초점을 두는 방식'이다. 따라서 교육과정은 공통의 쟁점, 주제 또는 문제에 초점을 두지만 간학문적 개념과 기능이 교과 영역 내에서 보다 교과 영역을 가로질러서 강조된다. 예를 들면, 어느 특정 단원은 갈등이나 변화와 같이 하나의 보편적인 개념을 중심으로 조직되거나, 혹은 일반적인 탐구기능을 강조할 수도 있다. 따라서 다학문적 접근에 비하여 통합의 정도가 더 강하다고 볼 수 있으며, 교육과정은 하나 이상의 공통점, 즉 주제, 질문, 개념, 기능 등이 교과와 연계되고 학문 간 관련성이 학생들에게 분명히 드러난다는 특징이 있다.

셋째, 탈학문적 접근이다. 탈학문적 접근은 '학습자 중심적 입장에서 자유로운 표현활동이나 문제해결의 과정을 통해서 이루어지는 통합 방법'이다. 이는 교과 또는 공통의 개념이나 기능으로 시작하는 것이 아니라 가장 중요하게 고려되는 점은 학생들에게 적절한지 여부이다. 또한 탈학문적 접근은 실제 세계의 맥락과 학생들의 흥미를 강조한다. 예를 들어, 학생들이 지역사회의 숲과 공원을 직접 경험하면서 자연보호의 중요성을 인식하고 교육과정을 구성하여 환경과 관련한 교과를 공부하고 연극 수업으로 환경보호를 위한 내용을 직접 해 보는 방식이다.

이러한 교과연계 방식은 다양한 교과 간의 연결성을 강조하여 학생들이 일상생활에서 마주하는 여러 가지 문제를 해결하는 데 필요한 능력과 지식을 기를 수 있도록 한다. 이를 위해 교사는 학생들의 전환 목표에 따른 계획과 준비를 할 수 있도록 여러 교과 영역을 효과적으로 융합하고, 문제를 해결하는 데 필요한 기술과 지식을 제공하며, 학생들의 창의성과 문제해결 능력을 촉진하는 교수법과 교육 방식을 적용할 수 있도록 하는 것이 필요하다.

3. 초등학교 전환교육 수업의 실제

1) 자립

(1) 자립 역량 향상을 위한 전환교육 수업 방향

지민(사례 1)은 일반학교에 재학 중인 초등학교 5학년으로, 뇌성마비가 있는 여학생이다. 지민은 일반학급에서 교과 수업에 참여하는 데는 큰 어려움이 없으나 체육시간이나 현장학습 등의 활동 범위가 넓고 이동이 수반되는 교육활동에는 어려움을 보인다. 지민에게 전환능력검사를 실시한 결과, 전체 원점수 평균이 4.2로 간헐적 지원이 필요한 수준이나, 자립 영역의 하위 영역 중 지역사회생활에서 3.2의 평균을 보여 제한적 지원을 받을 수 있는 지원체계를 갖추어야 할 수준이다. 따라서 곧 중학생이 되어 지역사회 내에서 이동 및 활동의 범위가 넓어지는 지민에게 원활한 지역사회생활을 할 수 있는 지원이 필요할 것으로 보인다.

지민은 전환능력검사 결과에 따라 자립의 지역사회생활에 대한 내용에 우선순위를 두어 초등학교에서의 전환교육 수업을 실시할 필요가 있다. 그중에서 특히 지역사회에서의 이동과 공공기관의 이용 등에 초점을 맞추어 가능한 한 스스로 할 수 있는 영역을 넓히는 데 목표를 둘 수 있다. 이러한 전환교육 수업을 통하여 지민은 새로운 중학교로의 등하교 능력을 기르고, 중학교과정에서 이루어지는 다양한 체험활동에 더 적극적으로 참여할 수 있을 것이다.

(2) 자립 역량 향상을 위한 전환교육 수업 실제

지민의 자립 역량 향상을 위한 전환교육 수업은 초등학교 장애학생용 교과연계 전환역량 향상 프로그램 중 자립 영역의 교사용 지도서와 학생용 워크북 내용을 활용하여 지도할 수 있다(국립특수교육원, 2022e, f). 그 가운데 '목적지까지 이동하기'에 대한 교사용 지도서를 중심으로 예시를 제시한다.

학생용 워크북에서 제시된 '목적지까지 이동하기'는 세 가지 활동으로 구성되어 있다. 첫 번째 활동인 '지역사회에서 자주 이동하는 목적지 조사하기'에서는 이동할 수 있는 지역사회의 다양한 목적지를 알아보는 활동으로 구성되어 있다. 두 번째 활동인 '지역사회에서 목적지까지 이동하는 방법 파악하기'에서는 집에서 학교까지의 이동 방법을 파악하는 활동으로 구성되어 있다. 세 번째 활동인 '지역사회에서 목적지를 정하여 이동하기'에서는 이동하고자 하는 목적지를 설정하고 이동 방법을 조사하는 활동으로 구성되어 있다. 이러한 학생용 워크북의 내용을 토대로 교사용 지도서에서 제시하고 있는 구체적인 지도의 실제를 살펴보면 다음과 같다.

〈표 10-4〉 '목적지까지 이동하기'의 개요

성격	목적지까지 이동하는 능력은 일상생활이나 학교생활 등 다양한 형태의 사회 참여와 활동을 가능하게 하는 생활기술이다. 지역사회에서 이동하고자 하는 목적지의 정확한 위치를 정하고, 도보, 대중교통 등의 이동 방법을 파악하여 안전하게 이동하도록 한다.		
목표	지역사회 내 ① 목적지(학교, 편의점 등)를 정하고, ② 이동 방법을 파악하여, ③ 이동한다.		
교과연계	**관련 교과**	**단원**	**성취기준**
	사회	나-6. 학교 가는 길	[4사회03-06] 가정과 학교에서 지켜야 할 규칙과 질서를 알고 지키는 생활을 실천한다.
	재활	2. 자립생활	[9재활02-05] 자신의 위치를 파악하여 근거리를 안전하게 이동한다.
	진로와 직업	나-1. 자기 관리	[9진로06-02] 상황에 맞는 교통수단을 선택하여 등하교한다.

〈표 10-4〉와 같이 '목적지까지 이동하기'는 지역사회생활을 위한 기본적인 이동 기술을 지도하는 제재이다. 지도 목표는 '지역사회 내 ① 목적지(학교, 편의점 등)를 정하고, ② 이동 방법을 파악하여, ③ 이동한다.'이다. 이 제재는 2015 특수교육 교육과

정 내에서 기본 교육과정 초등학교 5~6학년군과 관련된 내용이 일부만 제시되어 있어 기본 교육과정 초등학교 3~4학년군과 기본 교육과정 중학교의 교과용 도서 내용을 참고하여 지도할 수 있다. 관련된 내용으로는 기본 교육과정 '사회'의 성취기준 '[4사회03-06] 가정과 학교에서 지켜야 할 규칙과 질서를 알고 지키는 생활을 실천한다.'와 '재활' 교과의 성취기준 '[9재활02-05] 자신의 위치를 파악하여 근거리를 안전하게 이동한다.' '진로와 직업' 교과의 성취기준 '[9진로06-02] 상황에 맞는 교통수단을 선택하여 등하교한다.'이다. 2022 특수교육 교육과정 내의 기본 교육과정에서는 중학교 '진로와 직업' 교과의 성취기준 '[9진로04-03] 집에서 학교까지 통학 수단을 활용하여 이동한다.'와 연계하여 지도할 수 있을 것이다. 교과연계 방식을 활용하여 이 재제는 사회, 재활, 진로와 직업 교과를 융합한 교육을 실시할 수 있다.

〈표 10-5〉 [활동 1] '지역사회에서 자주 이동하는 목적지 조사하기' 교수-학습 활동

[활동 1] 지역사회에서 자주 이동하는 목적지를 조사해 봅시다.

• 지역사회에서 목적지까지 이동했던 경험 이야기하기

> ▶ 매일 학교 버스를 타고 학교에 가요.
> ▶ 매주 화요일 복지관 프로그램을 이용하기 위해 엄마와 함께 승용차를 타고 복지관에 가요.
> ▶ 주말에는 가족들과 함께 공원에 자전거를 타러 가요.

• 지역사회에서 자주 이동하는 목적지에는 무엇이 있는지 알아보기

> ▶ 학교: 교육을 받기 위해 이동하는 목적지
> ▶ 복지관: 복지관 프로그램을 이용하기 위해 이동하는 목적지
> ▶ 마트: 채소, 과일, 고기 등을 구입하고자 이동하는 목적지
> ▶ 편의점: 과자, 음료수 등을 구입하고자 이동하는 목적지
> ▶ 공원: 산책, 운동, 놀이 등을 하기 위해 이동하는 목적지
> ▶ 음식점: 햄버거, 자장면, 떡볶이 등을 구입 후 먹기 위해 이동하는 목적지

• 지역사회에서 자주 이동하는 목적지를 작성하고 발표하기

자주 이동하는 목적지	학교, 편의점, 복지관, 공원, 치료실, 패스트푸드점

• 사진과 동영상 자료를 보며 지역사회에서 자주 이동하는 목적지에는 무엇이 더 있는지 알아보기
  - 문구점, 도서관, 시장, 수영장, 극장, 빵집 등

〈표 10-5〉의 [활동 1]은 '지역사회에서 자주 이동하는 목적지 조사하기'로 먼저 지역사회에서 이동했던 경험에 대해 이야기를 나눈다. 가정에서 가족과 함께 이동했던 경험이나 현장학습 시 현장학습 장소로 이동했던 경험을 사진을 보며 이야기할 수 있다.

두 번째로는 지역사회에서 자주 이동하는 목적지를 살펴보는 활동을 한다. 복지관, 마트, 편의점, 공원 등 학교 주변에서 자주 이동할 수 있는 목적지의 목록을 찾고 인터넷 지도를 활용하여 위치를 파악한 후, '우리 마을 지도 만들기' 활동을 통해 목적지의 위치를 구체적으로 파악해 보는 활동을 해 볼 수 있다.

〈표 10-6〉 [활동 2] '지역사회에서 목적지까지 이동하는 방법 파악하기' 교수-학습 활동

[활동 2] 지역사회에서 목적지까지 이동하는 방법을 파악해 봅시다.

■ 집에서 학교까지 이동하는 방법을 파악한다.
• 집에서 학교까지 이동하는 방법에는 무엇이 있는지 알아보기

> ▶ 걸어서 학교에 가기
> ▶ 자전거를 타고 학교에 가기
> ▶ 학교버스를 타고 학교에 가기
> ▶ 시내버스를 타고 학교에 가기
> ▶ 지하철을 타고 학교에 가기
> ▶ 승용차를 타고 학교에 가기

• 지도 애플리케이션을 활용하여 집에서 학교까지 이동하는 경로와 방법 확인하기
• 집에서 학교까지 자주 이동하는 방법에 대해 발표하기
   - 도보, 자전거, 학교버스, 시내버스, 지하철, 승용차를 중심으로 자주 이동하는 방법과 경험 발표하기

〈표 10-6〉의 [활동 2]는 '지역사회에서 목적지까지 이동하는 방법 파악하기'로 [활동 1]에서 파악했던 목적지 목록과 위치를 바탕으로 목적지까지 이동하는 방법을 알아보는 활동이다. 기본적으로는 집에서 학교까지의 이동 방법을 파악할 수 있고, 기타 다른 장소로의 이동 방법도 추가적으로 파악해 볼 수 있다. 지민의 경우 집에서 가장 가까운 중학교까지의 이동 방법을 파악해 볼 수 있다. 이를 위하여 이동의 수단을 구체적으로 살펴본다. 도보, 자전거, 버스, 지하철, 승용차 등 이동할 수 있는 방법

과 교통수단을 알아보고 선정한 목적지에 어울리는 이동 방법을 선택할 수 있도록 한다. 이동 방법을 선택할 때에는 지도 애플리케이션을 활용하여 출발 장소에서 가고자 하는 목적지까지의 이동 경로를 검색하고 가장 적합한 이동 방법을 파악한다.

〈표 10-7〉 [활동 3] '지역사회에서 목적지를 정하여 이동하기' 교수–학습 활동

[활동 3] 지역사회에서 목적지를 정하여 이동해 봅시다.

■ 지역사회에서 목적지를 정하고 이동 방법을 파악하여 이동한다.

• 지역사회에서 이동하고자 하는 목적지에는 무엇이 있는지 이야기하기
　-극장, 마트, 복지관, 수목원, 박물관, 패스트푸드점, 체육공원, 놀이공원 등

• 지역사회에서 이동하고자 하는 목적지, 이동 방법, 소요 시간 작성하기

번호	출발지	목적지	이동 방법	소요 시간
예	집	극장	시내버스	15분
1	학교	편의점	도보	5분
2	집	수목원	승용차	20분

• 학생 개별과제로 가정과 연계하여 '목적지 이동 미션'을 수행한 후 소감 발표하기

〈표 10-7〉의 [활동 3]은 '지역사회에서 목적지를 정하여 이동하기'로 [활동 2]에서 파악했던 목적지 이동 방법을 토대로 지역사회에서 이동하고자 하는 목적지를 선정하여 실제로 이동하는 활동이다. 이 활동을 수행하기 위해서는 현장학습의 방법을 활용할 수 있으며, '교통수단 이용하기' '공공기관 이용하기' 등의 제재와 연계하여 지도할 수 있다.

목적지로 이동하기 위해서는 사전에 목적지를 선정하는 과정을 거치고 [활동 2]에서 조사했던 목적지까지 이동 방법과 경로, 소요 시간 등을 다시 한번 확인한다. 이 제재를 수업하기 위해서는 실제 경험하는 현장학습의 방법이 가장 효과적일 수 있으나, 여의치 않을 경우 스마트교육의 방법 중 하나로 가상 경험의 기회를 제공할 수 있다. 이동을 경험한 이후에는 이동해 본 소감을 발표하거나 이동 시 유의 사항을 정리하여 다른 곳으로의 이동 시 참고해 볼 수 있다.

이동능력은 한 번의 경험으로 그 기술이 습득되기 어렵기 때문에 관련된 제재와 연계하여 심화·확대하는 방법으로 지도하거나 학생 개별과제로 가정과 연계하여 관

〈표 10-8〉 '목적지까지 이동하기'의 평가척도와 지도상 유의점

	1. 전반적 지원	2. 확장적 지원	3. 제한적 지원	4. 간헐적 지원	5. 독립 수행
평가 척도	목적지까지 이동하기 위해 고강도의 지원이 항상 필요함	목적지까지 이동하기 위해 중강도의 지원에 대부분의 기간 필요함	목적지까지 이동하기 위해 저강도의 지원이 일정 기간 필요함	목적지까지 이동할 수 있으나, 특정 상황이나 조건(예: 새로운 목적지)에서 모니터링이 필요함	스스로 목적지까지 이동함
지도상 유의점	학생들의 경험과 교과서, 미디어 자료 등을 활용하여 이동능력의 중요성을 인식할 수 있도록 지도한다. 가정과 연계하여 지역사회에서 다양한 목적지를 설정하여 이동을 경험함으로써 이동능력이 향상될 수 있도록 지도한다.				

련 기술을 수행하는 과제를 제시할 수 있다.

[활동 1]~[활동 3]을 통하여 '목적지까지 이동하기'의 지도를 마무리하였으면, 〈표 10-8〉과 같이 교사용 지도서에 제시된 평가척도를 통해 학생의 이동능력을 평가할 수 있다. 평가 때에는 이동을 위한 준비과정과 학생의 실제 이동능력을 교사의 관찰을 통해 수행평가로 실시할 수 있다. 또한 지도상 유의점을 참고하여 학생들이 여러 방법을 토대로 가정과 연계하여 이동기술을 반복, 연습할 수 있도록 한다.

2) 계속교육

(1) 계속교육 역량 향상을 위한 전환교육 수업 방향

지민은 초등학교에 재학하는 동안 학년이 바뀔 때마다 새로운 환경 및 학급 구성원에 적응하는 데 어려움을 겪었다. 특히 중학교의 경우 초등학교와 달리 교과별로 다른 교사가 수업을 진행하고, 자유학기제 등으로 다양한 체험활동과 수업 방법이 적용되기 때문에 참여의 기회가 많아져 새로운 환경에 적응해야 하는 상황에 자주 마주치게 된다. 따라서 초등학교와는 다른 중학교의 수업 방식과 교육과정, 학교생활의 차이점을 미리 파악하여 중학교 생활에 성공적으로 적응하기 위해 필요한 기술과 지원이 무엇인지 알아보는 과정이 필요해 보인다.

지민은 앞선 요구에 따라 초등학교에서의 전환교육 수업을 실시하기로 하였다. 그중에서 계속교육 영역의 중학교 준비교육에 초점을 맞추어 중학교생활에 잘 적응하기 위한 발판을 마련하고자 하였다. 이러한 전환교육 수업을 통하여 향후 지민은 중

학교라는 새로운 환경에 대한 두려움을 최소화하고 안정적으로 적응할 수 있을 것으로 기대해 볼 수 있다.

(2) 계속교육 역량 향상을 위한 전환교육 수업 실제

지민의 계속교육 역량 향상을 위한 전환교육 수업은 초등학교 장애학생용 교과연계 전환 역량 향상 프로그램 중 계속교육에 영역의 교사용 지도서와 학생용 워크북 내용을 활용하여 지도할 수 있다(국립특수교육원, 2022e, f). 그 가운데 '중학교 입학하기 위한 상담하기'에 대한 교사용 지도서를 중심으로 예시를 제시한다.

학생용 워크북에서 제시된 '중학교 입학하기 위한 상담하기'는 두 가지 활동으로 구성되어 있다. 첫 번째 활동인 '중학교 진학 상담하기'는 진학하고자 하는 중학교에 대해 교사와 상담을 하는 활동으로 구성되어 있다. 두 번째 활동인 '중학교 진학 후 변화되는 환경 파악하기'는 초등학교와 중학교의 차이점을 파악하는 활동으로 구성되어 있다. 이러한 학생용 워크북의 내용을 토대로 교사용 지도서에서 제시하고 있는 구체적인 지도의 실제를 나타내면 다음과 같다.

〈표 10–9〉 '중학교 입학하기 위한 상담하기'의 개요

성격	중학교 입학을 준비하기 위해 자신이 관심 있는 중학교에 대한 정보를 수집하고 진학을 위한 계획을 수립해 보는 과정이 필요하다. 보호자나 교사 등 주변 사람과 진학을 위한 학습, 환경, 희망 사항 등에 대한 상담을 하고 진학 준비를 하여 자신에게 적합한 중학교 입학이 되도록 한다.		
목표	보호자나 교사와 중학교 진학을 위한 ① 학습, ② 환경(위치, 교통수단, 편의시설 등), ③ 희망사항 등을 상담한다.		
교과연계	**관련 교과**	**단원**	**성취기준**
	사회	가-3. 내가 선택하는 생활	• [6사회01-03] 일상생활에서 선택의 필요성과 선택에 따른 결과를 알고 결정하는 생활 태도를 가진다.
	실과	가-5. 꿈을 찾아서	• [6실과04-01] 나의 꿈을 표현하고, 꿈을 이루기 위해 할 일을 계획한다. • [6실과04-02] 나의 성장과정과 변화된 모습을 발견하며, 자신의 모습에 소중함과 자긍심을 갖는다.
	진로와 직업	나-11. 고등학교 진학 준비	• [9진로05-01] 선택한 고등학교 유형의 진학 정보를 수집한다. • [9진로05-02] 선택한 고등학교의 교육과정 및 생활에 대한 정보를 수집하고 체험한다.

〈표 10-9〉와 같이 '중학교 입학하기 위한 상담하기'는 중학교 입학을 앞두고 교사와의 상담을 통해 초등학교와 중학교의 환경과 학교생활의 차이점을 알아보는 것을 목표로 하는 제재이다. 지도 목표는 '보호자나 교사와 중학교 진학을 위한 ① 학습, ② 환경(위치, 교통수단, 편의시설 등), ③ 희망사항 등을 상담한다.'이다.

이 제재는 2015 특수교육 교육과정의 기본 교육과정 '사회'의 성취기준 '[6사회01-03] 일상생활에서 선택의 필요성과 선택에 따른 결과를 알고 결정하는 생활 태도를 가진다.'와 '실과' 교과의 성취기준 '[6실과04-01] 나의 꿈을 표현하고, 꿈을 이루기 위해 할 일을 계획한다.' '[6실과04-02] 나의 성장 과정과 변화된 모습을 발견하며, 자신의 모습에 소중함과 자긍심을 갖는다.'와 관련이 있는 제재이다. 추가적으로 이 제재와 직접적으로 관련된 내용이 2015 초등학교 5~6학년군 기본 교육과정 교과용 도서에는 일부만 제시되어 있어 보다 직접적으로 관련이 있는 기본교육과정 중학교 '진로와 직업' 교과의 '[9진로05-01] 선택한 고등학교 유형의 진학 정보를 수집한다.' '[9진로05-02] 선택한 고등학교의 교육과정 및 생활에 대한 정보를 수집하고 체험한다.'의 내용을 참고하여 지도할 수 있다.

그러나 개정된 2022 특수교육 교육과정의 기본 교육과정에서는 '실과' 교과의 성취기준 '[6실과04-04] 진학할 수 있는 중학교 유형을 살펴보고 중학교 선택과정에 참여한다.'와 '[6실과04-05] 진학에 따른 교육환경의 변화를 알아보고 진학을 준비한다.'에 보다 직접적으로 연계된 내용이 제시되므로 실과 교과를 중심으로 관련 교과와 연계하여 지도할 수 있다.

〈표 10-10〉의 [활동 1]은 '중학교 진학 상담하기'로 진학하고자 하는 중학교에 대해 교사와 상담하는 것이 주요 활동이다. 먼저 상담의 과정에 대한 이해가 필요하므로 상담 예시 자료를 통해 상담의 모습을 살펴보는 활동을 진행할 수 있으며, 여기서 자료는 사진 또는 영상 자료를 활용할 수 있다.

상담 방법에 대한 이해가 완료되었으면 상담 내용을 선정하기 위하여 중학교 생활에서 궁금한 사항을 목록으로 만들어 볼 수 있다. 상담 목록은 중학교 생활에 대한 궁금증이 유발될 수 있도록 중학교 수업 장면, 중학생의 생활과 관련된 영상을 시청하고, 궁금한 내용을 찾기 위해 브레인스토밍을 할 수 있다. 브레인스토밍을 한 결과를 마인드맵으로 구성하고 이것을 통해 목록으로 구체화하는 활동을 수행한다.

실제 상담을 수행하기 전에 학생이 작성한 상담 목록을 가지고 담임교사와 모의수

〈표 10-10〉 [활동 1] '중학교 진학 상담하기' 교수-학습 활동

[활동 1] 중학교 진학 상담을 해 봅시다.

- 진학하고자 하는 중학교에 대해 선생님과 상담해 본다.
- 상담 예시 영상을 시청하고 역할놀이를 통해 모의 상담하기
  - 상담 내용을 보며 중학교 진학상담을 위한 내용 알아맞히기

> ▶ 학교 복장: 중학교에서는 어떤 복장으로 생활하나요?
> ▶ 교과 교사: 중학교에서는 어떤 선생님을 만나나요?
> ▶ 수업 시간: 중학교 수업 시간은 몇 분인가요?
> ▶ 학교 위치와 시설: 진학하려는 중학교는 어디에 있나요?
> ▶ 교과목 내용: 중학교에서는 어떤 과목을 배우나요?
> ▶ 자유학년제: 중학교에서 실시하는 자유학년제가 무엇인가요?
> ▶ 필요한 지원: 중학교에는 특수교사 선생님이 계신가요?
> ▶ 희망 사항: 음악 수업이 많은 중학교에 갈 수 있나요?

  - 나만의 상담 질문 목록 만들기
  - 교사와 학생 역할의 대본을 번갈아 읽으며 모의상담에 참여하기

업을 통해 상담과정을 연습할 수 있다. 모의상담이 끝나면 학교의 진로담당교사와 상담을 실시하거나 학생이 진학하고자 하는 중학교 교사의 협조를 받아 방문 또는 화상회의를 통해 상담을 실시할 수 있다. 지민의 경우 가장 인근에 있는 중학교 교사의 협조를 구하여 상담을 할 수 있다.

〈표 10-11〉의 [활동 2]는 '중학교 진학 후 변화되는 환경 파악하기'로 [활동 1]에서 실시했던 중학교 진학 상담에 대한 내용을 토대로 중학교 진학 후 변화되는 환경이나 교육 내용에 대하여 정리 및 비교해 보는 활동이다. 학교 복장, 수업 시간, 교육 내용 등 수제별로 초등학교와 중학교에서의 다른 점을 표, 그림, 보고서 등의 형태로 작성하여 변화되는 환경을 한눈에 알아볼 수 있도록 한다. 또한 중학교 생활에 원활하게 적응하기 위해서 스스로 해야 하는 일을 '나의 다짐' 형태로 정리하고, 중학교에 있는 특수학급 교사에게 지원받을 수 있는 부분을 구분하여 '미래의 중학교 생활 보고서'로 제작하는 활동을 구상할 수 있다.

〈표 10-11〉 [활동 2] '중학교 진학 후 변화되는 환경 파악하기' 교수-학습 활동

[활동 2] 중학교 진학 후 변화되는 환경을 파악해 봅시다.

■ 초등학교와 중학교의 다른 점을 찾아 비교해 본다.
• 학교생활 사진 자료를 보며 초등학교와 중학교의 다른 점을 발견하고 퀴즈로 내용 확인하기

▶ 학교 복장
 – 초등학교: 평상복을 읽고 학교생활을 합니다.
 – 중학교: 교복, 생활복, 체육복을 입고 학교생활을 합니다.
▶ 수업 시간
 – 초등학교: 수업 시간은 40분입니다.
 – 중학교: 수업 시간은 45분입니다.
▶ 새로운 교과목
 – 초등학교: 나의 꿈과 진로를 위해 '실과'를 배웁니다.
 – 중학교: 나의 꿈과 진로를 위해 '진로와 직업'을 배웁니다.
▶ 교과목 교사
 – 초등학교: 담임교사가 대부분의 교과목을 가르칩니다.
 – 중학교: 교과목마다 가르치시는 교사가 다릅니다.
▶ 자유학년제
 – 초등학교: 나의 흥미와 적성을 찾기 위해 다양한 수업과 체험 활동이 참여합니다.
  진로인식을 위해 진로체험을 하는 진로교육 집중학년제에 참여합니다.
 – 중학교: 나의 꿈과 끼를 찾기 위해 진로 탐색, 주제 선택,

• 미래의 중학교 생활 보고서 작성하기
 – 미래의 중학교 모습을 상상하며 변화 내용 마인드맵 그리기
 – 미래의 중학교 생활을 스토리텔링으로 그리기
 – 그림 자료를 활용하여 나만의 중학교 생활 모습 보고서 완성하기

[활동 1], [활동 2]를 통하여 '중학교 입학하기 위한 상담하기'의 지도를 마무리하였으면, 〈표 10-12〉와 같이 교사용 지도서에 제시된 평가척도를 통해 학생의 중학교 진학을 위한 상담기술의 수행 수준을 평가할 수 있다. 평가 때에는 상담 준비와 실제 상담하는 과정에 대하여 교사의 관찰을 통해 수행평가로 실시할 수 있을 것이다. 또한 지도상 유의점을 참고하여 학생들이 중학교 입학 전 변화에 대해 스스로 준비해 갈 수 있도록 학생 개별적인 요구를 반영하여 수업을 진행하도록 한다.

〈표 10-12〉 '중학교 입학하기 위한 상담하기'의 평가척도와 지도상 유의점

	1. 전반적 지원	2. 확장적 지원	3. 제한적 지원	4. 간헐적 지원	5. 독립 수행
평가 척도	중학교에 입학하기 위한 상담을 하기 위해 고강도의 지원이 항상 필요함	중학교에 입학하기 위한 상담을 하기 위해 중강도의 지원이 대부분의 기간 필요함	중학교에 입학하기 위한 상담을 하기 위해 저강도의 지원이 일정 기간 필요함	스스로 중학교에 입학하기 위한 상담을 할 수 있으나, 특정 상황이나 조건(예: 진학 희망 동기 설명)에서 모니터링이 필요함	스스로 중학교에 입학하기 위한 상담을 함
지도상 유의점	초등학교에서 중학교로의 전환은 많은 변화를 수반하므로 중학교 생활 및 환경에 대한 정보를 사전에 조사하고 파악해 보는 기회를 가질 수 있도록 지도한다. 더불어 이 과정을 통해 학생들이 중학교 입학 전 정서적 안정감을 느끼고 자신의 미래 변화를 스스로 준비해 갈 수 있도록 지도한다.				

요 약

제10장에서는 초등학교에서의 전환교육의 실제로서 제8장의 전환능력검사 실시와 연계하여 내용을 기술하였다.

1. 초등학교 전환교육 목표에서는 초등학교 시기의 특성, 초등학교에서의 자립, 중학교 준비교육의 목표에 대하여 기술하였다.

2. 초등학교 교육과정 운영에서는 지민(사례 1)을 예로 들면서 초등학교의 시간 배당 기준을 소개하였으며, 추가적으로 초등학교 기본 교육과정의 시간 배당 기준을 소개하였다.

3. 초등학교 전환교육 수업의 실제에서는 교과연계 전환역량 향상 프로그램의 교사용 지도서를 중심으로 수업의 실제에 대한 예시를 제시하였다.

활 동

1. 사례 1에서 제시하고 있는 학생의 장애 유형과 특성을 고려하여 학생의 전환 목표를 구체화해 봅시다.

2. 초등학교 전환교육 수업의 실제에 제시된 교사용 지도서의 내용을 중심으로 수업 시연을 해봅시다.

3. 이 책의 참고문헌 중 초등학교에서 중학교로의 전환과 관련된 논문을 읽고 이 문헌들이 초등학교 전환교육의 실제에 주는 시사점을 토론해 봅시다.

제**11**장
중학교 전환교육의 실제

송승민

1. 중학교 전환교육의 목표

1) 중학교 시기의 특성

중학교에 재학하는 동안 장애학생을 포함한 모든 학생은 커다란 변화의 과정을 겪게 된다. 중학교 시기는 급격한 신체적·심리적·사회적 변화의 시기이지만, 다른 한편으로는 장애학생들의 안정적인 전환을 통하여 향후 고등학교와 성인으로서의 삶에 대한 준비를 할 수 있는 중요한 기간이기도 하다. 중학교 시기는 육체적·정서적·성적인 면에서 급격한 변화를 경험하게 되며, 남성으로서 혹은 여성으로서의 자기 몸에 대한 관심이 집중되어 몸에 대한 이미지를 형성하게 된다. 이러한 몸의 이미지는 긍정적인 경우와 부정적인 경우로 나누어지며, 장애학생 역시 자신의 몸에 대한 이미지가 형성된다(나인정, 이미숙, 2019).

또한 이 시기에 많은 학생이 가정과 학교에서 자신의 독립성을 증가시키려고 하므로 자기결정기술 향상을 비롯해 학교와 지역사회 활동에서 연령에 적합한 활동 참여를 최대화하고 장기적인 직업과 거주 목표 등을 계획하며 준비하는 중요한 변곡점이라고 할 수 있다(나수현, 박승희, 2008; 박상희, 2015; Wehmeyer, Agran, & Hugher, 1998). 중학교 시기에 학생과 부모는 미래의 삶에 대한 기대와 목표를 논의하기 시작해야 하며, 학교는 이들에게 직업생활, 주거생활, 지역사회생활, 계속교육 등의 영역에서 전환 관련 정보를 제공해야 한다. 또한 학교 교육과정을 편성·운영하여 진로를 설계하고 탐색할 수 있도록 지원해야 한다.

전환은 다른 학교급 간에 장기적으로 종적 연계 속에서 준비되어야 함에도 불구하고 중학교에서의 전환과정은 고등학교 및 그 이후 성인으로서의 삶을 준비하는 계획이나 교육과정 운영에서 한계가 있어 왔다. 학생들은 자립생활, 진로설계, 학업 수행 및 관계 형성, 심리적·정서적 문제해결 등에서 어려움을 겪고 있다(백정옥, 최윤희, 2010; 이숙향, 김수현, 임지현, 2015; Carter, Clark, Cushing, & Kennedy, 2005). 중학교에 재학 중인 특수교육 대상 학생이 공통 교육과정과 교과 수업에 참여함으로써 통합교육의 긍정적인 효과를 얻을 수 있겠으나 개별화교육계획에 따라 어느 정도 전환에 대한 준비를 하였는지에 대해서는 파악하기 어렵다(박승희, 이효정, 허승준, 2015; McDonnell, 1998; Wehmeyer & Sailor, 2004). 중학교 통합교육 현장이 교육과정의 적절한 운영, 통합을 위한 교사들의 준비, 장애학생에 대한 인식, 교육현장의 경쟁적 분위기 등 질적 성장을 저해하는 여러 구조적 문제가 있는 상황이다. 그럼에도 불구하고 특별한 교육적 요구를 가지고 있는 장애학생들의 전환 역량을 체계적으로 향상시켜 그들이 각자 진로를 탐색하고 설계할 수 있도록 준비해야 한다(김나현, 임경원, 2011; 박희찬, 김경선, 박광옥, 이현주, 2019; 이은별, 박승희, 2020; 조인수, 2015).

2) 자립

자립은 가정, 학교, 직장 등 지역사회 구성원으로서 독립적이고 주도적으로 살아가는 데 필요한 역량으로서 자기관리, 가정생활, 건강, 돈 관리, 지역사회생활, 여가생활의 6개 하위 영역으로 구성된다(국립특수교육원, 2021a). 중학교 시기는 급격한 변화로 인해 학생들이 자신에게 적합한 자립 역량을 갖추는 데 어려움을 흔하게 겪고 있다.

민준(사례 2)은 지적장애를 가지고 있으며, 특수학교 중학교 2학년에 재학 중인 남학생이다. 민준은 언어발달이나 지적 기능성 및 적응행동에서 지체되어 생활에 어려움이 컸고, 또래와 어울리지 못하였으며, 가족의 도움을 많이 받으면서 생활하였다. 민준이의 장애 정도는 심한 편이어서 인근의 일반 초등학교 대신에 통학버스가 운영되는 특수학교 초등학교를 다닌 후 중학교로 진학하였다. 민준에 대한 교육은 건강과 여가생활 등 자립에 대한 내용과 직업에 대한 기능을 향상하는 데 중점을 두어 이루어졌다. 민준의 중증장애로 인하여 민준의 부모는 생활과 관련된 도움을 주다보니 민준은 가정, 지역사회에서 스스로 수행하는 경험이 제한적이게 되었으며, 장차 민준이 평생 부모와 같이 살아야 할지와 같은 막연한 걱정이 앞설 따름이다.

민준의 전환능력검사 결과를 살펴보면, 전환능력검사 전체의 원점수 평균은 3.1로 제한적 지원이 필요한 수준으로 확인되었다. 영역별 원점수는 자립 3.0, 직업 2.7, 계속교육 3.4, 공통 3.4로 나타났으며, 자립 영역 역시 제한적 지원이 필요한 수준으로 나타났다. 구체적으로, 자립 영역의 하위 영역별 원점수는 자기관리 3.4, 가정생활 3.0, 건강 2.8, 돈관리 3.3, 지역사회생활 3.0, 여가생활 2.4로 나타났다. 민준이의 자립을 위하여 현재 전환능력의 수준과 가장 우선적으로 가르쳐야 할 내용을 선정하여 지속적으로 전환교육을 실시해야 할 것이다. 그리고 이러한 전환성과를 기록하여 고등학교 및 졸업 후 진로에 대한 진로설계를 바탕으로 보완해 나가야 할 것이다.

3) 직업

전환성과로서의 직업은 자신에 대한 이해와 직업 세계에 대한 탐색을 바탕으로 자신에게 적합한 직업을 선택하고 직업인으로서의 생활을 유지하는 역량이며, 직업탐색, 직업기능, 직업생활의 3개 하위 영역으로 구성된다(국립특수교육원, 2021a). 중학교 시기의 학생과 부모는 미래의 삶에 대한 기대와 목표를 논의하기 시작해야 하며, 다양한 직업을 탐색하게 된다. 최근 장애인을 대상으로 하는 적합 직종을 일방적으로 제시하는 방식에서 자신의 흥미, 적성 등의 파악을 바탕으로 다양한 직업을 탐색하는 방향이 강조되고 있다. 중학생의 진로준비와 전환을 위한 역량 강화가 이루어져야 하며, 다양한 교육환경에 배치되어 있는 중학교 장애학생들이 교육과정과 연계된 전환교육을 실시할 수 있는 프로그램이 개발되어야 한다. 2015 특수교육 기본 교육과정에서는 특수교육 대상 학생이 자신의 흥미, 적성 등을 바탕으로 제조업, 서비스업, 농수산업 직군 분야를 탐색하도록 하고 있다. 또한 중학교 과정에 자유학기제를 두어 자신의 진로 및 직업 탐색을 위하여 학생 참여형 수업과 다양한 체험활동을 하도록 명시하고 있다. 나아가, 중등과정에는 「진로교육법」에 의거하여 진로전담교사를 두도록 명시하고 있는데, 생애주기의 현장중심 진로설계 및 탐색 프로그램 지원 및 운영, 장애 학생 진로 포트폴리오 지도 및 상담 등을 실시하도록 하고 있으며, 이는 특수학교도 마찬가지이다(양종국 외, 2019).

예슬(사례 3)은 자폐성장애를 가지고 있으며, 일반 중학교 2학년에 재학 중인 여학생이다. 예슬은 일반 초등학교에 입학하여 생활하는 과정에서 친구와 의사소통을 하는 데 어려움이 있었고, 교실에서나 학교 안에서 혼자서 생활하는 날이 많았다. 예슬의 부모는 예슬의 중학교 성적이 갈수록 떨어지고, 친구들과의 의사소통이나 관계성도 나빠지고 있어 중학교 과정을 무사히 마치기를 바라고 있다. 한편으로는 중학교에서 실시하는 자유학기제 동안에 예슬이 하고 싶은 것을 하면서 자신의 진로 방향을 탐색할 수 있었으면 한다. 일반 고등학교와 특성화 고등학교는 교육과정에서 어떤 차이가 있는지, 고등학교에서 공부를 하고 난 뒤에는 진로의 방향을 어떻게 선택할 것인지 등은 계속 정보를 수집하고 파악해야 할 과제로 남아 있다.

예슬의 전환능력검사 결과를 살펴보면, 전환능력검사 전체의 원점수 평균은 4.4로 간헐적 지원이 필요한 수준으로 확인되었다. 영역별 원점수는 자립 4.5, 직업 4.5, 계속교육 4.9, 공통 4.0으로 나타났으며, 직업 영역 역시 제한적 지원이 필요한 수준으로 나타났다. 구체적으로, 직업 영역의 하위 영역별 원점수는 직업탐색 4.3, 직업기능 4.9, 직업생활 4.2으로 나타났으며, 공통 영역의 하위 영역별 원점수는 의사소통 3.4, 대인관계 4.6, 자기결정 4.2으로 확인되었다. 예슬이의 직업을 위하여 현재 전환능력의 수준과 가장 우선적으로 가르쳐야 할 내용을 선정하여 지속적으로 전환교육을 실시해야 할 것이다. 그리고 이러한 전환성과를 누가 기록하여 고등학교 및 졸업 후 진로에 대한 진로설계를 바탕으로 보완해 나가야 할 것이다.

2. 중학교 교육과정 운영

1) 일반 중학교

예슬(사례 3)은 일반 중학교에 재학 중이며, 2022 공통 교육과정을 중심으로 일반 학급에서 수업을 받으면서 매주 15시간씩 특수학급에서도 수업을 받는다. 예슬의 교육과정은 편제와 시간 배당은 일반 중학교의 편제와 시간 배당을 따르며, 특수학급에서는 예슬이의 장애 특성과 정도를 반영하여 공통 교육과정을 중심으로 수준을 낮추거나 초등학교의 내용을 중심으로 재구성하여 교육적 수정을 적용하여 실시한다. 예슬의 일반 중학교 시간 배당 기준은 〈표 11-1〉과 같으며, 교과(군)은 국어, 사회(역사 포함)/도덕, 수학, 과학/기술 · 가정/정보, 체육, 예술(음악/미술), 영어, 선택으로 구분된다. 교과(군)은 3,060시간, 창의적 체험활동은 306시간으로 총 3,366시간으로 구성되어 있다(교육부, 2022f).

〈표 11-1〉공통 교육과정을 적용하는 일반 중학교의 시간 배당 기준

구분		종합형
교과(군)	국어	442
	사회(역사 포함)/도덕	510
	수학	374
	과학/기술 · 가정/정보	680
	체육	272
	예술(음악/미술)	272
	영어	340
	선택	170
소계		3,060
창의적 체험활동		306
총 이수 단위		3,366

주: 1. 1시간 수업은 45분을 원칙으로 하되, 기후 및 계절, 학생의 발달 정도, 학습 내용의 성격, 학교 실정 등을 고려하여 탄력적으로 편성·운영할 수 있다.
2. 교과(군)별 및 창의적 체험활동 시간 배당은 연간 34주를 기준으로 3년간의 기준 수업 시수를 나타낸 것이다.
3. 총 수업 시간 수는 3년간 최소 수업 시수를 나타낸 것이다.
4. 정보는 정보 수업 시수와 학교 자율 시간 등을 활용하여 68시간 이상 편성 · 운영한다.
출처: 교육부(2022f).

특수교육 교육과정 총론에서는 예슬과 같이 공통 교육과정을 적용하는 특수학급에서 교육과정을 편성 · 운영할 때의 기준을 다음과 같이 제시하고 있다. 특히 시각장애, 청각장애, 지체장애 등을 가지고 있는 학생의 경우 별도의 교육과정을 활용하거나 시수 편제에 대한 내용 등을 담고 있다(교육부, 2022c).

1) 학교는 교과(군)와 창의적 체험활동의 수업 시수를 학년별, 학기별로 자율적으로 편성할 수 있다.

    가) 학교는 학생이 3년간 이수해야 할 교과목을 학년별, 학기별로 편성하여 학생과 학부모에게 안내한다.

    나) 학교는 학교의 특성, 학생·교사·학부모의 요구 및 필요에 따라 자율적으로 교과(군)별 및 창의적 체험활동의 20% 범위 내에서 시수를 증감하여 편성·운영할 수 있다. 단, 체육, 예술(음악/미술) 교과는 기준 수업 시수를 감축하여 편성·운영할 수 없다.

    다) 학교는 학생의 학업 부담을 적정화하고 의미 있는 학습 활동이 이루어질 수 있도록 학기당 이수 교과목 수를 8개 이내로 편성한다. 단, 체육, 예술(음악/미술) 교과 및 선택 과목과 학교자율시간에 편성한 과목은 이수 교과목 수 제한에서 제외하여 편성할 수 있다.

    라) 학교는 선택 과목을 개설할 경우, 2개 이상의 과목을 동시에 개설하여 학생의 선택권을 보장한다. 학교는 필요한 경우 새로운 선택 과목을 개설할 수 있으며, 이 경우 시·도 교육감이 정하는 지침에 따라 사전에 필요한 절차를 거쳐야 한다.

    마) 학교는 창의적 체험활동의 영역을 학생들의 발달 수준, 학교의 여건 등을 고려하여 자율적으로 편성·운영한다.

2) 학교는 모든 학생의 학습 기회를 보장할 수 있도록 학교 교육과정을 편성·운영한다.

    가) 전입 학생이 특정 교과목을 이수하지 못할 경우, 시·도 교육청과 학교에서는 학습 결손이 발생하지 않도록 보충 학습 과정 등을 제공한다.

    나) 교과목 개설이 어려운 소규모 학교, 농산어촌학교 등에서는 학습 결손이 발생하지 않도록 온라인 활용 및 지역 내 교육자원 공유·협력을 활성화한다. 이 경우 시·도 교육감이 정하는 지침에 따른다.

    다) 학교는 특수교육 대상 학생을 위해 필요한 경우 교과(군)별 증감 시수를 활용하여 '점자' '시각장애인 자립생활' 또는 '수어' '농인의 생활과 문화'를 창의적 체험활동에 포함하여 운영한다.

꿈과 끼를 키울 수 있는 자유학기제 운영을 위해 학부모, 교사, 학생 등 학교 구성원의 의견을 수렴하여 운영하는 학생 맞춤형 교육과정을 편성·운영하도록 명시하고 있다. 이는 학생 참여형 수업과 다양한 체험활동을 학생 특성과 학교 여건, 지역 특색을 고려한 자유학기제 교육과정이 편성·운영되어야 함을 의미한다. 또한 학생 자신이 원하고 잘할 수 있는 활동을 찾아 스스로 참여하고 몰입할 수 있는 행복한 수업이 되도록 교육과정을 구성해야 한다. 학교는 또 학생이 좋아하는 것, 잘하는 것, 하고 싶은 것을 학습할 수 있도록 진로탐색과 체험활동을 구성해야 하며, 장애 유형별, 특수학교별 다양한 자유학기제 운영 모형을 마련해야 한다.

　이를 위해 교육부는 다양한 '자유학기 활동' 운영을 진로탐색활동, 주제선택활동, 예술·체육활동, 동아리활동을 소개하고, 학생의 적성과 소질, 흥미, 1인 1재능 발굴을 위한 문화·예술·체육활동을 통해 학생의 공통된 관심사를 바탕으로 능동적이고 자기주도적인 학습 경험을 제공할 수 있는 자유학기활동이 가능하게 교육과정을 재구성하도록 하고 있다. 특히 특수교육 대상 학생의 경우에는 고등학교 졸업 후 사회적 자립이 최우선되어야 한다. 이를 위해 학교는 개별 학생의 자유학기활동 전반을 체계적으로 기록·관리하여 개인 맞춤형 진로교육 기반이 마련될 수 있도록 개별화전환계획에 학생의 자유학기 활동을 포함하거나 학생별 '진로 포트폴리오' 작성 및 관리에 중점을 두어야 한다. 또한 안전의 중요성을 인식하여 모든 체험 프로그램이 안전하게 진행될 수 있도록 방안을 반드시 포함하여 운영해야 한다.

　예슬과 같이 공통 교육과정을 운영하는 학교의 자유학기제 운영 방안은 다음과 같다. 학교는 학생들이 자신의 적성과 미래에 대해 탐색하고, 학습의 즐거움을 경험하여 스스로 공부하는 자기주도적 학습 능력과 태도를 기를 수 있도록 자유학기를 운영하도록 명시하고 있으며, 비장애학생에 적용하는 기준과는 큰 차별성을 보이고 있지 않다. 2022 특수교육 교육과정에서 학교는 학생들이 자신의 적성과 미래에 대해 탐색하고 학습의 즐거움을 경험할 수 있도록 자유학기와 진로연계교육을 편성·운영하도록 명시하고 있는데, 구체적인 내용을 살펴보면 다음과 같다(교육부, 2022f).

---

4) 학교는 학생들이 자신의 적성과 미래에 대해 탐색하고 학습의 즐거움을 경험할 수 있도록 자유학기와 진로연계교육을 편성·운영한다.

가) 중학교과정 중 한 학기는 자유학기로 운영하되, 해당 학기의 교과 및 창의적 체험활동을 자유학기 취지에 부합하도록 편성·운영한다.

　(1) 자유학기에는 지역 및 학교 여건을 고려하여 자율적으로 학생 참여 중심의 주제선택활동과 진로탐색활동을 운영한다.

　(2) 자유학기에는 토의·토론 학습, 프로젝트 학습 등 학생 참여형 수업을 강화하고, 학습의 과정을 중시하는 다양한 평가 방법을 활용하되, 일제식 지필 평가는 지양한다.

나) 학교는 상급 학교(학년)로 진학하기 전 학기나 학년의 일부 시간을 활용하여 학교급 간 연계 및 진로교육을 강화하는 진로연계교육을 편성·운영한다.

　(1) 학교는 고등학교 생활 및 학습 준비, 진로 탐색, 진학 준비 등을 위해 교과와 창의적 체험활동 시간을 활용하여 진로연계교육을 자율적으로 운영한다.

(2) 학교는 진로연계교육의 중점을 학생의 역량 함양 및 자기주도적 학습 능력 향상에 중점을 두고 교과별 내용 및 학습 방법 등의 학교급 간 연계를 통해 학생의 학습과 성장을 지원한다.

(3) 학교는 진로연계교육을 창의적 체험활동의 진로 활동 및 자유학기의 활동과 연계하여 운영한다.

2) 특수학교

민준(사례 2)은 지적장애 특수학교 중학교에 재학 중이며, 재학 중인 특수학교는 특수교육 기본 교육과정을 적용하고 있다. 2022 특수교육 기본 교육과정의 중학교 교육과정 편제에서 교육과정은 교과(군)와 창의적 체험활동 및 일상생활활동으로 편성하고 있으며, 교과(군)는 국어, 사회, 수학, 과학, 진로와 직업, 체육, 예술(음악/미술), 선택으로 구성되어 있다. 또한 선택 교과는 정보통신활용, 생활영어, 보건 등의

〈표 11-2〉 기본 교육과정의 중학교 시간 배당 기준

구분		1~3학년
교과(군)	국어	374
	사회	374
	수학	306
	과학	204
	진로와 직업	476
	체육	272
	예술(음악/미술)	238
	선택	170
소계		2,414
창의적 체험활동		408
일상생활활동		544
총 이수 단위		3,366

주: 1. 1시간 수업은 45분을 원칙으로 하되, 기후 및 계절, 학생의 발달 정도, 학습 내용의 성격, 학교 실정 등을 고려하여 탄력적으로 편성·운영할 수 있다.
    2. 교과(군)별, 창의적 체험활동, 일상생활 활동 시간 배당은 연간 34주를 기준으로 3년간의 기준 수업 시수를 나타낸 것이다.
    3. 총 수업 시간 수는 3년간 최소 수업 시수를 나타낸 것이다.
출처: 교육부(2022c).

과목으로 하고 있다. 창의적 체험활동은 자율·자치활동, 동아리활동, 진로활동의 세 가지로 구성하고 있다(교육부, 2022c). 기본 교육과정은 중학교에서 총 수업 시간 수는 3,366시간이며, 이 중 교과(군)가 2,414시간, 창의적 체험활동이 408시간, 일상 생활활동이 544시간이다.

민준과 같이 기본 교육과정을 적용하는 학교에서 교육과정을 편성·운영할 때의 기준을 제시하고 있으며, 그 내용은 다음과 같다. 이 중 진로와 직업과 관련된 내용을 살펴보면 교과(군)별, 창의적 체험활동, 일상생활활동 간 50% 범위 내에서 시수를 늘려 편성·운영할 수 있다(교육부, 2022c). 예를 들어, 진로와 직업 시수를 증가시켜 진로와 직업을 중점으로 교육과정을 운영할 수 있다. 또한 중학교 과정 이전인 초등학교과정, 이후인 고등학교로의 수직적 전환을 위하여 전환교육의 일환으로 진로연계교육을 실시할 수 있다.

1) 학교는 학생이 3년간 이수해야 할 교과목을 학년별, 학기별로 편성하여 학생과 학부모에게 안내한다.

2) 학교는 교과(군)의 이수 시기와 그에 따른 수업 시수를 자율적으로 편성·운영할 수 있다.

3) 학교는 해당 학년군 교육과정을 적용하되, 필요한 경우 타 학년군의 교과 내용으로 대체하여 운영할 수 있다.

4) 학교는 학교의 특성, 학생·교사·학부모의 요구 및 필요에 따라 자율적으로 교과(군)별, 창의적 체험활동, 일상생활활동 간 50% 범위 내에서 시수를 증감하여 편성·운영할 수 있다. 단, 체육, 예술(음악/미술) 교과는 기준 수업 시수를 감축하여 편성·운영할 수 없다.

5) 학교는 학생의 학업 부담을 적정화하고 의미 있는 학습활동이 이루어질 수 있도록 학기당 이수 교과목 수를 8개 이내로 편성한다. 단 체육, 예술(음악/미술) 교과는 이수 교과목 수 제한에서 제외하여 편성할 수 있다.

6) 학교는 필요한 경우 새로운 선택 과목을 개설할 수 있다. 이 경우 시·도 교육감이 정하는 지침에 따라 사전에 필요한 절차를 거쳐야 한다.

7) 학교는 창의적 체험활동의 영역을 학생들의 발달 수준, 학교의 여건 등을 고려하여 자율적으로 편성·운영한다.

8) 학교는 필요한 경우 학생의 장애 특성 및 교육적 요구에 따른 교육 내용을 창의적 체험활동과 일상생활활동으로 편성·운영할 수 있다.

9) 학교는 학생들이 자신의 적성과 미래에 대해 탐색하고 학습의 즐거움을 경험할 수 있도록 자유학기를 편성·운영한다.

가) 중학교 과정 중 한 학기는 자유학기로 운영하되, 해당 학기의 교과 및 창의적 체험활동을 자유학기 취지에 부합하도록 편성·운영한다.

(1) 자유학기는 지역 및 학교 여건을 고려하여 자율적으로 학생 참여 중심의 주제선택활동과 진로탐색활동을 운영한다.

(2) 자유학기에는 협동 학습, 토의·토론 학습, 프로젝트 학습 등 학생 참여형 수업을 강화하고, 학생의 학습과 성장을 중시하는 다양한 평가 방법을 활용하되, 일제식 지필 평가는 지양한다.

나) 학교는 상급 학교(학년)로 진학하기 전 학기나 학년의 일부 시간을 활용하여 학교급 간 연계 및 진로 교육을 강화하는 진로연계교육을 편성·운영할 수 있다.

10) 학교는 학생들이 삶 속에서 스포츠 문화를 지속적으로 향유하여 건전한 심신 발달과 정서 함양이 이루어질 수 있도록 학교스포츠클럽활동을 편성·운영한다.

가) 학교스포츠클럽활동은 창의적 체험활동의 동아리 활동으로 편성하고 학년별 연간 34시간 운영하며, 매 학기 편성하도록 한다.

나) 학교스포츠클럽활동의 종목과 내용은 학생들의 희망을 반영하여 학교가 결정하되, 다양한 종목을 개설하여 학생들의 선택권이 보장되도록 한다.

2022 특수교육 기본 교육과정 '진로와 직업'에서는 생애주기별 진로발달 단계인 진로인식, 진로탐색, 진로준비에 이르는 일련의 경험과정에 기초하여 학생이 학교 교육을 마친 후 지역사회에서의 자립생활 및 직업생활로 나아갈 수 있도록 하는 전환교육의 관점에 중점을 두었다(교육부, 2022a). 진로와 직업 교과는 자기 인식, 직업의 세계, 작업 기초 능력, 직업태도, 진로설계, 진로준비의 6개 영역으로 구성되어 있으며, 성취기준은 2015 기본 교육과정 대비 18개(24.0%)가 감소된 중학교 27개, 고등학교 30개가 있다.

민준과 같이 기본 교육과정을 운영하는 학교의 자유학기제 운영은 공통 교육과정의 내용과 동일하다. 교육부와 충청남도교육청(2017)은 특수학교 자유학기제를 특수학교의 교육과정과 장애 정도에 따라 교육적 요구의 차이가 다름을 고려하여 특수학교 자유학기제의 운영 방안을 제시하였으며, 내용을 살펴보면 다음과 같다.

첫째, 지적장애 특수학교는 기본 교육과정에서 시각, 청각, 지체 등 감각장애 공통 교육과정이 적용됨을 고려하여 각각의 교육과정을 기준으로 장애 특성을 반영한 자유학기 교육과정을 편성하여 운영한다. 둘째, 학교 구성원 전체의 의견을 반영하여 학생의 자율성을 바탕으로 모두가 참여하는 학생중심 교육과정으로 운영한다. 셋째,

지적장애 특수학교는 초·중등 과정 전반의 걸친 변화를 견인하는 선도학기로 활용될 수 있도록 자유학기 운영 학년과 학기의 다양성을 추구한다. 넷째, 자유학기 평가는 학생의 성장과 발달을 지원하는 과정중심으로 기재해야 한다. 다섯째, 특수교육 대상 학생의 자립을 위해 자유학기를 중심으로 '초등학교(진로인식)—중학교(진로 탐색)—고등학교(진로 준비 및 설계)' 과정으로 이어지는 진로교육을 연계하여 활성화한다. 이는 주제선택활동, 예술·체육활동, 동아리활동, 진로탐색활동 등 특수교육 대상 학생이 다양한 '자유학기활동'에 참여할 수 있도록 교육과정을 운영해야 함을 의미한다.

3. 중학교 전환교육 수업의 실제

1) 자립

(1) 자립 역량 향상을 위한 전환교육 수업 방향

민준(사례 2)은 전환능력검사를 실시한 결과, 전체의 원점수 평균은 3.1로 제한적 지원이 필요한 수준으로 확인되었다. 민준의 부모는 민준이 어떤 생활기능을 실제로 수행할 수 있는지, 가장 중요하며 무엇을 배워야 할 생활기능이 무엇인지에 대하여 잘 모르고 막연히 '선생님들께서 알아서 교육을 하시겠지.'라고 생각을 하고 있다. 민준의 전환역량에 대한 수준을 고려하여 전환교육 및 서비스와 지원체계를 개인 중심 서비스 접근에 따라 마련하기 위해서는 증거 기반 실제에 기반하여 가정과 연계하여 목표를 수립하는 것이 필요하다.

민준의 전환능력검사의 결과에 따라 자립의 건강과 여가생활에 대한 내용에 우선순위를 두어 중학교에서의 전환교육 수업을 실시하는 것으로 결정할 수 있다. 특히 건강 중에서 체중 관리하기, 처방받은 약 복용하기에서 가능한 한 다른 사람의 지원을 적게 받으면서 생활할 수 있도록 하는 데 목표를 둘 수 있다. 또한 여가생활에서 여가 프로그램 정보 활용하기와 혼자하는 여가활동하기, 함께하는 여가활동하기에서 가능한 한 자신이 할 수 있는 정도를 높이는 데 목표를 둘 수 있다. 이러한 전환교육 수업은 민준이 중학교 상황뿐만 아니라 가정에서도 주체적으로 스스로 수행할 수 있는 일상생활기술을 확대할 수 있도록 다양한 애플리케이션 등을 활용할 수 있다.

(2) 자립 역량 향상을 위한 전환교육 수업 실제

민준의 자립 역량 향상을 위한 전환교육 수업의 실제는 중학교 장애학생용 교과연계 전환역량 향상 프로그램의 학생용 워크북과 교사용 지도서를 활용하여 지도할 수 있다(국립특수교육원, 2021b, c). 그 가운데 체중 관리하기에 대한 교사용 지도서를 중심으로 예시를 제시한다.

학생용 워크북에서 제시하고 있는 '체중 관리하기'는 다음의 네 가지 활동으로 구성되어 있다. 첫째, '비만도를 확인하기'는 키와 몸무게를 측정하고 비만도를 계산하는 활동이다. 둘째, '음식의 열량 파악하기'는 음식의 열량을 파악해 몸에 좋은 음식을 섭취하는 활동이다. 셋째, '적정 체중을 유지하기 위해 운동하기'는 올바른 운동 습관을 찾아보고 운동을 하는 활동이다. 넷째, '체중관리 상태 점검하기'는 식습관과 운동 습관 상태를 점검하여 적정 체중을 관리하는 활동이다. 이러한 워크북의 내용을 토대로 지도서에서 제시하고 있는 구체적인 지도의 실제를 제시하면 다음과 같다.

〈표 11-3〉과 같이 '체중 관리하기'는 건강을 위해 필수적인 기술이자 실생활을 중심으로 체중을 관리하는 기술로서 지식, 과정, 태도를 모두 포함하고 있는 성격의 제재이다. 지도 목표는 '① 비만도를 확인하고, ② 식이요법, 운동 등의 체중관리 방법을 선택하여, ③ 적정 체중을 유지한다.'로 구성되어 있다. 이 제재는 기본 교육과정의 '보건' '체육' '과학'과 관련되어 있으며, 연계된 성취기준은 '[9보건01-01] 건강에 좋은 음식을 선택한다.' '[9체육01-02] 학교와 지역사회에서 건강한 생활에 필요한 여러 가지 활동에 참여한다.' '[9과학03-02] 생명 유지에 필요한 3대 영양소의 종류와 기능을 이해하고 건강한 식습관을 형성한다.'와 관련되어 있다.

〈표 11-3〉 '체중 관리하기'의 개요

성격	체중 관리는 비만을 예방하고 각종 질병으로부터 건강을 지키는 데 필요한 중요한 생활기술이다. 비만도가 어느 정도인지 확인하고 비만의 발생 원인과 문제점을 파악하여 비만이 되지 않도록 일상생활에서 올바른 식사 습관과 운동을 통하여 적정 체중을 관리하도록 한다.
목표	① 비만도를 확인하고, ② 식이요법, 운동 등의 체중관리 방법을 선택하여, ③ 적정 체중을 유지한다.

교과연계	관련 교과	단원	성취기준
	보건	1-3. 생활 습관과 건강	[9보건01-01] 건강에 좋은 음식을 선택한다.
	체육	1-1. 몸 관리	[9체육01-02] 학교와 지역사회에서 건강한 생활에 필요한 여러 가지 활동에 참여한다.
	과학	5-4. 건강한 식습관	[9과학03-02] 생명 유지에 필요한 3대 영양소의 종류와 기능을 이해하고 건강한 식습관을 형성한다.

〈표 11-4〉의 [활동 1]은 '비만도 확인하기'로 학생의 키와 몸무게를 측정하고 이를 바탕으로 비만도를 계산하여 자신의 비만 정도를 확인할 수 있도록 한다. 이를 위하여 먼저 신장계와 체중계를 이용하는 방법을 알아보고 자신의 키와 몸무게를 적절한 측정 단위(cm, kg)를 사용하여 측정하도록 한다. 이후 체질량 지수(BMI)를 계산하기 위하여 포털사이트에 비만도 계산기를 검색하여 자신의 성별, 키, 몸무게, 나이 등을 입력하여 자동으로 계산을 하고, 저체중, 정상, 과체중, 경도비만, 중등비만 중 어디에 해당하는지 확인하도록 한다. 나아가, 민준의 키를 입력하여 이를 기준으로 적절한 몸무게가 어느 정도인지를 확인하는 활동을 할 수 있다.

〈표 11-4〉[활동 1] '비만도 확인하기' 교수-학습 활동

[활동 1] 비만도를 확인해 봅시다.

- ■ 키와 몸무게를 측정한다.
- • 키와 몸무게를 측정하는 방법 파악하기
  - − 신장계와 체중계를 사용하여 키와 몸무게를 측정할 때에는 움직이지 않고 바른 자세로 서서 추정하기
  - − 키 측정 단위는 'cm', 몸무게의 측정 단위는 'kg'을 사용하기
- • 신장계 위에 바로 서서 정면을 응시하고 움직이지 않은 상태에서 키 측정하기
- • 체중계 위에 바로 서서 정면을 응시하고 움직이지 않은 상태에서 몸무게 측정하기
- ■ 비만도를 측정한다.
- • 포털사이트 검색란에 '비만도 계산기' 입력하기
- • '비만도 계산기'에 미리 측정한 키와 몸무게의 측정값 입력하기
- • '비만도 계산기'를 통해 산출한 '나의 체질량 지수(BMI)'를 확인하여 산출 값 작성하기
- • '나의 체질량 지수(BMI)'를 확인하여 비만도 그래프의 해당 영역에 ✔ 표시하기
  - − 저체중, 정상, 과체중, 경도비만, 중등비만의 해당 영역에 ✔ 표시하기

	측정 방법	내용				
1	비만도 계산기 검색	포털사이트 검색란에 '비만도 계산기' 입력하기				
2	키와 몸무게 입력	비만도 계산기에 '키'와 '몸무게' 입력하기				
3	나의 체질량 지수(BMI)	24.42				
4	비만도	저체중	정상	과체중 ✓	경도비만	중등비만

• 건강과 관련하여 체질량 지수(BMI) 및 비만도의 의미 설명하기

〈표 11-5〉의 [활동 2]는 '음식의 열량 파악하기'로 생활 주변의 다양한 음식의 열량을 확인하고 조사해 보는 활동이다. 이 활동을 수행할 때는 실제 음식에서 제공하고 있는 열량과 관련된 정보를 파악하여 몸에 좋은 음식을 섭취할 수 있도록 하여 저영양 고열량 음식 섭취율을 낮추어 질병을 예방하도록 한다. 이어서 과자, 햄버거, 라면, 피자 등과 같은 가공식품과 사과, 우유, 고구마 등 자연식품의 열량을 확인하고 이를 비교하여 적절한 음식 섭취의 방향을 인식하도록 한다. 실제 생활에서 자신이 섭취하는 다양한 음식의 열량을 조사함으로써 올바른 식습관을 형성할 수 있도록 한다.

〈표 11-5〉 [활동 2] '음식의 열량 파악하기' 교수–학습 활동

[활동 2] 음식의 열량을 파악해 봅시다.

■ 음식의 열량을 파악해 몸에 좋은 음식을 섭취한다.
• 음식의 열량을 확인해야 하는 이유 알기
  – 음식의 열량을 파악해 섭취하면 체중을 관리하는 데 도움이 된다.
  – 피자, 라면과 같은 저영양 고열량 음식 섭취율을 낮추면 질병을 예방할 수 있다.
• 가공식품의 열량 확인하기

▶ 과자 290칼로리	▶ 햄버거 380칼로리
▶ 라면 500칼로리	▶ 피자 1120칼로리

• 자연식품의 열량 확인하기

▶ 사과 100칼로리	▶ 우유 122칼로리
▶ 고구마 195칼로리	▶ 피자 532칼로리

• 생활에서 다양한 음식의 열량 조사하기

〈표 11-6〉의 [활동 3]은 '적정 체중을 유지하기 위해 운동하기'로 올바른 운동 습관을 알아보고 적정 체중을 유지하기 위하여 자신에게 적합한 운동을 실시하는 활동이다. 이를 위하여 워크북에서 제시하고 있는 그림을 보면서 올바른 운동 습관에 대하여 이야기하고 보기를 참고하여 적정 체중을 유지하기 위한 운동 방법을 작성해 보도록 한다. 이어서 적정 체중을 유지하기 위하여 가까운 거리 걸어 다니기, 승강기보다 계단 이용하기 등과 같이 생활 속에서 실천할 수 있는 운동 방법과 기초 대사량을 증가시키는 근력 운동에 대하여 알아보고 실제로 실천할 수 있도록 한다.

〈표 11-6〉 [활동 3] '적정 체중을 유지하기 위해 운동하기' 교수-학습 활동

[활동 3] 적정 체중을 유지하기 위해 운동을 해 봅시다.

- 올바른 운동 습관을 〈보기〉에서 찾아 작성하고 운동한다.
- 그림을 보며 적정 체중을 유지하기 위한 올바른 운동 습관에 대해 이야기하기
- 그림에 알맞은 적정 체중을 유지하기 위한 운동 방법을 〈보기〉에서 찾아 작성하기

▶ 규칙적으로 운동을 한다.	▶ 준비 운동을 한다.
▶ 땀이 날 정도로 운동을 한다.	▶ 운동복과 보호 장비를 착용한다.

- 적정 체중을 유지하기 위한 올바른 습관에 무엇이 더 있는지 알아 보기
  - 가까운 거리는 걸어 다니고, 승강기보다는 계단을 이용한다.
  - 기초대사량을 증가시켜 주고 쉽게 살이 찌는 것을 방지하기 위해 근력 운동을 한다.

〈표 11-7〉의 [활동 4]는 '체중관리 상태 점검하기'로 식습관과 운동습관 상태를 점검하여 자신의 적정 체중을 관리하는 활동이다. 이를 위하여 체중관리 점검표의 구성과 내용, 작성 방법을 학생에게 설명하여 이에 대한 이해를 높이도록 한다. 이어서 학생의 하루, 1주, 1개월 간과 같은 기간을 설정하여 식습관과 운동습관으로 이루어진 체중관리 점검표를 스스로 혹은 다른 사람의 도움을 받아 작성하도록 하고, 이에 대한 결과를 중심으로 체중관리 방법에 대하여 이야기 하도록 한다. 이때 잘하고 있는 내용을 어떻게 유지할 것인지, 미흡한 부분을 어떻게 개선할 것인지 학생 개인을 중심으로 이야기하고 환류할 수 있도록 한다.

〈표 11-7〉[활동 4] '체중관리 상태 점검하기' 교수-학습 활동

[활동 4] 체중관리 상태를 점검해 봅시다.

- 식습관과 운동습관 상태를 점검하여 적정 체중을 관리한다.
- 체중관리 점검표와 구성과 내용, 작성 방법을 설명하기
- 식습관(4문항)과 운동습관(4문항)으로 이루어진 체중관리 점검표 작성하기
- 체중관리 점검표 결과를 중심으로 체중관리 방법에 대해 이야기하기

구분	내용	잘함	보통	미흡
식습관	열량을 확인하고 음식을 먹는다.	✓		
	가공식품(과자, 라면, 햄버거 등)을 자주 먹지 않는다.		✓	
	자연식품(고등어, 사과 등)을 먹는다.		✓	
	과식하지 않는다.			✓
운동습관	규칙적으로 운동을 한다.		✓	
	운동복과 보호 장비를 착용한다.		✓	
	준비 운동을 한다.	✓		
	땀이 날 정도로 운동을 한다.	✓		

[활동 1]~[활동 4]를 통하여 '체중 관리하기'의 지도를 마무리할 수 있으며, 〈표 11-8〉과 같이 교사용 지도서에 제시된 평가척도를 통해 학생의 체중관리 기술에 대한 수행 수준을 평가할 수 있고, 평가 시 실제 학생의 체중과 식습관, 운동 습관과 같이 실제 기록 및 교사의 관찰을 통하여 평가할 수 있다. 나아가, 실제적인 체중관리를 위해서 학부모교육을 통하여 가정과의 긴밀한 연계가 이루어지도록 한다. 또한 지도상의 유의점을 참고하여 학생들이 체질량 지수(BMI) 및 비만도에 대한 이해를 바탕으로 능동적ㆍ체계적으로 자신의 체중을 관리해 나갈 수 있도록 한다.

〈표 11-8〉 '체중 관리하기'의 평가척도와 지도상 유의점

	1. 전반적 지원	2. 확장적 지원	3. 제한적 지원	4. 간헐적 지원	5. 독립 수행
평가 척도	체중을 관리하기 위해 고강도의 지원이 항상 필요함	체중을 관리하기 위해 중강도의 지원이 대부분의 기간 동안 필요함	체중을 관리하기 위해 저강도의 지원이 일정 기간 동안 필요함	스스로 체중을 관리할 수 있으나, 특정 상황이나 조건(예: 주말, 명절, 결혼식 참석)에서 모니터링이 필요함	스스로 체중을 관리함

지도상 유의점	체질량 지수(BMI) 및 비만도의 의미를 이해할 수 있도록 구체적인 자료와 사례를 제시하여 지도한다. 가정과 연계하여 체중관리의 중요성을 인식하게 하고, 도달할 수 있는 실천 목표(식습관과 운동)를 단계적으로 수립하여 체중을 관리하도록 한다.

2) 직업

(1) 직업 역량 향상을 위한 전환교육 수업 방향

예슬(사례 3)에게 전환능력검사를 실시한 결과, 전환능력검사 전체의 원점수 평균이 4.4로 전체적으로 볼 때 간헐적 지원이 필요한 수준이다. 예슬은 일반 중학교 2학년에 재학 중이며, 예슬의 성적은 갈수록 떨어지고, 친구들과의 의사소통이나 관계성도 나빠지고 있어 예슬의 부모는 염려가 없지 않았으나 시간이 지나면서 나아질 수 있기를 기대하면서 중학교과정을 무사히 마치기를 바라고 있다. 예슬은 자신이 일반 고등학교, 특성화 고등학교 중에서 어느 고등학교에 진학해야 하는지 알지 못하며, 고등학교 진학과 관련하여 아직까지 예슬의 부모가 담임 교사와 상담을 한 적이 없다.

예슬과 부모는 예슬의 흥미가 어디에 있는지, 스스로 할 수 있는 생활기능은 무엇인지, 주요 생활기능 중에서 도움을 받아야 하거나 집중적으로 지도되어야 할 것이 무엇인지 잘 모르는 상황이다. 따라서 예슬의 직업적 흥미가 무엇인지, 전환 역량과 관련된 현재 수행 수준은 어떠한지를 표준화된 검사 도구와 관찰, 면담 등의 자료를 종합하여 객관적으로 예슬을 이해하는 것이 필요해 보이며 이를 부모와 교사 모두 공통적으로 인식하였다.

(2) 직업 역량 향상을 위한 전환교육 수업 실제

예슬의 직업 역량 향상을 위한 전환교육 수업은 중학교 장애학생용 교과연계 전환 역량 향상 프로그램 중 직업 영역의 학생용 워크북과 교사용 지도서 내용을 활용하여 지도할 수 있다(국립특수교육원, 2021b, c). 그 가운데 자신에게 알맞은 직업 탐색하기에 대한 교사용 지도서를 중심으로 예시를 제시한다.

학생용 워크북에서 제시된 '자신에게 알맞은 직업 탐색하기'는 다음의 세 가지 활동으로 구성되어 있다. 첫째, '나의 직업 흥미 유형 확인하기'는 자신이 좋아하는 활동과 직업 흥미 유형을 찾아보는 활동이다. 둘째, '나의 직업 적성 영역 확인하기'는 내가 잘하는 활동을 찾아보고 내가 모은 강점카드와 관련된 적성 영역을 찾아보는 활동이다. 셋째, '나의 흥미 유형 및 적성 영역과 관련된 직업 탐색하기'는 자신의 직업 흥미 유형과 관련 있는 직업, 자신의 직업 적성 영역과 관련된 직업을 조사하는 활동이다. 이러한 학생용 워크북의 내용을 토대로 교사용 지도서에서 제시하고 있는 구체적인 지도의 실제를 나타내면 다음과 같다.

〈표 11–9〉와 같이 '자신에게 알맞은 직업 탐색하기'는 자신의 객관적인 흥미와 능력을 파악하고 스스로 어울리는 직업을 탐색해 봄으로써 자신에게 가장 적합한 직업을 선택할 수 있는 능력을 기르는 제재이다. 지도 목표는 '직업 평가 등을 통해 ① 좋아하는 일(흥미)을 파악하고, ② 자신이 잘하는 일(적성)을 찾으며, ③ 직업을 탐색한다.'이다. 이 제재는 기본 교육과정 진로와 직업, 재활, 사회와 관련되어 있으며, 연계된 성취기준은 '[9진로04–02] 흥미, 적성, 요구 등을 이해하고 자신의 심리적 특성을 파악한다.' '[9진로04–03] 힘, 자세, 이동 등을 이해하고 자신의 신체적 특성을 파악한다.' '[9진로04–04] 학교, 가정, 지역 사회 환경을 이해하고 자신의 능력을 파악한다.'

〈표 11–9〉 '자신에게 알맞은 직업 탐색하기'의 개요

성격	자신의 직업흥미와 적성을 알고 직업에 필요한 신체 능력과 태도를 이해하는 것은 합리적인 진로 선택의 기초가 된다. 직업평가를 통해 자신의 객관적인 흥미와 능력을 파악하고 스스로 어울리는 직업을 탐색해 봄으로써 자신에게 가장 적합한 직업을 선택할 수 있는 능력을 기르는 발판을 마련하도록 한다.		
목표	직업평가 등을 통해 ① 좋아하는 일(흥미)을 파악하고, ② 자신이 잘하는 일(적성)을 찾으며, ③ 직업을 탐색한다.		
교과연계	관련 교과	단원	성취기준
	진로와 직업	가–10. 직업 기초 능력	• [9진로04-02] 흥미, 적성, 요구 등을 이해하고 자신의 심리적 특성을 파악한다. • [9진로04-03] 힘, 자세, 이동 등을 이해하고 자신의 신체적 특성을 파악한다. • [9진로04-04] 학교, 가정, 지역 사회 환경을 이해하고 자신의 능력을 파악한다.
	재활	4–1. 자신 이해	• [9재활04-02] 좋아하는 것과 싫어하는 것, 잘하는 것과 잘하지 못하는 것을 찾는다.
	사회	가–9. 나의 꿈과 희망	• [9사회01-03] 자신을 긍정적으로 바라보고 미래에 대한 꿈과 희망을 표현한다.

'[9재활04-02] 좋아하는 것과 싫어하는 것, 잘하는 것과 잘하지 못하는 것을 찾는다.'
'[9사회01-03] 자신을 긍정적으로 바라보고 미래에 대한 꿈과 희망을 표현한다.'와
관련되어 있다.

〈표 11-10〉의 [활동 1]은 '나의 직업흥미 유형 확인하기'로 먼저 생활 주변의 신문,
잡지 등의 자료에서 내가 좋아하는 활동을 찾아보고, 뚝딱이 유형, 탐험이 유형, 멋쟁

〈표 11-10〉 [활동 1] '나의 직업 흥미 유형 확인하기' 교수-학습 활동

[활동 1] 나의 직업 흥미 유형을 확인해 봅시다.

- 내가 좋아하는 활동을 찾아보고 나의 직업 흥미 유형을 찾는다.
- 내가 좋아하는 활동 찾기
  - 신문, 잡지 등의 자료에서 내가 좋아하는 활동과 관련된 그림 또는 사진 자료를 찾고 스크
    랩하기
  - 워크북의 그림 자료를 보고 내가 스크랩한 자료와 관련 있는 활동 선택하기
- 6개 흥미 유형의 특징을 파악하고, 나의 직업 흥미 유형 찾기

뚝딱이 유형	- 뚝딱뚝딱 물건 만들기나 장난감 가지고 놀기를 좋아한다. - 물건 만들기와 도구 다루기를 좋아한다. - 솔직하고 성실하여 일에 집중을 잘한다.
탐험이 유형	- 탐구 및 조사하는 활동을 좋아하고, 수학과 과학 공부를 좋아한다. - 탐구심이 많고 분석적이다. - 논리적이고 신중하며, 호기심이 많다.
멋쟁이 유형	- 노래 부르기, 그림 그리기와 같은 예술적 활동을 좋아한다. - 상상력과 감정이 풍부하다. - 자기만의 방식으로 표현하는 것을 좋아한다.
친절이 유형	- 다른 사람을 도와주거나 친구들과 어울리는 것을 좋아한다. - 사람들과 어울리며 관계 맺는 것을 좋아한다. - 다른 사람을 잘 이해하고 배려하며 친절히 대한다.
씩씩이 유형	- 활동적이고 활발하며 경쟁적인 운동을 좋아한다. - 자신의 의견을 잘 이야기하고 열정이 많다. - 활발하여 사람들은 이끄는 것을 좋아한다.
성실이 유형	- 정리정돈과 청소하기를 좋아하며 규칙적이고 준비성이 좋다. - 기록하는 것을 좋아하고 계획한 일을 꾸준히 실천한다. - 책임감이 강하고 일을 정확하고 신중하게 한다.

- 내가 좋아하는 활동과 관련된 흥미 유형을 파악하여 빈칸에 나의 직업 흥미 유형 작성하기
- 내가 좋아하는 활동과 흥미 유형을 그림 보고서로 작성하여 친구들에게 발표하기

이 유형, 친절이 유형, 씩씩이 유형, 성실이 유형의 특징을 찾아보고 자신의 직업흥
미 유형을 찾아보는 활동을 수행한다. 그다음 자신이 좋아하는 활동과 관련된 흥미
유형을 파악하여 직업흥미 유형을 작성하고, 이를 바탕으로 그림 보고서를 작성하여
친구들에게 발표하는 활동을 진행한다. 이 활동에서는 직업흥미에 대한 기초 자료를
파악하는 활동으로 구성되어 있지만, 예슬의 전환 역량은 간헐적 지원이 필요한 수준
으로 표준화된 검사도구를 활용한 직업흥미를 파악하는 데 어려움이 없다고 교사가
판단하여 국립특수교육원의 발달장애인용 직업흥미검사인 NISE-VISIT를 실시할 수
있다. 직업흥미검사는 우리나라 직업분류체계와 취업 상황을 고려한 직군과 직종을
중심으로 발달장애인의 직업흥미를 검사할 수 있도록 그림으로 구성한 직업흥미검
사이다(국립특수교육원, 2019). 이 검사는 직군과 직종, 교육과정, 홀랜드 직업흥미 관
련 정보를 제공하여 발달장애인의 진로를 탐색하고 설계하며, 진로계획서 작성에 참
고할 수 있다. 이 검사는 학생용 종합형, 간편형, 교사부모용 A형과 B형의 네 가지 유
형을 개발하여 활용할 수 있도록 하였다. 유형별 특징은 〈표 11-11〉과 같이 제시하
였으며, 국립특수교육원 회원 가입 후 검사를 실시할 수 있다.

〈표 11-11〉 발달장애인용 직업흥미검사의 구성

구분	학생용	
	종합형	간편형
대상	직업흥미에 대한 전반적인 정보를 파악하고자 하는 중ㆍ고등학교, 전공과(성인기 포함)의 발달장애인	직업흥미에 대한 기본적인 정보를 파악하거나 종합형을 실시하기 어려운 중ㆍ고등학교, 전공과(성인기 포함)의 발달장애인
문항 구성	7개 직군, 21개 직종, 210개 직업, 118개 문항	7개 직군, 21개 직종, 42개 직업, 27개 문항
소요 시간	약 40분	약 15분

구분	교사부모용	
	A형	B형
대상	발달장애인의 직업흥미에 대한 전반적인 정보를 간접적으로 파악하고자 하는 교사 및 부모	발달장애인의 직업흥미에 대한 기본적인 정보를 간접적으로 파악하고자 하는 교사 및 부모
문항 구성	7개 직군, 21개 직종, 210개 직업, 105개 문항	7개 직군, 21개 직종, 21개 문항
소요 시간	약 25분	약 10분

〈표 11-12〉의 [활동 2]는 '나의 직업적성 영역 확인하기'로 [활동 1]의 직업흥미에 이어서 직업적성을 확인해 보는 활동이다. 먼저 평소 잘한다고 칭찬받았거나 자신이 잘한다고 생각하는 활동을 강점카드에서 선택하고 모으는 활동을 수행한다. 그다음 언어 활용 영역, 논리 수학 영역, 음악 감각 영역, 공간 지각 영역, 신체 운동 영역, 인간관계 영역, 자기성찰 영역, 자연친화 영역의 의미를 파악하고 자신이 모은 강점카드와 관련된 적성 영역을 찾아보는 활동으로 구성되어 있다. 이 활동에서는 직업 적성에 대한 기초 자료를 파악하는 활동으로 구성되어 있지만, 예슬의 전환 역량을 고

〈표 11-12〉 [활동 2] '나의 직업적성 영역 확인하기' 교수-학습 활동

[활동 2] 나의 직업적성 영역을 확인해 봅시다.

■ 나의 직업적성 영역을 찾는다.
• 내가 잘하는 활동 찾기
  - 강점카드에서 평소 잘한다고 칭찬받았거나 내가 잘한다고 생각하는 활동과 관련 있는 사진의 카드를 선택하여 모으기
• 8개 적성 영역의 의미를 파악하고, 내가 모은 강점카드와 관련된 적성 영역을 찾아 작성하기

언어 활용 영역	- 말이나 글로 생각을 표현한다. - 책 읽기, 글쓰기를 좋아한다. - 말장난, 말로 웃기기를 좋아한다.	논리 수학 영역	- 다양한 퍼즐 게임을 즐거한다. - 규칙에 바탕을 둔 활동을 좋아한다. - 사물을 모으고, 분류하고, 질서 정연하게 배열하기를 좋아한다.
음악 감각 영역	- 노래를 잘 부른다. - 소리 패턴에 민감하다. - 악기를 좋아하고 리듬 감각이 좋다. - 소리를 쉽게 구분한다.	공간 지각 영역	- 그림 그리기를 잘하고 좋아한다. - 시각적인 묘사가 뛰어나다. - 길 찾기를 잘하고 이미지 기억력이 좋다. - 모형 만들기를 잘한다.
신체 운동 영역	- 체육활동을 좋아한다. - 신체 균형 감각이 좋다. - 손과 눈의 협응 및 몸의 움직임이 원활하다. - 도구를 조작하고 다루기를 좋아한다.	인간 관계 영역	- 사람들과 잘 어울리고 감정의 공감을 잘한다. - 사람을 잘 사귄다. - 리더십이 있고 타인의 느낌에 민감하다. - 협동심이 강하고 협력하여 과제를 잘 수행한다.
자기 성찰 영역	- 책임감 있게 행동한다. - 자기 의사를 잘 표현한다. - 자신의 감정 전달이 뛰어나다. - 자기결정을 잘하고 자신감이 있다.	자연 친화 영역	- 동식물에 관심이 많다. - 식물 기르기, 동물 기르기를 좋아한다. - 자연을 관찰하고 묘사하기를 좋아한다.

려하여 표준화된 직업적성검사를 실시하였다. 직업적성검사는 발달장애인을 대상으로 개발된 검사도구의 부재로 진로정보망 커리어넷(CareerNet)의 직업적성검사를 실시하였다. 직업적성검사는 신체·운동능력, 손재능, 공간지각력, 음악능력, 창의력, 언어능력, 수리·논리력, 자기성찰 능력, 대인관계 능력, 자연친화력, 예술시각 능력의 11개 검사 항목으로 구성되어 있으며, 상대적으로 높은 능력을 보이는 2~3개 적성 영역이 제시되고 관련 직업을 추천한다.

〈표 11-13〉의 활동 3은 '나의 직업 흥미 유형 및 적성 영역과 관련된 직업 탐색하기'로 [활동 1], [활동 2]에서 알아본 직업흥미와 적성에 대한 정보를 바탕으로 관련된 직업을 탐색해 보는 활동이다. 이를 위해 나의 직업흥미 유형과 직업적성 영역과 관련된 정보를 알아보기 위하여 수집한 직업흥미와 직업적성을 주니어 커리어넷과 커리어넷을 활용하여 관련된 직업을 조사하는 활동을 한다. 흥미, 적성과 관련된 직업의 하는 일, 준비하는 과정 등의 정보가 제시되어 있으므로 이와 관련된 구체적이고 다양한 정보를 파악할 수 있도록 한다. 흥미와 적성은 고정불변이 아니며 학생의 경험과 활동에 따라 바뀔 수 있으므로 학생 스스로 점검하고 정보를 탐색할 수 있는 역량을 기르는 데 중점을 두어 지도하도록 한다.

〈표 11-13〉 [활동 3] '나의 흥미 유형 및 적성 영역과 관련된 직업 탐색하기' 교수–학습 활동

[활동 3] 나의 흥미 유형 및 적성 영역과 관련된 직업을 탐색해 봅시다.
■ 나의 직업흥미 유형과 관련 있는 직업을 조사한다. • 인터넷 검색[주니어 커리어넷 → 주니어 직업정보 → 검색란에 직업 흥미 유형(뚝딱이, 탐험이 등)을 입력하고 검색]을 통해 나의 직업흥미 유형과 관련된 직업 조사하기 ■ 나의 직업 적성 영역과 관련 있는 직업을 조사한다. • 인터넷 검색(커리어넷 → 직업정보 → 적성 영역 검색)을 통해 나의 직업 적성 영역과 관련된 직업 조사하기

[활동 1]~[활동 3]을 통하여 '자신에게 알맞은 직업 탐색하기'의 지도를 마무리할 수 있으며, 〈표 11-14〉와 같이 교사용 지도서에 제시된 평가척도를 통해 학생 자신에게 알맞은 직업을 탐색하는 기술에 대한 수행 수준을 평가할 수 있다. 평가 시 흥미와 적성을 직업과 연계하였는지를 과정중심 평가, 포트폴리오 등을 통해 평가할 수 있을 것이다. 또한 지도상의 유의점을 참고하여 직업 흥미와 적성에 대한 객관적이

고 풍부한 탐색이 이루어질 수 있도록 지도한다.

〈표 11-14〉'자신에게 알맞은 직업 탐색하기'의 평가척도와 지도상 유의점

	1. 전반적 지원	2. 확장적 지원	3. 제한적 지원	4. 간헐적 지원	5. 독립 수행
평가 척도	자신에게 알맞은 직업을 탐색하기 위해 고강도의 지원이 항상 필요함	자신에게 알맞은 직업을 탐색하기 위해 중강도의 지원이 대부분의 기간 동안 필요함	자신에게 알맞은 직업을 탐색하기 위해 저강도의 지원이 일정 기간 동안 필요함	스스로 자신에게 알맞은 직업을 탐색할 수 있으나, 특정 상황이나 조건(예: 적성 개발, 새로운 흥미 발견)에서 모니터링이 필요함	스스로 자신에게 알맞은 직업을 탐색함
지도상 유의점	직업 흥미 및 적성을 찾는 활동은 그림카드를 통해 내가 좋아하는 활동과 잘하는 활동을 선택함으로써 파악할 수 있지만, 커리어넷이나 국립특수교육원에서 제공하는 다양한 표준화된 직업심리검사를 실시해 봄으로써 개인에 대한 객관적이고 풍부한 탐색이 이루어질 수 있도록 한다.				

요 약   제11장에서는 중학교 전환교육의 실제로서 제8~9장의 전환능력검사 실시 및 활용과 연계하여 내용을 기술하였다.

1. 중학교 전환교육 목표에서는 중학교 시기의 특성, 중학교에서의 자립, 직업의 목표에 대하여 기술하였다.

2. 중학교 교육과정 운영에서는 민준(사례 2)과 예슬(사례 3)의 예를 들면서 공통 교육과정과 기본 교육과정의 단위 배당 기준과 중학교과정에서 실시하고 있는 자유학기제에 대하여 소개하였다.

3. 중학교 전환교육 수업의 실제에서는 전환 역량 교과연계 프로그램의 교사용 지도서를 중심으로 수업의 실제에 대한 예시를 제시하였다.

활 동   1. 직업흥미검사를 실시하고 이를 전환능력검사와 연계하여 전환 목표를 수립해 봅시다.

2. 중학교 전환교육 수업의 실제에 제시된 교사용 지도서의 내용을 중심으로 수업 시연을 해 봅시다.

3. 전환능력검사를 활용한 증거 기반 실제에 기반한 중학교 과정의 학교(급) 교육과정을 어떻게 수립할 수 있을지 방향성을 토론해 봅시다.

제 **12** 장
고등학교 전환교육의 실제
박희찬

1. 고등학교 전환교육의 목표

1) 고등학교 시기의 특성

중학교를 졸업하고 고등학교에 진학하는 학생은 고등학교 내 새로운 물리적인 환경, 교사 및 학생들과의 새로운 상호작용, 중학교까지 의무교육으로 배웠던 공통 교육과정에서 선택의 폭이 넓어지는 선택중심 교육과정 등 새롭게 다가오는 변화들과 함께 대학 입시 준비 혹은 사회 진출이라는 공교육의 마지막 단계에 마주하게 된다. 이렇게 학생들은 고등학교에 진학한 후 새로운 변화에 적응해야 하는 과제를 안게 된다.

고등학교는 대부분의 비장애학생에게 있어 대학 입시를 준비하는 시기이므로 학생 자신뿐만 아니라 주변인들도 함께 대학 진학을 통한 진로설계와 준비를 하게 된다. 고등학교가 포함되는 청소년 시기는 다른 생애주기보다 신체적·정서적·심리적 변화가 크고, 곧 이어지는 성인기에 겪게 되는 변화를 시작하게 된다. 이 시기에 우울, 자살, 학교폭력, 흡연과 음주, 약물중독, 가출, 성인에 대한 모방, 학교중퇴 등 다양한 정신 및 행동 문제가 많이 나타나는 것으로 보고되고 있다(박경선, 이규영, 2014). 그러므로 학생들이 자신을 이해하고 삶을 능동적으로 계획하고 준비할 수 있도록 고등학교 시기에 교과, 진로, 생활 등에 대한 교육과 서비스를 지원할 수 있어야 한다.

특수교육대상 학생들에게 있어 고등학교는 의무교육의 마지막 단계이며, 자신의 진로를 계획하고 탐색하며 지역사회로 나아갈 수 있도록 준비하는 시기이다. 특수교육대상 학생들은 일반교육을 받고 있는 학생들이 겪는 고등학교 시기의 정신 및 행동상의 어려움들에 더하여 인지적·감각적·신체적 장애에 따른 어려움을 경험할 수 있다. 지적장애가 있는 경우에는 지역사회에서의 자립이나 직업을 위해 개별적인 필요와 특성에 따라 다양한 수준의 지원을 필요로 하게 된다.

특수교육대상 학생이 독립적이고 책임감 있는 사회인으로 살아갈 수 있도록 준비하기 위해 고등학교 시기에 체계적인 전환평가 실시, 개별화전환계획 수립, 개인의 요구에 적합한 교육과정의 편성과 운영이 이루어지고, 전환교육과 서비스를 통하여 성인으로서의 자립과 직업으로 나아갈 수 있도록 가능성을 극대화해야 한다(박희찬, 2013; Sitilington, Neubert, & Clark, 2011).

2) 자립

자립은 가정, 학교, 직장 등 지역사회 구성원으로서 독립적·주도적으로 살아가는데 필요한 역량으로서 자기관리, 가정생활, 건강, 돈관리, 지역사회생활, 여가생활의 6개 하위 영역으로 구성된다(국립특수교육원, 2020a). 학생 중에는 고등학교나 전공과를 다니는 동안 자립을 위한 다양하고 체계적인 교육과 실습 등을 받음에도 불구하고 학교를 졸업한 후 지역사회에서 살아가기 위한 자립 역량을 갖추는 데 여전히 어려움을 겪는 경우를 흔히 볼 수 있다.

제4장 '자립으로의 전환'에서 언급하였듯이, 특수교육대상 학생은 자신에게 적합한 주거에서 가능한 한 자립적으로 생활하고 자기결정에 기반하여 일상의 생활 속에서 자신이 필요로 하는 것을 선택하고 문제를 해결하며, 지역사회에서 다양한 참여와 활동을 하면서 살아가는 것을 목표로 설정할 수 있다. 주거 유형에는 공동생활가정, 지원 주거, 가족 공동 주거, 독립 주거 등이 있으며, 이러한 유형 중에서 자신이 희망하고 자신에게 적합한 유형을 선택하여 살아갈 수 있도록 준비할 수 있어야 한다.

아울러 지역사회에서 이용할 수 있는 장애인시설인 주간보호센터, 장애인복지관, 발달장애인지원센터 등을 필요에 따라 이용할 수 있어야 한다. 또한 지역사회 내 보편적인 시설인 체육관이나 운동장과 같은 체육시설, 공원이나 공연장 같은 여가시설,

보건소나 도서관 같은 공공시설, 마트나 식당과 같은 생활 편의시설 등을 이용할 수 있도록 필요한 기술을 습득할 수 있어야 한다. 이러한 시설을 이용하기 위해 지역사회 내 이동이 가능하고 화폐를 사용하며 건강을 유지하는 것이 필요하다.

영훈(사례 4)은 시각장애와 지적장애가 중복으로 있으며, 시각장애 특수학교 고등학교를 다니고 있는 학생이다. 영훈은 이제까지 받아 왔던 특수교육이 주로 교과 중심이어서 일상생활기술을 습득할 수 있는 기회가 적었고, 그 결과 가정이나 학교에서 생활하는 데 주변인들의 도움에 상당히 의존하였다. 영훈이 학교를 졸업하면 영훈의 부모는 그를 보살피는 데 많은 시간을 보내야 할 상황이다.

영훈에게 전환능력검사를 실시한 결과, 전환능력검사의 전체 원점수 평균이 1.1로 전반적 지원을 받아야 일상적인 생활을 수행할 수 있는 수준이다. 자립, 직업, 계속교육, 공통 등 4개 영역에서 원점수가 각각 1.0, 1.0, 1.0, 1.3이며, 하위 영역의 원점수는 자기관리가 1.1, 의사소통이 1.3, 대인관계가 1.6인 것을 제외하고는 다른 하위 영역에서 모두 1.0이다. 영훈의 자립을 위해 가장 우선적으로 가르쳐야 할 내용을 선정하여 지속적으로 전환교육을 실시해 나가야 할 것이다. 아울러 영훈이 고등학교와 전공과를 졸업한 후에는 전반적 지원을 제공할 수 있는 체계를 갖추어 나갈 수 있어야 할 뿐만 아니라 주간보호센터 등의 시설을 이용하여 보호와 지원을 받을 수 있도록 해야 할 것이다.

3) 직업

전환성과로서의 직업은 자신에 대한 이해와 직업 세계에 대한 탐색을 바탕으로 자신에게 적합한 직업을 선택하고 직업인으로서의 생활을 유지하는 역량이며, 고등학교의 경우 직업준비, 직업기능, 직업생활의 3개 하위 영역으로 구성된다(국립특수교육원, 2020a). 특수교육대상 학생들이 고등학교나 전공과를 졸업한 후 일반고용, 지원고용, 보호고용 등 고용으로 이어질 수 있도록 학령기에 전환교육 및 서비스를 제공하는 것이 필요하다. 지적장애 및 자폐성장애 등이 있는 발달장애인의 경우, 고등학교를 졸업한 후 취업을 하는 경우가 미취업인 경우보다 더 나은 사회적 기술을 가졌으며, 건강 상태와 여가생활에서 더 높은 만족감을 보였고 자기존중감도 훨씬 높게 나타났다(김경화, 2019).

제5장 '직업으로의 전환'에서 제시하였듯이, 특수교육대상 학생은 자신에게 적합한 직업생활을 하는 것으로 목표로 설정할 수 있다. 일반고용이나 지원고용이 사회적 통합성이나 급여 등에서 이상적일 수 있으나 확장적 지원이나 제한적 지원을 받아야 하는 경우에는 보호고용으로 접근할 수 있다. 각 개인은 자신의 흥미와 강점을 중심으로 지역사회에서의 직업 가능성을 탐색하고 직업생활을 위한 교육과 활동을 통하여 필요한 기술을 습득하고 향상할 수 있어야 한다.

소영(사례 6)은 특성화 고등학교에 재학 중인 여학생으로, 청각장애가 있어 초등학교 입학 전에 인공와우수술을 받았다. 소영은 인공와우수술 이후 재활치료를 받으면서 구어를 통한 의사소통 능력이 점차 향상되었으나 조음이나 구어 이해에서 어색하거나 기능이 떨어지는 측면이 있다. 소영은 일반 초등학교와 일반 중학교를 거친 후 특성화 고등학교 조리과 2학년에 재학 중이며, 장차 호텔조리사가 되기를 희망한다.

소영의 전환능력검사 결과를 살펴보면, 자립, 직업, 계속교육, 공통 등 4개 영역에서 원점수가 각각 5.0, 4.9, 4.7, 5.0이며, 전환능력검사의 전체 원점수 평균이 4.9로 독립 수행에 매우 근접하고 있다.

소영이 특성화 고등학교 조리과에서 관련 자격증을 취득하고 호텔조리사로 근무할 수 있도록 수정한 교육과정을 이수하여 자신이 도달하고자 하는 목표를 달성할 수 있도록 지원해야 한다. 또한 호텔조리와 관련된 용어들에 대한 조음능력을 향상하고 향후 전문대학에 진학하기 위한 입학정보를 정보를 파악하여 전문대학에서의 학습능력을 향상하는 데 목표를 둘 수 있다.

4) 계속교육

계속교육은 특수교육대상 학생이 학령기 외에 생애 전반에 걸쳐 원하는 교육을 받아 삶의 질을 향상할 수 있는 역량이며, 고등학교의 경우 기초교육, 평생교육, 대학교육의 3개 하위 영역으로 구성된다(국립특수교육원, 2020a). e-나라지표에 따르면, 2021년 우리나라 전체 고등학교 학생들의 졸업 후 상급학교 진학률은 73.7%인 것으로, 고등학생 중 약 3/4 정도가 상급학교로 진학하는 것으로 볼 수 있다(https://www.index.go.kr/). 특수교육대상 학생들도 고등학교를 마친 이후 자신의 필요와 특성에 따라 평생교육이나 대학교육을 받을 수 있도록 필요한 기술을 습득하고 교육할 수 있어야 한다.

지적장애가 있는 학생들은 고등학교 졸업 이후 전공과에 진학하는 비율이 높다. 전공과에서 자립이나 직업을 위한 교육을 계속함으로써 학교를 졸업한 이후 지역사회에서의 삶을 준비할 수 있는 것을 목표로 한다. 전공과에서 고등학교 졸업 이후 지역사회로 나아가기 위한 마지막 준비를 전환교육과 서비스 관점에서 실시할 수 있도록 계획하고 시행할 수 있어야 한다. 감각장애나 지체장애가 있는 학생들은 발달장애가 있는 학생들에 비해 고등학교 졸업 이후 4년제 대학이나 전문대학에 진학하는 비율이 높다. 이들이 대학에서 자신의 흥미와 적성에 따른 학과를 선택하여 대학에서의 학점 이수 및 생활이 가능할 수 있도록 고등학교에서 준비하는 것이 필요하다. 또한 개인의 필요에 따라 평생교육기관에서 프로그램을 이수할 수도 있다.

민수(사례 5)는 일반 고등학교 재학 중이며, 일반 초등학교와 일반 중학교에서 통합교육을 받았다. 민수는 지적 기능성과 적응행동에서 심각한 제한이 있어 초등학교에 입학하기 이전에 지적장애 2급으로 장애 판정을 받았고, 장애가 심하여 학교생활이나 지역사회생활에서 어느 정도 어려움이 있었다. 민수가 중도장애를 가지고 있음에도 불구하고 초·중등학교에서 통합교육을 받는 동안 사회적 기능성이 향상되어 지역사회 내에서 생활할 수 있는 능력을 축적해 나갔다. 민수는 고등학생 때도 계속 지역사회의 마트, 극장, 운동경기장 등에 부모와 함께 가는 편이고, 지역사회 체육시설에서 정기적으로 운동을 하고 있다.

민수의 전환능력검사 실시 결과는 자립, 직업, 계속교육, 공통 등 4개 영역에서 원점수가 각각 3.8, 3.6, 2.2, 4.0이며, 4개 영역을 종합하는 전환능력검사 전체의 원점수 평균이 3.6으로 민수가 지역사회에서 생활하기 위해서는 제한적 지원 내지 간헐적 지원이 요구된다.

민수와 부모는 고등학교 졸업 후 지역 내 특수학교에 위치하고 있는 전공과에 진학하기를 희망하고 있으며, 고등학교 재학 시 지역사회 내 특수학교에 위치한 전공과를 탐방하여 그곳에서의 교육과 생활에 대하여 담당 교사와 면담을 실시하기를 원한다. 이에 민수가 전공과에서 자립생활에 필요한 기술들을 더 습득하고 보호작업장에서 일할 수 있도록 준비하는 데 목표를 두고 있다.

2. 고등학교 교육과정 운영

1) 일반 고등학교

민수(사례 5)는 일반 고등학교 재학 중이며, 2022 교육과정을 적용하여 고등학교 선택중심 교육과정의 보통교과중심으로 일반학급에서 수업을 받으면서 매주 15시간씩 특수학급에서도 수업을 받는다. 2022 특수교육 교육과정의 총론의 학교급별 교육과정 편성·운영의 기준에서는 다음과 같은 내용이 제시되어 있다(교육부, 2022a).

> 버. 일반학급 및 특수학급에 배치된 특수교육 대상 학생의 교육과정은 다음과 같이 편성·운영한다.
> 1) 편제와 시간 혹은 학점 배당은 해당 학년군의 교육과정을 따른다.
> 2) 학생의 교육적 요구에 따라 초·중등학교 교육과정을 재구성하거나, 특수교육 교육과정에 따른 교과용 도서, 통합교육용 교수·학습 자료 등을 사용할 수 있다.
> 3) 특수교육 교육과정의 교과(군) 내용과 연계하거나 대체하여 운영할 수 있다. 교과 내용을 대체할 경우 생활기능 및 진로와 직업교육, 현장실습 등으로 운영할 수 있다.
> 4) 특수교육 대상 학생의 교육과정 운영에 관한 사항은 학생의 교육적 요구를 반영하여 학교 교육과정 위원회에서 결정한다.

민수의 교육과정에서 편제와 학점 배당은 일반 고등학교의 편제와 학점 배당에 따르며, 특수학급에서 민수의 장애 특성과 정도를 반영하여 교과의 내용 대신에 생활기능이나 진로와 직업 교육, 현장실습 등의 내용을 편성하고 운영할 수 있는 것이다. 민수의 일반 고등학교 교과(군)의 학점 배당 기준은 〈표 12-1〉에서와 같이, 교과(군)은 국어, 수학, 영어, 사회, 과학, 체육, 예술, 기술·가정/정보/제2외국어/한문/교양 등에서 필수 이수 학점이 84, 자율 이수 학점이 90이다. 또한 창의적 체험활동의 학점이 18로 16주에 이수하는 시간은 288이며, 총 이수 학점은 192이다(교육부, 2022f).

민수는 〈표 12-1〉을 기준으로 하여 재학하는 일반 고등학교가 편성·운영하는 교육과정을 이수한다. 민수가 소속된 반의 담임교사와 각 과목을 가르치는 교사들은 민수의 개별화교육계획에 따라 특수교사와 협력하고 민수에게 적합하도록 교육과정을 수정하면서 민수가 일반학급의 수업에 부분적으로 참여할 수 있도록 하고 있다. 아울러 민수는 수학과 영어 수업 시간에는 일반학급에서 특수학급으로 이동하여 특수교사의 지도를 받는다.

〈표 12–1〉 일반 고등학교 학점 배당 기준

교과(군)	공통 과목	필수 이수 학점	자율 이수 학점
국어	공통국어1, 공통국어2	8	학생의 적성과 진로를 고려하여 편성
수학	공통수학1, 공통수학2	8	
영어	공통영어1, 공통영어2	8	
사회 (역사/도덕 포함)	한국사1, 한국사2	6	
	통합사회1, 통합사회2	8	
과학	통합과학1, 통합과학2 과학탐구실험1, 과학탐구실험2	10	
체육		10	
예술		10	
기술·가정/정보/ 제2외국어/한문/교양		16	
소계		84	90
창의적 체험활동		18(288시간)	
총 이수 학점		192	

주: 1. 1학점은 50분을 기준으로 하여 16회를 이수하는 수업량이다.
　2. 1시간의 수업은 50분을 원칙으로 하되, 기후 및 계절, 학생의 발달 정도, 학습 내용의 성격, 학교 실정 등을 고려하여 탄력적으로 편성·운영할 수 있다.
　3. 공통 과목의 기본 학점은 4학점이며, 1학점 범위 내에서 감하여 편성·운영할 수 있다. 단, 한국사1, 2의 기본 학점은 3학점이며 감하여 편성·운영할 수 없다.
　4. 과학탐구실험1, 2의 기본 학점은 1학점이며 증감 없이 편성·운영하는 것을 원칙으로 한다. 단, 과학, 체육, 예술 계열 고등학교의 경우 학교 실정에 따라 탄력적으로 운영할 수 있다.
　5. 필수 이수 학점 수는 해당 교과(군)의 최소 이수 학점이다. 특수 목적 고등학교의 경우 예술 교과(군)는 5학점 이상, 기술·가정/정보/제2외국어/한문/교양 교과(군)는 12학점 이상 이수하도록 한다.
출처: 교육부(2022f).

　민수는 1주일 중 15시간은 일반학급이 아닌 특수학급에서 수업을 받는다. 특수교사는 민수가 일반학급에서 수업하게 될 수학과 영어 과목의 내용을 대신하여 생활기능 및 진로와 직업교육을 중심으로 특수학급에서의 교육과정을 편성하여 운영하고 있다. 특수학급 교사는 민수가 고등학교 졸업 이후의 삶에 대한 계획과 준비를 하는 데 중점을 두면서 특수학급에서의 교육을 생활기능의 향상과 진로 계획 및 준비 등을 중심으로 운영하고 있다. 특수학급 교사는 고등학교 특수교육 전문교과의 직업 · 생활, 기본 교육과정의 고등학교 교과목의 성취기준을 고려하여 민수에게 적합한 교육내용을 선정하여 지도한다.

2) 특성화 고등학교

소영(사례 6)은 특성화 고등학교에서 통합교육을 받고 있으므로 자신이 다니는 특성화 고등학교의 편제와 학점 배당에 따라 수업을 이수하며, 특수학급에서 생활기능이나 진로와 직업 교육, 현장실습 등의 내용을 학습할 수 있다. 소영의 특성화 고등학교 교과(군)의 학점 배당 기준은 〈표 12-2〉에서와 같이 교과(군)은 보통 교과와 전문교과로 크게 구분된다. 보통 교과는 일반 고등학교와 같이 국어, 수학, 영어, 사회, 과학, 체육, 기술 · 가정/정보/제2외국어/한문/교양 등에서 필수 이수 학점이 64이고, 전문 교과는 17개 교과(군)에서 80학점을 이수하도록 하고 있다. 창의적 체험활동과 총 이수 단위는 일반 고등학교와 동일하다.

〈표 12-2〉 특성과 고등학교 학점 배당 기준

	교과(군)	공통 과목	필수 이수 학점	자율 이수 학점
보통 교과	국어	공통국어1, 공통국어2	24	학생의 적성과 진로를 고려하여 편성
	수학	공통수학1, 공통수학2		
	영어	공통영어1, 공통영어2		
	사회 (역사/도덕 포함)	한국사1, 한국사2	6	
		통합사회1, 통합사회2	12	
	과학	통합과학1, 통합과학2		
	체육		8	
	예술		6	
	기술 · 가정/정보/ 제2외국어/한문/교양		8	
	소계		64	
전문 교과	17개 교과(군)		80	30
창의적 체험활동			18(288시간)	
총 이수 학점			192	

출처: 교육부(2022f).

소영은 〈표 12-2〉를 기준으로 하여 재학하는 특성화 고등학교에서 편성·운영하는 교육과정을 이수한다. 소영은 보통 교과의 교과목들과 함께 소영이 선택한 조리과의 전문 교과의 과목들을 이수하고 있으며, 특수학급에서 특수교육 전문 교과인 직업·생활 교과목들을 학습하면서 취업에 대한 준비를 하고 있다. 고등학교 선택중심 교육과정의 특수교육 전문교과는 '직업·생활'과 '이료'로 구성되어 있으며, 직업·생활은 주로 경도의 지적장애나 자폐성장애를 지닌 학생, 시각과 청각장애를 지닌 학생 등에게 고교학점제의 선택 과목으로 이수할 수 있도록 개발하였다.

특수교육 전문 교과는 직업·생활 교과 14개 과목(직업준비, 안정된 직업생활, 기초작업기술 I , 기초작업기술 II , 정보처리, 농생명, 사무 지원, 대인 서비스, 외식서비스, 직업현장실습, 직업과 자립, 사회 적응, 시각장애인 자립생활, 농인의 생활과 문화)과 이료 교과 10개 과목으로 편제하여 선택중심 교육과정 및 기본 교육과정을 사용하는 고등학교와 특수학교 고등학교 및 전공과 과정에서 사용할 수 있도록 하였다(교육부, 2022b).

선택중심 교육과정 특수교육 전문교과인 직업·생활은 학생이 자신의 진로 및 직업에 대한 방향을 설정하고, 장애 특성에 적합하게 기능적 생활을 준비하며, 직업의 기초 능력과 직무 수행 능력을 습득하며, 직업생활의 태도 및 습관을 형성하여 사회에서 안정된 직업생활과 품격 있는 삶을 영위할 수 있도록 하는 데 목표를 두는 교과이다.

3) 특수학교

영훈(사례 4)은 시각장애 특수학교 고등학교에 재학 중이며, 시각장애와 지적장애가 중복으로 있다. 영훈이 다니고 있는 시각장애 특수학교는 대학진학, 이료, 생활의 세 가지 목표를 달성하기 위한 프로그램을 각각 운영하고 있다. 영훈은 중도중복장애를 가지고 있어 대학에 진학하거나 이료과정을 이수하여 안마나 침술에 종사하는 것도 적합하지 않아서 중도중복장애 학생 프로그램에 참여하고 있다.

이 학교에서는 중도중복장애학생을 위하여 기본 교육과정을 중심으로 교육과정을 편성·운영하고 있다. 기본 교육과정은 대체로 지적장애나 자폐성장애 등 발달장애가 있는 학생들을 주요 대상으로 하고 있으나 영훈처럼 중도중복장애가 있는 경우에도 적용할 수 있다. 영훈은 전반적 지원을 필요로 하는 학생이므로 기본 교육과정 내에서는 진로와 직업, 2022 특수교육 교육과정에서 신설된 일상생활 활동을 중심으로 교과목을 통합하여 생활기능중심으로 개별화교육계획이 작성되어 있다.

2022 특수교육 기본 교육과정의 고등학교 교육과정 편제에서 교육과정은 교과(군)와 창의적 체험활동 및 일상생활 활동으로 편성하고 있으며, 교과(군)는 국어, 사회, 수학, 과학, 진로와 직업, 체육, 예술(음악/미술), 선택으로 하고 있다. 또한 선택 교과는 정보통신활용, 생활영어, 보건 등의 과목으로 하고 있다. 창의적 체험활동은 자율·자치 활동, 동아리 활동, 진로 활동의 세 가지로 구성하고 있다(교육부, 2022c).

기본 교육과정은 고등학교에서 총 이수 학점이 192이며, 이 중 교과(군)가 134, 창의적 체험활동이 26, 일생생활 활동이 32이다. 1학점의 수업은 50분을 기준으로 하며, 16회를 이수하는 수업량이다. 학년군 및 교과(군)별 학점 배당은 34주를 기준으로 한 3년간의 기준 수업 시수를 나타낸 것이다.

〈표 12-3〉 기본 교육과정 고등학교 당위 배당 기준

구분		1~3학년
교과(군)	국어	20
	사회	18
	수학	14
	과학	8
	진로와 직업	36
	체육	14
	예술(음악/미술)	14
	선택	10
소계		134
창의적 체험활동		26
일상생활 활동		32
총 이수 학점		192

출처: 교육부(2022c).

3. 고등학교 전환교육 수업의 실제

1) 자립

(1) 자립 역량 향상을 위한 전환교육 수업 방향

영훈(사례 4)은 전환능력검사를 실시한 결과, 전환능력검사 전체의 원점수 평균이 1.1로 전반적 지원을 받을 수 있는 지원체계를 갖추어야 할 수준이다. 또한 영훈은 지역사회 내 주간보호센터에서 낮 동안 활동에 참여하기를 희망하고 있다. 영훈의 자립 역량에 대한 수준을 반영하고 고등학교 및 전공과 졸업 이후에 참여하기를 희망하는 재활기관을 고려하여 전환교육 및 서비스와 지원체계를 개인중심 서비스 접근에 따라 마련할 수 있다.

영훈은 전환능력검사의 결과에 따라 자립의 자기관리와 건강에 우선 순위를 두어 고등학교에서의 전환교육 수업을 실시하기로 결정할 수 있다. 특히 자기관리 중에서 양치하기, 세수하기, 화장실 사용하기에서 가능한 한 다른 사람의 지원을 적게 받으면서 생활할 수 있도록 하는 데 목표를 둘 수 있다. 또한 건강에서 처방받은 약 복용하기, 체중 관리하기에서 가능한 한 자신이 할 수 있는 정도를 높이는 데 목표를 둘 수 있다. 이러한 전환교육 수업은 영훈이 학교를 졸업한 이후 가족이나 활동 보조인의 도움 속에서 생활하면서도 가정, 지역사회, 주간보호센터 등에서 자신이 스스로 수행할 수 있는 일상생활기술을 확대할 수 있을 것이다.

(2) 자립 역량 향상을 위한 전환교육 수업 실제

영훈의 자립 역량 향상을 위한 전환교육 수업의 실제는 고등학교 장애학생용 교과 연계 전환역량 향상 프로그램의 교사용 지도서와 학생용 워크북을 활용하여 지도할 수 있다(국립특수교육원, 2020b, c). 그 가운데 화장실 사용하기에 대한 교사용 지도서를 중심으로 예시를 제시한다.

학생용 워크북에서 제시하고 있는 '화장실 사용하기'는 세 가지 활동으로 구성되어 있다. 첫째, '화장실 사용 예절 익히기'는 화장실 사용 시 지켜야 할 예절을 알아보고 점검표를 통해 화장실 사용 예절을 익히는 활동이다. 둘째, '변기를 바르게 사용하는 방법 익히기'는 소변기, 좌변기, 비데사용 방법을 익히는 활동이다. 셋째, '화장지를 바르게 사용하는 방법 익히기'는 화장지를 올바르게 사용하는 방법을 익히고 화장지를 이용해 뒤처리하는 방법을 연습하는 활동이다. 이러한 학생용 워크북의 내용을 토대로 교사용 지도서에서 제시하고 있는 구체적인 지도의 실제를 나타내면 다음과 같다.

〈표 12-4〉와 같이 '화장실 사용하기'는 자기관리를 위한 기본적인 기술로서, 화장실에서 용변을 처리하는 과정을 과제 분석적인 방법을 통해 지도하는 제재이다. 따라서 지도 목표 역시 '① 화장실에 가야 할 상황을 인지하고, ② 변기, 비데 등을 바르게 사용하며, ③ 화장지를 사용하여 처리한 후, ④ 물을 내린다.'로 구성되어 있다. 관련된 교과로는 선택중심 교육과정 중 시각중복장애 학생의 기본적인 자립생활과 직업생활을 향상하기 위해 개발된 '직업과 자립'이 있으며, 연계된 성취 기준은 '[12직자04-03] 용변을 적절하게 처리한다.'이다.

〈표 12-4〉 '화장실 사용하기'의 개요

성격	화장실 사용하기는 자기관리를 할 수 있는 기본적인 독립생활기술 중 하나이다. 화장실 사용하기는 화장실에 가야 할 상황을 인지하고, 화장실로 이동하여 옷을 내리고, 변기에 바르게 앉아 용변을 본 후 화장지나 비데를 사용하여 위생적으로 처리하고, 변기의 버튼을 눌러 물을 내리는 것을 포함한다. 용변을 보고 처리를 한 후에는 옷을 바르게 입고 손을 깨끗이 씻는 습관이 형성되도록 지도한다.		
목표	① 화장실에 가야 할 상황을 인지하고, ② 변기, 비데 등을 바르게 사용하며, ③ 화장지를 사용하여 처리한 후, ④ 물을 내린다.		
교과연계	관련 교과	단원	성취기준
	직업과 자립	4-3. 개인위생	[12직자04-03] 용변을 적절하게 처리한다.

〈표 12-5〉의 [활동 1]은 '화장실 사용 예절 익히기'로 학생용 워크북에는 화장실 사용 시 지켜야 할 예절을 제시하고 있다. 화장실 사용 전과 사용 중, 사용 후로 구분하여 지켜야 하는 예절에 대하여 안내하고, 그림 또는 설명 자료를 활용하여 학생들이 올바른 화장실 사용 예절의 장면을 선택할 수 있도록 수업을 진행할 수 있다. 화장실 예절에 대한 인식활동이 이루어졌으면 교실에서 모의 실습을 하거나 화장실에서 직접 실습해 보는 연습을 할 수 있다. 언어적·신체적 지원을 점차 소거하기 위해서는

자기점검표를 활용할 수 있으며, 시각중복장애를 가지고 있는 영훈의 경우에는 촉각
점검표를 제작하여 예절에 알맞게 화장실을 사용했는지 스스로 점검할 수 있는 기회
를 제공할 수 있다.

〈표 12-5〉 [활동 1] '화장실 사용 예절 익히기' 교수–학습 활동

[활동 1] 화장실 사용 예절을 익혀 봅시다.

■ 화장실 사용 예절을 알아본다.
• 화장실 사용 시 지켜야 할 예절 알기

> ▶ 화장실 사용 전 노크하기
>   – 화장실에 들어가기 전에 문을 가볍게 두세 번 두드려 안에 사람이 있는지 확인하기
> ▶ 화장실 사용 시에는 문을 닫고 사용하기
>   – 다른 사람에게 불쾌감을 주지 않기 위해 문을 닫고 용변 보기
> ▶ 변기를 바르게 사용하기
>   – 발이 바닥에 닿지 않을 경우 심리적으로 안정감이 없어 용변 보기가 어려울 수 있으므
>   로 발판 놓기
> ▶ 용변 후 해야 할 일 알기
>   – 용변 후 물 내리기: 물 내리는 버튼의 위치와 작동 방법 확인하기
>   – 용변 후 옷을 바르게 입고 거울을 보면서 점검하기
>   – 손을 깨끗이 벗기: 비누로 손을 깨끗이 씻고 수건으로 닦기

• 화장실 사용 예절 익히기
  – 화장실에 점검표를 붙여서 화장실을 사용할 때마다 스스로 점검하도록 하기

〈표 12-6〉의 [활동 2]는 '변기 바르게 사용하는 방법 익히기'로 소변기, 좌변기, 비
데의 사용 방법을 익히는 활동이다. 이 활동을 수행할 때에는 소변기와 좌변기, 비데
의 구조와 위치를 탐색하는 활동을 진행하도록 하며, 가정과 학교 또는 학생이 자주
이용하는 지역사회 시설에 어떤 변기가 설치되어 있는지 파악할 수 있도록 한다. 변
기의 사용 방법을 익히기 위해서는 과제분석을 통해 교실에서 모의활동을 진행하도
록 하고 모의활동이 익숙해지면 실제 화장실에서 반복적으로 연습할 수 있도록 지도
한다. 특히 영훈의 경우 비데 사용이 복잡할 수 있으므로 이를 단순화하여 지도하고,
물내림 버튼이나 비데의 주요 작동 버튼에 벨크로 테이프 등의 촉각 라벨을 붙여 표
시해 주는 지원을 제공할 수 있다.

〈표 12-6〉 [활동 2] '변기 바르게 사용하는 방법 익히기' 교수-학습 활동

[활동 2] 변기를 바르게 사용하는 방법을 익혀 봅시다.

■ 소변기를 바르게 사용한다.
• 소변기의 올바른 사용 방법 익히기

> ▶ 소변기의 바른 위치에 서기
> – 소변이 변기 밖으로 흐르지 않도록 변기 앞에 바로 서기
> ▶ 물 내리기
> – 자동 소변기가 아닌 경우에는 버튼을 눌러서 물 내리기
> – 물 내리는 버튼의 위치와 작동 방법 확인하기

■ 좌변기를 바르게 사용한다.
• 좌변기의 올바른 사용 방법 익히기

> ▶ 옷을 내리고 좌변기에 바르게 앉기
> – 옷을 무릎까지 내리고 바르게 앉기
> ▶ 용변 후 화장지로 닦기
> ▶ 물 내림 버튼을 눌러 물 내리기
> – 물 내리는 버튼의 위치와 작동 방법 확인하기

■ 비데 사용 방법을 알아본다.
• 비데의 사용 방법 익히기

> ▶ 비데의 작동 버튼과 정지 버튼 작동 방법 익히기
> – 정지: 세정, 비데, 건조 등의 동작을 멈출 때 사용
> – 세정: 배변 후 항문 세정 시 사용
> – 비데: 여성 청결을 위한 세정 시 사용
> – 건조: 세정 후 건조 시 사용
> ▶ 변좌 온도 및 물 온도 조절 버튼 작동 방법 익히기

• 비데 사용 시 안전에 유의하기
– 사용 전 수압, 온도 등이 과도하게 높지 않은지 확인하기

〈표 12-7〉의 [활동 3]은 '화장지를 바르게 사용하는 방법 익히기'로 뒤처리를 위하여 화장지를 사용하는 방법을 익히는 활동이다. 영훈에게 화장지 사용 방법을 가르칠 때에는 화장지의 형태와 화장지의 위치를 파악하는 것을 우선적으로 지도한다. 화장지를 사용하는 방법을 파악하기 위하여 과제분석의 방법을 통하여 화장지의 양

을 확인하는 것부터 변기 또는 휴지통에 버리는 것까지 각 활동을 단계별로 지도하도록 한다. 수업의 장면에서는 좌변기에 앉는 것과 같이 의자에 앉아서 화장지를 사용하여 뒤처리하는 방법을 연습하도록 하고, 이물질이 묻은 공을 화장지를 사용하여 닦는 연습을 통하여 화장지 사용 방법을 간접적으로 익힐 수 있도록 한다.

〈표 12-7〉 [활동 3] '화장지를 바르게 사용하는 방법 익히기' 교수-학습 활동

[활동 3] 화장지를 바르게 사용하는 방법을 익혀 봅시다.

■ 화장지의 올바른 사용 방법을 익힌다.

• 화장지 바르게 사용하기

> ▶ 화장지가 어느 정도 필요한지 알아보기
> ▶ 한 손으로 화장지 끝을 잡고 다른 손으로 화장지를 당겨서 화장지가 겹쳐 모아지도록 하기
> ▶ 필요한 만큼 모아지면 양쪽으로 당겨서 화장지 끊기
> ▶ 깨끗하게 닦기
> ▶ 사용한 화장지는 변기 안에 버리기

• 화장지를 이용해 뒤처리하는 연습하기
  − 화장지를 이용해 이물질이 묻은 공 닦기

[활동 1]~[활동 3]을 통하여 '화장실 사용하기'의 지도를 마무리하였으면, 〈표 12-8〉과 같이 교사용 지도서에 제시된 평가척도를 통해 학생의 화장실 사용에 대한 수행 수준을 평가할 수 있다. 평가 시 과제 분석에 대한 체크리스트를 제작하여 학생의 수행 수준을 구체적으로 평가해 볼 수 있다. 또한 지도상 유의점을 참고하여 '화장실 사용하기' 지도 시 지역사회의 공중 예절을 지키고 가정과 학교 이외의 장소에서도 예절을 지켜 화장실을 사용할 수 있도록 유의하여 지도하도록 한다. 특히 화장실 사용은 특정 장소뿐만 아니라 다양한 장소와 상황에서도 해당 기술이 일반화될 수 있도록 가정과 연계하여 지도하는 것이 필요하므로 구체적인 지도계획을 세워 가정과 공유될 수 있도록 한다.

〈표 12-8〉'화장실 사용하기'의 평가척도와 지도상 유의점

	1. 전반적 지원	2. 확장적 지원	3. 제한적 지원	4. 간헐적 지원	5. 독립 수행
평가 척도	화장실을 사용하기 위해 고강도의 지원이 항상 필요함	화장실을 사용하기 위해 중강도의 지원이 대부분의 기간 동안 필요함	화장실을 사용하기 위해 저강도의 지원이 일정 기간 동안 필요함	스스로 화장실을 사용할 수 있으나, 특정 상황이나 조건(예: 화장지가 없거나 익숙하지 않은 장소)에서 모니터링이 필요함	스스로 화장실을 사용함
지도상 유의점	화장실 사용하기를 지도할 때에는 화장실 사용 예절과 연계하여 지도하고, 가정 내에서의 화장실 이용뿐 아니라 지역사회에서의 공중화장실 이용 방법 및 예절을 익힐 수 있도록 한다. 화장실 찾아가기, 남녀 화장실 구분하기, 줄 서기 등을 함께 지도하여 익숙하지 않을 장소에서도 화장실을 이용할 수 있도록 한다.				

2) 직업

(1) 직업 역량 향상을 위한 전환교육 수업 방향

소영(사례 6)은 전환능력검사를 실시한 결과, 전환능력검사 전체의 원점수 평균이 4.9로 전체적으로 볼 때 거의 독립 수행이 가능한 수준이다. 소영은 현재 다니고 있는 특성화 고등학교 조리과에서 조리사 등의 자격증을 취득하고 호텔조리사로 근무하고자 한다. 그리고 장차 전문대학에 진학하여 전문학사 학위증을 취득하고자 한다.

소영은 고등학교 재학 동안에 조리사 등 자격증을 취득하기 위하여 특성화 고등학교 조리과 교육과정을 이수하게 된다. 다만, 소영은 조리 영역에서 사용되는 일부 어휘에 대한 개념을 집중적으로 익혀야 하고, 조음의 정확성을 높여야 하며, 장차 직업을 갖기 위해 면접을 준비하는 등의 과제는 특수교사가 지원할 수 있다. 특수교사는 선택중심 교육과정 전문교과 과목 중에서 소영이가 어려워하는 내용에 대한 추가적인 설명과 함께 특수교육 전문교과 직업ㆍ생활 과목 중 외식서비스 과목을 중심으로 하는 지도할 수 있다. 아울러 소영이가 장차 취업을 위한 면접을 준비하는 시간도 담당할 수 있다.

(2) 직업 역량 향상을 위한 전환교육 수업 실제

소영의 직업 역량 향상을 위한 전환교육 수업은 고등학교 장애학생용 교과연계 전

환역량 향상 프로그램의 직업 영역 교사용 지도서와 학생용 워크북을 활용하여 지도할 수 있다(국립특수교육원, 2020b, c). 그 가운데 면접을 위한 준비하기에 대한 교사용 지도서를 중심으로 예시를 제시한다.

학생용 워크북에서 제시된 '면접을 위한 준비하기'는 세 가지 활동으로 구성되어 있다. 첫째, '면접에 대해 알아보기'는 면접의 의미를 알아보고 면접을 하는 이유를 파악하는 활동이다. 둘째, '면접을 위한 바른 용모와 복장 준비하기'는 남성과 여성에 따른 알맞은 면접 용모를 준비해 보는 활동이다. 셋째, '면접 전 준비해야 할 사항 알아보기'는 면접 전에 준비해야 할 내용을 크게 네 가지로 나누어 구체적으로 익혀 보는 활동이다. 이러한 학생용 워크북의 내용을 토대로 교사용 지도서에서 제시하고 있는 구체적인 지도의 실제를 살펴보면 다음과 같다.

〈표 12-9〉와 같이 '면접을 위한 준비하기'는 실제 면접이 이루어지기 전에 준비해야 하는 사항을 익히는 제재이다. 지도 목표는 '① 면접에 필요한 준비를 하고, ② 단정한 용모를 갖추며, ③ 면접 장소로 이동하는 방법을 확인한다.'로 구성되어 있다. 관련된 내용으로는 기본 교육과정 '진로와 직업'의 성취기준 '[12진로05-02] 이력서 및 자기소개서 등 진학 및 취업 관련 서류를 작성하고 면접을 준비한다.'와 선택중심 교육과정 '직업준비'의 성취기준 '[12직준04-05] 면접에 적절한 외모와 복장을 갖추고 바른 태도로 면접에 참여한다.'가 있다.

〈표 12-9〉 '면접을 위한 준비하기'의 개요

성격	면접은 취업의 마지막 단계로 서류에 적힌 능력 이상의 것을 보여 줄 수 있으므로 면접을 위한 준비는 철저하게 해야 한다. 면접 준비를 위해서는 면접에 적합한 단정한 용모를 갖추는 능력과 면접 장소로의 이동 방법을 파악하여 시간에 맞추어 면접 장소로 이동하는 능력, 예상 질문에 대한 답변을 준비하는 능력 및 면접에 필요한 준비물을 갖추도록 한다.		
목표	① 면접에 필요한 준비를 하고, ② 단정한 용모를 갖추며, ③ 면접 장소로 이동하는 방법을 확인한다.		
교과연계	**관련 교과**	**단원**	**성취기준**
	진로와 직업	나-12. 전환준비	[12진로05-02] 이력서 및 자기소개서 등 진학 및 취업 관련 서류를 작성하고 면접을 준비한다.
	직업준비	4-2. 취업 서류와 면접	[12직준04-05] 면접에 적절한 외모와 복장을 갖추고 바른 태도로 면접에 참여한다.

〈표 12-10〉의 [활동 1]은 '면접에 대해 알아보기'로 수업의 초반부에 면접의 장면을 나타내는 콘텐츠 영상 자료를 제시하여 학생들이 면접의 이미지를 떠올릴 수 있도록 한다. 학생들이 면접 장면에 대한 이해가 되었다면, 인터넷 국어사전 또는 지식백과사전의 검색을 통해 그 의미를 명확하게 파악하는 활동을 진행한다. 이후 면접을 왜 하는지 그 이유에 대하여 학생용 워크북의 삽화와 더불어 수업 초반에 시청했던 면접 영상의 내용을 떠올리면서 파악하도록 한다. 면접의 이유를 파악하기 위하여 같은 반 학생들과 주변 교사들에게 각자가 생각하는 면접을 하는 이유를 조사하고 조사한 내용을 그림이나 보고서 형태로 정리하는 활동을 할 수 있다.

〈표 12-10〉[활동 1] '면접에 대해 알아보기' 교수-학습 활동

[활동 1] 면접에 대해 알아봅시다.

■ 국어사전 또는 지식백과사전 등을 검색하여 '면접'의 의미를 찾아본다.

> ▶ 기관에 들어가기 위한 절차
> ▶ 지원자의 능력, 태도, 가치관 등을 평가하여 기관에 적합한 인원을 선별하기 위한 절차

■ 면접을 하는 이유에 대해 조사한다.
• 교사, 가족, 친구들에게 면접을 하는 이유에 대해 질문하고 대답 정리하기

▶ 지원 동기 확인	▶ 인성 파악	▶ 가치관 파악
▶ 능력 파악	▶ 태도 점검	▶ 사회성 평가

〈표 12-11〉의 [활동 2]는 '면접을 위한 바른 용모와 복장 준비하기'로 남자와 여자의 바른 용모와 복장이 무엇인지 알고 준비해 보는 활동이다. 이 활동을 수행할 때는 사진 자료를 통해 올바른 용모와 복장을 한 남성 또는 여성의 모습을 관찰하고, 단정한 모습이 주는 장점에 대해 이야기를 나누는 수업을 진행할 수 있다. 이어서 바른 용모와 복장을 얼굴 및 화장, 두발, 복장 등으로 구분하여 각 영역에서 단정한 모습은 어떤 것인지 구체적으로 살펴보는 활동을 할 수 있다. 바른 용모와 복장에 대한 인식 활동이 마무리되면 실제 의복, 액세서리, 신발 등을 준비하여 학생들이 직접 면접을 위한 바른 용모와 복장을 준비해 보는 연습을 실시하고, 그 모습을 사진으로 촬영하여 확인 및 점검하는 활동을 진행할 수 있다.

〈표 12-11〉 [활동 2] '면접을 위한 바른 용모와 복장 준비하기' 교수-학습활동

[활동 2] 면접을 위한 바른 용모와 복장을 준비해 봅시다.

■ 면접 시 남자의 바른 용모와 복장을 알아본다.
• 워크북에 제시된 사진 자료를 통해 바른 복장과 용모 살펴보기
• 깨끗한 용모를 하면 좋은 점 발표하기
• 면접을 위한 바른 용모와 복장을 갖추는 실습하기
• 실습 후 거울을 보고 자신의 모습 확인 및 점검(✓)하기

항목	점검 내용	항목	점검 내용
얼굴	밝은 미소를 짓고 있는가?	손	깨끗하고 손톱이 잘 깎여 있는가?
	면도는 깨끗이 되어 있는가?	양복	색상은 단정한가?
	입 냄새가 나거나 코털이 길지 않는가?		구김 없이 정돈되어 있는가?
두발	비듬은 없는가?	바지	바지 길이는 적당한가?
	머리 모양은 단정한가?		잘 다려져 있는가?
	두발은 청결하고 손질이 잘 되어 있는가?		주머니가 불룩하여 보기 흉하지 않는가?
넥타이	넥타이의 매듭은 바른가?	신발	깨끗하게 손질되어 있는가?
	넥타이의 길이는 적당한가?		복장과 어울리는 색상인가?
와이셔츠	청결하게 다려져 있는가?	양말	양말의 색상은 복장과 어울리는 무난한 색인가?
	옷깃이 깨끗한가?	액세서리	규정 외 액세서리는 하지 않은가?

■ 면접 시 여자의 바른 용모와 복장을 알아본다.
• 워크북에 제시된 사진 자료를 통해 바른 복장과 용모 살펴보기
• 깨끗한 용모를 하면 좋은 점 발표하기
• 면접을 위한 바른 용모와 복장을 갖추는 실습하기
• 실습 후 거울을 보고 자신의 모습 확인 및 점검(✓)하기

항목	점검 내용	항목	점검 내용
얼굴	항상 밝은 미소를 짓고 있는가?	복장	깨끗하게 잘 다려져 있는가?
화장	짙은 화장을 하고 있지 않은가?		얼룩이나 주름은 없는가?
	청결하고 건강한 느낌을 주고 있는가?		스커트 길이는 적당하여 단추가 떨어진 곳은 없는가?

두발	머리 모양이 단정한가?	스타킹	스타킹은 피부색에 가까운 색을 착용하고 있는가?
	염색이나 지나친 파마를 하고 있지 않은가?	신발	깨끗하게 손질되어 있는가?
액세서리	목걸이, 반지, 귀걸이, 팔찌 등 너무 화려한 액세서리를 착용하고 있지 않은가?		구두 뒤꿈치를 꺾어 신지 않은가?
손	손은 항상 깨끗한가?		
	짙은 매니큐어를 바르고 있지 않은가?		
	손톱은 단정히 깎여 있는가?		

〈표 12-12〉의 [활동 3]은 '면접 전 준비해야 할 사항 알아보기'로 복장와 용모 이외에 면접 전에 준비해야 할 사항들에 대해 알아보는 과정을 익히는 활동이다. 면접을 위한 준비물, 면접 장소까지의 교통수단, 회사에 관한 정보, 면접 예상 질문에 대해 이해하고 각각을 어떻게 준비해야 하는지 그 방법을 파악할 수 있도록 수업을 진행한다. 예를 들어, 면접 장소 확인 및 회사에 대한 정보 수집을 할 때에는 인터넷 검색 활동을 통해 해당 과제를 수행할 수 있을 것이다. 또한 소영의 경우에는 청각장애로 인한 조음 및 구어에 제한이 있으므로 면접 예상 질문에 대한 대답을 준비할 때 조음이 비교적 수월한 용어 및 단어 위주로 선정하여 연습해 볼 수 있도록 한다.

〈표 12-12〉 [활동 3] '면접 전 준비해야 할 사항 알아보기' 교수-학습 활동

[활동 3] 면접 전 준비해야 할 사항을 알아봅시다.

■ 취업하기 희망하는 기관의 면접 일정을 확인하고 면접 전 준비사항을 조사한다.
• 면접 시 준비해야 할 준비물 목록을 작성하고, 복장 선정하기
• 인터넷 검색을 통해 면접 장소를 확인하고 교통수단 확인하기
• 인터넷 검색을 통해 해당 기관의 정보 수집하기
• 면접 예상 질문과 적절한 대답 작성하기

[활동 1]~[활동 3]을 통하여 '면접을 위한 준비하기'의 지도를 마무리하였으면, 〈표 12-13〉과 같이 교사용 지도서에 제시된 평가척도를 통해 학생의 면접 준비 기술에 대한 수행 수준을 평가할 수 있으며, 평가 시 학생의 면접 준비 과정을 교사의

관찰을 통하여 평가할 수 있다. 또한 지도상의 유의점을 참고하여 학생들이 취업하고자 하는 분야의 면접을 실제로 준비해 볼 수 있는 경험을 가질 수 있도록 한다.

〈표 12-13〉 '면접을 위한 준비하기'의 평가척도와 지도상 유의점

	1. 전반적 지원	2. 확장적 지원	3. 제한적 지원	4. 간헐적 지원	5. 독립 수행
평가 척도	면접을 위한 준비를 하기 위해 고강도의 지원이 항상 필요함	면접을 위한 준비를 하기 위해 중강도의 지원이 대부분의 기간 동안 필요함	면접을 위한 준비를 하기 위해 저강도의 지원이 일정 기간 동안 필요함	스스로 면접을 위한 준비를 할 수 있으나, 특정 상황이나 조건(예: 온라인 면접)에서 모니터링이 필요함	스스로 면접을 위한 준비를 함
지도상 유의점	면접을 위한 준비는 학생이 취업하고자 하는 기관 또는 기업의 실제 면접 자료를 활용하여 반복 연습하도록 한다. 면접도 의사소통의 과정이므로 상대방의 질문을 경청하고 질문의 의도를 파악하는 연습을 하며, 면접에 적합한 복장을 준비하고 단정한 외모를 갖추는 활동을 가정과 연계하여 지속적이고 반복적으로 지도한다.				

3) 계속교육

(1) 계속교육 역량 향상을 위한 전환교육 수업 방향

민수(사례 5)는 초등학교와 중학교 일반학교를 다닌 후 현재 일반 고등학교에 재학하고 있다. 민수는 지역사회의 다양한 체육시설이나 편의시설을 비교적 많이 이용하고 있으므로 고등학교를 졸업한 이후에도 이러한 기관들을 계속 이용하면서, 한편으로는 평생교육기관을 다닐 수 있기를 희망한다.

민수는 지역사회 내 사업체에서 지원고용을 할 수 있기를 원하므로 사업체에 취업하고 저녁이나 주말에 평생교육기관에서 원하는 프로그램을 등록할 수 있기를 원한다. 따라서 지역사회 내 자신에게 적합한 평생교육기관이 어느 기관인지에 대한 정보를 수집하고, 그 기관의 평생교육 프로그램 중 자신이 원하는 것이 있는지 확인하는 데 목표를 두고 있다.

(2) 계속교육 역량 향상을 위한 전환교육 수업 실제

민수의 계속교육 역량 향상을 위한 전환교육 수업은 고등학교 장애학생용 교과연계 전환역량 향상 프로그램 중 계속교육에 영역의 교사용 지도서와 학생용 워크북 내

용을 활용하여 지도할 수 있다(국립특수교육원, 2020b, c). 그 가운데 평생교육 강좌에 참여하기에 대한 교사용 지도서를 중심으로 예시를 제시한다.

학생용 워크북에서 제시된 '평생교육 강좌에 참여하기'는 네 가지 활동으로 구성되어 있다. 첫째, '신청한 강좌를 수강하는 데 필요한 준비물 알기'는 실제 평생교육 강좌 시 필요한 준비물의 종류를 알아보는 활동이다. 둘째, '활동에 필요한 준비물 점검하기'는 평생교육 강좌 수강을 위한 준비물의 준비 상황을 점검하는 활동이다. 셋째, '강좌에 성실하게 참여하기'는 실제 자신에게 필요한 강좌를 선택하고 참여하는 방법을 안내하는 활동이다. 넷째, '평생교육 강좌의 수강일정을 계획하고 성실도 평가하기'에서는 한 주간의 자신의 강좌 수강 일정을 파악하고 일정에 맞추어 참여한 성실도를 평가하는 활동이다. 이러한 학생용 워크북의 내용을 토대로 교사용 지도서에서 제시하고 있는 구체적인 지도의 실제를 나타내면 다음과 같다.

〈표 12-14〉와 같이 '평생교육 강좌에 참여하기'는 고등학교 과정 이후 평생교육으로의 전환을 위하여 필요한 기초적인 기술을 익히는 제재이다. 지도 목표는 '수강 신청한 강좌의 ① 준비물을 갖추어, ② 강의를 듣거나 실습을 수행하며, ③ 과정을 이

〈표 12-14〉 '평생교육 강좌에 참여하기'의 개요

성격	고등학교 졸업 이후 평생교육에 참여하여 개인은 성장과 발전을 꾀할 수 있고, 고용능력을 갖추거나 유지할 수 있다. 수강 신청한 강좌를 준비하고 성실한 자세와 태도를 갖추고 참여하여 과정을 이수하도록 한다. 이를 통해 새로운 것을 배우고 노력해서 자신의 능력을 높일 수 있다.		
목표	수강 신청한 강좌의 ① 준비물을 갖추어, ② 강의를 듣거나 실습을 수행하며, ③ 과정을 이수한다.		
교과연계	관련 교과	단원	성취기준
	진로와 직업	가-12. 전환계획	• [12진로04-05] 전공과 및 대학 진학에 필요한 정보를 수집하여 전환 계획을 수립한다.
	사회	나-5. 성실한 근로자	• [12사회03-11] 사회가 변화되어 온 모습을 조사하고 미래의 삶을 예상한다. • [12사회02-01] 자신의 일을 성실하게 수행하는 태도의 중요성을 알고 실천한다.
	여가	4. 흥미로운 우리지역	• [12여가03-06] 평생 교육 기관의 위치 및 여가활동 프로그램의 종류를 살펴보고, 관심 있는 강좌의 이용 방법을 탐색한다.

수한다.'이다. 이 제재는 기본교육과정 '진로와 직업'의 성취기준 '[12진로04-05] 전
공과 및 대학 진학에 필요한 정보를 수집하여 전환 계획을 수립한다.'와 '사회' 교과
의 성취기준 '[12사회03-11] 사회가 변화되어 온 모습을 조사하고 미래의 삶을 예상
한다.' '[12사회02-01] 자신의 일을 성실하게 수행하는 태도의 중요성을 알고 실천한
다.', '여가' 교과의 성취기준 '[12여가03-06] 평생 교육 기관의 위치 및 여가활동 프로
그램의 종류를 살펴보고, 관심 있는 강좌의 이용 방법을 탐색한다.'와 관련되어 있다.

〈표 12-15〉의 [활동 1]은 '신청한 강좌를 수강하는 데 필요한 준비물 알아보기'로
먼저 평생교육 강좌를 수강하기 위해서는 준비물이 필요할 수 있음을 안내한다. 예
를 들면, 학교에서도 교과나 창의적 체험활동 수업을 하기 위해서는 여러 준비물이
필요하듯이 평생교육 강좌를 수강할 때에도 준비물이 필요할 수 있음을 안내한다.
그다음 학생용 워크북에 제시된 예시를 통하여 '동영상 촬영하기' 강좌와 '문화유산
관람하기' 강좌에서 필요한 준비물이 무엇인지 찾아보는 활동을 한다. 이후 학생이
속해 있는 지역사회에서 평생교육 프로그램을 수강할 수 있는 기관(평생교육원, 장애
인복지관 등)의 실제 강좌 목록과 교육 내용에 대한 정보를 수집하여 해당 강좌를 수
강하기 위해 필요한 준비물은 무엇인지 조사하는 활동을 진행할 수 있다.

〈표 12-15〉 [활동 1] '신청한 강좌를 수강하는 데 필요한 준비물 알아보기' 교수-학습 활동

[활동 1] 신청한 강좌를 수강하는 데 필요한 준비물을 알아봅시다.

- 신청한 강좌를 수강하기 위한 준비물을 알아본다.
  - 수강한 강좌 목록 읽기
    - 동영상 촬영, 문화유산 관람
  - 필요한 준비물 적기
    - 카메라, 수첩
  - 강좌에 따라 준비물이 다를 수 있음을 확인하기
  - 해당 준비물을 언제 가져가야 하는지 미리 계획하여 준비하기

〈표 12-16〉의 [활동 2]는 '활동에 필요한 준비물 점검하기'로 평생교육 강좌를 수
강하기 위하여 준비물의 준비 사항을 점검하는 활동이다. [활동 1]에 이어서 지역사
회 평생교육기관에서 수강할 수 있는 강좌의 준비물 목록과 준비물을 준비하고 학생
들이 강좌에 알맞게 준비해 보는 활동을 진행할 수 있으며, 이후에 점검표를 통하여

올바르게 준비했는지 확인해 볼 수 있다. 학생들의 특성에 따라 점검표의 형태는 글, 그림 등 다양한 형태로 제작할 수 있으며, 이 활동과 연계하여 해당 교과 이외의 여러 교과 시간에 필요한 준비물 목록표를 제공하고 학생들이 각 교과 시간마다 스스로 준비물을 준비하고 점검해 보는 활동으로 확장시킬 수 있다.

〈표 12-16〉 [활동 2] '활동에 필요한 준비물 점검하기' 교수-학습 활동

[활동 2] 활동에 필요한 준비물이 모두 준비되었는지 점검해 봅시다.
 	
 ■ 강좌를 참여하는 동안에 활동에 필요한 준비물이 모두 준비되었는지 점검해 본다.
 • 교사가 지시한 준비물 리스트 읽어 보기
   - 스트리퍼 3개, 드라이버 3개, 니퍼 4개, 펜치 4개, 장도리 2개
 • 준비가 되었으면 ○표, 준비가 되지 않았으면 ×표를 하고 확인하기
   - 준비가 되지 않은 것을 확인하여 다시 준비하기

〈표 12-17〉의 [활동 3]은 '강좌에 성실하게 참여하기'이다. 이 활동을 수행하기 위해서 지역사회 내에서 실제로 운영하는 평생교육 프로그램의 운영 방식에 대한 정보 수집이 우선적으로 필요하다. 평생교육 프로그램에 성실히 참여하기 위한 구체적인 방법들을 연습하는 것이 필요하다. 예를 들면, 수강 시간을 확인하고 일주일의 수강 계획을 세워 본다. 또한 강좌에 대한 학생들의 이해를 돕기 위하여 관련 동영상을 제시하거나 그림 자료를 함께 탐색해 보는 활동도 진행할 수 있다. 학생이 선택한 강좌와 그 이유를 정리하여 발표 자료로 제작하여 발표해 보는 활동으로 마무리한다.

〈표 12-17〉 [활동 3] '강좌에 성실하게 참여하기' 교수-학습 활동

[활동 3] 강좌에 성실하게 참여해 봅시다.
 	
 ■ 자신에게 필요한 강좌를 선택해 본다.
 • 제시된 강좌와 지역사회 주변 평생교육기관 강좌 살펴보기
   - 제과제빵, 수영, 바리스타, 컴퓨터, 기초문해
 • 자신에게 필요하거나 흥미 있는 강좌 발표하기
   - "저는 제과제빵을 선택하였습니다. 왜냐하면 음식을 만드는 것을 좋아하기 때문입니다."
   - "저는 바리스타를 선택하였습니다. 왜냐하면 바리스타를 미래의 직업으로 선택하였기 때문입니다."
 • 발표한 강좌 기록하기
   - 강좌명: _____

〈표 12-18〉의 [활동 4]는 '평생교육 수강 일정 계획 및 성실도 평가하기'이다. 이 활동에서는 [활동 3]에서 선택한 강좌의 시간을 확인하고 평생교육 강좌 수강에 대한 주간계획을 작성해 본다. 학생용 워크북에 제시된 예시 자료(시간표)를 참고하여 학생이 스스로 주간계획표를 작성해 볼 수 있다. 작성된 시간표를 토대로 실제 평생교육 강좌를 수강하는 학생의 경우에는 한 주 간의 참여활동에 대한 성실도를 평가하고, 그렇지 않은 학생의 경우에는 학교 활동이나 방과후 활동 등의 내용으로 대체하여 주간계획 수립과 참여에 대한 성실도를 평가해 보는 연습을 할 수 있을 것이다.

〈표 12-18〉 [활동 4] '평생교육 수강 일정 계획 및 성실도 평가하기' 교수-학습 활동

[활동 4] 평생교육 강좌 수강 일정을 계획하고 일정에 맞춰 한 주간의 나의 성실도를 평가해 봅시다.

- 강좌 수강 일정을 계획한다.
- 제시된 표에 한 주간 나의 강좌 수강 일정 기록하기
- 평생교육기관에서 잘하기 위해 필요한 태도가 무엇인지 알아본다.
- 일정에 맞춰 한 주간 나의 성실도 평가하기
- 모든 강좌를 성실히 참여했으면 '상', 반만 참여했으면 '중', 참여하지 않았으면 '하'로 평가하기
- 적극적이고 성실하게 참여하기 위하여 어떻게 해야 하는지 토론하기

요일 시간	월	화	수	목	금	성실도
오전 10시~11시	예) 제과제빵		예) 제과제빵		예) 제과제빵	(상, 중, 하)
오전 11시~12시						(상, 중, 하)
오후 1시~2시						(상, 중, 하)
오후 3시~4시						(상, 중, 하)
오후 4시~5시				예) 기초문해		(상, 중, 하)
오후 5시~6시				예) 기초문해		(상, 중, 하)

[활동 1]~[활동 4]를 통하여 '평생교육 강좌에 참여하기'의 지도를 마무리하였으면, 〈표 12-19〉와 같이 교사용 지도서에 제시된 평가척도를 통해 학생의 평생교육 강좌 참여기술에 대한 수행 수준을 교사의 관찰을 통해 평가할 수 있을 것이다. 또한 지도상 유의점을 참고하여 평생교육 수강에 대한 학생들의 자율적인 선택과정을 존중할 수 있도록 유의하며 지도한다.

〈표 12-19〉 '평생교육 강좌에 참여하기'의 평가척도와 지도상 유의점

	1. 전반적 지원	2. 확장적 지원	3. 제한적 지원	4. 간헐적 지원	5. 독립 수행
평가 척도	평생교육 강좌에 참여하기 위해 고강도의 지원이 항상 필요함	평생교육 강좌에 참여하기 위해 중강도의 지원이 대부분의 기간 동안 필요함	강좌에 참여하기 위해 저강도의 지원이 일정 기간 동안 필요함	스스로 평생교육 강좌에 참여할 수 있으나, 특정 상황이나 조건 (예: 특정 자격증반 일대일 심화 실습 시)에 모니터링이 필요함	스스로 평생교육 강좌에 참여할 수 있음
지도상 유의점	장애 학생들의 평생교육 활동이 점차 증가하고 있는 추세이다. 평생교육 강좌는 자신의 필요나 욕구에 따라 자율적으로 선택하고 자신의 의지에 따라 학습 참여를 결정해야 한다. 가정에서도 장애인 당사자가 원하는 평생교육 강좌가 무엇인지 탐색하는 과정을 지지해 주도록 한다.				

요 약

제12장에서는 고등학교에서의 전환교육의 실제로서 제8, 9장의 전환능력검사 실시 및 활용과 연계하여 내용을 기술하였다.

1. 고등학교 전환교육 목표에서는 고등학교 시기의 특성, 고등학교에서의 자립, 직업, 계속교육의 목표에 대하여 기술하였다.

2. 고등학교 교육과정 운영에서는 민수(사례 5)와 소영(사례 6)의 예를 들면서 선택 중심 교육과정의 단위 배당 기준을 소개하였으며, 영훈(사례 4)의 예를 들면서 기본 교육과정의 단위 배당을 소개하였다.

3. 고등학교 전환교육 수업의 실제에서는 전환역량 교과연계 프로그램의 교사용 지도 서를 중심으로 수업의 실제에 대한 예시를 제시하였다.

활 동

1. 일반 고등학교, 특성화 고등학교, 특수학교의 고등학생의 사례를 살펴보면서 이들이 고등학교를 졸업한 후 어떤 전환의 목표를 가질 수 있는지 구체화해 봅시다.

2. 고등학교 전환교육 수업의 실제에 제시된 교사용 지도서의 내용을 중심으로 수업 시연을 해 봅시다.

3. 이 책의 참고문헌에 제시된 국립특수교육원(2020c), 박희찬(2013)을 읽고, 이 문헌들이 고등학교 전환교육의 실제에 주는 시사점을 토론해 봅시다.

참고문헌

강갑준, 임수진(2018). 중학교 신입생들의 전환기 경험에 대한 내러티브 탐구. **교육행정학연구, 36**(4), 133-170.

강경숙, 정광조, 육주혜, 박근호, 김호연, 김태준(2010). 장애인 진로 · 직업교육 지원센터 운영에 대한 특수교육관계자의 인식 및 운영방안 탐색 연구. **장애와 고용, 20**(4), 379-400.

강민채, 박현주(2017). 고등부 특수교사의 전환교육계획과 실행과정에 대한 인식. **발달장애연구, 21**(1), 1-25.

강영실(2016). **장애인복지의 이해**. 신정.

곽준기, 박희찬, 정창곤, 정덕채, 김숙경(1995). 지체장애인의 전환과정 결과에 관한 종단적 분석 연구. 삼육재활학교.

관계부처 합동(2019.12). 장애인 평생교육 활성화 방안(2020∼2022).

교육부(2008). 제3차 특수교육발전 5개년 계획.

교육부(2013). 제4차 특수교육발전 5개년 계획.

교육부(2014). 2015 문 · 이과 통합형 교육과정 총론 주요 사항.

교육부(2015). 중학교 자유학기제 시행 계획.

교육부(2017) 2017 특수학교 자유학기제 확대 운영 계획.

교육부(2018). 제5차 특수교육발전 5개년 계획.

교육부(2020). 특수교육 연차보고서.

교육부(2021). 2021년 특수교육통계.

교육부(2022a). 기본 교육과정. 교육부 고시 제2022-34호 [별책 3].

교육부(2022b). 유치원 교육과정, 공통 교육과정 및 선택 중심 교육과정. 교육부 고시 제2022-34호 [별책 2].

교육부(2022c). 특수교육 교육과정 총론. 교육부 고시 제2022-34호 [별책 1].

교육부(2022d). 특수교육연차보고서.

교육부(2022e). 2022년 특수교육통계.

교육부(2022f). 초·중등학교 교육과정 총론. 교육부 고시 제2022-33호. [별책 1].

교육부(2023). 제6차 특수교육발전 5개년 계획.

교육부, 충청남도교육청(2017). 특수학교 자유학기제 운영매뉴얼. 교육부.

국가인권위원회(2013) 장애인 자립생활 구축을 위한 정책권고.

국립특수교육원(2012). 장애학생 진로직업교육 성과지표. Retrieved from https://www.nise.go.kr/pi/survey_intro01.jsp

국립특수교육원(2016). 국립특수교육원 발달장애인용 직업흥미검사(NISE-VISIT). Retrieved from https://nise.go.kr/examine/info.do?m=090101&s=nise

국립특수교육원(2019a). 장애학생 직업흥미검사 개발(3/3년차).

국립특수교육원(2019b). 특수학교(급) 전공과 교육과정 운영 도움서-전공과 교육과정 분석.

국립특수교육원(2020a). 고등학교 장애학생 교과연계 전환역량 향상 프로그램 개발.

국립특수교육원(2020b). 고등학교 장애학생 교과연계 전환역량 향상 프로그램 개발: 교사용 지도서.

국립특수교육원(2020c). 고등학교 장애학생 교과연계 전환역량 향상 프로그램 개발: 학생용 워크북.

국립특수교육원(2021a). 중학교 장애학생 교과연계 전환역량 향상 프로그램 개발.

국립특수교육원(2021b). 중학교 장애학생 교과연계 전환역량 향상 프로그램 개발: 교사용 지도서.

국립특수교육원(2021c). 중학교 장애학생 교과연계 전환역량 향상 프로그램 개발: 학생용 워크북.

국립특수교육원(2022a). 장애학생 교과연계 전환역량 향상 프로그램: 전환능력검사.

국립특수교육원(2022b). 장애학생 교과연계 전환역량 향상 프로그램: 전환능력검사-초등학교·중학교·고등학교용.

국립특수교육원(2022c). 전환능력검사 지침서.

국립특수교육원(2022d). 초등학교 장애학생 교과연계 전환역량 향상 프로그램 개발.

국립특수교육원(2022e). 초등학교 장애학생 교과연계 전환역량 향상 프로그램 개발: 교사용 지도서.

국립특수교육원(2022f). 초등학교 장애학생 교과연계 전환역량 향상 프로그램 개발: 학생용 워크북.

권점례, 이광우, 신호재, 김종윤, 김정효(2017). 2015 개정 교육과정에 따른 초·중학교 교과 간 연계·융합 교육 적용 방안 연구, 한국교육과정평가원 연구보고 RRC 2017-8-1.

김경화(2013). 중등 특수교육 교사들의 전환교육 및 서비스 수행에 대한 인식 조사. **교원교육**, 29(2), 121-138.

김경화(2019). 고등학교를 졸업한 지적장애 및 발달장애 취업자와 미취업자 간의 인적 및 심리사회적 특성 비교. **특수아동교육연구**, 21(2), 103-117.

김경화, 이현주(2021). 전환교육에 대한 장애학생 부모의 인식 및 요구. **특수교육학연구**, 56(2), 21-43.

김기룡 외(2019). **장애인 평생교육 프로그램 운영매뉴얼**. 국립특수교육원.

김나현, 임경원(2011). 중학교 특수학급 교사가 인식하는 '좋은 수업'의 특징에 대한 중요도와 실행도 분석, **특수교육저널: 이론과 실천**, 12(4), 47-70.

김동일(2021). 우리나라 장애학생 고등교육 운영 실태와 전망. **한국특수교육학회 학술대회**, 6, 47-65.

김동일, 박희찬, 김정일(2017). **지역사회적응검사-2**. 인싸이트.

김동일, 손승현, 전병운, 한경근(2010). **특수교육학개론**. 학지사.

김두영, 박원희(2013). 장애인 평생교육 프로그램 분류체계 개발 기초연구. **특수교육학연구**, 48(2), 246-271.

김라경(2016). 발달장애인 자립생활 증진을 위한 역량탐색 및 주거로서의 해결과제. 집문당.

김라경, 강종구(2016). 성인 발달장애인 부모들이 가지는 자녀의 주거환경 및 지원서비스에 대한 탐구. **지적장애연구**, 18(1), 35-56.

김라경, 연준모(2015). 성인 발달장애인 주거 관련 연구동향분석. **발달장애연구**, 19(1), 92-119.

김성희, 황주희, 이민경, 심석순, 김동주, 강민희, 정희경(2013). **장애인의 자립생활 지원 방안: 발달장애인을 중심으로**. 한국보건사회연구원.

김승국(1994). 장애인 직업훈련과정 모형 개발 연구. **특수교육논총**, 10, 1-26.

김영주, 신진숙(2011). 특수학교 전공과 장애학생의 교육실태 및 지원 요구: 학부모와 교사와의 면담 결과를 중심으로. **특수아동교육연구**, 13(1), 341-364.

김영준, 강경숙(2012). 지역사회중심 직업훈련프로그램이 지적장애 고등학생의 아파트관리기술 수행에 미치는 효과. **특수교육학연구**, 46(5), 73-101.

김영준, 강경숙(2013). 전공과를 졸업한 비고용 지적장애인의 가정에서의 삶에 관한 참여관찰 연구. **특수교육학연구**, 48(1), 71-101.

김영준, 김화수(2022). 식당 비디오 테이핑 및 직무 의사소통 그림판 제작활동이 지적장애 고등학생의 조리직무기술에 미치는 효과. **문화기술의 융합**, 8(1), 19-29.

김영준, 도명애(2014). 발달장애학생의 성인기 전환을 위한 직업교육 측면에서 본 직무기술과 자기관리기술의 통합적 교수 접근에 관한 탐색. **정서 · 행동장애연구**, 30(3), 291-330.

김용득(2016). 지역사회중심 장애인서비스 정책의 쟁점과 과제. **사회서비스연구**, 6(2), 1-28.

김용득(2019). **장애인복지**. 이엠(EM)커뮤니티.

김용득, 박숙경(2008). 지적장애인의 거주시설 유형별 자기결정 경험 연구. **한국사회복지학,** 60(4), 79-103.

김용득, 변경희, 임성만, 강희설, 이정호, 장기성(2007). 장애인거주시설 서비스 기능과 구조의 혁신 방안. 보건복지부, 성공회대학교 사회복지연구소.

김원호(2020). 지적장애학생을 위한 전환교육으로서의 평생교육에 대한 의미와 지원방안 탐색: 특수교사와 교과교사의 인식을 중심으로. **특수아동교육연구,** 22(3), 141-170.

김자경, 정남용(2001). 실과교과를 통한 경도장애학생을 위한 학업기술 교수 전략 연구. 한국 **실과교육학회지,** 14, 65-82.

김장현(1988). 청각장애학생의 직업교육의 개선방안. **특수교육학회지,** 9, 85-92.

김정대(1996). 특수학교 직업교육과정 운영 정책연구. **시각장애연구,** 12, 13-62.

김정일, 최지혜, 윤보아, 박정호(2023). **직업준비검사 개정판.** 인싸이트.

김정희, 김미경(2007). 특수학교 직업교육 실태에 관한 조사 연구. **초등특수교육연구,** 9(1), 139-158.

김주영, 강경숙(2012). 우리나라 발달장애인의 고등교육 형태에 대한 탐색. **특수교육연구,** 19(1), 217-240.

김진호(2000). 우리나라 학령기 전환교육의 방향. **특수교육저널: 이론과 실천,** 1(1), 225-230.

김진호(2006). 정신지체학생의 지역사회직업훈련프로그램 개발을 위한 지역사업체 인식조사. **특수교육학연구,** 41(1), 39-57.

김진호(2007). 발달장애학생을 위한 학령기 전환교육모형 개발과 교육프로그램 및 방법 모색. **특수교육저널: 이론과 실천,** 8(4), 1-27.

김진호(2016). 지적 및 발달장애학생의 진로교육을 위한 국가교육정책 고찰과 진로교육 개선 방향 탐색. **특수교육재활과학연구,** 55(2), 25-48.

김진호, 김영준(2009). 지역사회 직업훈련프로그램에 대한 중·고등부 지적장애학생 부모들의 인식. **재활복지,** 13(3), 47-73.

김진호, 김영준(2012). 지적장애학생들의 자립과 성인생활에 필요한 기능적 생활 기술 고찰. **지적장애연구,** 14(1), 23-42.

김진호, 김영준, 차재경(2009). 지역사회훈련이 지적장애학생의 이동 및 직업기초기술 수행에 미치는 효과. **특수교육학연구,** 44(2), 259-283.

김하경, 최득남(2003). 장애학생의 전환 수행능력에 미치는 관련변인. **지체·중복·건강장애연구,** 42, 33-50.

김학만 외(2017). 세종시 장애인 평생학습 실태조사. 세종특별자치시 인재육성평생교육진흥원.

김형일(2020). **전환교육의 이해와 실행.** 교육과학사.

김혜리, 김영미, 정성민(2015). 고등학교 특수학급의 진로·직업교육과정 운영 실태: 부산지역을 중심으로. 지체 · 중복 · 건강장애연구, 58(4), 99-124.

김호연(2020). 장애인 당사자 및 관계자 FGI를 통한 장애유형별 평생교육 프로그램 요구 탐색. 특수교육학연구, 55(1), 159-183.

김희주, 김동일(2018). 장애학생의 직업교육 프로그램 연구 동향 분석: 지역사회 연계 및 기관 협력 중심으로. 장애와 고용, 28(3), 85-111.

김희철(1993). 한국에 있어서의 지체부자유학생의 진로발달에 관한 연구. 지체중복건강장애연구, 21, 7-21.

나수현(2014). 장애학생의 초등학교에서 중학교로의 성공적 전환을 위한 지원요소 및 실행방안. 특수교육학연구, 49(1), 215-240.

나수현, 박승희(2008). 초등장애학생의 일반 중학교 전이에 필요한 기술. 정서행동장애연구, 24(1), 259-284.

나수현, 박승희(2009). 초등학교에서 중학교로의 전환 지원 프로그램이 장애학생의 중학교 학교적응도에 미치는 영향. 특수교육학연구, 44(3), 85-109.

나인정, 이미숙(2019). 중 · 고등학교 특수학급 경도 지적장애 남학생의 성과 성교육에 대한 인식. 지적장애연구, 21(1), 175-197.

류문화, 김종무, 유애란, 이상훈, 장병연(2000). 특수학교 전공과 운영 개선방안. 국립특수교육원.

박경선, 이규영(2014). 고등학교 학생들의 정서행동특성에 영향을 미치는 요인. 한국학교보건학회지, 27(2), 109-120.

박경수, 이채식, 이형렬, 이세영, 박현주, 박영미(2011). 중증장애인 자립생활 정착을 위한 고용지원방안 연구. 한국장애인고용공단 고용개발원.

박미화(2007). 통합교육 장애학생의 전환교육을 위한 특수학급 교사의 전문능력과 교육요구. 지체 · 중복 · 건강장애연구, 50(2), 111-131.

박상희(2004). 기능적 생활중심 전환교육프로그램 적용이 정신지체 학생의 직업흥미도 및 직업 준비도에 미치는 효과. 아시아장애사회학연구. 4, 88-98.

박상희(2006). 중등부 장애학생의 전환교육에 대한 교사와 학부모의 인식. 특수아동교육연구, 8(1), 122-144.

박상희(2015). 중학교 특수학급 학생의 성부적응행동 및 성교육 실태. 지적장애연구, 17(3), 185-207.

박석돈(1998). 지체부자유학생 (직업)진로교육과 방향. 지체 · 중복 · 건강장애연구, 31, 1-28.

박석돈(2001). 중증장애인 고용촉진정책. 직업재활사업수행기관 신규인력연수 자료집, 109-132.

박석돈, 이상욱(1996). 지역사회 통합을 중심으로 한 장애학생 직업진로교육. 직업재활연구, 6, 97-123.

박선희, 박승희(2009). 전국 지원고용 담당자의 지원고용 과정에 대한 직무실행도 및 직무 곤란도. 직업재활연구, 19(2), 5-34

박숙경(2016). 한국의 장애인 탈시설 현황과 과제. 지적장애연구, 18(1), 205-234.

박승희(2002). 한국 장애인의 삶의 질 측정도구 개발 연구. 특수교육학연구, 37(2), 41-78.

박승희(2004). 대학부설 평생교육원의 발달장애인을 위한 성인교육 프로그램의 개관 및 효과. 특수교육학연구, 39(1), 39-75.

박승희(2010). 대학교 환경에서 지적장애인의 지원고용 프로그램의 내용과 절차 및 성과. 직업재활연구, 20(1), 93-127.

박승희, 김유진, 이성아, 정지희(2020). 전국 발달장애성인의 삶의 질 수준과 배경 변인에 따른 삶의 질 수준의 차이 분석. 지적장애연구, 22(4), 161-194.

박승희, 이효정, 허승준(2015). 전국 중학교 특수학급 및 통합학급 수업의 실제: 중학교 통합교육의 실상과 허상. 특수교육, 14(1), 27-62.

박영근(2014). 전환교육 프로그램에 기반한 지적장애 특수학교 중등교육 프로그램 질 분석: 혼합연구. 특수교육재활과학연구, 53(2), 69-90.

박영근, 김정현, Hosp, J. L. (2013). 발달장애 학생들의 고등교육으로의 성공적인 전환을 위한 실천적 과제. 특수교육재활과학연구, 52(3), 232-257.

박영근, 박경란(2014). 전환교육 과정에서 가족참여의 중요성과 참여율 증진을 위한 교사의 역할: 혼합 연구. 특수교육저널: 이론과 실천, 15(4), 439-460.

박은영, 신인수(2011). 발달장애 학생의 적응행동에 대한 전환교육 프로그램의 효과: 메타분석. 장애와 고용, 21(2), 59-78.

박은혜, 김유리(2021). 가족 협력 개별화전환계획 수립 프로그램이 중도장애 고등학생 부모의 개별화교육계획에 대한 태도 및 가족역량강화에 미치는 영향. 지체·중복·건강장애연구, 64(2), 215-240.

박은혜(1998). 중도장애아를 위한 지역사회 중심의 교수전략. 재활복지, 2(1), 20-47.

박자경(2008). 여성장애인 경제활동 참여요인 분석. 장애와 고용, 18(1), 27-51.

박정식(2009). 발달장애학생의 전환교육을 위한 고등교육 프로그램의 필요성과 운영 방향 모색.

박정식(2013). 고등교육 환경에서의 전환 활동이 발달장애대학생의 직업능력과 학업능력에 미치는 효과. 지적장애연구, 15(2), 81-103.

박정식(2013). 발달장애학생의 중등과정 이후 교육으로의 전환경로와 방향. 지적장애연구, 15(4), 255-273.

박정은(2013). 지적장애성인의 대학경험이 사회생활에 미치는 영향. 단국대학교 대학원 박사학위논문.

박희찬(1999). 특수학교 전공과 운영의 현황과 방향. 직업재활연구, 9, 77-98.

박희찬(2000). 한국장애학생 전환교육의 실제와 과제. 장애학생의 학교에서 사회로의 전환. 국제세미나 자료집, 7, 179-197.

박희찬(2002). 장애졸업생 추적조사와 전환교육. 특수교육학연구, 37(2), 79-112.

박희찬(2006). 장애학생 직업전환을 위한 지역사회 기관간의 프로그램 연계. 특수아동교육연구, 8(3), 103-127.

박희찬(2010). 정신지체 특수학교 교육과정에 따른 직업교육 체계 변천. 특수아동교육연구, 12(3), 1-26.

박희찬(2013). 지적장애인 고등학교 졸업 이후 전환 실태와 개선 방안. 지적장애연구, 15(2), 1-24.

박희찬(2016). 장애학생 진로ㆍ직업교육 정책의 변천. 지체중복건강장애연구, 59(2), 59-81.

박희찬, 송승민, 김라경, 김운지, 박은영, 박혜영, 배세진, 이용복, 이현주, 최민식, 한세진, 홍정숙, 황윤의(2022). 특수교육 진로와 직업교육론. 학지사.

박희찬, 오길승(2016). 지원고용의 이해와 적용. 학지사

배성직, Clark, G.(2004). 우리나라 전환교육 평가 연구들의 경향과 과제. 특수교육저널: 이론과 실천, 5(3), 265-284.

배연경, 박재국, 김영미(2010). 초등학교 전환을 위한 장애유아의 적응기술에 관한 교사의 인식. 지체ㆍ중복ㆍ건강장애연구, 53(3), 111-139.

백정옥, 최윤희(2010). 일반 중학교 진학에 따른 장애학생 어머니의 전이 경험과 요구. 특수교육, 9(2), 51-78.

변용찬, 김성희, 윤상용, 권선진, 조흥식, 조성열, 강종건, 최승희(2006). 생애주기별 장애인의 복지 욕구 분석연구. 한국보건사회연구원.

보건복지부(2021). 장애인 직업재활시설, 이용장애인 기준 개선 연구. https://www.mohw.go.kr/react/modules/download.jsp BOARD_ID=320&CONT_SEQ=371852&FILE_SEQ=343991

보건복지부(2022). 장애인복지시설 일람표. Retrieved from https://www.mohw.go.kr/react/jb/sjb0601vw.jsp?PAR_MENU_ID=03&MENU_ID=03160501&page=1&CONT_SEQ=372130

보건복지부(2023). 알기 쉬운 제6차 장애인정책종합계획. https://www.korea.kr/multi/visualNewsView.do?newsId=148912811

복헌수, 강성구, 임경원(2019). 전환교육지원센터 담당교사에게 들어본 전환교육 지원기관의 현실과 발전 방안. 장애와 고용, 29(2), 191-220.

사회보장정보원(2019). ICF 국제 기능ㆍ장애ㆍ건강 분류(한글번역본 제2차 개정판).

서정희, 유동철, 이동석, 오욱찬, 전병옥, 김현종(2012). 자립생활기반구축을 위한 외국 사례 및 정책연구를 통한 선진모델 구축. 국가인권위원회.

서혜연, 이숙향(2019). 중학교 전환을 위한 부모교육 프로그램이 초등학교 장애아동 부모의 중등전환 양육스트레스, 진로지도효능감, 가족역량강화에 미치는 영향. 정서 · 행동장애 연구, 35(3), 69-96.

서효정, 박윤정(2018). 지적장애 학생을 위한 선환과 고등교육 프로그램 (TPSID) 분석 연구: 미국 대학을 중심으로. 특수교육학연구, 53(3), 287-319.

송소현(2016). 발달장애학생 진로 · 직업교육 담당교사의 직무수행능력 기준 타당화 연구. 지적장애연구, 18(1), 15-34.

송승민, 한경근(2014). 스마트폰 앱 기반의 직업교육이 자폐스펙트럼장애 고등학생의 도서 분류작업 수행에 미치는 효과. 특수아동교육연구, 16(2), 353-375.

양종국, 박희찬, 윤태성, 이성용, 편도원, 김연경, 최윤희, 최기상, 황진철(2019). 특수학교 진로전담교사 운영 방안. 대전광역시 교육청.

오세철(1997). 지체부자유학생 적성직업에 따른 직종분류. 지체 · 중복 · 건강장애연구, 29, 33-51.

오혜경(2018). 장애인복지와 실천의 이해. 창지사.

유병주, 이달엽(1996). 지원고용에서의 직업평가. 직업재활연구, 6, 79-95.

유순화(2007). 초등학교에서 중학교로의 전환에 관한 학생들의 기대와 지각. 초등교육연구, 20(1), 355-375.

윤태성, 홍재영(2021). 특수학교 진로전담교사의 진로교육 경험에 대한 내러티브 탐구. 학습자중심교과교육연구, 21(1), 305-324.

이기태, 최지연(2021). 전환기 초등학생용 진로교육프로그램 개발을 위한 요구분석. 학습자중심교과교육연구, 21(9), 833-844.

이달엽(1995a). 내담자 및 그 주변정보에 대한 재활상담가의 지각연구. 사회복지개발연구, 1(1), 46-58.

이동석(2019). 장애인복지에서의 탈시설의 의미와 과제. http://www.welfareissue.com/news/articleView.html?idxno=1794

이동영, 김희정(2014). 보호고용수준의 지적장애인에 대한 직업적응훈련프로그램이 직업생활능력 향상에 미치는 효과에 관한 탐색적 고찰. 한국사회복지조사연구, 42, 1-25.

이무근(1996). 직업교육학 원론. 교육과학사.

이미선, 신현기(2004). 장애학생의 전환교육 과정에서의 가족참여 확대 방안. 특수교육학연구, 38(4), 335-368.

이미숙(2020). 중도 · 중복장애학생을 위한 진로 및 직업교육 방안. 지체 · 중복 · 건강장애연구, 63(1), 1-18.

이미숙, 박영근(2020). 장애학생의 진로 직업교육 활성화와 효과적인 취업 지원을 위한 전공과 지원 방안 탐색 연구. 특수아동교육연구, 22(4), 1-23.

이미숙, 양소현(2019). 중도 · 중복장애학생의 진로 · 직업교육이 나아갈 방향: 학부모의 인식 및 지원 요구를 중심으로. 지체 · 중복 · 건강장애연구, 62(3), 31-53.

이병인, 김두영, 이경준, 이상진, 조창빈(2018). 장애인 평생교육기관 간 연계체제 구축 및 활성화 방안 연구. 국립특수교육원.

이병인, 정연수, 강수정, 조은영(2017). 대학기반 발달장애인평생교육 프로그램운영에 대한 부모인식: 경기도 부모연대 인식조사를 중심으로. 한국웰니스학회지, 12(4),133-141.

이상훈, 주명환(2001). 기능적 생활중심 전환교육 프로그램이 발달지체아의 사회적응력에 미치는 효과. 직업재활연구, 11(1), 95-116.

이상훈, 허석(2004). 정신지체 특수학교 고등부의 산업체 현장실습에 관한 연구. 직업재활연구, 14(2), 169-196.

이성아, 박승희(2023). 발달장애학생을 위한 전문대학 기반 비학위 중등이후교육 운영체계의 핵심 요소 개발. 특수교육학연구, 57(4), 253-288.

이세희(2017). 특수학교 전공과의 전환교육 운영에 대한 교사 인식 및 개선 방안. 대구대학교 재활과학대학원 석사학위논문.

이소영(1993). 지체부자유 청소년들의 진로성숙도에 관한 연구. 지체 · 중복 · 건강장애연구, 21, 22-40.

이숙향(2009). 장애학생의 자기결정에 대한 인식 및 성인기 전환과 관련된 자기결정 개념의 실제적 적용에 관한 질적 연구. 특수교육학연구, 43(4), 47-74.

이숙향, 김수현, 임지현(2015). 장애학생의 중학교에서 고등학교로의 전환 지원 및 지원 요구 고찰. 특수교육, 14(3), 71-107.

이승민, 김은하(2018). 국내 4년제 대학교 발달장애대학생의 대학생활 경험: K대학교 사례를 중심으로. 한국특수교육학회 학술대회, 490-493.

이원희, 곽승철(2014). 자폐성 장애학생 부모의 경험을 통한 초중등 전환시스템 탐색. 특수교육학연구, 48(4), 173-200.

이유훈, 김형일, 강병호(2003). 장애학생의 직업적성개발을 위한 특수학교(급) 직업교육훈련 실태 및 요구분석. 특수교육저널: 이론과 실천, 4(4), 403-426.

이은상, 이은주(2021). 중학교 신입생 전환기 교육을 위한 역량 도출: C학교 사례를 중심으로. 학습자중심교과교육연구, 21(7), 603-619.

이은별, 박승희 (2020). 중학교 발달장애학생의 완전통합교육, 이대로 좋은가?. 지적장애연구, 22(1), 139-175.

이익동, 이영선(2011). 멀티미디어기반의 자기주도적 직업교육프로그램이 지적장애학생의 외주작업수행에 미치는 효과. 특수교육학연구, 46(1), 149-171.

이정은, 김정효(2007). 고등학교 특수학급 교사의 전환교육에 대한 인식과 경험. 직업재활연구, 17(1), 147-174.

이종운, 박정희, 김민주, 조성욱, 김유진(2011). 장애인복지론. 공동체

이지연(2016). 진로교육 관점에서의 특수교육 전공과 운영 활성화 방안. 진로교육연구, 29(1), 25-46.

이지연, 장주희(2015). 특수교육대상학생을 위한 전공과 운영 활성화 방안 연구. 한국직업능력개발원.

이태수(2019). 가상현실 기반 중재 프로그램이 지적장애학생의 카페에서의 의사소통 능력과 수업태도에 미치는 효과. 한국융합학회논문지, 10(3), 157-165.

이현주(2018). 델파이 기법을 적용한 진로 및 전환교육 교사 재교육의 방향성 탐색 연구. 지적장애연구, 20(4), 209-239.

이현주(2022). 지적장애학생의 전환계획에 대한 학교급별 특수교사의 인식. 지적장애연구, 24(3), 225-260.

이현주, 김경화, 정지희(2021). 발달장애학생의 전환교육에 관한 주요 당사자들의 다각적인 인식 및 요구 분석: 충청북도 지역을 중심으로. 지적장애연구, 23(2), 43-72.

이현주, 박광옥(2022). 전환교육에서의 기관 간 협력에 관한 중등특수교사의 경험 분석. 지체 · 중복 · 건강장애연구, 63(4), 75-100.

이현주, 이영선, 주란, 민기연(2019). 전환기 장애청소년의 미래 계획 수립을 위한 개인중심 계획 프로그램 적용. 지적장애연구, 21(2), 73-98.

임종호, 이영미, 이은미(2022). 장애인 복지론. 학지사.

전보성, 조인수(2005). 대인기능 중심의 전환교육활동이 정신지체학생의 지역사회적응기술에 미치는 효과. 특수교육저널: 이론과 실천, 6(1), 271-291.

정동영(2001). 특수학교 직업 교육과정의 장애학생 전환과정 지원요인 탐색 연구. 특수교육교육과정 연구, 2, 3-37.

정동영(2008). 통합학급의 장애학생을 위한 차별화 교수전략 탐색. 지적장애연구, 10(4), 163-187.

정무성(2005). 현대장애인복지론. 학현사.

정보연, 박승희(2008). 지역사회 직업훈련 환경에서 상황중심 안전기술 교수가 지적장애 고등학생의 위험대처기술 수행에 미치는 효과. 직업재활연구, 18(2), 181-211.

정정희(2022). 장애인 탈시설 정책을 위한 쟁점과 법적 과제: 장애인 권리기반을 중심으로. 인문사회과학연구, 30(1), 238-261.

정지희, 박지연(2010). 가족중심의 전환교육 프로그램이 고등학교 장애학생의 자기결정과 부모의 스트레스, 양육효능감, 가족역량강황에 미치는 영향. 특수교육저널: 이론과 실천, 11(3), 77-101.

정태화, 김헌수, 윤형한(2013). 전문대학의 평생직업교육 기능 강화를 위한 제언. 한국직업능력개발원.

정희섭, 김현진, 김형일, 정동영, 정인숙(2005). 특수학교(급) 고등부 졸업생의 진로실태 및 진로 지원체제 구축 방안. 국립특수교육원.

조인수(2005). **전환교육**. 대구대학교 출판부.

조인수(2015). **전환 교육 · 서비스**. 명성사.

조인수, 박정식(2001). 전환교육의 모형분석. **발달장애학회지**, 5(1), 85-108.

조인수, 박정식, 전보성(2003). 성과중심 전환교육의 지원고용 프로그램 관리와 평가. **특수교육저널: 이론과 실천**, 3(1), 83-106.

조인수, 배윤정(2007). 전환교육 전문가와 관련기관의 역할. **발달장애학회지**, 6(1), 35-57.

조인수, 송정선(2009). 지적장애학생들의 개별화전환교육계획을 위한 협력적 전환사정 모델 적용. **지적장애연구**, 11(1), 199-216.

조인수, 유정희(2007). 생활자립훈련중심 전환교육활동이 정신지체학생의 사회적 적응기술에 미치는 효과. **정신지체연구**, 9(4), 1-17.

조인수, 이윤미(2008). 개별화 전환교육 계획을 위한 전환사정 모델과 지침 탐색. **지적장애연구**, 10(2), 171-195.

조인수, 전보성(2007). 국내 전환교육에 관한 문헌연구 고찰: 1998년-2007년의 대학원, 교육대학원, 특수교육대학원을 중심으로. **지적장애연구**, 9(3), 157-176.

조인식(2022). 장애인 평생교육 현황과 개선과제. **국회입법조사처 NARS 현안분석**, 250, 1-17.

조정원(1995). 시각장애 중 · 고등부 학생의 직업흥미 및 직업교육 효율화에 관한 연구. **직업재활연구**, 5, 69-90.

조준동(2015). **창의융합 프로젝트 아이디어 북**. 한빛아카데미.

지경미(2001). 컴퓨터 모의학습을 포함한 지역사회중심 교수가 정신지체 고등학생의 현금인출기 사용 기술 수행에 미치는 효과. 이화여자대학교 대학원 석사학위논문.

최동선, 노선옥, 김민영, 윤형한, 전종호(2011). 장애학생의 진로 · 직업교육을 위한 유관기관 간 협력체제 구축에 관한 델파이 분석. **진로교육연구**, 24(2), 49-71.

최윤영(2005). 장애인 자립생활의 개념 이해와 함의. **한국장애인복지학**, 3, 121-140.

최윤정(2003). 일반사례교수를 적용한 지역사회중심 교수가 정신지체 고등학생의 휴대폰을 통한 도움 요청하기 기술 수행에 미치는 효과. 이화여자대학교 대학원 석사학위논문.

한경근(2007). 중등기 이후 중증장애학생을 위한 전환교육 모형 연구. **지체 · 중복 · 건강장애연구**, 50(1), 21-45.

한경근, 김원호, 주교영(2020). 발달장애인 평생교육과정의 개념과 방향성에 대한 탐색적 고찰: 초점집단면담을 중심으로. **특수교육학연구**, 55(1), 135-157.

한국교육과정평가원(2019). 중 · 고등학교 전환기 학생의 교수학습 실태 분석.

한국장애인개발원(2022). 중증장애인 직업재활지원사업 운영매뉴얼.

한국장애인고용공단(2008). **직업기능탐색검사**. Retrieved from https://hub.kead.or.kr/eovOcpSkllCallPrsecPrsecGuidance.do

한국장애인고용공단(2013). **직업기능스크리닝검사**. Retrieved from https://hub.kead.or.kr/eo

vOccpSkllCreeningPrsecGuidance.do

한국장애인고용공단(2021). **취업준비체크리스트**. Retrieved from https://hub.kead.or.kr/eov EmpymnPrpareCheckListGuidance.do

한국장애인고용공단(2022). **장애청소년 진로성숙도검사(발달장애인용)**.

함보라, 이미숙(2020). 초등학교에서 중학교로의 장애학생 전환기 협력에 대한 중학교 특수학급 교사의 인식과 연구. **특수교육**, 19(2), 75-99.

홍성연(2019). 대학생의 전환을 지원하는 학생 지원 모형 개발. **교육학연구**, 57(1), 1-27.

홍정숙(2015). 고등학교 특수학급 진로 · 직업교육의 실태와 과제. **특수교육학연구**, 50(2), 277-305.

황보순, 강민채, 곽승철(2008). 정신지체 특수학교 전공과 운영 실태 및 개선방안. **직업재활연구**, 18(2), 27-44.

Baer, R., Flexer, R., & McMahan, R. (2005). Transition models and promising practices. In R. Flexer, T. Simmons, P. Luft, & R.Baer (Eds.), *Transition planning for secondary level students with disabilities* (2nd ed.) (pp. 53-82). Merrill Prentice Hall.

Bernie-Smith, M., Patton, J. R., & Kim, S. (2006). *Mental retardation* (7th ed.). Pearson Education.

Blackorby, J., & Wagner, M. (1996). Longitudinal postschool outcomes of youth with disabilities: Findings from the national longitudinal transition study. *Exceptional Children, 62*, 399-413.

Branham, R. S., Collins, B. C., Schuster, J. W., & Kleinert, H. (1999). Teaching community skills to students with moderate disabilities: Comparing combined techniques of classroom simulation, videotape modeling, and community-based instruction. *Education and Training in Mental Retardation and Developmental Disabilities, 34*(2), 170-181.

Brolin, D. E. (1993). *Life centered career education: A competency based approach* (4th ed.). The Council for Exceptional Children.

Brown, L., Nietupski, J., & Hamre-Nietupski, S. (1976). The criterion of ultimate functioning and public school services for severely handicapped students. Hey, don't forget about me: Education's investment in the severely, profoundly and multiply handicapped (2-15). Council for Exceptional Children.

Carter, E. W., Clark, N. M., Cushing, L. S., & Kennedy, C. H. (2005). Moving from elementary to middle school: Supporting a smooth transition for students with severe disabilities. *Teaching Exceptional Children, 37*(3), 8-14.

Clark, G. M. (2007). *Assessment for transitions planning-Second edition.* TX: PRO-ED.

Clark, J. (1998). *Assessment for transition planning.* PRO-ED.

Dave, R. H. (1976). Foundations of lifelong education: Some methodological aspects. In Foundations of lifelong education (pp. 15-55). Pergamon.

Day, H. M., & Horner, R. H. (1989). Building response classes: A comparison of two procedures for teaching generalized pouring to learners with severe disabilities. *Journal of Applied Behavior Analysis, 22*(2), 223-229.

Dejong, G. (1981). *Environmental accessibility and independent living outcomes: Directions for disability policy and research.* Michigan State University, University Center for International Rehabilitation.

Devine, T. G. (1987). *Teaching study skills. A guide for teachers.* Allyn and Bacon.

Drake, S. M. (2013). 통합 교육과정 개발과 평가의 기초. (유제순, 장인한 공역). 교육과학사. (원저는 2008년에 출간됨).

Emerson, E., Robertson, J., Gregory, N., Hatton, C., Kessissoglou, S., Hallam, A., & Hillery, J. (2000). Treatment and management of challenging behaviours in residential settings. *Journal of Applied Research in Intellectual Disabilities, 13*(4), 197-215. https://doi.org/10.1046/j.1468-3148.2000.00036.x

Falvey, M. A. (1986). *Community-based curriculum: Instructional strategies for students with severe handicaps.* Paul H. Brookes.

Ferguson, B., & McDonnell, J. (1991). A comparison of serial and concurrent sequencing strategies in teaching generalized grocery item location to students with moderate handicaps. Education and Training in Mental Retardation.

Ford, A., Schnorr, R., Meyer, L., Davern, L., Black, J., & Dempsey, P. (Eds.) (1989). *The syracuse community-referenced curriculum guide for students with moderate and severe disabilities.* Paul H. Brookes.

Gaumer-Erickson, A. S., Clark, G. M., & Patton, J. R. (2013). *Informal assessment for transition planning.* PRO-ED.

Ginzberg, E., Ginzburg, S. W., Axelrad, S., & Herma, J. L. (1951). *Occupational choice: An approach to a general theory.* New York: Columbia University.

Greene, G., & Kochhar-Bryant, C. A. (2003). Pathways to successful transition for youth with disabilities. Merrill Prentice Hall.

Halpern, A. S. (1985). Transition: A look at the foundations. *Exceptional Children, 51,* 479-502.

Halpern, A. S. (1992). Transition: Old wine in new bottles. *Exceptional Children, 58,* 202-211.

Halpern, A. S. (1994). The transition of youth with disabilities to adult life: A positionstatement of the division on career development and transition, the council forexceptional children. *Career Development for Exceptional Individuals, 17*(2), 115–24. Retrieved from http://web.ebscohost.com

Horner, R. H., & McDonald, R. S. (1982). Comparison of Single Instance and General Case Instruction in Teaching a Generalized Vocational Skill. *Journal of the Association for the Severely Handicapped, 7*(3), 7–20. https://doi.org/10.1177/154079698200700302

Hunt, N., & Marshall, K. (2005). *Exceptional Children and Youth.* Boston, MA: Houghton Mifflin.

Individuals with Disabilities Education Act(IDEA) (2004). P.L. 101–476, 20.

Johnson, J. R., & Rusch, F. R. (1993). Secondary special education and transition services: Identification and recommendations for future research and demonstration. *Career Development for Exceptional Individuals, 16*(1), 1–18.

Jones, M. M., Harrison, B., Harp, B., & Sheppard-Jones, K. (2016). Teaching college students with intellectual disability: What faculty members say about the experience. *Inclusion, 4*(2), 89–108.

Kim, R. K., & Dymond, S. K. (2012). A National Study of Community Living: Impact of Type of Residence and Hours of In-Home Support. *Research and Practice for Persons with Severe Disabilities, 37*, 116–129.

Kohler, P. D. (1996). *Taxonomy for Transition Programming: Linking Research and Practice.* University of Illinois.

Kohler, P. D., Destefano, L., Wermuth, T. R., Grayson, T. E., & McGinty, S. (1994). An analysis of exemplary transition programs: How and why are they selected? *Career Development for Exceptional Individuals, 17*(2), 187–201.

Kohler, P. D., & Fields, S. (2003). Transition-focused Education: Foundation for the future. *The Journal of Special Education, 37*(3), 174–183.

Kohler, P. D., Gothberg, J. E., Fowler, C., & Coyle, J. (2016). Taxonomy for transition programming 2.0: A model for planning, organizing, and evaluating transition education, services, and programs. Western Michigan University. Available at www.transitionta.org

Kraemer, B. R., & Blacher, J. (2001). Transition for young adults with severe mental retardation: School, preparation, parent expectations, and family involvement. *Mental Retardation, 39*(6), 423–435.

Mank, D. M., Rhodes, L. E., & Bellamy, G. T. (1986). Four supported employment alternatives. In: W. E. Kieman & J. A. Stark (Eds.), *Pathway to Empolyment for adults with developmental disabilities.* (pp. 139-153). Baltimore: Paul H. Brookes Publishing Co.

McDonnell, J. (1998). Instruction for students with severe disabilities in general education settings. *Education and Training in Mental Retardation and Developmental Disabilities, 33,* 199-215.

McDonnell, J. J., & Ferguson, B. (1988). A comparison of general case in vivo and general case simulation plus in vivo training. *Journal of the Association for Persons with Severe Handicaps, 13*(2), 116-124.

McDonnell, J., & & Hardman, M. L. (2010). 지적장애학생을 위한 전환교육의 실제. (이정은 역). 학지사. (원저는 2009년에 출간됨).

McDonnell J., Padjen V. (1994). Secondary programs. In J. McDonnell, M. L. Hardman, A. P. McDonnell, R. Kiefer-O'Donnell (Eds.), *An introduction to persons with severe disabilities* (pp. 223-247). Allyn & Bacon.

McDonnell, J. J., Wilcox, B., & Hardman, M. L. (1991). Secondary programs for students with developmental disabilities. Allyn and Bacon.

McDonnell, M. J., Pickett, S. T. A., & Pouyat, R. V. (1993). The application of the ecological gradient paradigm to the study of urban effects. In: McDonnell MJ, Pickett STA (Eds.), *Humans as components of ecosystems.* (pp. 175-189). Springer-Verlag, New York.

Mellard, D. F., & Clark, G. M. (1992). National study of high school programs for handicapped youth. National high school project, 2.

Miller, R. J., Lombard, R. C., & Corbey, S. A. (2010). 전환평가: 장애학생을 위한 전환계획과 IEP 개발. (박현숙, 박희찬, 김진호 공역). 시그마프레스. (원저는 2006년에 출간됨).

Morgan, R. L., & Riesen, T. (2016). *Promoting successful transition to adulthood for students with disabilities.* Guilford Publications.

Morningstar, M. E., & Clavenna-Deane, B. (2018). *Your complete guide to transition planning and services.* Baltimore, MD: Brookes Publishing.

Morningstar, M. E., Erickson, A. G., Lattin, D. L., & Lee, H. (2012). Quality indicators of exemplary transition programs. Department of Special Education, University of Kansas.

Neubert, D. A., & Leconte, P. L. (2013). Age-appropriate transition assessment: The position of the Division on Career and Development and Transition.

Neubert, D. A., Moon, M. S., Grigal, M., Redd, V. (2001). Post-secondary educational practices for individuals with mental retardation and other significant disabilities: A review of the literature. *Journal of Vocational Rehabilitation, 16*, 155-168.

Nisbet, J., Clark, M., & Covert, S. (1991). Living it up! An analysis of research on community living. In L. Meyer, C. Peck, & L. Brown (Eds.). *Critical issues in the lives op people with severe disabilities* (pp. 115-144). Baltimore: Paul H. Brookes

Nosek, M. A., Zhu, Y., & Howland, C. A. (1992). The evolution of independent living programs. *Rehabilitation Counseling Bulletin, 35*(3), 174-189.

Odom, S. L., Horner, R. H., Snell, M., & Blacher, J. (Eds.). (2007). *Handbook of developmental disabilities*. Guilford Press.

Oliver, M. (1990). *The Politics of Disablement.* Palgrave Macmillan, London. https://doi.org/10.1007/978-1-349-20895-1

Patton, J. R., & Clark, J. (2021). *TPR-3: Transition planning inventory* (3rd ed.). PRO-ED.

Reid, P., & Bray, A. (1998). Real jobs: the perspectives of workers with learning difficulties. *Disability and Society, 13*(2), 229-239.

Schalock, R. L., Luckason, R., & Tassé, M. J. (2022). AAIDD 12판 지적장애: 정의, 진단, 분류 및 지원체계. (박승희, 박윤희, 한선영 공역). 교육과학사. (원저는 2021년에 출간됨).

Schalock, R. L., Thompson, J. R., & Tasse, M. J. (2020). 지원정도척도를 활용한 발달장애인 개인지원계획. (서효정, 임경원, 전병운 공역). 학지사. (원저는 2018년에 출간됨).

Severson, S. J., Hoover, J. H., & Wheeler, J. J. (1994). Transition: An integrated model for the pre- and in-service training of special education teachers. *Career Development for Exceptional Individuals, 17*(2), 145-158.

Sitlington, P. L., Clark, G. M., & Kolstoe, O. P. (2000). *Transition education and services for adolescents with disabilities* (3rd ed.). Allyn & Bacon.

Sitlington, P. L., Clark, G. M., & Patton, J. R. (2008). *Informal assessments for transition: Postsecondary education and training*. PRO-ED.

Stilington, P. L., Neubert, D. A., & Clark, G. (2010). 장애학생을 위한 전환교육과 전환서비스. (박승희, 박현숙, 박희찬, 이숙향 공역). 시그마프레스. (원저는 2010년에 출간됨).

Sitlington, Neubert, & Leconte (1997). *Career Development and Transition for Exceptional Individuals, 36*(2), 72-83.

Shakespeare, T. (2013). *Disability Rights and Wrongs.* Routledge.

Taylor, S. J., Biklen, D., & Knoll, J. (Eds.). (1987). *Community integration for people with severe disabilities*. New York: Teachers College Press.

Test et al. (2015). 장애청소년을 위한 전환교육: 증거기반 교수전략. (이영선, 이효정, 성유진 공역). 학지사. (원저는 2011년에 출간됨).

Wehman, P., Kregel, J., & Barcus, J. M. (1985). From school to work: A vocational transition model for handicapped students. *Exceptional Children, 52*, 25-37.

Wehmeyer, M. L., Agran, M., & Hughes, C. (1998). *Teaching self-determination to students with disabilities: Basic skills for successful transition.* Paul H. Brookes.

Wehmeyer, M. S., & Sailor, W. (2004). *High school, Including students with severe disabilities.* Allyn & Bacon.

Westling, D. L., & Floyd, J. (1990). Generalization Of Community Skills: How Much Training Is Necessary? *The Journal of Special Education, 23*(4), 386-406. https://doi.org/10.1177/002246699002300404

Westling, D. L., & Fox, L. (2000). *Teaching students with severe disabilities* (2nd ed). Merrill Prentice Hall.

Will, M. (1983). OSERS Programming for the transition of youth with disabilities: Bridges from school to working life. Washington D.C., OSERS.

Will, M. (1984). Bridges from school to working life: Programs for the handicapped. Washington, DC: The Office of Special Education and Rehabilitation Services.

Zeendyk, M. S., Gallacher, J., Henderson, M., Hope, G., Husband, B., & Lindsay, K. (2003). Negotiating the transition from primary to secondary school: Perceptions of pupils, parents and teachers. *School Psychology International, 24*(1), 67-79.

찾아보기

저자 소개

박희찬(Park Heechan), Ph.D.
현 가톨릭대학교 특수교육과 교수
관심 영역: 지적장애, 교육과정, 전환교육, 지원고용

김라경(Kim Rahkyung), Ph.D.
현 가톨릭대학교 특수교육과 교수
관심 영역: 지적장애, 전환교육, 탈시설화, 진로와 직업

송승민(Song Seungmin), Ph.D.
현 강남대학교 중등특수교육과 교수
관심 영역: 중도중복장애, 교육과정, 전환교육, 특수교육공학

이정은(Lee Chung Eun), Ph.D.
현 성신여자대학교 교육학과 교수
관심 영역: 지적장애, 가족지원, 전환교육, 교육과정

이현주(Hyunjoo Lee), Ph.D.
현 가톨릭대학교 특수교육과 교수
관심 영역: 전환교육, 지적장애, 중증장애, 교사재교육

박영근(Yungkeun Park), Ph.D.
현 중부대학교 초등특수교육과 교수
관심 영역: 지적장애, 전환교육, 교육과정

배세진(Bae Sejin), Ph.D.
현 아름학교 교사
관심 영역: 지적장애, 전환교육, 교육과정

장애학생을 위한

전환교육의 이해와 적용

Understanding and Applying Transition Education for
Students with Disabilities

2023년 8월 25일 1판 1쇄 인쇄
2023년 8월 30일 1판 1쇄 발행

지은이 • 박희찬 · 김라경 · 송승민 · 이정은 · 이현주 · 박영근 · 배세진
펴낸이 • 김진환
펴낸곳 • ㈜ 학지사
　　　　　04031 서울특별시 마포구 양화로 15길 20 마인드월드빌딩
대표전화 • 02-330-5114　　팩스 • 02-324-2345
등록번호 • 제313-2006-000265호

홈페이지 • http://www.hakjisa.co.kr
인스타그램 • https://www.instagram.com/hakjisabook

ISBN 978-89-997-2972-0 93370

정가 20,000원

출판미디어기업 학지사

간호보건의학출판 학지사메디컬 www.hakjisamd.co.kr
심리검사연구소 인싸이트 www.inpsyt.co.kr
학술논문서비스 뉴논문 www.newnonmun.com
교육연수원 카운피아 www.counpia.com